读懂投资 先知未来

大咖智慧
THE GREAT WISDOM IN TRADING

成长陪跑
THE PERMANENT SUPPORTS FROM US

复合增长
COMPOUND GROWTH IN WEALTH

一站式证券投资学习平台

# 高级趋势技术分析

——价格行为交易系统之趋势分析

【美】阿尔·布鲁克斯 著

段呈伟 译

山西出版传媒集团
山西人民出版社

# 图书在版编目（CIP）数据

高级趋势技术分析：价格行为交易系统之趋势分析 /（美）布鲁克斯著；段呈伟译．－－ 太原：山西人民出版社，2016.3（2025.3重印）
ISBN 978-7-203-09386-2

Ⅰ．①高… Ⅱ．①布… ②段… Ⅲ．①股票市场—市场分析 Ⅳ．① F830.91

中国版本图书馆 CIP 数据核字（2015）第 286280 号
著作权合同登记号：图字：04-2013-049

## 高级趋势技术分析：价格行为交易系统之趋势分析

著　　者：（美）阿尔·布鲁克斯
译　　者：段呈伟
责任编辑：崔人杰

出 版 者：山西出版传媒集团·山西人民出版社
地　　址：太原市建设南路21号
邮　　编：030012
发行营销：0351-4922220　4955996　4956039　4922127（传真）
天猫官网：http://sxrmcbs.tmall.com　电话：0351-4922159
E-mail　：sxskcb@163.com　发行部
　　　　　sxskcb@126.com　总编室
网　　址：www.sxskcb.com

经 销 者：山西出版传媒集团·山西人民出版社
承 印 厂：廊坊市祥丰印刷有限公司

开　　本：787mm×1092mm　1/16
印　　张：25.25
字　　数：460千字
版　　次：2016年1月第1版
印　　次：2025年3月第6次印刷
书　　号：ISBN 978-7-203-09386-2
定　　价：78.00元

**如有印装质量问题请与本社联系调换**

我要把这本书献给我的乖女儿苔丝·布鲁克斯（Tess Brooks）。她把人生视为充满机遇的旅程，勇往直前地到全世界去发掘这些机遇。她是一个大胆和原创的思想者，也是一个实践者。她让自己的人生充满梦想，那些其他人同样有但不敢于去追寻的梦想。

# 致 谢

我写这套书的主要目的是对市场价格行为做一个全面的梳理,为读者释疑解惑。大家对先前出版的拙著《逐根 K 线解读市场走势》(*Reading Price Charts Bar by Bar*)普遍感到晦涩难懂。我非常感谢读者以及网络课程学员提出的所有建设性意见,其中不少意见都极具洞察力,我已经将它们整合到新书当中。我还要感谢在线交易室的所有交易者们,是他们给我机会反复地去讲解一些事情,让我能够把我所看到的和所做的清晰地表达出来。他们还给我提了很多问题,帮助我学会找到恰当的词汇来实现有效沟通,我也把这些表述放进了这套书里面。

我要特别感谢维克多·布兰克尔(Victor Brancale),他花大量时间对初稿作了细致的校对工作,进行了数百处的修订或提出修订建议,功劳不小;还有罗伯特·吉耶德(Robert Gjerde),他帮我建设和管理网站,积极向我反馈聊天室和网站的意见;最后我要感谢的是《期货》杂志编辑部主任金格尔·斯扎拉(Ginger Szala),她给我提供了很多发表文章和开展网络讲座的机会,还经常指导我如何更好地融入交易圈。

# 目　录

引　言 ................................................................................ 1

## 第一篇　价格行为 ................................................................ 37

第 1 章　价格行为的谱系：从极端趋势到极端交易区间 ................ 58

第 2 章　趋势 K 线、十字星 K 线与高潮 ........................................ 61

第 3 章　突破、交易区间、测试与反转 ........................................ 75

第 4 章　K 线基础：信号 K 线、入场 K 线、建仓形态与 K 线形态 ..... 81

第 5 章　信号 K 线之反转 K 线 ..................................................... 87

第 6 章　信号 K 线之其他类型 ..................................................... 98

第 7 章　外包 K 线 ..................................................................... 143

第 8 章　K 线收盘价的重要性 ..................................................... 153

第 9 章　ETF 与反向 ETF ........................................................... 157

第 10 章　二次入场点 ................................................................ 159

第 11 章　迟到的与错过的入场点 ·············· 163

第 12 章　形态的演变 ·············· 166

## 第二篇　趋势线与通道 ·············· 171

第 13 章　趋势线 ·············· 175

第 14 章　趋势通道线 ·············· 184

第 15 章　通　道 ·············· 192

第 16 章　微型通道 ·············· 218

第 17 章　水平线：摆动点与其他关键价位 ·············· 234

## 第三篇　趋　势 ·············· 237

第 18 章　如何交易趋势举例 ·············· 252

第 19 章　趋势强度的特征 ·············· 269

第 20 章　两段式行情 ·············· 278

## 第四篇　常见趋势形态 ·············· 281

第 21 章　急速与通道趋势 ·············· 285

第 22 章　趋势性交易区间交易日 ·············· 317

第 23 章　始于开盘的趋势与小幅回撤趋势 ·············· 336

第 24 章 反转交易日 ·············· 362

第 25 章 趋势恢复交易日 ·············· 368

第 26 章 楼梯形态：宽幅趋势通道 ·············· 375

**术语表** ·············· 381

# 阿尔·布鲁克斯
# 价格行为交易系统套装

套装包含书籍：

《高级趋势技术分析》
《高级波段技术分析》
《高级反转技术分析（上、下）》

作者：阿尔·布鲁克斯
出版社：山西人民出版社

# 引　言

为什么没有其他交易者撰写全面诠释市场价格行为的书籍呢？这其中是有缘故的。写书要耗费几千个小时，而金钱上的回报比起交易而言却微不足道。不过好在我三个女儿都在念研究生，不在身边，我恰好需要找点事做，于是干起了这件苦差事，却也乐在其中。原本我想把2009年出版的《逐根K线解读市场走势》（Reading Price Charts Bar by Bar）第一版修订一下，但真正着手之后，我的想法改变了。我决定把我如何观察和交易的细节全部写出来献给读者，就好像手把手教你拉小提琴一样。如果你想知道如何通过交易谋生，这套书里都写到了，但真正学习交易还要靠你自己，需要花费大量的时间和精力。经过一年时间在我的个人网站（www.brookspriceaction.com）回答交易者提出的大量问题之后，我感觉自己找到了更清晰地表达自己思想的方法，因此这几本书应该会比那一本读起来更顺畅一些。旧作的重点在解读市场价格行为，而这套书的核心内容则是如何利用价格行为来进行交易。由于新书的字数是第一本的4倍，出版社决定将其分为三册出版。第一册讲价格行为基础知识和趋势；第二册讲交易区间、头寸管理以及交易的数学基础；第三册讲趋势反转、日内交易、日线图、期权，以及所有时间级别中最佳的交易机会。这套书里的许多图与《逐根K线解读市场走势》中是一样的，但大部分都做了更新，解读部分也基本重写了。旧作12万字中，只有大约5%出现在这套57万字的新书当中，所以读者应该不会有重复感。

我写作这3本系列书籍的目的是描述我的理解，告诉大家如何经过精挑细选的交易带来非常不错的风险收益比，同时向大家传授从这些形态获利的方法。我希望我提供的这些内容能够让专业交易者和商学院的学生都产生兴趣，也希望能够对初学交易者有所帮助。我们一般看价格图形都是随便扫一眼，没有什么特别的目标。实际上每张图都包含着大量的信息，能够用来在交易中获利。但这些信息要想得到充分利用，交易者必须花时间去仔细揣摩，理解图上每一根K线透露的机构资金的动向或意图。

市场其实是机构的集合体，在大体量的市场中，90%甚至更高的交易量都是由机构产生的。从长期来看，几乎所有机构都是盈利的，那些少数亏损的机构会很快破产。既然机构就是市场，机构又是盈利的，因此你的每一单交易都有一个获利的交易者（机构集合体的一部分）作为你交易的对手方。交易的发生必须是某个机构愿意做交易的一方，而另一个机构愿意做对手方。散户的小手数交易之所以能够成交，必定是因为有机构愿意做同样的交易。如果你想在某一个价格买进，那么除非一个或以上的机构也愿意在这个价格买进，否则市场不会达到这一价位。同样，如果没有一个或以上的机构愿意在同样的价位卖出，你也不可能在任何价位卖出，因为市场只会到达机构愿意买和其他机构也愿意卖的价位。比如说，如果标普500迷你期指（本书后文将直接用Emini，不再翻译出来——译者注）目前价位是1264，你是多头，保护性卖出止损设在1262，那么除非有一个机构也愿意在1262卖出，你的止损不可能会被打掉。几乎所有交易都是如此。

如果你交易的手数足够大，比如200份Emini合约，这样的手数实际上已相当于机构的交易量，则你可以被视为一家机构，有时候你能够让市场移动1~2个最小报价单位。不过大部分散户都没有能力影响市场，无论他们如何频繁地参与交易。市场不会执行你的挂单。市场可能会测试你保护性止损所在的价位，但这与你的止损本身没有关系。只有当一个或以上的机构认为在这里卖出是安全的，而其他机构认为在这里买入是有利可图的，市场才会测试这个价位。每一个最小报价单位的价格变动都有机构在买入和其他机构在卖出，而这些机构都有自己经过验证的系统，证明执行这些交易可以获利。你应该总是跟随大部分机构资金的方向，因为是它们控制着市场的走向。

当一天的行情结束，看着当天的价格走势图，你该如何判断机构这一天都做了什么呢？答案很简单：只要是市场上涨，就说明大部分机构在买进；只要是市场下跌，就说明大部分机构在卖出。再看看走势图的细节，分析市场的上涨和下跌，研究每一根K线，你很快就会发现大量重复的形态。久而久之，你将会看到这些形态在实时行情中如何展开，这将给予你信心去下单交易。有些价格走势非常微妙，所以要考虑到多种可能性。比如说，有时候当市场处于强劲上涨之中，一根K线运行到前一根K线的低点下方，但趋势依然持续向上。这时你必须假定有大资金在前一根K线的低点附近及其下方买进，实际上这也是许多交易高手的做法。他们买入的时点刚好选择在那些不坚定的交易者止损离场或其他不坚定的交易者认定市场将开始大幅下挫而进行做空之时。一旦你真正认识到强趋势行情通常会有回撤、大资金会在回撤时买入而不是卖出，那么你就做好了准备去执行一些非常成功的交易，而这些刚好是你以前认为错误的做法。完全没必要有太多顾虑。如果市场在上涨，机构就会不停地买进，即便在那些你认为如果换做你肯定会将多头头寸止损的位置。你的任务就是跟随他们的步伐，而不是用各种逻辑来否认你眼前所发生的事情。虽然有时候看起来似乎有悖直觉，也没有关系。唯一重要的就是市场在上涨，因此占优势的一方是机构买盘，那么你也应该这么做。

机构通常被认为是聪明钱，也就是说它们足够聪明、能够通过交易谋生，而且每天交易量非常大。现在电视节目依然用"机构"一词来指代共同基金、银行、券商、保险公司、养老基金和对冲基金等传统机构。这些机构过去贡献了市场大部分的交易量，主要是依据基本面来交易。它们的交易控制着市场日线图和周线图上的方向，以及大量的盘中快速波动。然而从大概10年前起，大部分交易决定和交易行为是由极聪明的交易者做出的，不过现在越来越多地由计算机来完成。它们是一些可以瞬时分析经济数据和根据分析结果立即下达交易指令的程序，完全不用人参与到交易当中。另外，还有一些机构基于对价格运行的统计分析，通过计算机程序自动交易也产生出极大的交易量。如今，计算机自动交易占到每天成交量的70%之多。

计算机非常擅长做决策。下围棋或者在电视智力节目《危险边缘》（Jeopardy）中获胜比股票交易更难。加里·卡斯帕罗夫（Garry Kasparov）多年来一直是世界棋王，直到1997年被一台更擅长做决策的计算机击败。无独有偶，肯·詹宁斯（Ken Jennings）曾经在《危险边缘》节目打遍天下无敌手，然而2011年也是一台计算机令其惨败。计算机作为最佳交易决策者被机构所广泛接受，应该只是时间问题。

程序化交易的风靡对市场会造成何种影响呢？由于交易程序使用客观的数学分析，它们可能倾向于让支撑和阻力区域变得更为清晰。比如说，它们会让等距运动的测算更加精确，因为市场中更多成交量是基于精确的数学逻辑发生的。另外，它还会造成一种窄幅通道延长的倾向，因为程序会在日线图上的小幅回撤中不停地买进。然而，如果足够多的程序在同一关键价位卖出多头头寸或开立空头头寸，那么抛盘可能变得更猛烈和迅速。这些影响是否会颠覆市场的运行规律？也许不会，因为行情中起作用的主要力量与纯人脑时代并无不同，唯一不同之处在于，程序化交易将更多情绪从交易中剔除，市场的价格行为更容易达到数学上的完美性。随着这些新兴的程序化交易大行其道，机构越来越多地影响市场的走向，同时传统机构也越来越多地使用计算机来进行分析和下单，"机构"一词的定义变得日益模糊。对于个人交易者而言，我们可以简单地将"机构"理解成其交易量足以对市场价格行为产生重要影响的各种实体。

由于这些买入和卖出程序制造了大部分的成交量，它们是决定每张市场走势图外观呈现的主要力量，并为个人交易者创造了大部分的交易机会。没错，你知道思科（股票代码CSCO）股价之所以上涨是因为财报不错，这没什么不好，如果你是持有股票几个月的投资者，完全可以像传统机构一样去买入思科。然而，如果你是日内交易者，那就不要去管新闻，看图就够了，因为各种交易程序所制造出来的形态纯粹基于统计数据，与基本面无关，但同样可以带来非常不错的交易机会。根据基本面下单的传统机构决定着某只股票未来几个月的方向和大致目标，但是，使用量化分析进行日内交易和其他短线交易的机构越来越多地决定着达到这一目标的路径以及走势的终极高点或低点。即便在宏观层面，基本面顶多也只是一个近似情况。我们看看1987年和2009年的崩盘，两次都是先暴跌然后暴涨，然而基本面在这么短的时间内并未发生如此剧烈的变化。这两次崩盘大盘都小幅跌破月线上的趋势线，然后急剧反转。市场下跌是因为基本面预期变差，但下跌的幅度是由图形决定的。

有一些大的价格形态在所有时间周期和所有市场中反复出现，比如趋势、交易区间、高潮、通道等等。除此之外，还有众多较小的可交易形态，只是由最近的几根K线所组成。这套书试图给交易者提供全方位的指引，帮助他们理解从图形上所看到的一切，帮助他们提高交易成功的概率和避免失败的交易。

通过这套书我最想告诉读者的一点是：关注那些最佳的交易机会，避开那些最糟糕的形态，让利润目标（回报）至少与保护性止损（风险）一样大，并学习增加交易的手数。我固然知道，对于所有价格形态，我给出的每一条理由都只是我个人的观点，而且我对某笔交易是否可能成功的推理有可能完全是错误的。不过这无关宏旨。我真正想告诉大家的是，解读价格行为是一种非常有效的交易方法，而我对某些情况之所以能够如此发生有着大量的思考。我能够以平常心来对待自己的解读，它们可以让我有信心去进行一笔交易，但实际上与我的下单交易本身是无关的，所以是否正确对我来说并不重要。就像我能够在一瞬间转变对市场运行方向的观点一样，如果找到一个更符合逻辑的理由或在我的逻辑中找到缺陷，我也可以转变对某一特定价格形态有效性的看法。我在书中向读者提供各种观点是因为它们似乎合乎逻辑，可以帮助读者更从容地去交易特定形态，甚至带来一些启发。但是对于任何依据价格行为进行的交易而言，这些观点是不必要的。

这套书探讨详备，难度较大，是专为那些有志于深入解读市场价格行为的严肃交易者所写的。不过这些概念对所有层次的交易者均有所助益。这套书涉及罗伯特·爱德华兹（Robert D. Edwards）和约翰·马基（John Magee）在《股票趋势技术分析》（Technical Analysis of Stock Trends）（AMACOM出版，2007年第9版）中及其他著作中所描述的各种传统技术方法，但重点放在解读每根单独的K线上面，以证明利用它们所传递出的信息可以大幅提高交易的收益风险比。大部分技术分析的书只是指出一张图上3~4个交易机会，其潜台词就是，其他部分的价格走势要么无法理解、毫无意义，要么风险过高。但我不这么看。我认为一天之中每一个细微的价格变动都在传递某种信息，一张图上好的交易机会远远不止那几个显而易见的形态，但是要发现它们，你必须理解市场的价格行为，而且不能认为任何一根K线无关紧要而弃之不顾。我通过成千上万次细致入微的观察和分析发现，有些最重要的东西可以是极其微小的。

我采取逐根K线的方式来解读市场走势，寻找每根K线所传递出的信息。它们都很重要，一根都不能少。一根K线收盘之后，大部分交易者都会问自己："刚才发生了什么？"对于大部分K线，他们的结论是眼下没有什么交易机会，所以没必要费力去理解。于是他们选择等待一些更清晰和更大型的形态出现。给人的感觉好像是他们觉得那些K线根本不存在，或者认为只是机构程序化交易活动的产物，不适合个人交易者操作，所以无关紧要。他们没有认识到，这些时候的K线也是市场的一部分，而"这些时候"构成了一天中市场的绝大部分行情。如果他们去看看成交量，就会发现，所有他们所忽略的K线与他们据之进行交易的K线所对应的成交量并无明显差别。很明显，大量交易正在发生，但他们无法理解背后的逻辑，所以假装这些K线不存在。这纯属自欺欺人。交易一直都在发生，作为一名交易者，你需要理解背后的逻辑并找到从中赚钱的方法，这是你对自己的一种责任。读懂市场语言要耗费大量时间和精力，也不是一桩易事，但要成为一名成功的交易者，这是最基础的东西。

大部分讲 K 线图的书都会让读者觉得有必要把形态背下来，我这 3 本书则不同。我在书中主要告诉读者为何某些形态是可靠的交易机会，以及讲解推理过程。书中使用的某些术语对于市场技术分析师有特定的含义，但对于交易者含义又不一样，我完全是从交易者的角度来写的。我相信许多交易者已经理解了这几本书的所有内容，只不过不会用我这种方式来描述价格行为。成功的交易者之间没有什么秘密，大家都知道一些常见的建仓形态，许多人对这些形态有自己的命名方式。他们所有人几乎都在同一时间买入和卖出、捕捉同样的波段，而且都有自己下单的理由。许多交易者纯粹靠盘感来进行操作，从来没觉得有必要去把逻辑表达出来。我希望他们在阅读我对价格行为的理解和视角之后，能够感到是一种享受，或者也可以给他们带来些许启发，让他们的交易更加成功。

对于大部分交易者而言，我们的目标是找到一种符合自己个性的交易风格和方法，实现交易利润最大化。我认为，如果交易方法不能适应自己的个性，长期稳定获利几乎是不可能的。许多交易者都想看看自己到底需要多长时间才能迈向成功，也愿意在一段时间内亏些钱交学费，甚至是几年时间。对于我而言，成为一个成功的交易者花费了超过 10 年时间。每个人生活中都有各种不同的顾虑和干扰，时间长短因人而异，但相同之处在于，交易者必须克服大部分障碍才能实现稳定盈利。就我自己来讲，以前有几大问题一直没有得到解决，包括抚养 3 个可爱的女儿。我会时刻惦记着她们，时刻想着如何尽做父亲的责任。只有当她们慢慢长大、变得更加独立之后，这个问题才得到了解决。除此之外，我还花了很长时间去接受自己的许多性格特征，认识到它们是真实存在和不可改变的，或者说我最终意识到我其实不愿改变它们。最后就是自信心的问题。表面上我在很多方面一直表现得非常自信，甚至有些自大，但凡认识我的人，如果我告诉他们我缺乏自信，他们一定会感到惊讶。然而在内心深处，我觉得自己可能永远也无法找到一种稳定的盈利方法，真正成为一个成功的交易者。我买了很多交易系统软件，编写和测试了无数的指标和系统，阅读了大量的书籍和杂志，还报了培训班，请了指导老师，参加各种交易群跟人交流。我与那些自称是成功交易者的人交谈，但从来没见过他们的交易记录，我怀疑他们大部分都只会讲课，会交易的寥寥可数甚至根本没有。在交易这一行，往往是"知者不言，言者不知"。

这些最终都给我带来很大的帮助，它们告诉我要实现交易成功，哪些是必须要避开的东西。不懂交易的人看到一张图，总觉得交易非常简单（这也正是交易的部分吸引力所在）。一天行情结束之后，任何人都可以把当天的走势图调出来，事后指出明确的入场点和出场点。但在实际交易中远没有这么简单。人都有一种自然的倾向，希望买在最低点，不希望有回撤。一旦发生回撤，交易新手会止损，以避免发展成更大的亏损，从而造成一系列亏损交易并最终导致爆仓。扩大止损可以在某种程度上解决这个问题，但采用这种方法，几乎无一例外，交易者很快就会出现几笔亏损较大的交易，让总账户转为亏损，使他们不敢继续用同样的方法进行交易。

也许有人会担心，这套书将交易成功的秘密公之于众，会不会培养出一大批技术交易高手，大家都在同样的时间做同样的事？没有后入场者的推动，市场又怎么会到达你的目标价位？这种担心是否必要？完全没必要。市场由机构所控制，它们早就拥有世界上最聪明的交易者，而这些交易者早就知道这套书中的所有东西，至少在直觉上知道。在任何一个时点上，都有一个非常聪明的机构多头出来充当一个非常聪明的机构空头的交易对手方。既然最重量级的市场参与者已经熟知市场的价格行为，让更多参与者知道并不会打破原有的平衡。因此我并不担心我的著作会使得价格行为交易方法不再有效。由于均衡的存在，任何人所占据的先机通常都非常小，而任何微小错误都会招致亏损，哪怕你非常善于解读价格走势。不了解价格行为就很难在交易中获利，但单独靠这种知识也是不够的。一个交易者学会如何看图之后，还需要花很长时间去学习如何交易。交易并不比图形分析简单。我写这套书目的就是想帮助人们学习如何更好地看图以及更好地交易，把这两件事都做好了，你才有资格把钱从别人的账户中拿到你自己的账户中来。

为何各种价格形态大家都看到了，依然会按照它应有的方式展开？这就是市场有效性的表现。在一个有效市场中，无数交易者在依据成千上万种不同的理由下单，但能够控制市场走势的成交量都是基于合理的逻辑而产生的。这些形态就是市场参与者集体行为的外在呈现，而且一直都是如此。同样的形态在全世界所有市场、所有时间级别都是如此这般展开，绝对不可能有某种力量在如此广的层面上瞬间操纵所有这一切。价格行为是人类行为模式的表现，实际上根植于人的基因。除非人类发生进化，否则市场的运行模式基本不会变，就好像我们在股市过去80年的走势图上所看到的一样。程序化交易可能略微改变了市场的外在呈现（尽管我找不到证据来支持这一理论），但就算有，也只是让市场走势更加流畅了，因为程序化交易是不带情绪的，而且大大提高了交易活跃度。现在大部分成交量都是计算机自动交易出来的，相比如此巨大的成交量，不理性的、情绪化的交易行为对市场而言已无足轻重，因此价格图形成了人类各种倾向性更纯粹的表现。

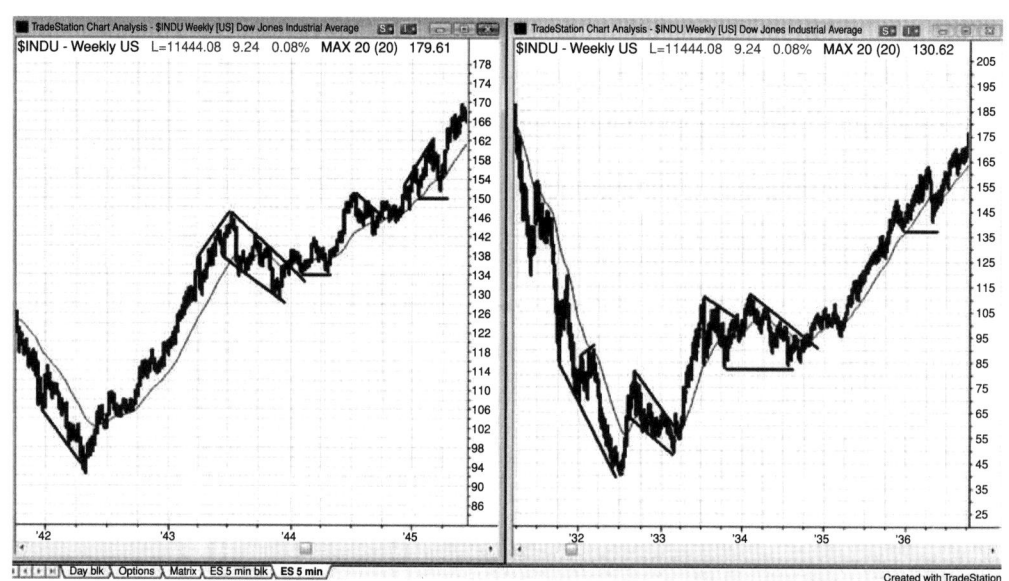

图 1　价格行为方式从长期来看并未发生改变

既然价格走势根植于我们的DNA，那么在我们进化之前它就不会改变。我们看看图1的两张图，你的第一反应可能觉得它们只是两张普通的走势图。如果仔细看看图下部的时间，你会发现它们分别是道琼斯工业平均指数"大萧条"时期和二战后的周线图。我们可以看到，它们与我们今天在所有价格走势图上看到的形态并没有什么两样，尽管今天大部分的市场交易量都来自于计算机程序化交易。

如果突然所有人都变成超短线刮头皮交易者，价格走势的细部形态可能会在一段时间内有所变化，但从长期来看，有效市场将会胜出，所有交易者投票的结果将会提炼出标准的价格形态，这是大规模人群以合乎逻辑的方式行动所不可避免的结果。况且，交易不是那么容易的事情，尽管依据价格形态来进行交易是不错的方法，但在实盘交易中成功地做到这一点仍非常困难。不可能有太多的交易者同时取得交易成功，以至于对较长期的形态产生重大影响。以爱德华兹和马基的技术分析书为例，全世界最优秀的交易者数十年来一直在使用这些手段，为何这些方法现在依然管用呢？这其中的道理也是一样的——庞大的高智商人群在使用各种各样的方法和时间级别进行交易，都希望从市场上赚到更多钱，于是他们的集体行为造成了一个有效的市场，而图形就是有效市场所留下的不可变更的轨迹。举个例子，泰格·伍兹（Tiger Woods）并未将其高尔夫球技深藏不露，任何人都可以去模仿他，然而能够靠打高尔夫谋生的人依然少之又少。交易也是如此。

一个交易者可能已经知道该知道的一切，但还是赔钱，因为找不到一种恰当的方法来运用这些知识实现稳定获利。

爱德华兹和马基的书非常简单，主要使用趋势线、突破和回撤来作为交易的基础，但为何那么多商学院都一直推荐这本书呢？因为它有效，过去一直有效，将来也会。现在几乎所有交易者都能够通过电脑看到日内行情数据，这些方法当中很多经过调整之后都可以用来进行日内交易。而且现在所用的K线图也提供了更多的信息，我们可以看到谁是控制市场的一方，从而以更低的风险及时地入场。爱德华兹和马基主要关注大趋势，我所用的也是同样的一些基础手段，但我着重研究走势图上每根单独的K线，以提高交易的收益风险比。另外我主要关注日内图形。

只要提升看图本领，让自己能够在行情启动的时候找到精确的入场点，那么我们就具备了巨大的优势。这一点是毋庸置疑的。这样一来，你将会有很高的胜率，为数不多的亏损也都很小。我把这作为我研究的起点，然而我最终发现，其实光是这一点就足够了，不需要把那么多复杂的东西加进来。事实上，搞得越复杂只会造成干扰，降低获利水平。道理就是这么浅显，可惜大部分人都不相信浅显的东西。

我是一个日内交易者，完全依据Emini日内走势来进行交易。我相信，高超的看图本领对于所有交易者而言都是无价之宝。相反，新手总觉得还需要更多其他的东西，比如拥有一套极少数人使用的复杂程序，可以让他们先人一步。在他们看来，像高盛（Goldman Sachs）这种大机构这么赚钱、这么深不可测，他们的交易员一定拥有一台超级计算机和一套绝杀软件，所以他们才能在市场中遥遥领先，将散户杀得片甲不留。于是他们开始研究各种各样的指标，反复修改参数进行优化，忙得不亦乐乎。平心而论，每个指标都会在某些时候管用，不过对于我而言，它们的主要作用是添乱。实际上，你根本不用看图，随便下一个买单，都有50%的胜率！

我不喜欢各种技术指标和交易系统，并不是因为我不了解它们。实际上，我曾经花了多年时间，超过1万小时，编写和测试各种指标、系统，所以应该比大部分人更有发言权。这段经历对于我成为一个成功的交易者帮助很大。指标对很多交易者都管用，但成功更重要的因素是一个交易者找到一种与自己个性相适应的方法。指标和系统最让我头疼的一点是，我永远无法完全信赖它们。对于每一个建仓点，我都会看到例外的情况出现，需要对系统作进一步测试。我总是希望从市场中赚到最后一分钱，无法满意交易系统带来的回报。实际上，只要添加一个新的变量进去，你总可以对系统作出改进。然而问题在于，你可以持续不断地对系统进行优化，但市场总是在不断变化之中，从强趋势进入窄幅震荡，又从震荡转为趋势，这样一来，一旦市场进入新的模式，你根据近期走势所作的优化，很快就不起作用了。也许是因为我过于执着、自我强迫和不愿轻信，我无法通过指标和自动交易系统稳定盈利。当然，我属于个性比较极端的那种，不见得大家都跟我一样。

很多交易者，尤其是刚入门的，往往迷信各种指标（同时也迷信形形色色的大师、专家之类），希望指标能够告诉他们什么时候入场。他们没有认识到，绝大部分指标都是从简单的价格走势衍生出来的。当我下单的时候，我根本没有那么多时间去挨个分析指标，看看它们都发出一些什么信号。举个例子，假如现在有一轮上升趋势，出现一次回调，然后展开新一轮上涨并创出新高，但最后这轮上涨出现很多重叠的K线、多根阴线、几次小幅回撤以及多根长上影线，但凡有经验的交易者一看就知道，这是对趋势前期高点的弱势回测，在上升动能强劲的情况下不会出现这些特征。因此接下来市场几乎肯定会进入区间震荡甚至转为下跌趋势，交易者根本不需要依靠摆荡指标来作出这个判断。摆荡指标还有一个问题，它们往往让交易者把注意力放在反转上面，而较少关注价格走势本身。在那些以震荡为主的交易日，比如一天之内出现2~3次持续时间超过一个小时的反转走势的情况下，摆荡指标可能是很有效的工具；但是当市场处于强劲趋势的时候，问题就来了。如果过多地关注指标，你会发现指标一整天都在不停地背离，而你可能一次又一次地逆势入场并且连续亏损。当你最终接受市场处于强劲趋势这个事实，当天行情所剩的时间已经不多，已经无法弥补前面的亏损。相反，如果单纯看K线图，你一眼就可以看出市场处于明确趋势，就不会受指标的诱惑去寻找趋势反转的机会。大多数成功的反转走势都是先以强势动能突破趋势线，然后再掉头回测前面的极端价位，如果交易者过多地关注背离，将会经常忽略这一基本事实。没有之前的逆势动能爆发并突破趋势线，就贸然单纯根据背离去做逆势，几乎注定是要亏钱的。你应该先等待趋势线突破，然后看看回测前高（或前低）的走势是最终反转还是造成原有趋势恢复，这一点我们不需要看指标也可以知道，如果出现强势反转，那么这就是一个高胜率的入场机会，至少可以做一笔刮头皮交易。背离肯定是会有的，但为何非要把指标加进来，把事情搞得更复杂呢？

很多专家会告诉大家，要学会综合各种方法，比如不同的时间级别、各种指标、数浪、斐波那契回撤，总之多多益善，但如果你问他应该在什么时间进场，他会告诉你必须有好的价格形态。当他们看到一个好的形态，便开始忙着找指标有没有背离、看看不同时间级别上均线的位置如何，以及数浪、画斐波那契回撤线。事实上，他们也只是单纯依据价格走势图来进行交易的"价格形态交易者"，只不过自己不好意思承认。他们把自己的交易搞得如此复杂，注定会错失大量交易机会，因为他们大部分时间都花在分析论证上面了，没有什么时间去下单，只能等待下一个交易机会出现。把原本简单的东西弄得这么复杂，是毫无必要的。不可否认，考虑的信息越多越容易做出好的决策，很多人也许有能力在下单前处理大量的信息。当然，纯粹为了追求简单而对各种数据视而不见也是愚蠢的做法。我们的目标是赚钱，交易者应该想尽一切办法让自己的利润最大化。不过对于我个人而言，我无法做到在很短的时间内既能同时处理各种指标和不同时间级别所发出的信息，还能确保准确地下单。相反，我发现仔细研读简单的 K 线走势本身对于我而言要容易赚钱得多。另外，如果依赖技术指标，我会发现自己在解读价格形态方面变得懒惰，经常错过一些明显的机会。价格走势本身比任何其他信息都要重要得多，忽视 K 线语言而从别处寻找信息，正如那句俗语所言，真是"捡了芝麻，丢了西瓜"。

　　交易者刚入门的时候，最大的困惑就是发现一切都是那么主观。他们想要找到一套确定的交易规则，可以让他们实现稳定获利，非常讨厌某个形态今天有效明天却失效了。市场是非常有效的，无数绝顶聪明的人在这里进行着零和游戏。要从市场中赚到钱，你的能力必须高出其中一半的交易者。由于你大部分的竞争者都是赚钱能力非常强的机构，所以你必须非常厉害才行。每当一个先机出现，很快就被人发现然后消失了。记住，你的任何一笔交易都有一个对手方，如果你拥有一套轻松赚钱的交易系统，你的对手用不了多长时间就会搞清楚你的交易系统的优势所在，然后就不会再给你送钱了。交易是一种非常精细的游戏，所谓的先机往往非常小，但是发现这些稍纵即逝的机会并从中获利，无论从精神上的愉悦来讲，还是从财务上来讲，回报都是很不错的，而这也正是交易的吸引力所在。做到这一点并非不可能，但非常艰难，需要坚定不移的纪律性。所谓纪律，也就是做你不愿意做的事情。人天生具有好奇心，有一种尝试新事物的自然倾向，但顶级的交易者会抵制这种诱惑。你必须坚守你的规矩，避免情绪干扰，耐心等待最佳的交易机会出现。纸上谈兵是很容易的，在一天收盘后看着一张现成的走势图，你会觉得交易有何难哉，但在实盘交易中其实是非常难的，你必须耐心等待一根又一根 K 线，有时候是一个又一个小时。当极佳的交易形态出现时，如果你精神不集中或是麻痹大意，机会稍纵即逝，你将被迫等待更长时间。但如果你能够培养出耐心和纪律，执行一个成熟的交易系统，你的盈利能力将会大幅提升。

交易个股或 Emini 赚钱的方法有很多种，但任何一种都需要有价格变化（期权是一个例外）。如果学会了如何看图，那么你每天都能抓住大量获利机会，而不必知道为什么某个机构要发动一波行情，也不必知道各种指标现在是一个什么状况、在发出什么信号。你不需要得到这些机构的操盘软件，也不需要看他们分析师写的报告，因为他们的行踪全部都暴露在你面前。赚钱的方法就是让他们为你抬轿。价格行为会告诉你他们在做什么，如果你读懂了，就可以用很小的止损提早入场。

对于我来讲，我发现当我下单的时候需要考虑的东西越少，赚钱就越容易。我所需要的只是笔记本电脑上一张简单的行情图，除了 20EMA 这一根均线，没有任何其他指标，不需要每天去做大量的分析论证。有些交易者可能还会看成交量，因为有时候如果出现异常的成交量放大，往往意味着一轮下跌行情接近尾声，那么下一个或两个摆动低点通常可以带来超短线的做多机会。在日线图上，当市场出现过度抛售的时候，有时候成交量也会急剧放大。不过它们的可靠性并不是那么强，不值得我去关注。

许多交易者只在做背离交易或趋势回撤交易的时候才会考虑价格行为。实际上，大部分使用指标的交易者下单时都以出现强势信号 K 线为前提，如果总体形态不错，不少人会在强势信号 K 线入场，即便指标并没有背离。他们希望市场出现一根强势收盘的很长的反转 K 线，但实际上这种情况是很少见的。理解价格行为最有用的工具是趋势线与趋势通道线、前期高点与低点、突破与失败的突破、K 线实体与影线的长度以及当前 K 线与前面数根 K 线的关系。尤其是将当前 K 线的开盘、高点、低点和收盘与之前数根 K 线进行比较，可以很好地预测接下来的市场价格走势。走势图提供了大量关于哪一方掌握市场控制权的信息，可惜很多交易者并未意识到这一点。几乎每一根 K 线都对市场的运行方向给出了重要线索，如果交易者将其视为噪音而弃之不顾，无异于每天都在丢弃大量的获利机会。拙著中大部分内容都直接与下单交易有关，不过也有一小部分只是单纯地探讨某些价格行为的倾向性，还不足以得出可靠的结论来作为交易的基础。

我个人主要依据 K 线图来进行 Emini、期货和股票的交易，但大部分信号在任何类型的走势图上都是可以看到的，其中很多信号在简单的 K 线图上都显而易见。书中主要通过 5 分钟 K 线图来阐述一些基本的交易原理，但也会谈到日线图和周线图。除此之外，我还交易个股、外汇、国债期货和期权，所以还会讲价格行为如何用于这些类型的交易。

作为一名交易者,我已习惯于概率思维,用灰色的眼光去看待一切。如果一个建仓形态出现,虽然算不上完美,但合理地接近于一个可靠的建仓形态,那么它最后的表现可能也是类似的。在交易中,没有必要追求完美,近似就可以了。如果市场出现一个与教科书形态类似的形态,那么最终它也可能像教科书所描述的那般演变和展开。这就是交易的艺术,你需要多年时间才能练就在"灰色地带"安之若素的本领。人们往往追求确定的东西,比如明确的交易规则或是指标体系。各种专家讲座、培训课程、投资报告会告诉他们在哪个精确的时间点入场可以让风险最小化、收益最大化,然而从长期来看没有一样是管用的。交易这种事情必须由自己负责,必须听自己的,但前提是你要学会如何进行交易决策。要想具备交易决策的能力,你必须习惯于在灰色雾霭中生存。交易这一行没有什么黑白分明的东西,我自己也是做交易很长时间之后才认识到,任何事情,无论看起来多么不可能,都可能而且将会发生。这有点像量子力学。所有你想到的事情都有发生的可能性,那些你还没有想到的事情同样如此。至于某件事情为什么发生,并不重要。等着看联储今天会不会降息纯属浪费时间,因为市场对联储的任何决定都可能有利好和利空两种解读。所以重要的是看市场在做什么,而不是联储在做什么。

大家不妨思考一下,交易是一种零和游戏,而任何一种零和游戏都不可能有一直有效的方法。如果某种方法真的一直管用,所有人都会去用,那么谁来做交易的对手方呢?所以,这样的方法是不存在的。可以有一些原则性的规矩,但不存在绝对可靠的交易方法。初学者在这一点上往往存在认识误区。他们想当然地以为,就像任何其他游戏一样,交易这种游戏只要找到了一套正确的方法,就可以赚大钱。其实所有方法都只在某些时候管用,但你可能会经常产生一种错觉,以为只要将方法稍加改进,就可以一路通杀、横行无忌。这种想法无异于想人为造出一个"交易之神",让它来护佑你的交易。其实你不过是在自欺欺人。交易这个游戏只有艰难的解决方案才管用,不存在简单的解决方案。做交易就等于是跟世界上最聪明的一群人竞争,如果你很聪明,能够找到一种万无一失的方法,那么他们也能够找到。所有人都面临着同一个两难困境,这就是"零和游戏"。除非你足够灵活,否则不可能通过交易赚到钱。你需要时刻跟随市场的方向,而市场是超级灵活的。它可以朝任何一个方向持续运行,持续时间可能远远超过任何人最大胆的想象。它也可以不断地每隔几根K线就掉转方向,这种运行方式同样可以持续很长时间。最后,它能够而且必然会出现介于这两种状态之间的任何情况。不要为此感到烦恼，这就是现实，去接受它，去欣赏它的美。

不确定性是市场的地心引力。在交易日行情的大部分时间，任何市场都有50%对50%的方向概率出现距离相等的上涨或下跌。我的意思是，你甚至根本不用看图，随便买入任何一只股票，然后下一个"二择一"（One Cancels the Other）委托单，在买入价上方X美分处设止盈，在下方X美分处设止损，你都有大约50%的概率做对。同样，如果你在一天中任何时间随意卖出任何一只股票，在下方X美分处设止盈，上方X美分处设止损，你也有大约50%的概率成功和大约50%的概率失败。当然，一个明显的例外就是当X数额相对于股票价格过大的时候。比如，对于一只价格为50美元的股票，你的X不能定为60美元，因为亏损60美元的概率是零；你也不可能把X定为49美元，因为亏损49美元的概率同样微乎其微。但如果你选择一个在一定时间之内可以合理达到的X数值，前面的说法就大致是正确的。当市场上下都是50%，它就是不确定的，你不可能对其运行方向做出理性判断，这是交易区间行情的典型特征。所以，任何时候，当你觉得没把握，就可以假定市场处于交易区间之内。市场走势在某些很短暂的时候方向概率会高于50%。在强劲趋势中，概率可能是60%，甚至70%。但这种情况不会持续很长时间，因为不确定性是市场的地心引力。市场很快就会回到50%对50%的均衡状态。在这种均衡状态下，多头和空头都感到似乎有利可图。即便在趋势中，在存在某种程度的方向确定性的时候，市场也会被吸往支撑和阻力区域，然后不可避免地重回不确定性和形成交易区间，至少是在短时间内。

不要在交易时段看任何新闻。如果你想知道某个新闻事件意味着什么，眼前的走势图会告诉你。媒体记者相信新闻是世界上最重要的东西，以为市场的任何变化都是由他们报道的所谓重大新闻造成的。记者从事的就是新闻行业，不消说，对他们而言，新闻就是宇宙的中心，也必然是金融市场一切行情的原因。2011年3月中旬美股大跌的时候，新闻记者把它归咎于日本大地震，完全无视日本大地震3周前股市就已经开始下跌的事实。那年2月底我就在聊天室告诉大家，市场很可能出现深度调整，因为美股日线图在一轮强劲牛市之后连续走出15根多头趋势K线，这是一种异乎寻常的买入高潮，物极则必反。当时我不可能知道几周后会发生地震，也没有必要知道。走势图已经告诉我交易者在做什么，他们正准备了结多头和布局空头。

电视上的专家同样没什么用。几乎每次市场出现大行情，报纸和电视台就会找到某个曾经提前做出大胆预测的专家进行采访，让读者和观众误以为此人在预测市场方面具有某种超凡能力。然而实际情况是，这个专家此前有10次预测都是错误的，但报道或电视节目不会告诉你这一点。然后这个专家便借势对未来做出进一步的预测，幼稚的读者和观众信以为真，结果让自己的交易受到影响。读者和观众们可能没有意识到，有些专家一直是死多，有些一直是死空，有些则是骑墙派，两边倒，好出惊人之语。但是记者不管这些，他们只是看新闻的需要，谁蒙对了就跑去采访谁。这些采访内容对交易者可以说完全无用，甚至是有害的，因为它会影响到他们的交易，使他们质疑和偏离自己固有的方法。在重大市场行情预测方面，没有任何人准确率可以超过60%。虽然专家说起话来往往斩钉截铁、言之凿凿，但这并不能让他们的言论变得更加可靠。事实上，还有一群同样聪明、同样有理有据的人持完全相反的观点，只不过大家没有听到他们的声音。听专家夸夸其谈就好像在庭审中只听辩方一面之词，单方面的陈述听起来总是让人觉得颇有几分道理，但其可靠性很少会高于50%。

机构多头和空头每天都在不停地下单，这是市场方向永远不确定的原因。即便没有重大新闻，各种经济类频道也会一天到晚地播放各种专家访谈。每个记者都需要为他的报道挑选一位专家。但你要知道，他只有50%的概率选到一个能猜对下一个小时市场方向的专家。如果你打算依赖专家的判断来做出交易决定，他说大盘下午要跳水，结果继续上涨，那你是否还要找机会做空呢？假如他是华尔街一家顶尖机构的交易主管，你是否应该相信他的话呢？没错，他的确可能年收入超过百万美元，如果没有能力持续正确地预测市场方向，别人不可能给他这么高的薪酬。事实上他可能有这个能力，而且可能是一个很厉害的选股专家，但几乎肯定不是一个日内交易者。我们不能仅仅因为他做资产管理可以每年获得15%的回报，就相信他能够预测未来一两个小时的市场走向。这么想是很愚蠢的。我们来做一道算术题。假如他真有这个能力，那么他每天都可以赚到2~3个1%，一年滚下来可能是1000%。既然他没有这么高的回报，就说明他没有这个能力。他的投资周期可能是几个月，而你也许只是几分钟或几十分钟。既然他没有能力通过日内交易赚到钱，你为何要根据一个被证明为失败的日内交易者的观点来交易呢？既然他的身份不是一个成功的日内交易者，这个简单的事实就足以说明他无法通过日内交易赚钱。也就是说，如果他去搞日内交易，照样会亏钱。如果他擅长此道，就会去从事这一行，赚的钱可能远远高于他现在的收入。即便你也采取持仓几个月的交易策略，试图复制他所管理基金的表现，根据他的建议去做决定也是很愚蠢的。也许他下周就转变观点了，但肯定不会告诉你。管理一个现有头寸与开立一个新头寸同样重要。如果你跟着那位专家做，希望像他一样获得每年15%的回报，那么你还应该复制他的头寸管理。显然你没有能力这么做，所以采取这种策略长期来看是注定要亏钱的。当然，你偶尔可能会做一两笔很不错的交易，但说得难听一点，你任意买一只股票也可能做到这一点。所以重要的是这种方法能否在超过100次交易中赚到钱，而不是最开始的一两次。就像大人对孩子说的那样，你也应该告诫自己：不要蠢到相信电视上看到的和听到的是真的，无论它看起来多么光彩耀人、听起来多么冠冕堂皇！

正如前面所说，任何一条新闻，都会有专家认为是利多，有专家认为是利空，记者只是为了写报道随便找个专家来上电视。你会让新闻记者为你做交易决定吗？这也太疯狂了！记者要是会交易，他早就去做交易员了，收入可能是做记者的好几百倍。既然如此，为何让他们影响你的交易决定呢？可能问题在于你对自己的能力缺乏自信，或者想找一个类似父亲的角色，来爱护你。如果你容易受到记者的影响，就不应该去做那笔交易。记者选出来的专家不是你的父亲，他不会保护你，也不会保护你的钱财。即便记者选出来的专家看对了市场方向，专家也不可能手把手教你怎么管理头寸，很可能市场一次回撤就扫掉你的止损，把你震出局了。

财经新闻机构存在的目的不是为人民服务，而是赚钱。这意味着他们需要吸引更多的观众，让广告收入最大化。没错，他们也希望自己的报道有一定正确率，但主要目的还是赚钱。他们非常清楚，只有节目做得好看，才会有收视率。所以他们必须请一些有趣的嘉宾，包括那些"语不惊人死不休"的专家，还需要一些给人感觉比较专业、靠谱的嘉宾，还有一些嘉宾请他们过来只是因为长相不错。无论哪一种，其中大部分人都必须具有一定娱乐价值。尽管有些嘉宾是很厉害的交易者，但他们帮不了你。比如说，当电视采访一位全球顶尖的债券交易员，他往往只是就未来几个月的走势泛泛而谈，而且是在他建好仓几周之后。如果你是日内交易者，他的观点对你没什么用，因为月线图上的牛市和熊市放到日内图形上上涨行情和下跌行情几乎一样多，每天都有做多和做空机会。换句话说，他交易的时间级别与你大相径庭，他的交易与你的交易毫不相干。电视台也会经常采访华尔街大机构的技术分析师，不过他们的观点可能是基于周线图，而观众可能想着在几天内锁定利润。对于这些技术分析师来讲，即便未来几个月市场出现10%的深度回调，他们之前建议买入的多头趋势可能依然存在，但是观众可能早就割肉走了，因此3个月后市场创出新高也就与他们无关了。除非这些技术分析师专门针对你的目标价格和时间级别给出意见，否则无论他们说什么都是无用的。就算电视台采访一位日内交易员，他谈的也可能都是已经发生的交易，当节目播出的时候，市场可能已经反向了，属于无用的过时信息，不可能帮你赚到钱。如果他说的是依然持有的日内头寸，他也会在2分钟的采访结束后很长时间里继续管理他的头寸，显然不会在录节目的时候直播他的操作过程。就算你在他依然持有头寸的时候开始入场，当你最终必须就止损或止盈做出重要决策的时候，他也不可能再出来指导你。总而言之，无论在任何情况下，从电视节目获取交易建议，哪怕是在重要经济数据公布之后，都是赔钱的罪魁祸首，应该坚决杜绝。

你唯一需要关注的是价格走势图。走势图会告诉你需要知道的一切。让你赚钱的是图形，让你赔钱的也是图形，所以它是你交易之时唯一需要考虑的东西。如果你在交易大厅进行交易，甚至连你好朋友的操作都不要相信。他可能一边卖出大量柳橙汁期货看涨期权，另一边暗地里让经纪人以10倍的数量低于市价买入。你的朋友可能只是想制造一种恐慌情绪、把市场砸下来，他好通过别的方式以低得多的价格抄底。

朋友和同事免费提供的建议更不要听。偶尔会有交易者告诉我，他们发现了一个很不错的交易形态，想跟我探讨一下。但我每次都会把他们惹怒，因为我直截了当地告诉他们我不感兴趣。我这种态度让他们感觉我很自私、顽固和思想闭塞。说实话，在交易方面，我的确具有所有这些特征，甚至有过之而无不及。那些能让你赚到钱的技能，在外行看来，基本都属于缺点。为什么我不再阅读关于交易的书籍或文章，或者与其他交易者交流看法？正如我所说，图形已经告诉我所需要知道的一切，任何其他信息都是干扰。个别人对我的态度感到不满，也许是因为我拒绝了他们的善意。他们向我提供某种他们认为可能对我有帮助的东西，作为回报，他们也希望我给一点指导建议。当我告诉他们我不想听任何其他人的交易方法，他们很自然地会感到沮丧和愤怒。我告诉他们，我自己的方法都还没有达到炉火纯青的地步，也许永远都达不到，但有一点我确信无疑，那就是，完善我现有的体系，比试图将其他非价格行为的思路和方法整合到我的交易体系中来，赚的钱要多得多。我问他们，如果长笛大师詹姆斯·高威（James Galway）送给马友友一根好笛子，力劝马友友改学长笛，因为他自己吹长笛赚了很多钱，马友友是否应该接受这个建议呢？

显然不应该。马友友应该继续拉他的大提琴，这样他赚的钱要比同时从头开始学长笛多得多。这个比方有点不伦不类，但道理是一样的。价格行为是我唯一想要演奏的乐器，而且我坚信比起整合其他成功交易者的理念，精通它将让我赚到更多的钱。

下面我们用例子来说明，是图形，而不是电视上的专家，能够准确地告诉你机构是如何解读消息的。

图2　忽略消息

前一天，好市多（Costco）披露季度盈利上升32%，高于分析师预期（见图2）。当天好市多跳空高开，5分钟图上第一根K线回测缺口，然后在20分钟内上涨超过1美元。接着市场转跌，测试前一天的收盘。两次反弹突破下降趋势线，但最后都归于失败，从而构成一个双顶（K线2和3）熊旗或三重顶（K线1、2、3）。随后股价暴跌3美元，跌破前一天的低点。如果根本不知道好市多的财报，你可能会在K线2和3对下降趋势线的突破走势失败之后做空，然后在K线4下方进一步加空（K线4是跌破昨天低点之后的回踩）。你还可能在K线5大反转阳线之后空翻多（K线5是跌破昨天低点之后的第二次反转尝试，同时也是对跌破陡峭的下降趋势通道线走势的高动能反转）。

相反，你也可能因为利好财报在开盘的时候买入。然后当股价开始崩溃，而没有像电视专家所预测的那样大涨，你变得焦虑不安，很可能在第二波跳水跌至K线5的时候砍掉多头，亏损2美元。

当任何趋势以数量很少的K线跨越大量点数,即K线很长且相互之间重叠很少,最终都会出现回撤。此类趋势动能如此之强,以至于回撤之后概率更倾向于趋势恢复和测试趋势极端价位。通常情况下,只要回撤没有演变成反方向的新趋势和超越原趋势的起点,极端价位将会被超越。大体上说,如果回撤幅度达到75%或更高,那么回撤之后市场重回先前趋势极端价位的概率将大幅下降。对于下跌趋势中的回撤,在这个时候,交易者最好把回撤看成新一轮上升趋势,而非对原有下跌趋势的调整。图2中的K线6大约为前期跌势的70%回撤,第二天开盘之后价格重新向下测试前期跌势的高潮低点。

市场因为消息刺激跳空高开,并不意味着会继续上涨,不论这个消息看起来多么利好。

图3　市场在利好消息中下跌

图3是雅虎(股票代码YHOO)的日线图(左边)和周线图(右边)。在两图中K线1开盘之前,有消息称微软有意以每股31美元的价格收购雅虎,造成市场几乎直接跳空上涨到这一价位。很多交易者认为此事已十之八九,因为像微软这样的全球巨头,如果它想收购雅虎,肯定是志在必得。况且,微软手上持有那么多现金,在必要的情况下,提高收购价码也不是什么难事。然而出人意料的是,当雅虎CEO说雅虎价值超过每股40美元,微软沉默了,再也没有提出新的报价。一笔交易就这样慢慢蒸发了,一起蒸发的还有雅虎的市值。到10月份,雅虎股价已经比微软

宣布收购前低20%，比消息宣布当天低50%，并且仍在下跌。所谓强劲基本面和重大利好也不过如此。但对于一个价格行为交易者来讲，熊市中的大幅反弹可能只是一个熊旗，除非随后出现一系列的低点抬升和高点抬升。它有可能接着出现一个牛旗并继续上涨，但在上升趋势得到确认之前，你必须假定周线图上大级别的趋势更加重要。

唯一表里如一的东西就是图形，你所看到的就是真相。如果看不懂图形所发出的信号，就不要交易，等待进一步明确的信号，它总会来的。一旦信号出现，你必须果断入场，承担其中的风险并执行你的交易计划。不要细化到1分钟图上去操作和收紧止损。这样做很可能失败。1分钟图的确具有诱惑力，它会出现大量更小的交易机会（从而风险也更小）。但你不可能抓住所有机会，反而可能像摘樱桃一样，好坏一把抓，最终让自己的账户爆仓。如果你根据5分钟图入场，那么你的交易就应该完全基于对5分钟图的分析，止损和止盈都在5分钟图上设定，不要去管1分钟图是怎么走的。如果去看1分钟图，你的注意力就不可能完全集中在5分钟图上，你的钱就可能被某个交易高手拿走放进他自己的口袋。就像武侠小说中那样，与高手过招，你必须排除各种干扰，把全部注意力集中在你眼前的这张图上，并且相信自己这么做能够赚很多钱。听起来好像有点玄乎，但这是千真万确的，不要有怀疑。所谓大道至简，用简单的方法，做简单的事。人们总是喜欢把简单的事情搞复杂，所以一直简单地去做一件事是非常困难的，但在我看来，这是交易的最佳方法。随着交易者对价格行为的理解不断深入，交易将变得越来越轻松，甚至有些枯燥乏味，但收益却大为可观。

在外行看来，交易与赌博非常类似。我承认二者存在一定相似性，但我从不赌博，因为在赌博中概率、风险和收益的综合考量结果对我不利，而我不喜欢做一上来就处于劣势的事情。赌博是一种机会游戏，不过我要给它做一个限定：它是一种概率略微对你不利、从长远来看必然会失败的游戏。为何要给出这个限定呢？因为不然的话，所有投资和交易都可以看成赌博了。任何投资都有运气的成分，也有全部赔光的风险，无论你是创业、买房、炒股，甚至买国债（政府可能通过货币贬值来稀释债务，这样你卖出国债后所获得的现金购买力可能大大低于你最初所投入的钱）。

的确有些交易者使用简单的博弈论来进行交易。比如，在出现一次或连续几次交易失败之后，选择加大仓位（这就是所谓的马丁格尔套利策略）。21点（Blackjack）中的算牌与震荡行情交易非常类似。算牌者试图搞清楚计数是否已经朝某一个方向过度偏离，尤其是何时剩余的牌中出现花牌的概率比较高。如果算出有这种可能性，他们就会根据花牌出现的概率下注，以增加获胜的可能性。震荡行情交易者也是如此。当他们认为市场朝某一个方向运行过头，就会做一笔反向交易。

我曾经在网上玩过几次扑克牌，没有用真金白银去参与，只是想看看它与交易有何相同之处与不同之处。但我很快就觉得这种游戏我玩不下去，因为它固有的不公平让我感到恼火。这种不公平来自于运气，而我绝对不允许运气在很大程度上左右我的成败。正是从这个角度，我发现赌博和交易有本质的区别。在交易中，所有人手中的牌是都一样的，所以它永远是公平的。从长期来看，你的成败完全取决于你水平的高低。当然，有时候你做对了也可能亏钱，甚至连续发生好几次，这也许可以看成是所有可能结果的一种概率分布。有没有可能交易者水平已经很高，但出现连续亏损10次甚至100次以上的情况？从理论上来讲是可能的，但概率微乎其微。我已经不记得上次遇到连续4次建仓信号失败是什么时候了，所以我愿意去冒这个险。如果你真有水平，长期来看肯定会赚钱，因为这是一个零和游戏（这里不考虑佣金因素，不过如果你选择一个好的经纪商，佣金比例应该是很低的）。如果你比大部分其他交易者都要厉害，你就能把他们的钱赢过来。

有两种类型的赌博不同于纯粹的机会游戏，所以都与交易有些相似。它们是赌球和扑克。这两种赌博都是赢其他赌客而不是赌场的钱，所以技高一筹的赌客可以创造出对自己有利的概率。不过他们所付的"佣金"要大大高于交易佣金，尤其是赌球，抽头通常是10%，也就是说，你必须比竞争对手至少厉害10%才能仅仅打平，这也是为什么像比利·沃特斯（Billy Walters）这种非常成功的体育赌客极为少见的原因。成功的扑克玩家要多一些，我们从电视上各种扑克节目也可以看到。不过即便是大师级的扑克牌玩家也不可能赚到顶级交易者那么多钱，因为交易者的交易规模所受到的外在约束要小得多。

我个人之所以觉得交易没什么心理压力，是因为交易中运气因素非常小，几乎不值得考虑。不过交易与打扑克有一点是共通的，那就是都需要耐心。要想赚更多钱，作为扑克玩家你必须耐心等待最好的那一手牌再下注，而作为交易者，则必须等待最好的建仓形态出现。对于我来讲，在交易中这种等待要更容易一些，因为在等待过程中我能够看到所有其他人的"牌"，而且从市场的价格行为中寻找一些微妙的征兆，也不无思考之乐趣。

赌博这一行有一句俗话，叫"不拿好牌不出手"。这话适用于各行各业，交易也是如此。交易的时候，你必须等待好的形态出现之后才能入场，反之，如果一无纪律，二无方法，赚钱全凭运气和希望，那么你的交易无疑是某种形式的赌博。

有趣的是，很多外行认定所有日内交易者，乃至于各种类型的交易者都是上瘾的赌徒，脑子都不太正常。不可否认有些人是有瘾的，因为他们交易是为了获得快感和乐趣，而不是利润。由于偶尔成功带来的快感，这种人会去做一些概率非常低的交易，然后亏掉大把的钱。然而大部分成功的交易者其实本质上都是投资者，就像投资商业地产或收购一家小企业的投资者一样。交易与任何其他类型的投资唯一真正的差别是，交易的时间周期更短、杠杆更高。

新手往往会有"赌一把"的冲动，而且几乎无一例外地造成亏损。相反，每一个成功的交易者都是按照自己的一套规则进行交易。无论何时，无论出于何种原因，一旦交易者偏离这些规则，那么主观愿望而非逻辑就会成为交易的主导，从而沦为赌博。初学者通常会在出现几次亏损之后开始方寸大乱、赌性爆发，因为他们迫切地想要弥补亏损，所以愿意承担较高的风险，做一些通常情况下不会做的交易。由于他们在做一些自己都相信是低概率的交易，下单的动因完全是亏损带来的焦虑和忧伤情绪，所以他们只是在赌博而不是交易。赌博失利之后，他们感觉更糟了。不仅仅因为亏损进一步扩大，而且他们反思，自己明知纪律是成功的一个关键要素，却不能遵守自己的交易纪律，因此他们痛恨自己自制力差劲。

有趣的是，神经科金融学（Neurofinance）研究人员对交易者进行脑部扫描成像后发现，交易者下单前的反应与瘾君子准备注射毒品之前的反应几乎没有分别。他们还发现一种"滚雪球效应"，交易者无论其行为结果如何，想要继续交易的欲望总是越来越强烈。然而很不幸，在面对亏损的时候，交易者往往选择承担更大的风险，而不是降低风险，最终导致爆仓。沃伦·巴菲特（Warren Buffett）也许不了解神经科金融学，但他能说出下面这句话说明他对这个问题知之甚深："如果你的智商并非出类拔萃，你所需要的就是锻炼控制冲动的能力。正是冲动让其他人在投资中陷入困境。"交易高手往往能够控制自己的情绪，一贯地遵守自己制定的规则。

关于赌博最后再谈一点。人们的思维存在一种自然倾向，即认定凡事都不可能永远持续下去，任何行为都会出现中值回归现象。就交易而言，他们认为如果连续出现三四次失败交易，那么下一笔交易成功的概率也许就会更大一些，就好像扔硬币的过程一样。不幸的是，这并不是市场的运行方式。当市场处于趋势之中，大部分的反转尝试都会失败；当市场处于交易区间，大部分的突破尝试都会失败。与扔硬币正、反面永远是50%的概率不同，在交易中，刚发生的事情一遍一遍地重复发生的概率可能是70%或更高。但由于脑子里根深蒂固的"扔硬币"逻辑，大部分交易者在某个时候都会开始考虑博弈论。

马丁格尔套利策略在理论上无懈可击，但在实践上行不通，因为在实践中情感与单纯的数学逻辑发生冲突。这就是马丁格尔悖论。如果你每次交易失败后反方向开仓，头寸加大一倍甚至两倍，从理论上讲你将会赚钱。就Emini的5分钟图交易而言，如果下单前慎重一点，连续出现4次失败的情况是很罕见的。但这种情况可能发生，发生10次以上也有可能（不过我不记得是否真的见过）。不论哪种情况，如果你比较习惯10手的头寸规模，先从1手做起，然后每次失败后加倍反向开仓。这样4次失败之后你就需要交易16手，8次失败之后需要256手！所以基本上，4次以上失败之后，交易的规模可能已经超出你的承受能力。任何刚开始只愿意做1手的交易者绝对不会愿意做16手或256手，而任何愿意做256手的人绝对不会愿意一开始只做1手。这就是这种策略存在的无法克服的内在缺陷。

既然交易具有趣味性和竞争性两个特点，人们很自然地就将其看成一种游戏，再加上涉及金钱，大家首先想到的就是赌博。其实把交易比作下象棋要恰当得多。下棋你可以清楚地看到对手在做什么，不像打牌，你根本不知道对方是什么牌。而且打牌的时候牌好牌坏完全是靠运气，但下棋每个棋子的位置都是出自你的决策。下棋一切都在明面上，最终的胜负完全取决于你的技巧比竞争对手高还是低。无论作为棋手还是交易者，读懂眼前局势并判断未来走向的能力都是一项宝贵的资产。

外行还担心市场出现崩盘（Crash），由于存在这种风险，他们依然把交易与赌博联系起来。他们担心自己没有能力处理极端情绪化的市场行情。其实在日线图上，崩盘是非常罕见的事件。"崩盘"一词主要用在日线图行情上，指短时间跌幅达到或超过20%以上的熊市，比如1927年和1987年，但我们其实可以把这种行情看成K线形态的一种。这是一种不带情绪的客观视角，更能帮助交易者保持冷静和遵守纪律。如果我们把一张走势图的时间和价格坐标隐去，只看市场的价格行为，你会发现在市场日内走势中经常出现"崩盘"，与经典意义上的崩盘在形态上几乎难以区分。如果你能够克服情绪因素，就可以从各种"崩盘"行情中赚钱，因为在所有图形上，它们都表现出一种可交易的价格行为。

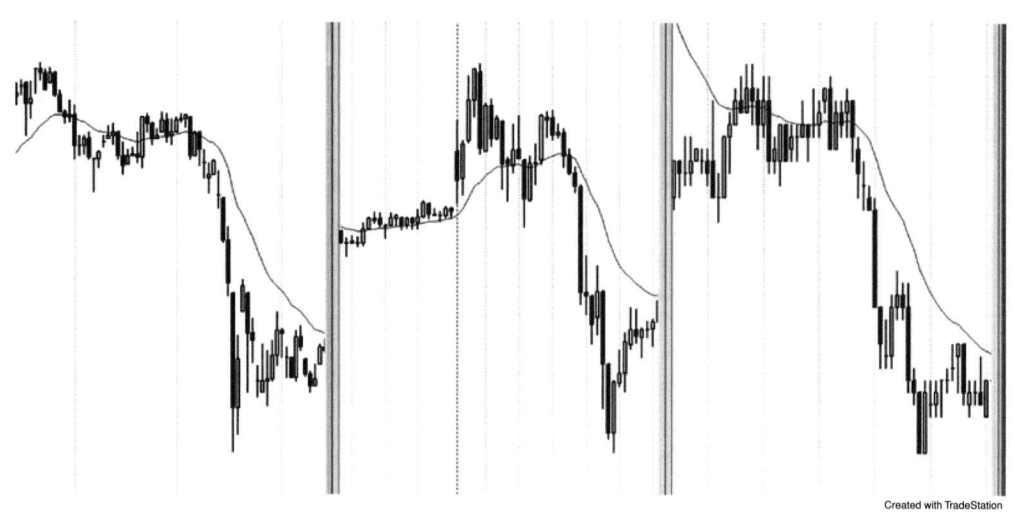

图 4 崩盘走势都是类似的

图 4 显示市场在任何时间级别上都可以出现崩盘走势。左图是通用电气（股票代码 GE）在 1987 年崩盘时期的日线图，中间是好市多（股票代码 COST）发布一份利好财报之后的 5 分钟图，右边是 Emini 的 1 分钟图。尽管"崩盘"一词基本上仅用于指日线图上短时间出现 20% 以上跌幅的情形（过去 100 年只出现过两次），价格行为交易者关注的是形态，而同样的崩盘形态在日内图形上比比皆是。既然崩盘在日内走势中如此普遍，我们就没必要再用这个带有情绪色彩的词了，因为从交易角度来讲，这种走势只是一次表现出可交易的价格行为的空头摆动。

顺便提一下，同样的形态在所有时间级别上出现，这一点可能意味着分形数学原理对于我们设计交易体系可能有所帮助。换句话说，任何形态都可以在较小时间级别中细分成标准价格形态，因此基于价格行为分析的交易决策方法适用于所有时间级别。

# 如何阅读这套书

我试图纯粹从交易的角度对 3 本书的内容进行分类和排序。

## 第一本：《高级趋势技术分析》

- 价格行为与蜡烛图基础知识。市场要么处于趋势状态，要么处于交易区间状态。这适用于任何时间级别，甚至一根单独的 K 线——一根 K 线要么是趋势 K 线，要么是无趋势 K 线（十字星）。
- 趋势线与趋势通道线。这是用来标示趋势与交易区间存在的最基础的工具。
- 趋势。这是每张走势图上最显而易见和有利可图的部分。

## 第二本：《高级波段技术分析》

- 突破。这是市场从交易区间向趋势转变的过程。
- 缺口。突破往往造成几种类型的日内缺口，可以给交易者带来帮助，但只有使用宽泛的定义才能将此类缺口全部涵括在内，令其无所遁形。
- 磁力位、支撑位与阻力位。一旦市场突破、行情启动，价格通常会被吸引到特定价位，这些磁力位通常是反转的开始。
- 回调。它们是从趋势到暂时的交易区间的过渡阶段。
- 交易区间。它们是大致呈现水平价格运动的区域，但其中每一次波动都是一段小的趋势，而整个交易区间从更高时间级别图形上看通常是趋势中的一次回调。
- 进出场与头寸管理。交易者需要掌握尽可能多的工具，需要理解刮头皮、波段交易、加仓与减仓，以及如何通过停损委托单（Stop Order）和限价委托单（Limit Order）入场和出场。
- 交易的数学基础。所有交易都有一个数学基础。当你搞清楚价格为何会如此这般展开，交易就会变得轻松许多。

**第三本：《高级反转技术分析》**

● 趋势反转。反转是所有交易类型中收益风险比最佳的，但由于大部分都会失败，交易者需要有所甄选。

● 日内交易。现在读者已经理解了价格行为，可以运用这些知识来进行交易了。关于日内交易、交易第一个小时行情以及详细例子的章节将告诉大家怎么做。

● 日线图、周线图与月线图。这些图形上有一些非常可靠的价格形态。

● 期权。价格行为可以在期权交易中得到有效运用。

● 最佳交易机会。有一些价格形态尤其不错，入门者应该主要关注这些形态。

● 交易原则。有一些重要概念可以让交易者保持专注。

如果你碰到某个不熟悉的术语，可以从本书最前面的《术语表》找到解释。

有些交易方面的书中行情图采用交易所当地时间，但现在交易既是电子化的又是全球性的，所以不再有这个必要了。我在加利福尼亚从事交易，所以书中的图都是太平洋标准时间（PST）。书中所有行情图都来自于 TradeStation 行情软件。由于每张图都有大量重要的价格走势无法全部讲到，因此在前面的主要讨论之后，我会附上"图形深入讨论"的内容，紧接着对其中许多价格变动做出描述。也许刚开始你会不解，但第二遍阅读这套书的时候，你就会明白我的意图。对于标准形态的各种变体，如果你见得越多，就越能在实时行情的展开过程中发现它们。通常我也会在分析过程中指出图上一两个主要的交易机会。如果你愿意的话，可以在第一遍阅读的时候略过补充讨论的部分，等全部读完、感觉深入探讨部分更容易理解了，再回过头来重温图形。许多形态都是一些重要概念的极好范例，即便前面的主要讨论部分尚未详细谈及，许多读者也希望在重读的时候能够看到进一步的讨论。

有读者反馈，对走势图的描述和讨论部分往往有多页，手上拿着一张打印的图，再阅读讲解部分的内容可能会更轻松一些。

为此，我们对书中出现的走势图的高清原图进行了整理，微信扫描右侧二维码可获取高级趋势系列三本书中全部走势图的高清大图，大家可把图形放大来查看细节，也可以下载或者打印出来。

# 强势信号：趋势、突破、反转 K 线与反转

下面是强劲趋势通常具备的一些特征：

● 当天开盘大幅跳空。

● 出现趋势性高点和低点（即趋势性摆动）。

● 大部分 K 线都是沿着趋势方向的趋势 K 线。

● 连续数根 K 线的实体部分重叠度很低。比如说，在急速拉升行情中，许多 K 线的低点都处于或仅略微低于前一根 K 线的收盘。部分 K 线的低点处于和不低于前一根 K 线的收盘，所以那些试图在前一根 K 线收盘价位置挂限价单买入的交易者无法让自己的单子成交，不得不追高买入。

● K 线没有上下影线或非常短，反映出交易者的迫切心理。举例来说，在上升趋势中，如果一根多头趋势 K 线从低位开盘之后一路上攻，说明交易者在上一根 K 线收盘之后急切地买入。如果这根 K 线收于最高点或附近，说明交易者在继续强力买进，因为他们预计这根 K 线收盘之后会有新的买盘进入。他们之所以愿意在 K 线收盘前买进，是担心如果等到收盘之后再买，买入价可能要高出 1~2 个最小报价单位。

● 偶尔会出现 K 线实体之间的跳空缺口（比如说，在上升趋势中，一根 K 线的开盘可能会高于上一根 K 线的收盘）。

● 突破缺口以一根强趋势 K 线的方式发生在趋势的起点。

● 出现测量缺口，即突破回测与突破点不发生重叠。比如说，一次多头突破的回撤行情没有跌至突破所发生的那根 K 线高点之下。

● 出现微型测量缺口，即有一根强趋势 K 线，而这根 K 线的前后两根 K 线之间存在缺口。比如说，在一轮上升行情中出现一根强多头趋势 K 线，其后一根 K 线的低点处于或高于其前一根 K 线的高点，这就是一个缺口，属于突破回测走势，为强势信号。

● 没有出现大型的高潮走势。

● 没有出现太多长 K 线（甚至是长趋势 K 线）。相反，最长的 K 线往往出现

在逆势运动中（比如上涨过程中的长阴或下跌过程中的长阳），将那些逆势交易者套牢，使之错过顺势交易机会。逆势建仓形态几乎总是要比顺势建仓形态看起来更舒服一些。

● 没有出现对趋势通道线的大幅过靶运动，而一些微小的假突破走势只是造成横向的调整。

● 突破趋势线之后进入横向调整。

● 出现失败的楔形或其他失败的反转形态。

● 连续出现20根均线缺口K线（指连续20根或以上的K线没有触碰到均线，将在第二本书里讨论）。

● 很难找到有利可图的逆势交易机会。

● 出现为数不多的大致横向的小幅回调。比如说，如果Emini日均波幅为12个点，此类回调的幅度很可能低于3~4个点，而且市场往往连续运动5根或以上的K线之后才出现调整。

● 迫切感。你希望市场出现一波像样的趋势内回撤，但等了无数根K线还没有等到。相反，市场一直在缓慢地延续趋势行情。

● 回撤走势出现强势形态。比如说，上升趋势中的高1和高2回调出现强势多头反转K线，可以作为入场的信号K线。

● 在最强劲的趋势中，回撤行情所出现的往往是一些弱信号K线，使许多交易者不敢依据其入场，被迫追涨杀跌。比如说，在下跌趋势中，低2卖点的信号K线往往是2~3根大阳线之后出现的一根小阳线，有时候入场K线是外包阴线。在最强劲的趋势中，K线的收盘价、高点、低点，或实体全部处于趋势性状态。

● 重复的两段式回撤构成顺势入场的机会。

● 没有连续两根趋势K线收于均线另一侧的情况。

● 趋势长途奔袭，突破多个阻力位，比如均线、前期摆动高点、趋势线，而且每次突破幅度都不小。

● 对趋势急剧反转的尝试最终失败，没有延续性走势，而是演变成趋势方向的一次旗形调整。

在向上突破走势中，越具备下述特征，说明突破可能越强：

● 突破K线是一根长多头趋势K线（长阳），影线很短或没有影线。K线越长，突破成功的可能性就越大。

● 如果长阳突破K线的成交量是最近其他K线平均成交量的10~20倍，那么买盘继续涌入和进一步出现等距上涨的可能性将会增加。

● 急速上涨行情幅度很大，持续多根K线，突破多个阻力位，比如均线、前期摆动高点、趋势线，而且每次突破幅度都不小。

● 在第一根突破K线形成过程中，价格大部分时间都在高点附近徘徊，回撤幅度很小（不到形成中K线高度的1/4）。

● 迫切感。你感觉自己必须买进，又想等出现回撤后再买，但回调一直没有出现。

● 突破之后的2~3根K线也是实体阳线，其实体长度至少相当于最近多根阳线和阴线实体的平均长度。即便实体较小，影线比较长，如果后续K线（紧跟着突破K线之后的第二根K线）是长阳，那么趋势延续的概率依然比较高。

● 当向上突破走势击穿一个重要的前期摆动高点，如果交易者在摆动高点上方1个最小报价单位处挂单入场做多，行情涨幅足以让其获得刮头皮利润。

● 飙升行情。持续5~10根K线，而没有出现超过1根左右K线的回调。

● 飙升过程中1根或以上K线的低点与前一根K线的收盘持平，或仅低于前一根K线的收盘1个最小报价单位。

● 飙升过程中1根或以上K线的开盘高于前一根K线的收盘。

● 飙升过程中1根或以上K线收于最高点，或收盘仅低于最高点1个最小报价单位。

● 多头趋势K线后一根K线的低点处于或高于多头趋势K线前一根K线的高点，造成一个微型缺口，这是强势信号。这些缺口有时候会成为测量缺口。这种缺口可能代表极小时间级别上1浪高点与4浪低点的距离，因为根据艾略特波浪理论，1浪高点与4浪回调可以触碰但不能重叠。不过这一点对于交易而言并不是太重要。

● 市场整体形态使得价格有可能向上突破，比如回调之后恢复先前趋势，或是强势突破下降趋势线之后以低点抬升或低点下降的方式测试前低。

● 市场最近几个交易日均为强多头趋势行情。

● 交易区间内出现越来越强的买压，其表现是出现许多较长的多头趋势K线，而且多头趋势K线明显比区间内的空头趋势K线更有力。

● 第一次回调仅发生在突破后的3根或以上K线之后。

● 第一次回调仅持续1~2根K线，而且回调之前的那根K线并非强空头反转

K线。

- 第一次回调没有到达突破点，没有扫掉那些突破时建仓头寸的盈亏平衡止损（Breakeven Stop）。
- 突破走势逆转了近期多根K线的收盘和高点。比如说，市场处于一个下降通道，然后出现一根大阳线，这根突破K线的高点和收盘要高于最近5根甚至20根或以上的K线的高点和收盘。当大量K线被一根大阳线的收盘所反转，比起类似数量K线被其高点所反转，属于更强的看涨信号。

在向下突破走势中，越具备下述特征，说明突破可能越强：

- 突破K线是一根长空头趋势K线（长阴），影线很短或没有影线。K线越长，突破成功的可能性就越大。
- 如果长阴突破K线的成交量是最近其他K线平均成交量的10~20倍，那么卖盘继续涌入和进一步出现等距下跌的可能性将会增加。
- 急速下跌行情幅度很大，持续多根K线，突破多个支撑位，比如均线、前期摆动低点、趋势线，而且每次突破幅度都不小。
- 在第一根突破K线形成过程中，价格大部分时间都在低点附近徘徊，回撤幅度很小（不到形成中K线高度的1/4）。
- 迫切感。你感觉自己必须卖出，又想等出现回撤后再卖，但回撤一直没有出现。
- 突破之后的2~3根K线也是实体阴线，其实体长度至少相当于最近多根阳线和阴线实体的平均长度。即便实体较小，影线比较长，如果后续K线（紧跟着突破K线之后的第二根K线）是长阴，那么趋势延续的概率依然比较高。
- 急跌行情持续5~10根K线，而没有出现超过1根左右K线的回调。
- 当向下突破走势跌破一个重要的前期摆动低点，如果交易者在摆动低点下方1个最小报价单位处挂单入场做空，行情跌幅足以让其获得刮头皮利润。
- 急跌过程中1根或以上K线的高点与前一根K线的收盘持平，或仅高于前一根K线收盘1个最小报价单位。
- 急跌过程中1根或以上K线的开盘低于前一根K线的收盘。
- 急跌过程中1根或以上K线收于最低点，或收盘仅高于最低点1个最小报价单位。
- 空头趋势K线后一根K线的高点处于或低于空头趋势K线前一根K线的低

点，造成一个微型缺口，这是弱势信号。这些缺口有时候会成为测量缺口。这种缺口可能代表极小时间级别上1浪低点与4浪高点的距离，因为根据艾略特波浪理论，1浪与4浪可以触碰但不能重叠。不过这一点对于交易而言并不是太重要。

● 市场整体形态使得价格有可能向下突破，比如回调之后恢复先前趋势，或是强势跌穿上升趋势线之后以高点下降或高点抬升的方式测试前高。

● 市场最近几个交易日均为强空头趋势行情。

● 交易区间内出现越来越强的抛压，其表现是出现许多较长的空头趋势K线，而且空头趋势K线明显比区间内的多头趋势K线更有力。

● 第一次回调仅发生在突破后的3根或以上K线之后。

● 第一次回调仅持续1~2根K线，而且回调之前的那根K线并非强多头反转K线。

● 第一次回调没有到达突破点，没有扫掉那些突破时建仓头寸的盈亏平衡止损。

● 突破走势逆转了近期多根K线的收盘和低点。比如说，市场处于一个上升通道，然后出现一根大阴线，这根突破K线的低点和收盘要低于最近5根甚至20根或以上K线的低点和收盘。当大量K线被一根大阴线的收盘所反转，比起类似数量K线被其低点所反转，是更强的看跌信号。

反转K线是大家最熟悉的信号K线。一根多头反转K线的最低要求是收盘高于开盘（阳线实体），或收盘高于振幅中位。最强势的多头反转K线应该具有一个以上的下述特征：

● 开盘接近或低于前一根K线的收盘，收盘高于自身开盘，也高于前一根K线的收盘。

● 下影线很长，大约为K线高度的1/3~1/2。上影线很短或几乎不存在。

● 与前一根或数根K线没有太多重叠。

● 信号K线之后的那根K线不是十字星内包K线，而是强势入场K线（实体较长、影线较短的多头趋势K线）。

● 收盘反转了1根以上K线的收盘和高点（即收于其上方）。

一根空头反转K线的最低要求是收盘低于开盘（阴线实体），或收盘低于振幅中位。最强势的空头反转K线应该具有一个以上的下述特征：

- 开盘接近或高于前一根 K 线的收盘，收盘大幅低于前一根 K 线的收盘。
- 上影线很长，大约为 K 线高度的 1/3~1/2。下影线很短或几乎不存在。
- 与前一根或数根 K 线没有太多重叠。
- 信号 K 线之后的那根 K 线不是十字星内包 K 线，而是强势入场 K 线（实体较长、影线较短的空头趋势 K 线）。
- 收盘反转了 1 根以上 K 线的收盘和低点（即收于其下方）。

强势多头反转的一些常见特征：
- 出现一根强势多头反转 K 线，阳线实体很长，影线很短或没有影线。
- 随后的 2~3 根 K 线依然是实体阳线，且实体长度至少相当于最近多根阳线和阴线实体的平均长度。
- 急速拉升行情持续 5~10 根 K 线，而没有出现持续大约 1 根 K 线以上的回调。走势反转了多根 K 线、摆动高点和前期下跌趋势中的熊旗。
- 急速拉升行情中 1 根或以上 K 线的低点与前一根 K 线的收盘持平，或仅低于前一根 K 线收盘 1 个最小报价单位。
- 急速拉升行情中 1 根或以上 K 线的开盘高于前一根 K 线的收盘。
- 急速拉升行情中 1 根或以上 K 线收于最高点，或仅低于最高点 1 个最小报价单位。
- 整体形态使得反转有可能发生，比如市场强势突破下降趋势线之后以低点抬升或低点下降的方式测试前期低点。
- 第一次回撤仅发生在 3 根或以上 K 线之后。
- 第一次回撤仅持续 1~2 根 K 线，而且其前一根 K 线并非强势空头反转 K 线。
- 第一次回撤没有到达交易者的入场位和扫掉其盈亏平衡止损。
- 急速拉升行情长途奔袭，突破多个阻力位，比如均线、前期摆动高点、趋势线，每次突破幅度都不小。
- 在反转走势第一根 K 线形成过程中，价格大部分时间都在高点附近徘徊，回撤幅度小于形成中 K 线高度的 1/4。
- 迫切感。你感觉自己必须买入，想等回调之后再买，然而回调一直没有出现。
- 信号 K 线为过去数根 K 线中的第二次反转尝试（二次信号）。
- 反转始于对旧有趋势的趋势通道线的过靶后反转。

- 走势反转了一个重要的摆动低点（即击穿一个重要摆动低点之后反转走高）。
- 高1和高2回撤做多形态的信号K线为强多头反转K线。
- 一切都形成明确趋势：收盘、高点、低点和实体。
- 回撤都很小，而且大致为横向调整。
- 在此之前价格已经突破前期下降趋势线（即这并非首次表现出上涨动能）。
- 测试下跌行情低点的走势动能很弱，表现为K线重叠度很高，而且其中很多是多头趋势K线。
- 测试下跌行情低点的走势在均线和前期下降趋势线处失败。
- 突破反转了近期多根K线的收盘和高点。比如说，市场处于一个下降通道，然后形成一根大阳线，这根突破K线的高点和收盘高于最近5根甚至20根或以上K线的高点和收盘。当大量K线被一根多头K线的收盘所反转，比起类似数量的K线仅被其高点所反转，属于更强的看涨信号。

强势空头反转的一些常见特征：
- 出现一根强势空头反转K线，阴线实体很长，影线很短或没有影线。
- 随后的2~3根K线依然是实体阴线，且实体长度至少相当于最近多根阳线和阴线实体的平均长度。
- 急速下跌行情持续5~10根K线，而没有出现持续大约1根以上K线的回调。走势反转了多根K线、摆动低点和前期上升趋势中的牛旗。
- 急速下跌行情中1根或以上K线的高点与前一根K线的收盘持平，或仅高于前一根K线收盘1个最小报价单位。
- 急速下跌行情中1根或以上K线的开盘低于前一根K线的收盘。
- 急速下跌行情中1根或以上K线收于最低点，或仅高于最低点1个最小报价单位。
- 整体形态使得反转有可能发生，比如强势跌破上升趋势线之后以高点下降或高点抬升的方式测试前期高点。
- 第一次回撤仅发生在3根或以上K线之后。
- 第一次回撤仅持续1~2根K线，而且其前一根K线并非强势多头反转K线。
- 第一次回撤没有到达交易者的入场位和扫掉其盈亏平衡止损。
- 急跌行情长途奔袭，突破多个支撑位，比如均线、前期摆动低点、趋势线，每次突破幅度都不小。

● 在反转走势第一根K线形成过程中，价格大部分时间都在低点附近徘徊，回撤幅度小于形成中K线高度的1/4。

● 迫切感。你感觉自己必须卖出，但想等回调之后再卖，然而回调一直没有出现。

● 信号K线为过去数根K线中的第二次反转尝试（二次信号）。

● 反转始于对旧有趋势的趋势通道线的过靶后反转。

● 走势反转了一个重要的摆动高点（即击穿一个重要摆动高点之后反转走低）。

● 低1和低2回撤做空形态的信号K线为强空头反转K线。

● 一切都形成明确趋势：收盘、高点、低点和实体。

● 回撤都很小，而且大致为横向调整。

● 在此之前价格已经跌破前期上升趋势线（即市场并非首次表现出杀跌动能）。

● 市场测试上升行情高点的走势动能很弱，表现为K线重叠度很高，而且其中很多是空头趋势K线。

● 市场测试上升行情高点的走势在均线和前期上升趋势线处失败。

● 突破反转了近期多根K线的收盘和低点。比如说，市场处于一个上升通道，然后形成一根大阴线，这根突破K线的低点和收盘均低于最近5根甚至20根或以上K线的低点和收盘。当大量K线被一根空头K线的收盘所反转，比起类似数量的K线仅被其低点所反转，属于更强的看跌信号。

# 数 K 线（Bar Counting）基础知识：高 1、高 2、低 1、低 2

有一个可靠的信号来判断上升趋势中或交易区间内的回撤走势已经结束，那就是当前 K 线的高点至少高于前一根 K 线的高点 1 个最小报价单位。由此我们发展出一套方法，那就是去数出此类现象发生的次数，我们称之为"数 K 线"。在上升行情或交易区间的横向或向下调整中，第一根高点高于前一根 K 线高点的 K 线被称为高 1。高 1 终结了第一波横向或向下的调整走势，不过这一波调整可能只是一波更大规模调整的一部分。如果市场没有立即转入升势，而是继续盘整或下跌，那么第二次出现的高点高于前一根 K 线高点的 K 线就是高 2。高 2 终结了第二波横向或向下的调整。

上升趋势中的高 2 和下跌趋势中的低 2 相当于 ABC 调整。第一波是 A，高 1 或低 1 是方向改变的 B，最后一波回调是 C。在上升行情的 ABC 回调中，终结 C 的是高 2 入场 K 线；在下跌行情的 ABC 回调中，终结 C 的是低 2 入场 K 线。

如果上升趋势的回调走势出现了第 3 波，那么终结这一波调整的就是高 3，通常类似楔形牛旗；如果下降趋势的回调走势出现第 3 波，终结调整的就是低 3 卖出形态，通常是一种楔形熊旗。

有些上升行情中的调整可以进一步延伸并出现高 4。高 4 的形成有时候是从高 2 开始的，只不过这个高 2 很快就夭折了，而是又出现两波下跌，形成第二个高 2。所以整个价格行为只是更高一个时间级别上的一个高 2。在其他情况下，高 4 是一轮小规模的"急速与通道"下降趋势，第一波或第二波向下推动为急速下跌，后面的向下推动走势构成一个下降通道。如果高 4 仍未能让市场恢复上升趋势，价格跌破其低点，那么市场就很可能不再是上升途中的回调，而是已经进入下跌趋势。我们需要等待进一步的价格行为才能入场交易。

低 1、低 2 等也是一样的，只不过对应下跌行情或震荡行情中的调整。当下跌趋势或震荡行情发生横向或向上的调整，第一根低点低于前一根 K 线低点的 K 线为低1。低1终结了第一波调整，但这一终结也可能非常短暂，比如只有一根K线。随后再次出现的类似情况则分别为低2、低3和低4卖点。如果低4失败（即在触发低4做空信号之后，一根K线涨至低4信号K线的高点之上），那么价格行为所发出的信号是空头已经失去控制权，接下来市场要么进入双向交易模式、多空交替掌权，要么多头夺取控制权。不论哪种情况，空头都可以用强力击穿一根上升趋势线的方式来宣告自己重新夺权。

# 第一篇

# 价格行为

对于交易者而言，价格行为（price action）一词最有用的定义也是最简单的定义：它是指任何类型走势图或任何时间级别上的任何价格变动。最小的价格变动单位就是 1 个 tick，不同的市场所指的数值不同。不过 tick 这个词在任何市场都有两重含义：一是指市场价格的最小变动单位，对于大部分股票而言就是 1 分钱；二是指交易日所发生的每一笔交易，所以盘口上的每一笔成交就是一个 tick，即便它与前一笔交易价格相同。任何时候我们看到的价格变化，都是一种价格行为。关于价格行为，并没有一个被普遍接受的定义。既然我们需要留意市场提供的每一条信息，哪怕是那些看起来最无关紧要的信息，所以我们必须给它一个非常宽泛的定义。你不能忽视任何信号，因为经常是那些刚开始不起眼的东西最后给我们带来极大的交易利润。

上述定义本身其实并没有涉及如何进行交易，因为每根 K 线都同时是潜在的做多和做空信号。在任何时候，有的交易者打算下一秒做空，因为他们觉得市场连 1 个最小报价单位都不会再涨了；而其他人则打算下一秒做多，因为他们觉得市场连 1 个最小报价单位都不会再跌了。虽然大家可能看着同一张图，但有人看到的是多头形态，有人看到的是偏空的形态。另外，交易者的判断也可能来自基本面数据或其他成千上万种各不相同的理由。最终必然有一方是正确的，另一方是错的。如果多头错了，市场将会开始下跌 1 个最小报价单位，然后是 2 个、3 个、4 个单位，逐渐地，多头开始意识到自己判断错了。到某个时点，他们将不得不止损出局，成为新增的卖家而不再是买家，从而推动市场进一步下跌。然后更多卖家陆续进场，无论是新增空头，还是多头被迫平仓，直到某个时点，买家又开始多起来。这些买家也包括新增买家、获利回吐的空头，以及被迫回补的亏损空头。然后市场将由跌转升，如此循环往复。

对于交易者而言，他们每天重复面对的一个根本性问题，就是判断市场是否处于趋势之中。即便只看一根 K 线，他们也需要判断市场在这根 K 线运行过程中到底是趋势性运动还是非趋势性运动。如果 K 线在一端开盘，在另一端收盘，那它就是一根趋势K线；如果K线实体很短，一端或两端出现长影线，那就是一根交易区间K线。当面对一组K线的时候，他们也需要判断市场在走趋势性行情还是交易区间行情。举例来说，假如市场处于上升趋势，交易者可能会打算在高位或低位买入，甚至是在行情突破上一个高点的时候买入；相反，如果市场处于交易区间，那么他们只会在区间底部买入，然后在区间顶部卖出而不是买入。当市场形成三角形或者头肩顶（底）之类的经典形态，那么市场就处于交易区间。用某个术语来给它们命名对交易没什么帮助，因为对于交易者而言，唯一重要的就是判断市场是否处于趋势之中，而不是我们能否发现一些常见的形态并给它们贴上一个标签。交易的目的是赚钱，而交易者能够利用的唯一一条最重要的信息就是市场是否处于趋势之中。如果是趋势行情，他们可以假定趋势将会延续，然后寻找顺势交易机会。如果属于非趋势行情，他们将会寻求最近一波走势相反的方向入场，即进行逆势交易。趋势可长可短，短则可能只有一根K线（在更小时间级别上，这根K线内部可能包含一段强劲趋势），长则可能是5分钟图上持续一天甚至更长的趋势。交易者如何判断市场是否存在趋势？通过解读走势图上的价格行为。

有一点你必须要了解，大部分时候，下一根K线上涨还是下跌的概率都是50%。事实上，在一天中大部分时候，你都可以认为市场有50对50的概率上涨X点和下跌X点。只在某些时候概率会上升到比如说60对40，而这些短暂的时点就是交易机会所在。不过机会稍纵即逝，市场很快就会重新回到不确定之中，回到多头与空头大致势均力敌、50对50的均衡状态。

由于参与者群体非常庞大，大家使用的交易方法和策略又多种多样，甚至可以说不计其数，所以市场是非常有效的。比如说，你根本不用看走势图，随便在一天中任何时候以市价买进，然后下一个"二择一"委托单，在买入价上方10个最小报价单位处设止盈、下方10个单位处设止损，你都有50%的机会获利。同样，如果你选择卖空，同样设定10单位的止盈和止损，你的空头头寸也有50%的机会获利和50%的机会亏损。将X设成20单位、30单位，或任何数值，概率都是一样的。唯一明显的例外就是当X数值过大的时候，但只要根据最近的价格走势你的X值是合理的、可达到的，那么这一规则就依然适用。

在强劲趋势的急升或急跌阶段，趋势在接下来数根K线延续的概率可能达到70%或更高，但这种情况历时非常短暂，而且一天最多出现一两次。一般而言，在强劲突破走势形成过程中，如果你选择的X值低于当前突破走势的幅度，那么你就有60%或更高的概率在X单位的保护性止损被扫掉之前锁定X单位的利润。举例来说，假如一波多头突破行情已经运行了4个点（对Emini而言等于16个最小报价单位），而且依然非常强劲，如果你将X值定为8单位，那么你可能有大约60%的机会在8单位止损被扫掉之前锁定8单位的利润。

由于市场内在的高度不确定性，我经常会使用"通常""可能""也许"这些词汇来描述我认为至少有60%概率发生的情况。某些读者可能对此感到沮丧，但如果你想通过交易谋生，就必须接受这一点。交易中没有任何东西是接近于确定的，你时刻都身处朦胧的灰色之雾中。所有你将会发现的最佳交易机会都是用这些不确定的词汇来描述的，因为这才是对交易者所面对的现实最准确的描述。

凡事都是相对的，哪怕价格并未发生任何变化，交易者的判断也可能在一瞬间发生改变。这可能是因为你突然看到当前K线高点上方7个最小报价单位处有一根趋势线，于是你不再寻求做空，转而打算做多，期待市场向上测试趋势线。透过后视镜来交易几乎必定会亏钱。你必须往前看，而不是纠结于刚才犯下的错误。这些错误与市场下一根K线怎么走毫无关系，所以你必须将其抛诸脑后，唯一需要做的就是不断地对价格行为做出重新评估，而不是评估你这一天的盈亏。

市场每一个最小报价单位的价格变化都在改变所有时间级别图形上的价格行为，从1分钟图到月线图，也包括所有其他类型的走势图。当然，1个最小报价单位的运动对于月线图而言几乎没有任何意义。除非极个别的特殊情况，比如市场突破月线图上某个关键点位1单位然后立即反转。但在越小的时间级别上，其重要程度越高。这几乎是毋庸置疑的。比如说，如果Emini的1分钟图K线平均长度是3单位，那么1单位就是K线平均长度的33%，所以绝对不能说是可有可无了。

价格行为中最有用的信息是市场突破图形上重要价位或趋势线之后的表现。比如说，假如市场突破一个重要的前期摆动高点之后，随后的每一根K线的低点都高于前一根K线的低点、高点也高于前一根K线的高点，那么这种价格行为就预示着市场可能继续走高，即便眼下出现了数根K线的回调。相反，如果市场向上突破之后，第二根K线是一根很短的内包K线（高点没有超越突破长阳的高点），而第三根K线的低点又低于第二根K线的低点，那么市场突破失败和向下反转的概率将非常高。

小形态演变成大形态，可能带来同向或反向的交易机会。比如说，一种常见的情况是，市场突破一个小型旗形，带来刮头皮利润，然后回撤，演变成一个更大的旗形。这个更大的旗形可能朝同样的方向突破，也可能朝反方向突破。另外，一个形态往往可以同时有几种解读。比如说，一个小型的高点下降形态可能是一个更大三角形中的第二个高点下降，同时又是一个还要大的头肩顶形态的第二个右肩。其实叫什么都无关紧要，如果你正确地解读了K线，其后续走势是一样的。在交易区间中，往往还会同时出现相互对立的形态，比如一个小的熊旗和一个更大的牛旗。你交易哪个形态、用什么名字去描述它，这些都不重要，唯一重要的是你对价格行为的解读，只要解读正确，你就能交易成功。你应该选择那些最有把握的建仓形态去交易，如果感觉不太确定，不妨再等等看。

　　从较长期来看，基本面决定一只股票的价格，而这个价格是由机构交易者设定的。在长线交易者中，这些机构的资金规模和产生的成交量都是遥居前列的。高频交易机构虽然产生的成交量更大，但它们是日内刮头皮交易者，可能不会对日线图走势产生重大影响。价格行为是机构在发掘价值过程中所造成的市场运动。在任何时间级别上，每根K线的高点都处于某个阻力位，每根K线的低点都处于某个支撑位，收盘刚好在某个位置、一点也不高一点也不低，因为计算机程序依据某种理由作出了这种安排。尽管有些支撑位和阻力位可能不是那么明显，但既然计算机掌控一切，而计算机又完全靠逻辑行事，那么一切都应该有逻辑在内，哪怕这些逻辑有时候很难理解。计算机程序化短线交易和消息面决定着市场运行的路径和速度，但基本面决定市场最终的目的地。另外，现在越来越多的基本面分析也开始通过计算机来完成。当机构感觉市场价格过高，它们就会平多或做空；当它们感觉价格过低，就会买进。阴谋论者可能以为，机构私下里勾结起来，在秘密会议上投票敲定市场价格，蒙蔽善良无知的散户、骗取他们的钱财。这种情况是不存在的。事实上，机构的"投票"是通过它们的买入和卖出来进行的，完全是独立的，不存在所谓共谋，而其"投票"结果都显示在价格走势图上。它们不可能掩盖自己的行为。比如说，如果足够多机构在买入，你将会看到市场上涨，应该找机会做多。短期内，一家机构可以操纵一只股票，尤其是那些成交不活跃的股票。但比起其他的交易手段，机构这么做赚的钱要少得多，所以它们其实不愿意在这些小钱上浪费时间。因此，大家对于市场操纵的担心完全是多余的，尤其在成交量非常大的个股和市场中，比如Emini、蓝筹股、债券、货币等等。

　　每家机构相对于其他机构都是独立运作的，没有人知道其他人在做什么。事实上，大机构的交易员之间也是相互竞争的，他们往往在同一交易中做着不同的方向，他们自己并未意识到这一点，也根本不在意。每个交易员都是按照自己的交易体系操作，对于大楼 9 层另一个交易员在做什么并不感兴趣。况且，价格的任何变动都是全体参与资金综合作用的结果，不同的交易者动机和逻辑各异、交易的时间级别也不同。许多交易者甚至不用图，完全根据基本面进行交易。虽然我说市场发生某种变化绝非没有原因，但这其中的缘故远非一种。我不可能指出走势背后的所有原因，只是提出其中一种，让大家知道一些大资金在做什么。比如说，如果某天市场小幅跳空高开，随即迅速跌到均线附近，然后恢复上涨并持续到收盘，我的解读可能是，机构想在低位买进，所以在市场跌至某个支撑区域之前按兵不动，直到它们认为价格可能不会再跌，于是在这个位置大规模吃进。事实上，这可能是部分机构交易员所采用的逻辑，其他机构将会有无数种其他理由在这个价位买进，其中一些理由甚至与你眼前的走势图毫无关系。

当我看着一张走势图，我永远同时想着看涨的可能性和看跌的可能性，无论是针对一根 K 线还是一波摆动行情。在一天中大部分时间，通过一笔交易获得一定数量盈利和出现同样数量亏损的机会大致是相当的。这是因为市场总是在探寻价值和寻求均衡，大部分时候多头和空头都有信心去建立头寸。有时候朝一个方向运动的概率会上升到 60 对 40，在超强趋势中甚至可以短暂达到 80 对 20，甚至更高。但我们要记住，大部分时候都是 50 对 50，不确定和均衡是一天行情的常态。前美联储主席艾伦·格林斯潘（Alan Greenspan）说自己当主席的时候大约 70% 的时候是正确的。大家想想看，像格林斯潘这种能够对自己正确与否产生影响的人物，都只能有 70% 的胜率。如果你 70% 的交易都能够赚钱，而不需要通过交易大规模头寸来提高成功率，那么你的水平已经相当高了。

有些专家在电视上斩钉截铁地说市场一定会上涨，对意见不同者大肆挞伐，甚至搞人身攻击，这类人都属于脑子有病。他们的傲慢意味着他们自认为有至少 90% 的预测成功率，如果真是这样，他们早就富可敌国了，何必再跑到电视上去聒噪。由于大部分短线机会都只有 60% 左右的确定性，剩下 40% 的可能性仍需要我们高度警惕。你必须对相反的情况有充分的准备，因为它们经常发生。碰到这种情况，往往出场观望较为妥当，但有时候也可以反向操作。记住，无论你的判断是什么，其相反情况都有 40% 左右的概率发生，你必须充分意识到这一点。值得一提的是，部分交易者看图和操盘能力相当强，胜率可以达到 90%，不过能达到这种水平的交易者基本属于凤毛麟角。

电视专家总想把观点搞得吸引人一点，往往故作惊人之语，听起来似乎有理有据、非常专业，而且仿佛一副拼命为你着想的样子。然而这只是表象，你千万不要忘了这只是电视节目。电视节目的目的是为其所属的电视台或新闻集团赚钱，而这些公司的股东根本不在意他们节目的投资建议是否帮你赚到钱。电视台是根据评分来选择分析师的，他们需要的是能带来收视率的分析师，好多卖一些广告。所以他们总是选择那些有魅力的人来做节目，这些专家看起来一脸真诚，对你的财务状况显得颇为关切，让你感觉简直不得不看他的节目并且信任他。也许他们的确是真诚的，但这并不意味着他们能够帮到你。事实上，他们的言论对你非但无益反倒有害，因为他们会造成一种误导，让你相信他们能够解决你的财务问题和减轻你养家糊口的压力。他们这么做是在兜售虚假的希望，而受益者不是你，是他们自己。记住，没有人可以通过看电视发财。

电视上许多分析师给出交易建议是基于他们的基本面分析，然后用技术术语对交易机会进行描述，尤其是对外汇市场的分析。他们会把一个事件单独拿出来，比如某央行即将召开的议息会议，预测事件的结果，然后基于这一预测给出交易建议。然而当他们描述这一交易机会的时候，说的其实都是技术面，所谓基本面只不过是拿来牵强附会的。比如说，如果欧元兑美元（EUR/USD）处于上升趋势，他们几乎一定会说会议结果将对欧元有利，推动欧元兑美元进一步上涨，所以建议在回调时买入，保护性止损设在最近一个摆动低点下方，利润目标可能是止损额的两倍。他们这种建议其实就是最简单的交易策略：在一轮上升行情的回调中买入，与他们那一大堆分析和所谓议息会议根本毫无关系。真正影响外汇市场方向的是那些大资金，比如政府和银行。对于即将召开的议息会议及任何议息声明可能产生的影响，它们比那些专家知道的要多得多，而这一点已经反映在价格当中了。而且这些大机构还会权衡评估大量议息会议之外的变量。电视上的专家只是为了在观众面前展示自己的基本面分析能力，装出一副高深莫测的样子，陶醉于像内行一样说话的过程中，说出来的其实全是废话。他们根据基本面进行的预测纯粹是靠猜的，正确率为50%。不过他们的技术分析水平还行，所以如果他们给出的交易建议是成功的，也只能完全归功于他们看图的能力，而不是基本面分析的能力。

股票专家也会时不时对基本面作一些荒谬的解读，比如推荐大家马上买入高盛（GS）的股票，因为高盛的首席执行官（CEO）能力很强，将会采取行动终结高盛股价半年来的跌势。这是什么逻辑呢？高盛的首席执行官一直都没变，上周、上个月、半年前，一直都是他，然而股价依旧不停地下跌！为什么明天或几周后股价会开始上涨呢？这样的基本面逻辑完全是虚构的。电视台只是为了卖广告，而专家就好像娱乐场所门口拉客的妹子，他们不会帮你赚钱。另一名专家可能会推荐大家买阿彻丹尼尔斯米德兰公司（股票代码 ADM）或加拿大钾肥公司（股票代码 POT），理由是如今非洲发展迅速，而非洲人民生活水平的提高将带来对农产品的需求。没错，但是非洲人民的生活水平上个月和半年前都在快速提高，这没什么新鲜的。每当你在电视上看到某个专家骄傲地发表他所谓的独特见解、给出投资建议的时候，你应该直截了当地假定他是一个蠢货、上电视只是为了娱乐大众和帮电视台赚广告费。

其实对于你而言一张走势图就够了。如果市场在上涨，就找机会买入；如果在下跌，就找机会卖出。就是这么简单。电视上的分析师总让人感觉他们专门挑选出来的某一条基本面信息是左右市场的主要因素，而实际上市场远没有这么简单。造成市场运动的原因可能有上百种，其中大部分原因电视专家根本无从知晓。基本面早已经反映在价格行为当中，你唯一需要做的就是研究图形，搞清楚那些大机构是如何看待基本面的。这些机构比电视上那些小丑要聪明一百倍，而且他们所产生的交易量控制着市场的运行方向。大机构分析所有数据，而不是单独某一条信息，其交易框架完全基于数理分析，而不是简单随意的胡诌。你应该跟随机构的脚步，而不是电视上的专家。机构会明确告诉你他们的观点，简直无所遁形，一切都在你眼前的这张图上。另外，从某种意义上讲，基本面分析也是某种形式的技术分析，因为基本面交易者也是依据图表做出决策的，只不过他们的图表是利润增速、债务增速、营收、利润率等等诸如此类的数据走势。基本面交易者也看动能、斜率、趋势线之类，所以他们也搞技术分析，只不过他们自己不这么看，当然，他们当中也有许多不相信单纯的价格技术分析。

为什么价格会上涨 1 个最小报价单位？因为当前价格买单的量要高于卖单的量，不少买家愿意在必要的情况下支付更高的价格让单子成交。这种情况通常被描述成市场中买家多于卖家、买家掌握控制权或市场存在买压。当所有可能成交的买单都以现价（最后的交易价格）成交，剩下的买家就必须决定是否愿意以较之高出 1 个单位的价格买入。如果愿意，他们就会继续往上报价。价格的上升将会使得所有市场参与者重新评估他们对市场的看法。如果买单量继续高于卖单量，那么价格还会继续上涨，因为卖家在当前价格抛出的合约或股份数不足以让所有买单成交。到某个时点，买家将开始脱手部分合约或股份，锁定一部分利润。同时，卖家也可能认为当前价格是一个很好的做空点，抛出的量逐渐高于多头的买入意愿。一旦卖家抛出的合约或股份数超过买单量（这里的卖家包括想要锁定部分或全部多头利润的买家，也包括试图做空的新卖家），所有的买单将会以现价成交，但部分卖家找不到买家接盘。这样，买家出价将会向下移动1个单位。如果有卖家愿意以这个较低价格卖出，那么它将成为新的最后成交价。

既然成交量掌握着市场的方向，新手往往会寻思自己能否利用市场深度（Market Depth）数据占据一定的先机（译注："市场深度"是指市场承接大手数订单而不至于让价格大幅变动的能力。一个较"深"的市场在现价上方和下方均有大量委卖和委买，从而防止一个大手数单子造成价格大起大落）。他们以为，如果能够看到梯形盘口（Price Ladder），看到当前价格上方和下方多个价位所对应的量，就可以预先知道多空力量的强弱并利用这一信息来下单（译注："梯形盘口"即所谓 Level II 数据，在当前价格上方和下方多个价格处显示对应的委卖量和委买量，并以直观的横向柱线显示出来，长短不齐，类似梯状）。他们的逻辑是，既然存在这一信息，就一定有某种方法来利用它获得一定优势。他们忘了市场是由计算机算法交易所控制的，电脑程序同样无时无刻不在发掘任何可能存在的先机。在如今的市场中，游戏的新玩法是，电脑在 N 分之一秒的时间里处理巨量信息，只要有 55% 的成功率，就下单交易，一天交易次数高达上千次，每次只赚取一两个最小报价单位的利润。在这种情况下，个人交易者靠人脑与之竞争必输无疑。你根本不可能知道你看到的是真相，还是一台电脑诱捕其他电脑所设下的陷阱。这也是你很少听到专业交易者谈论市场深度的原因，因为它没什么用。即便交易者处理信息的速度相当快，他由此所获得的先机相比图形分析也是微不足道的。况且这么做还会分散注意力，错过大量风险相当、但潜在回报和赢面更大的交易机会，造成盈利下降。有句话说得好，我们不要打没把握的仗。

既然大部分市场都是由机构交易所推动的，那么人们很自然地就会问，到底是机构根据市场的价格行为来下单，还是机构的交易造成了市场的价格行为？并不是每家机构都会一直盯着苹果（股票代码 AAPL）股价或标普 500 指数交易所交易基金（股票代码 SPY）价格的每一个微小波动、看到 1 分钟图上出现两段式回撤后启动买入程序。事实上，它们每天都有大量交易单要执行，主要任务是获得最佳的成交价格。价格行为是它们诸多考虑因素之一，有的机构可能会依赖它多一点，有的则较少，甚至完全不考虑。许多机构都是通过一套数学模型和程序来决定何时买入和卖出，以及买卖多少。所有机构一整天都在源源不断地接到来自客户的交易单。

交易者每天所看到的价格行为是机构活动的结果，而非后者的原因。当一个有利可图的建仓形态逐渐展开，此过程将伴随大量无法预知的变化，可能最终造成一笔获利的交易，也可能是亏损的交易。建仓形态实际上是一波已启动行情的第一阶段，依据价格行为入场的交易者可以说搭上了早班车。随着价格行为进一步展开，更多交易者将会顺着行情的方向入场，从而在图形上造成动能上升，吸引更多交易者进场。包括机构在内，交易者买入和卖出的理由不可胜数，这些理由大部分我们都没必要去了解，不过有时候某些逻辑是可以利用的，聪明的价格行为交易者可以依据它从被套交易者身上赚钱。比如说，如果你知道不少交易者的保护性止损可能设在某根 K 线下方 1 个最小报价单位处，价格下跌将会让那些刚买入的交易者出现亏损，那么你可以考虑在同一价位挂止损单入场，这样当那些被套的交易者被迫止损的时候，你就有比较大的机会赚他们的钱。

机构活动控制着行情的方向，但它们大部分头寸的持有周期从几个小时到几个月不等，很少会去刮头皮做短差，相反还可能去捍卫最初的入场价。比如说，如果先锋基金（Vanguard）或富达基金（Fidelity）必须为旗下某只共同基金买入股票，它们的客户会希望基金在收盘时依然持有股票。基金的客户都是较为长线的投资者，他们买入基金绝不是希望基金去做日内交易、到一天收盘时全部清仓持现。基金必须持有股票，因此他们的操作模式就是买入并持有，而不是快进快出。比如说，在第一笔买入之后，它们可能还要买很多，将会利用任何小幅回撤来加仓；如果没有回撤，它们就会在市场上涨过程中继续买入。

新手可能还会有一个疑问，到底是谁在市场直线上涨过程中买进？他们为什么不等回调后再买而是以当前市价买入？答案很简单。这是那些机构试图让它们所有单子在尽可能低的价位成交，所以在市场上涨过程中逐步分批买进。而且，此类交易很多是由计算机算法来执行的，只有程序运行完了，买入过程才会结束。还有一些机构的交易程序会在动能强劲的时候持续买进，直到动能减缓后才停止。当你的某一笔交易失败，很可能是因为你错误地解读了价格行为，而不是因为某个机构突然改变了想法、在几分钟内启动一个新的程序以锁定几分钱利润。机构的程序都是基于数理统计的，因此一段趋势延续的可能性同样基于统计。趋势将会延续，直到价格到达某个关键技术位，此时概率倾向于趋势已经运行过头。不存在所有交易程序编写者都一致认同的某根趋势线或某个等距运动目标，事实上一张图上有无数个重要技术位，当足够多技术位发生在同一个区域的时候，市场就会转向。某家机构的程序可能使用这些技术位，另一家机构使用另一些。当足够多机构在大致同一区域押注反转，那么反转将会发生。随着概率逐渐倾向于反转，此时普通机构将会锁定部分利润，而量化分析机构将会反向开仓。接下来，量化分析机构将持续朝相反方向交易，直到市场再次过靶，统计概率再次偏向于反转，于是它们再次反向开仓。

如果机构真那么聪明、能赚到钱，而且左右着市场每一个微小波动，那么为什么它们还会做"买在最高点""卖在最低点"这种蠢事呢？这是因为它们的程序采取"一路买上去"的方法，而且这种策略过去一直是赚钱的，还有一些程序被设计成在多头趋势明确终结前持续买入。它们最后买入的头寸是亏损的，但前面所赚的利润足以弥补这一亏损。记住，所有程序化交易系统都有30%~70%的时间是亏钱的，这只是其中的一次。另外高频交易机构也功不可没，它们会试图刮取一波上升行情最高点前哪怕最后1个最小报价单位的利润。高点通常处于阻力位，许多高频交易机构会在阻力位下方1~2个单位处买入，旨在攫取最后1单位的利润——如果它们的系统显示这是一种赚钱策略的话。还有一些机构的买入动机可能是为了对冲另一个市场（比如股市、期权、债券、外汇等等）的风险，因为它们认为这样对冲之后可以获得更有利的收益风险比。至于散户的买盘，基本可以忽略不计，他们在市场重大转折点所贡献的成交量还不足5%。

机构是价格行为的背后推手，这一事实的重要性在于，它使得依据价格行为进行交易的方式更加可靠。大部分机构都不是做日内的，不会使得市场在你每次入场之后就马上反转。你依据价格行为入场只是让它们的交易行为为你抬轿，但与它们不同，你会在短时间内锁定全部或部分利润。

值得一提的是，如果一个刮头皮交易者所设定的止损大于他的目标利润，那么他需要胜率达到70%以上才能赚钱。很少有交易者能够稳定地做到在70%的时间里赚钱，因此大部分交易者都应该杜绝止损大于利润目标的情况。不过，当交易者遇到潜在回报至少与风险相当的情况，而且对形态成功率至少有60%的把握，就可以考虑参与交易。大部分交易者刚开始的时候都应该寻找那些潜在回报至少是风险两倍的波段交易机会，这样的机会成功率通常只有40%~50%，一天中也只有几次这样的机会，但从长期来看获利的概率要大一些。有时候波段交易建仓形态也可能有60%或更高的成功率，但通常出现在强势突破过程中。这种机会对于大部分交易者而言都不易把握，因为行情太快、往往没有足够的时间去分析，而且大阴大阳也同时意味着更大的风险，但综合考虑，它们通常是交易者所能够获得的最佳机会。

也有一些大资金做日内交易，不过它们需要市场朝它们的方向运动多个最小报价单位才能获利，而价格行为交易者可以在行情启动之初发现征兆并提早介入，从而有较高把握进行一次刮头皮交易。对于这些大资金来讲，如果试图赚取4~8个单位的短差，肯定无法承受市场出现比如15个单位的反向运动。因此它们只有在感觉走势反转的概率非常小的情况下才会入场。如果你能够从图形上发现它们的踪迹，你同样可以对你的交易抱有信心，但一定要设止损，以防你的解读是错误的，抑或做相反方向交易的其他机构使当前走势逆转。

市场通常会出现回调测试入场K线的情况，甚至精确到1个最小报价单位。举例而言，如果有一个做多入场机会，在入场K线收盘之后，买家通常会将保护性止损设在入场K线低点下方1个单位，相当普遍的情况是回调刚好来到入场K线的最低点，1个单位都不多。这意味着止损不会被扫掉，一定有机构大单在支撑这个价位。由于这个位置在走势图上相当明显，它们基于价格行为在做买入动作。

在Emini的5分钟图上，有一些特定的价格走势会改变交易者对市场的看法。比如说，如果一轮上升行情出现两段式回调（ABC回调），然后升至前一根K线高点之上，很多买家会在前一根K线高点上方1个最小单位处做多（高2买点）。如果接下来市场继续跌到两段式回调走势的低点下方，所有人都会认为市场可能至少还有一波下跌。如果你是一个机构交易者并且在高2买入，你不想让这笔交易失败，所以会在下跌中一路买进，直到关键性止损位上方1个单位。这家机构是在利用价格行为支撑自己的多头。

**高频交易**

我们必须认识到一点，无论在股票、期指、交易所交易基金（简称ETF）、外汇、商品还是期权市场中，高频交易在每日成交量中占比越来越高。高频交易机构使用量化分析师设计的算法进行交易。量化分析师属于高端人才，大部分都在数学、量化分析、工程、程序设计或物理学专业获得硕士或博士学位，其佼佼者年薪可达百万美元。高频交易算法种类繁多，有的算法持仓时间仅为一秒钟的N分之一，有的则持仓1~2个小时。高频交易的策略包罗万象，凡是我们能够想到的，基本都包括在内，包括基于大规模数据复杂金融分析的模型，以及基于简单统计偏离的模型等等。每种策略都必须合乎逻辑，并且要通过返回测试来确认其有效性。有些程序员会在盘中对程序作小幅调整，以便在接下来几个小时的行情中占得先机。许多程序都是以纳秒（十亿分之一秒）级别运行的，机构还会想尽一切办法来提高硬件和软件速度，以减少接收数据与执行单子之间的延迟，包括使用最快的程序语言和操作系统。由于高频交易机构所获得的先机非常之小，涉及的金额又多达数亿美元之巨，所以往往行事隐秘，尽量不露出一点蛛丝马迹。为了达到这一目的，他们往往聘请大量高端人才为其服务。

CBS 电视台的《60 分钟》（60 Minutes）栏目在 2010 年 10 月份曾经做过一期高频交易的节目，节目称股市高达 70% 的成交量、每天超过 10 亿股均来自高频交易机构的程序化交易。这种说法有点误导，因为高频交易只是程序化交易的一部分，还有一些其他程序化交易并非高频，它们也属于这 70%。无论是高频交易还是非高频交易，它们的程序都是由量化分析师编写的。量化分析师都是一些数学专业人才，其中设计高频交易程序的分析师根本不考虑走势图或基本面，他们唯一感兴趣的是根据统计分析得出的短期市场倾向。他们当中大部分人也根本不会在乎你所看的 5 分钟图。实际上，其交易与你盯盘时所看的任何图形都没有关系。

在《60 分钟》节目中，记者采访了一家小型高频交易机构 Tradeworx 的主管。这家机构交易的股票篮子多达 4500 只股票，每天交易 4000 万股，意味着每天每只股票平均交易 10000 股。他们通常每笔交易只赚取 1 美分或 1 美分的几分之一，头寸持有时间只有几秒钟到几分钟，头寸规模可能非常小。所有交易都是由电脑来执行的，因为交易机会只存在几分之一秒的时间，人脑根本反应不过来。对于他们 4500 只股票篮子里盘子最小的股票，他们每天所产生的成交量可能有几十万股或更少。如果按照平均数，他们每天交易这家公司 10000 股，假设其他 49 家高频交易机构也交易 10000 股，那么总交易量将达到 50 万股，可能已经超过这只股票的日成交量。所以 Tradeworx 对于某些股票可能每笔交易只有 1000 股或更少，每只股票 10000 股只是根据 4000 万股总量除以 4500 只股票算出来的一个平均数。对于那些盘子比较大的股票，他们的交易量可能要高于平均数、交易频率也更高，但对于很多小股票也不得不做一些量很小的交易。与 Tradeworx 一样，许多高频交易机构每笔交易的利润目标往往只是 1 美分或更少，头寸持有时间只有几秒钟到几分钟。

他们的交易程序纯粹基于统计数据。尽管他们的方法在交易中占据的先机非常小，但如果有足够高的数学上的确定性，每天重复成千上万次，从理论上来讲是可以稳定获利的。这跟赌场赚钱的原理是一样的。对于大部分博彩项目，赌场的优势只有3%甚至更低，但他们可以99%确定这个优势是真实存在的，而不是偶然巧合。如果赌场只有一位赌客，他在某个赌博项目上押注10亿美元，那么赌场将有47%的概率因为这场赌博而破产。然而，当每天有成千上万的赌客下各种小规模赌注的时候，赌场持续赚钱的概率就非常高了。高频交易机构也是如此。

Tradeworx主管在节目中提到这样一种假设的策略：从4500只股票的篮子中，找出过去一周里下跌5%的股票，每只买5美元；然后找出过去一周里上涨10%的股票，每只卖空10美元。采取这种策略，盈利的交易笔数只是略微高于亏损的交易笔数，但如果你占据微小先机的系统以足够高的频率进行这种交易，就能持续获利，就像赌场一样。他说他的公司虽然有时候连续两三天亏钱，但从来没有哪个月份是亏钱的。另一位受访者提到，据说有一家公司连续4年里每天都在赚钱。可想而知，他们应该测试过所有能想到的策略，利用任何可以获得的数据，包括价差、量能、关联市场、以及整个大市。如果测试显示可以获得先机和优势，他们就会根据这一策略进行交易，直到测试结果不再理想的时候。

高频交易机构比所有其他人要早几毫秒获得市场数据。为了提高获取信息的速度，它们不惜每月花费数万美元让自己的办公地点离交易所近一点，同时配备运行速度最快的计算机。他们花钱买来的每一毫秒都意味着一定的先机。它们的电脑不停地挂单和取消单子，每秒钟达到数千个，目的是测试市场的强弱，然后利用所获得的信息尽早地入场和出场。程序化交易产生了市场大部分的成交量，从而控制着大部分的价格行为。随着科技的飞速发展，这种情况可能永远不会改变。这对于个人交易者是有很大好处的，因为它们造成市场流动性非常充分，交易者可以以很小的买卖价差进出市场，从而降低交易成本。

道琼斯公司近年推出一项名为Lexicon的新闻服务，向订阅者提供计算机可以直接阅读的财经新闻。Lexicon将道琼斯所有关于股票的新闻进行扫描，将其转换成计算机语言，让电脑程序可以直接根据这些新闻在N分之一秒的时间里做出买卖股票的决策。其他非高频交易的程序除了实时新闻之外，还分析股票的表现和企业财报，综合做出交易决策。有一些机构会利用差分进化算法优化软件来产生数据，然后用这些数据进一步导出新的数据。它们可以持续对数据进行提炼，直到其达到一定的数学上的确定性，然后用它来自动买卖股票。有些单子数量非常庞大，算法交易软件会把单子打碎，让那些试图提早把握市场动向的交易者捕捉不到蛛丝马迹。所谓"道高一尺，魔高一丈"，还有一些捕猎性质的交易算法专门破解这些隐身的算法程序，让它们现出真身。所有人都试图抢占先机，而越来越多的机构利用计算机来发掘先机和执行交易。

个人交易者不可能在极短的时间内分析完一份报告、解读其所有内涵并在5分钟图上进行交易。电脑处理信息和下单的速度比个人交易者要快无数倍，因此对于财报或经济数据所引发的行情，电脑相对于个人交易者就占据了巨大的先机。当你的交易对手占据巨大先机，那么相应地你就处于极大的劣势，或者说你没有任何先机。既然具备一定先机是参与交易的必要条件，那么当你没有先机或者优势的时候就不应该交易，尤其当你的竞争对手获得巨大先机的时候。不过你仍然可以从财报或经济数据报告中赚钱。既然现在有那么多电脑在快速分析报告并依据分析结果下单，你所需要做的就是研究K线图，从图形上看出市场一致性的判断。这些计算机程序将会告诉你报告对于市场而言意味着什么，你顺着那个方向做就是了。除此之外，电脑在交易日结束前也具有额外的优势。因为交易几个小时后，人自然会疲惫，反应变慢了，不愿再交易，但电脑永远不会累，它们直到收盘前最后几秒，"精神头"还跟开盘时一样。因此，如果你到最后一个小时状态已经不是最佳，也没有发现特别有利的建仓形态，就最好不要再交易了。

高频交易有一个固有的缺陷，那就是它们的做法有点像"杀鸡取卵"。高频交易机构的程序都是基于统计数据，虽然大部分程序都经过多年的测试，显然它们也会关注最近几周的价格走势。现在问题来了。如果大量机构根据市场最近的价格行为对程序做出调整，那么将没有足够多的成交量来作为它们的交易对手方，使得它们无法按照算法的意图进行交易进而获取利润，甚至还会亏钱。这种失衡会造成价格行为发生变化。比如说，如果最近市场的每日波动区间缩窄到长期均值的三分之一左右，这种情况难以持久。因为最终大家都会找出在低波动交易日赚钱的方法，然后所有人可能都在做同样的事情，到某个时点，将没有足够多的资金充当它们的交易对手，让它们的单子无法执行，或者被迫接受糟糕的入场点。无论哪种情况，都会改变市场的行为方式。

许多传统机构的交易员对高频交易机构非常不满，不过我怀疑主要是出于"酸葡萄心理"。这些机构交易员以前处于食物链的顶端，市场所有大行情都是由他们发动的。然而现在时代变了。他们眼看着那些量化分析师赚的钱更多，而且后者对于他们视之为华尔街基石的基本面完全弃之不顾。他们讨厌这些后起之秀参加到他们的游戏中来，讨厌他们漠视自己的方法体系和一切信条，讨厌他们业绩更出色、更受崇拜、被新入行交易员视为自己的职业理想。也许高频交易和其他程序化交易机构还抢走了一部分客户，无疑直接影响到传统机构交易员的个人收入。不过对于我而言，既然目标是赚钱，我很乐意看到市场流动性增加，以及行情大起大落。甚至我也喜欢这些量化交易程序所制造出来的窄幅交易区间，只不过交易起来更困难一些。

流动性好意味着可以立即在一个公允价格获得股票，所以高频交易者实际上在帮助传统机构交易员获得更好的交易价格。过去流动性是由做市商来提供的，现在它们的角色基本上被高频交易机构所取代。话又说回来，现在大家抱怨高频交易，其实以前大家同样抱怨做市商的不公平做法。以往大家对做市商普遍的指责是，当市场崩溃的时候，他们不愿做交易对手方，而此时恰是大部分交易员迫切需要对手方的时候。其他抱怨还包括暗池交易（dark pool）、闪电交易（flash trading）、交叉网络（crossover network）、预先交易（front-running），以及所有其他与电脑化交易有关的方面。不过现在，这些不公平做法大部分可能已经受到联邦政府的严格约束，因此从长期来讲应该不会给个人交易者造成太大问题。

量化交易向市场提供流动性，替所有交易者降低了价差，但它们的程序有时候会造成市场在短短几分钟的时间里出现大涨大跌，如果大量程序在同一时间行为趋同的话。不过这些刮头皮程序对一天的主要行情应该没有太大影响，因为制造行情的依然主要是为客户执行交易指令的传统机构。从长期来看，基本面主导市场，但在几秒几分的极短时间里，程序化交易往往控制着市场，而且正如前面所言，它们的行为可能与市场的基本面毫无关系。基本面决定着未来几个月市场的方向和目标位，但量化交易决定市场到达这一目标的路径。算法交易都是基于统计数据，由于市场存在惰性，它们可能实际上强化了市场的支撑位、阻力位和趋势。所谓"市场的惰性"，是指市场倾向于不断重复当前的行为，因此程序设计者将会侦察出那些重复发生的行为，并编写程序以从中获利。比如说，由于趋势有延续的倾向，程序将会不断建立顺势头寸，从而导致趋势更加稳定、回撤幅度更小。另一方面，在交易区间行情中，由于大部分突破交易区间的尝试都会失败，在程序化交易时代，大量资金都在押注突破失败，从而使得失败的概率就更高了。

尽管市场有惰性，但到某个时点，当前的价格行为将会变得过度。举例而言，如果标普500指数交易所交易基金（股票代码SPY）处于上升通道、连续45天都没有碰到20天均线，而过去10年中这种情况只出现过一次，那么这种走势就是极端异常的。极端不会持久，因为它最终会表现为过度（无论用何种指标来衡量），而过度就意味着机会。市场不知道自己走多远才算远，但知道是否过度并不是难事。一旦大量机构意识到市场涨跌过头，将会预期市场回到正常的运行模式，从中看到先机，押注它朝中位值回归。就前面所说的 SPY 的上涨行情而言，强势空头将会开始做空，并且随着价格偏离均线的时间越来越趋于极端，不断逢高加空。同时，强势多头也将发现市场的走势异常，开始锁定利润，打算等价格至少回撤到均线附近再买入。市场任何一种运行方式都可能走向极端，比如连续许多根空头趋势 K 线、连续许多天波动区间是日均波动的一半或两倍、连续多根 K 线的高点低点或收盘高于前一根 K 线的高点低点或收盘，以及任何其他你能够想到的情况。有一些机构会特别关注市场的各种极端情形并寻找逆势交易机会。另外，任何极端走势最终也会在各种指标上反映出来，所以那些根据指标进行决策的交易者也将进行反向押注。没错，极端不会持久，但除非你对自己的解读信心十足，不要轻易去做逆势交易，因为市场持续以非正常状态运行的能力往往高于你账户的承受能力。

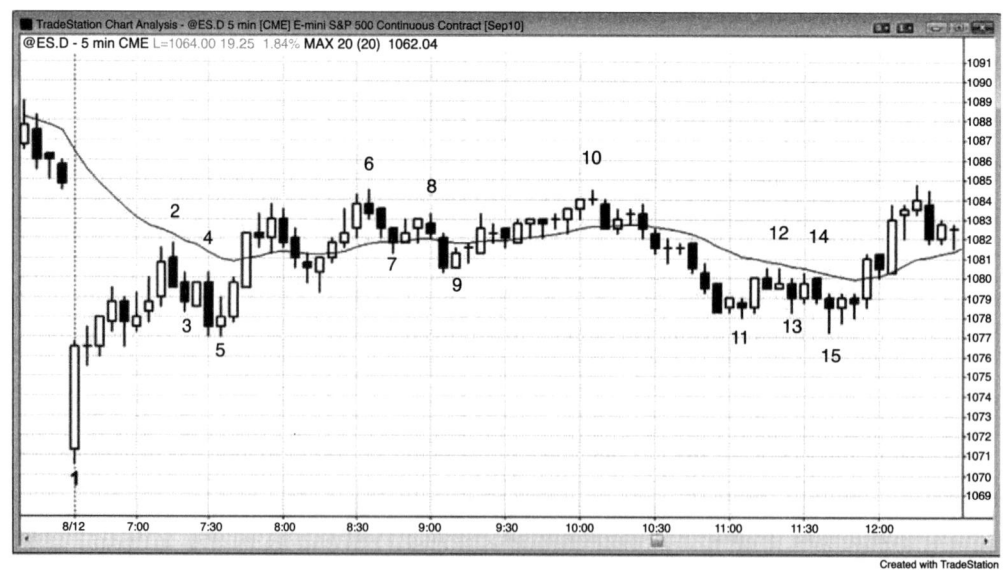

图 PI.1　两段式回调

微信扫描右侧二维码即可获取高级趋势系列三本书中全部走势图的高清大图。

两段式回调对于顺势交易是很可靠的建仓形态。数 K 线的方法我们将在本套书后面的章节（第二本书）详细讨论，但 ABC 形态几乎在每张图上都会出现，我们有必要先简单讲讲。如图 P1.1 所示，K 线 3 是对 K 线 2 之前强劲上涨的第一波回调，也就是 ABC 回调中的 A。K 线 4 高点之前的小幅反弹是 B，跌到 K 线 5 低点的第二波回调是 C。不过大部分回调并非明显的 ABC 形态，有的只有 1 波，有的可能有 3 波或 4 波，因此我们有必要用一套其他的术语体系来描述这种价格走势。将一轮三段式回调标成 ABCDE 似乎太傻了，也没什么用。现在我们换一种方法来描述，当一轮上升行情出现回调之后，就像图 P1.1 中的 K 线 3，第一根高点高于前一根 K 线高点的 K 线就是一个高 1 买点。K 线 4 就是一个例子，K 线 7 的后一根 K 线也是一个例子。如果回调走势继续走出第二波，就像 K 线 5 那样，那么 K 线 5 之后第一根高点高于前一根 K 线高点的 K 线就是高 2 买点。K 线 5 的后一根 K 线就是高 2 买点的例子，K 线 9 的后一根 K 线也是。K 线 5 和 K 线 9 均为高 2 做多建仓形态或信号 K 线。如果出现第 3 波回调，那么入场点就是高 3 买点。如果出现第 4 波回调然后转升，就是高 4 买点。相反，当市场处于下跌行情，比如图中 K 线 10 之后的走势，那么第一波反弹就是 ABC 回调中的 A。K 线 12 或其前一根 K 线就是 A。对这一波小反弹的回撤就是 B，也就是 K 线 13。第 2 波反弹就是 C，即图中 K 线 14 之前的那根 K 线。这是一种横向的 ABC 调整，而在 ABC 回调中 C 浪未能超越 A 浪是很常见的情况。K 线 13 是一个低 1 卖点，它是熊旗中第一根低点低于前一根 K 线低点的 K 线。K 线 15 是低 2 卖点。

大行情往往势不可挡，但小的价格行为可以是非常精细的，因为有些机构交易者会盯着价格的每一个微小波动，或者利用程序来交易一些非常小的价格波动。举例来说，有些 Emini 交易者会试图刮取 1 个点（4 个最小报价单位）的利润。如果他们刚刚入场做多，市场往往需要涨到信号 K 线高点上方 6 个单位，才能让他们获利离场。通常情况下，他们会在信号 K 线上方 1 个单位挂单买进，止盈限价单设在入场点上方 4 个点。一般价格需要高出他们的止盈 1 个单位，限价单才会被执行，也就是说价格要涨到信号 K 线高点上方 6 个单位。有时候价格会不断地打到 5 单位的位置，就是到不了 6 单位（即潜在的"5 单位失败"），然后突然一个 250 手的单子进来，使得价格无法下跌。一般来说，在今天的 Emini 市场，凡是大于 100 手的单子都应该被视为机构行为。即便只是某个资金量较大的个人交易者，他可能也具有机构的思维方式，而且既然他的交易量与机构类似，我们就没必要将其与机构进行区分。由于价格一直在 5 单位徘徊，那么这个 250 手的单子就一定是机构买单。因为当多头陷入焦虑的时候，只要有机构开始做空，市场将会迅速下挫。机构之所以在市场上涨 5 单位的时候买入，是因为预期价格还会继续上涨 1 单位，而且，通常在一分钟左右的时间里价格会突破 6 单位并继续上涨至少好几个单位。机构在高点买入，说明他们相信市场会继续上涨，也许随着市场上涨还会继续加码。另外，4 单位刮头皮成功率这么高，说明有可能是机构的刮头皮行为对盘中大部分刮头皮交易产生了重大影响。

交易者应该密切关注 K 线收盘前的几秒钟，尤其是一些关键的时间级别，比如 3 分钟、5 分钟和 60 分钟 K 线。对于成交量 K 线图的关键量级也是如此。比如说，对于 10 年期国债期货合约，如果大量交易者都看每根 K 线 10000 手的走势图，那么当 K 线收盘的时候（K 线收于使其从开盘算起交易量至少达到 10000 手的第一笔任何手数的交易，所以很少会刚好在 10000 手收盘），价格会出现剧烈波动，改变 K 线最后呈现出来的样子。这说明多空某一方可能想让 K 线看起来更为利多或利空。简单来讲，一根强多头趋势 K 线（大阳线）意味着这根 K 线属于多头。在强趋势当中，一种常见的情况是，5 分钟图上一根反转 K 线可能在最后几秒钟彻底变样。比如说，在强劲跌势中，市场可能出现一根非常强的多头反转 K 线。然而在这根 K 线收盘前 5 秒钟，价格骤跌、K 线收于最低点，将大量预期出现多头反转 K 线、抢先入场的多头套住。所以，在强趋势中做反转交易，必须等到信号 K 线收盘之后再下单。如果是做多的话，可以在这根 K 线高点上方 1 个最小报价单位处挂单买进。

如何学习解读市场的价格行为呢？最好的办法是把走势图打印出来，然后从图上找出交易机会在哪里。如果你是刮头皮交易者，在 5 分钟图上赚取苹果（股票代码 AAPL）50 美分或谷歌（股票代码 GOOG）2 美元的短差，那么你可以从图上找出一天中哪些波动可以带来这样的获利机会。几周之后，你就会慢慢发现一些形态可以做此类交易，而且所冒的风险与你的利润目标相当。如果风险与回报相当，你的胜率必须大大高于 60% 才能赚钱。不过，许多形态的成功率可以达到 70% 甚至更高，另外在许多交易当中，在价格到达利润目标之前，你还有机会将止损从信号 K 线上方或下方移到入场 K 线上方或下方，从而降低风险。另外，你可以试着找一些有很高概率大幅超越利润目标的交易机会，然后先锁定部分利润。事实上，刚开始的时候你应该只关注这种交易机会。你可以将止损移到盈亏平衡，让行情自己去走。将来你可能每周都会碰到几次这样的交易机会——价格在形成反转入场形态之前到达你最初设定的目标利润的 4 倍或以上。

斐波那契回撤线和延展线是价格行为的一部分，但由于大部分只是近似而且大部分都会失败，所以只是偶尔对交易有帮助。比如说，一轮新趋势的第一次回调通常会回撤第一波行情的 62% 左右，但这种情况发生的频率并没有高到让你敢在这里挂单逆势入场。比如说，如果市场在下跌，你希望在出现一个低点抬升之后买进，但重复采取这种策略去交易，收益风险比并不是太高，还要承受很大的心理压力。当然，凡事都有例外，有时候这种做法也是合乎逻辑的。如果斐波那契数字管用，它也必须与价格形态结合起来用。反之则不然。形态本身就是可靠的和可交易的，而不依赖于斐波那契回撤或任何指标。

艾略特波浪理论也是价格行为分析的一种，但对于大部分交易者都没有可操作性。我们通常要等到距离理想的入场点许多许多根 K 线之后才能把浪数清楚，而且任何时候都存在大量截然相反的解读。对于大部分积极交易的日内交易者而言，艾略特波浪理论所需要的思考时间太长，不确定性太高。

# 第1章 价格行为的谱系：从极端趋势到极端交易区间

从任何一张走势图上我们都可以看到两种状态，某些区域市场以一定斜率运行，而另一些区域则是横向运行、价格变动范围较小。市场可以表现出从极端趋势到极端交易区间的价格行为谱系，前者几乎每一个最小报价单位的变动都要比前一个更高或更低，而后者每1~2个单位变动都紧跟着1~2个单位的反向运动。市场很少处于这两种极端状态，即便有也非常短暂，常见的情况是，市场持续处于稳定的趋势，中间只出现非常小的回撤，或是在一个窄幅区间上下震荡数小时之久。趋势会制造出一种确定性和迫切感，相反，交易区间则让交易者对市场走向感到困惑。所有趋势都包含较小的交易区间，所有交易区间都包含较小的趋势。大部分趋势都是更高时间级别上交易区间的一部分，大部分交易区间都是更高时间级别上趋势的一部分。即便美国股市1987年和2009年的崩盘，从月线级别来看也只是回调，刚好回调到月线图上的上升趋势线。后面章节的内容安排主要按照从最强趋势到最窄交易区间的谱系展开，接着讲回调（从趋势向交易区间的过渡）和突破（从交易区间向趋势的过渡）。

我们必须牢记一点，市场经常会表现出惰性，即倾向于重复当前的状态。如果处于趋势之中，大部分的反转尝试都会失败；如果处于交易区间，大部分的突破尝试都会失败。

图1.1有两段极端趋势和一个极端交易区间。这个交易日始于一段强劲下跌趋势，一直持续到K线1，然后进入一段异常窄的交易区间，直到K线2出现1个最小报价单位的向上假突破，然后反转向下突破并进入一段超强跌势，一直持续到K线3。

市场的两段式运动十分常见，不过传统的描述方法并不理想。当一波趋势出现两段式回调，大家一般都将其称之为ABC运动。然而如果这两段行情是一轮新趋势

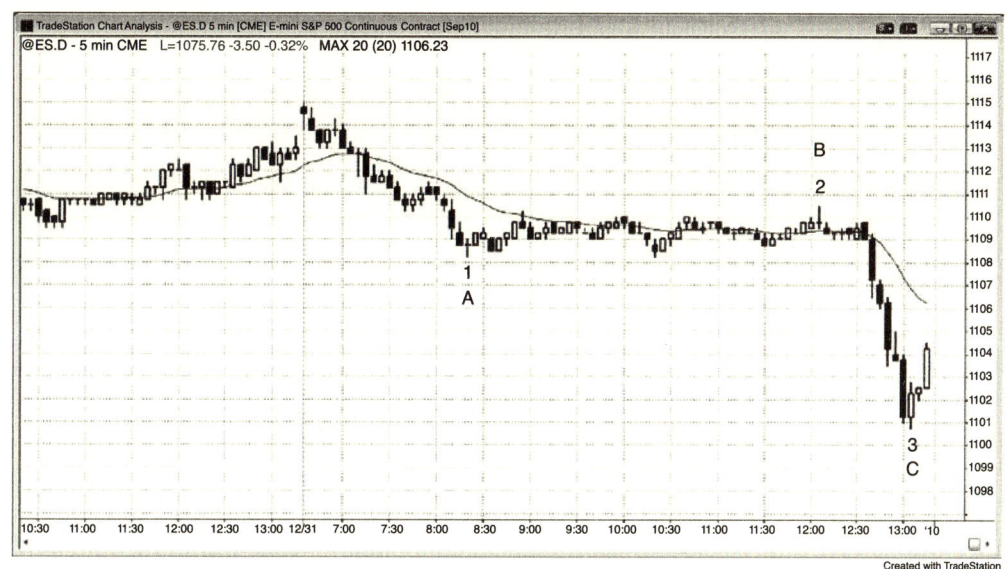

图 1.1 极端交易区间和极端趋势

的头两波,波浪理论技术分析师会将其标示为 1 浪和 3 浪,二者之间的回撤为 2 浪。另外,如果第二段走势的幅度与第一段相当,那些遵循等距理论的交易者会预期行情向上反转。他们把这种形态称之为 AB=CD 运动。第一段下跌从 A 点开始,到 B 点结束(图 1.1 中也就是 K 线 1 之前的下跌,亦即 ABC 运动中的 A),第二段下跌从 C 点开始,到 D 点结束(图 1.1 中也就是从 K 线 2 到 K 线 3 的下跌,亦即 ABC 运动中的 C)。

有些调整会进一步出现第三段甚至第四段,所以我宁愿用一种新的标示体系来进行描述(将在本套书后面的内容详细讨论)。我的方法简单来说就是数回调的段数。比如说,如果在一轮升势或交易区间中出现一波下跌,接下来出现一根 K 线的高点高于前一根 K 线的高点,那么这个突破就是一个高 1。如果市场接着出现第二波下跌,然后又出现一根 K 线高点高于前一根 K 线的高点,那么这根突破 K 线就是一个高 2。第三次和第四次发生就是高 3 和高 4。相反,在下跌趋势或交易区间中,如果市场在出现一波反弹后转跌,这个入场点就是一个低 1;如果在第二波反弹后转跌,这就是一个低 2 卖点,其前一根 K 线称之为低 2 建仓形态或信号 K 线。

虽然等距理论对交易很有帮助,但 AB=CD 这种表述很容易与更常用的 ABC 表述方法搞混,所以应该放弃 AB=CD 这一术语。我更倾向于数段数的方法,所以喜欢用数字来表述,把每一波行情称为"段",比如段 1(或第一次推动)、段 2,

以此类推。在第二本书讲完数 K 线之后，我还会使用高 / 低 1/2/3/4 这种标示方法。这种方法对交易者是有帮助的。

**本图的深入探讨**

交易日开盘突破了前一天的高点，但突破失败，开启了一个"始于开盘的下跌趋势"交易日。另外，本例也是一个"趋势恢复"下跌趋势交易日。一般来讲，如果市场开盘出现强劲趋势，然后进入数小时的窄幅盘整，那么大概率会出现"趋势恢复交易日"。大约在上午 11 点到中午之间（PST 时间），市场通常会出现一次假突破，导致一些交易者做错方向，而这个假突破往往是参与午后摆动交易的极好机会。

# 第 2 章　趋势 K 线、十字星 K 线与高潮

在任何一张走势图上，市场只有两种状态，有趋势或者无趋势。如果没有趋势，那就是某种形式的交易区间（在较低时间级别上又是由趋势所组成）。当市场出现大致重叠的两根或以上的 K 线，就构成了一个交易区间。交易区间可以有很多种形态和叫法，比如旗形、三角旗、三角形。不过叫什么其实无关紧要，唯一重要的就是我们知道此时多空处于某种均衡状态，通常某一方略微占优。在单根 K 线级别上同样如此，这根 K 线要么是一根趋势 K 线，要么是一根交易区间 K 线。单根 K 线交易区间同样意味着在这根 K 线运行过程中多空均无控制权、大致势均力敌。

交易有两个最重要的理念，一是一切背后都有数学基础，二是任何时候当你对市场方向坚信不疑，总存在与你同样聪明的人持相反的观点。凡事都不要太确定，市场永远存在与你的观点背道而驰的可能性。市场有时候处于非均衡状态、可以强劲地上涨或下跌多根 K 线，但大部分时候是相对均衡的，只不过新手刚开始可能领会不到这一点。

市场每一个微小波动都有交易在发生，也就是说，有人认为这里是很好的买点，同时有人认为这里是很好的卖点。既然市场由机构所控制，而机构是很聪明的，所以这里的买方和卖方都是聪明而且理性的交易者，都有一套经过测试被验证为可以获利的交易策略。交易者要学会锻炼一项重要本领，那就是判断一根趋势 K 线到底是一波行情的开始还是结束。如果简单地把强多头趋势 K 线（即大阳线）视为看涨、强空头趋势 K 线（即大阴线）视为看跌，你就把另一半市场玩家给忽略了。在每一根多头趋势 K 线的最高点，有逢高买进的多头，也有等待回调后打算在低点附近买进的多头，千万不要忘记，此时还有一批多头认为行情到头，因此正在逢高卖出和锁定利润。同时，无论这根多头趋势 K 线多么强劲，总有空头认为它是强弩之末而选择在高点附近做空。还有一些空头在等待出现一根更强的多头趋势 K 线，准备等行情超涨之后再行做空。其他空头将会在这根 K 线低点

下方做空，因为他们认为市场跌破其低点将是一个弱势信号、可能引发可交易的反转行情。同样的道理，对于每一根空头趋势K线，无论它看起来多么利空，总有空头在其低点附近获利回补、多头在这里买进，也存在准备在K线高点附近做空的空头和准备在高点上方买进的多头。

交易者应该习惯这种思维方式——所有K线要么是趋势K线要么是无趋势（交易区间）K线。不过"无趋势K线"这个术语有点抽象，而且大部分无趋势K线都类似十字星，简单起见，我们把所有无趋势K线都称为十字星。如果K线实体很小或没有实体，就是十字星，属于单根K线交易区间，此时多空势均力敌。在Emini的5分钟图上，一根十字星要么没有实体，要么实体只有1~2个最小报价单位（视乎K线的总长度）。然而在谷歌股票的日线或周线图上，即便实体长度达到或超过100个单位（1美元），仍具有与完美十字星相当的内涵，仍可将其称为十字星。判断标准是相对的和主观的，不同的市场、不同的时间级别，标准也不同。在交易中，我们只追求近似，不求完美。如果市场出现与某种标准形态近似的形态，那么其后续展开可能与那个标准形态是一样的。

将实体较小的K线细分成上吊线、锤子线或孕线之类意义不大。对于交易者而言，真正重要的根本性问题是某根K线或市场是否在试图形成趋势（大部分情况下都处于中间状态）。比起为某根K线想一个确切的名字，判断一段趋势的强度要重要得多。你是靠下单交易赚钱，而不是靠这些五花八门、毫无意义的名字。

如果K线有实体，即收盘趋势性远离开盘，那它就是一根趋势K线。很显然，如果某根K线很长而实体很小，说明趋势力量不足。另外，在这根K线内部（从更小时间级别来看）可能有几波大致横向的运动。不过这不重要，因为你只需要关注一张图。相反，较长的实体通常意味着较强的动能，不过，当行情持续很长时间之后，或发生突破的情况下，出现实体过长的K线可能是行情达到高潮、趋势动能耗尽的征兆。此时不应参与交易，应该等待价格行为的进一步展开。市场连续走出多根强趋势K线是趋势健康的表现，通常行情会进一步延续，即便眼下出现回撤。每一根趋势K线都同时是（1）急速运动（2）突破（3）缺口（我们将在第二本书中谈到，所有突破在作用上都等同于缺口，所有趋势K线也是如此）（4）真空或高潮的一部分或全部（一波高潮行情往往是在一根或连续多根趋势K线之后由一根停止K线或反转K线所结束）。对于具体某一根趋势K线，占主导的可能是上述一种或一种以上的特征，而任何一种特征都意味着交易机会。当趋势K线属于高潮走势且标志着反转的开始，这根 K 线的形成往往是由于真空效应。举例来说，如果市场出现一波买入高潮然后反转，那么价格急速拉升很可能是因为强势空头选择在场外观望、同时强势多头暂缓获利平仓，直到市场来到他们都等着卖出的区域。反之，如果急升后并未反转，而是迎来进一步买盘，那说明之前的上涨并非由于真空效应，而是强势多头在买入、强势空头也认为市场可能继续走高。交易者需要根据整体市况来判断哪种情况概率更高，进行评估之后再做出买入、卖出或等待的决定。很显然，所有导致反转的急速行情都是真空效应的表现，不过我主要用"真空效应"一词专指价格急速运动之后在明显的支撑位或阻力位反转的情形（将在第二本书讨论）。顺便提一下，崩盘也是真空效应的例子。美国股市 1987 年和 2009 年的崩盘都只是刚好跌破月线上升趋势线，在这里，强势多头重新现身、强势空头获利回补，导致市场急剧反转走高。在上升趋势中，股票交易者往往把短暂的急速下跌行情视为逢低买入的机会。尽管交易者买入前一般希望看到较强的价格行为，但也经常会在一波暴跌行情底部买入原本看好的股票，尤其是在上升趋势线附近的区域，即便此时价格尚未反转。他们认为可能是消息导致股票暂时被错误定价，但这种低估状态不可能持续太久。他们并不在意股价再跌一点，因为抄到回调走势的最低点是不可能的。在他们看来，既然市场很快就会纠错、股价将立即走高，在暴跌过程中入场就没什么问题。

回调走势（将在第二本书细讲）很容易出现大阴和大阳，让交易者怀疑趋势是否已经逆转。比如说，在一轮上升行情中，市场可能出现 1~2 根长空头趋势 K 线跌破均线，可能还略微跌破一个交易区间。于是交易者开始怀疑市场趋势是否正在由升转跌。现在他们只需要看到延续性的抛盘来证明这一点，可能只需要再出现一根空头趋势 K 线就够了。所以大家都会紧盯着下一根 K 线。如果是一根长空头趋势 K 线，大部分交易者将会认为反转已经得到确认，开始以市价或在回撤后做空。相反，如果收出一根多头趋势 K 线，他们便会怀疑反转尝试已经失败，前面的急速下跌只是短暂的打压，因此反而是买入机会。新手往往只看到一根大阴线，而忽略了它背后的强劲上升趋势。新手会在这根空头趋势 K 线收盘之后卖空，或在这根 K 线低点下方，或是随后几根 K 线小幅反弹之后，以及任何低 1 和低 2 卖点下方。此时老练的多头正成为他们交易的对手方。市场总是在试图反转，但 80% 的反转尝试均以失败而告终，形成牛旗。当反转尝试发生之时，2~3 根空头趋势 K 线很容易让交易者误以为行情反转，但如果缺乏后续抛盘，多头将会把短暂的抛售高潮视为逢低买入的好机会。实际上，经验老到的多头和空头会等着这些强趋势 K 线的出现，有时候会先在场外观望，直到大阴线出现之后，他们才断定回调进入高潮性尾声，从而入市买进——空头回补空头头寸，多头建立多头头寸。有时候这种情况也发生在趋势末端，交易者都在等待一根强趋势K线出现。举例来说，当一轮强劲跌势来到支撑区域附近，可能会以一根极长的空头趋势K线向下突破。在这根K线出现之前，多头和空头都不愿买入，而现在双方都把这一波抛售高潮视为买入机会。空头认为这是锁定空头头寸利润的好价位，多头也认为这一极低价位是不可多得的好买点。

  有时候这种大阴线急跌走势可以收在K线的最低点，然后反转走高。交易新手往往感到难以理解。一根大阴线收在最低点，然后出现一根内包小阳线，市场怎么就反转并且创出日内新高了呢？他们没有认识到一点，在较小时间级别上，这根大阴线可能具有明确的反转形态，比如"三连推"形态。然而即便他们盯着小级别图形交易也会亏钱，因为形态的形成速度太快，交易者根本没有时间做出准确的分析。记住，所有形态都是计算机算法所造成的，而电脑拥有巨大的速度优势。与一个占据巨大优势而且出错率极低的对手竞争，注定是一场错误。当速度成为关键因素，电脑就占据极大先机，交易者不应与它们对抗。因此交易者应该选择一个有足够时间仔细处理信息的时间级别来进行交易，比如5分钟图。

  一根趋势K线是高潮的关键组成部分，而高潮又是反转的关键组成部分。交易者往往错误地使用"高潮"一词，将其视为反转的同义语。任何趋势K线都是高潮或高潮的一部分，而高潮结束于第一根停止K线。比如说，如果市场连续出现3根多头趋势K线，下一根K线是上影线很长的小阳线、内包K线、十字星或空头趋势K线，那么高潮就是在这3根多头趋势K线结束的。这个连续3根K线的买入高潮意味着市场走得过远过快，交易者的买入热情迅速下降，导致升势转为多空均衡的双向市场。此时部分多头选择锁定利润、打算等价格回调之后再买，而部分空头开始做空。如果接下来多头战胜空头，市场将恢复上涨；但如果空头胜出，市场将会以一根空头趋势K线反转。这根K线将起到空头突破的作用，这个反转形态则是一个高潮反转顶部。买入高潮是上涨，高潮反转顶部是上涨之后转跌，二者是有区别的。多头趋势K线的主要角色是制造高潮，空头趋势K线主要是作为一次突破，二者联合制造了一个高潮反转顶部或者说一次买入高潮与反转。

  所有强多头趋势都包含强多头趋势K线或连续多根多头趋势K线，每一根都是一次买入高潮，但大部分不会成为高潮反转的前奏。反转的发生需要一波买入高潮和随之而来的空头突破（即一根强空头趋势K线）。多头和空头趋势K线不一定非得紧挨着，往往会被多根 K 线所隔开，但必须兼有二者才能称其为一次高潮反转。事实上，在一波上升行情顶部所发生的所有反转都是高潮反转，虽然有时候从图上看起来不太像。如果上升行情被 5 分钟图上一根强空头反转 K 线所逆转，它依然是一次高潮反转，只不过是发生在较小时间级别上。尽管我们没必要每次都从更小的时间级别上去找出那段完美的急涨急跌走势，但它一定是存在的。而且，无论何时，只要出现多根 K 线所构成的一个高潮顶部，在某个更高时间级别上它往往对应一根单独的反转 K 线。同样，我们也没必要去找到那个完美的时间级别和那根完美的反转 K 线。记住，所有交易者都在试图发掘先机，在这个电脑时代，几乎所有行情软件都可以让交易者即刻看到任何时间级别的图形，而且不同交易者所关注的图形也五花八门，只要你能想到的都有，除了根据时间编制的走势图，还有基于最小报价单位数量、成交合约数量及各种结合体的走势图。总有人看到了那根完美的反转 K 线，也有人看到了那波急涨随后急跌的走势，但如果你读懂了眼前走势图的 K 线语言，不用亲眼看到也知道是怎么回事。与前面所说的情况相反的就是高潮底部，即一波下跌高潮伴随着向上反转。我们将在本书第五章和第六章讲信号 K 线的时候进一步讨论高潮反转，第三本书中也将涉及。

理想的趋势 K 线是一根具有中等长度实体的 K 线，意味着从 K 线开盘到收盘市场出现了一段趋势性运动。就多头趋势 K 线而言，最低要求是收盘高于开盘，亦即 K 线为阳线（本书中以白色蜡烛表示）。多头为了展现对市场更强的控制力，可以让实体长度达到或超过此前 5~10 根 K 线实体的平均长度。其他关于 K 线强度的信号我们将在另一章讨论，这些信号包括开盘处于或接近最低点、收盘处于或接近最高点、收盘处于或高于此前数根 K 线的收盘和高点、高点高于此前一根或多根 K 线的高点，以及影线很短，等等。如果 K 线过长，尤其是当其处于趋势之中时，可能代表动能枯竭或是单 K 线假突破，将追高的多头套住并往往在随后的 2~3 根 K 线中反转向下。空头趋势 K 线的情形则与前面相反。

所有趋势 K 线都是市场想要突破以开启一段趋势的尝试，而这种尝试大部分都会失败（下一章我们将会讨论这个话题）。另外，所有趋势都是从一根趋势 K 线开始的，这根 K 线的实体可能只是比最近几根 K 线的实体略长；有时候这根 K 线很长而且紧接着出现数根同方向的趋势 K 线，说明趋势较为强劲，更有可能出现延续性行情。

当市场处于交易区间或下跌趋势，开始出现多根多头趋势 K 线，这是买压的信号，说明多头试图夺回市场控制权、将趋势逆转。交易者在多头趋势 K 线后的小幅回调中买进，因为他们认为市场将会立即走高、可能不会出现较大的回撤让他们进场。他们甚至会在K线收盘前最后几秒买进，唯恐下一根K线开在最低点，然后一路走高。他们有一种非买不可的迫切感，不愿等待回调，因为回调也许要等市场大幅上涨之后才会来临。他们会在前一根K线低点下方和摆动低点下方买进，导致市场逐渐转入上升波段或趋势。此时空头也不再大规模地在新低做空，而是开始获利回补，同时越来越多的多头将新低视为极佳的买入机会。

相反，在交易区间或上升趋势中，当空头趋势K线开始聚集，这是卖压信号，说明空头有可能很快制造一轮下跌趋势。比如说，市场处于上升趋势，发生几次包含长空头趋势K线的回调，现在进入一个交易区间，几次摆动均出现较长的空头趋势K线，说明卖压在集聚，空头可能很快就会将市场扭转成一波下跌行情或下跌趋势。卖压是累积性的，空头K线数量越多、实体越长，那么卖压达到临界点、战胜多头和扭转市场方向的可能性就越高。买压也是如此。在一个交易区间或一段空头趋势中，如果多头趋势K线数量越来越多、实体越来越长，说明买压在聚集，市场上涨的概率上升。

强势多头制造买压，强势空头制造卖压。强多与强空都是机构交易者，这些强势交易者行为的累积效应决定着市场的方向。比如说，在下跌趋势中的买压信号包括K线的下影线、在向下摆动走势的底部出现双K线反转或多头反转K线，以及大阳线的数量越来越多等。这是强势多头在每一个新低买入，在每一根K线底部买入并使其收盘远离低点。这种情况之所以能够发生，必然是因为强势空头也觉得在如此低的位置做空不太划算。如果市场进一步下挫，弱势多头可能会认亏割肉，强势多头则不同，他们会越跌越买。此时强势空头只愿意在更高的价位做空。我们怎么知道呢？因为如果足够多空头愿意在K线底部做空，他们应该能够击败多头，让K线收在最低点，而不是中间甚至高点附近。

每当交易者看到买压出现，他们就知道强势多头在低点附近买入，而强势空头不再愿意在低点做空、只想逢高卖出。那么当强势多头在底部买进、强势空头只想逢高卖出的情况下，会发生什么呢？市场将进入交易区间。强势空头将在区间顶部而不是底部卖出，强势多头将在区间底部而不是顶部买入。弱势交易者的做法往往相反。弱势多头继续在低点附近止损卖出；同时担心错过新一轮上升趋势，继续在高点买入。弱势空头则期待行情向下突破，继续在低点附近卖空；同时在高点附近止损买入，也是担心市场会进入一轮上升趋势。

一切都是相对的，需要我们持续进行重估，甚至有时候需要彻底转变对市场运行方向的看法。记住，对市场方向有 60% 确定性的情况是很少见的，可能会迅速降为 50% 甚至是朝另一个方向的 60%。

没错，所有 K 线要么是趋势 K 线要么是十字星 K 线。十字星意味着多空势均力敌。在十字星形成过程中，如果你去看足够小时间级别的走势图，会看到两种情况，要么市场先下跌然后上涨、形成一个卖出高潮，或者先上涨然后下跌、形成一个买入高潮。我们在第三本书讲高潮反转的时候将会谈到，高潮并不意味着市场即将反转，只是说明市场朝一个方向运行过快过远，现在正尝试另一种运行方式。此时多头继续买进、试图让升势延续，而空头继续做空、试图让行情转跌，二者合力的结果往往是市场横向震荡。这种横向走势短则可能只有一根 K 线，长则可持续数根 K 线，但它代表一种双向交易，因此属于交易区间。既然所有十字星都包含双向交易，而且往往至少短暂地伴随进一步的双向交易，那么十字星就应该被视为单 K 线交易区间。

不过有时候一系列十字星也可以表示趋势依然成立。比如说，如果连续出现多根十字星，每根 K 线的收盘都高于前一根 K 线的收盘，大部分 K 线的高点和低点都高于前一根 K 线的高点和低点，即市场出现趋势性收盘、高点和低点，因此趋势依然有效。

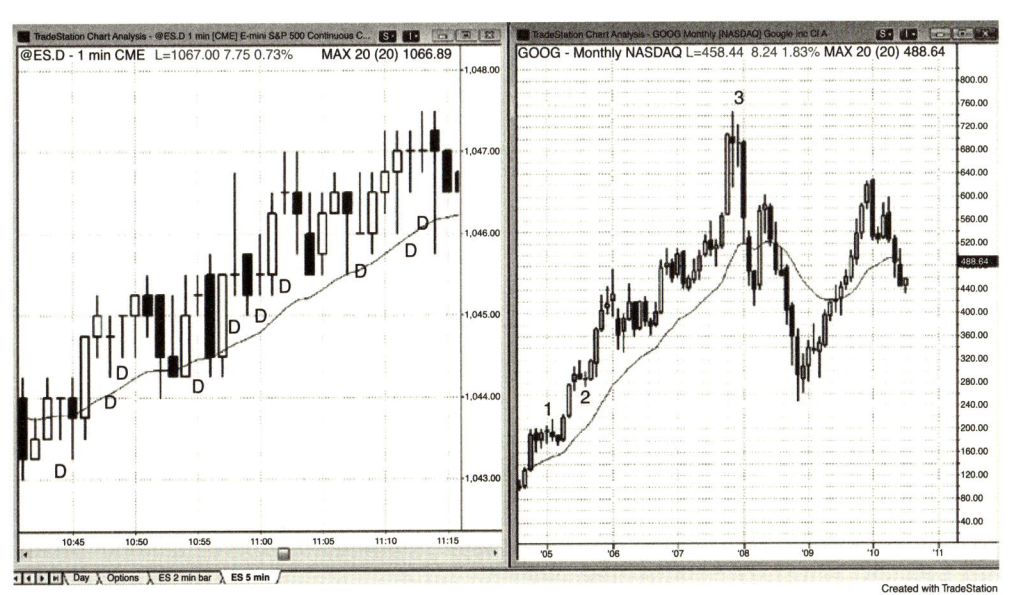

图 2.1　完美的十字星很少

图 2.1 显示将"十字星"仅限定为收盘价等于开盘价 K 线的缺点所在。基本的价格行为分析适用于所有时间级别，将某一术语限定为一种完美形态是不合理的。

## 高级趋势技术分析
——价格行为交易系统之趋势分析

左图为 Emini 的 1 分钟图，虽然价格处于上升趋势，图上有 10 个完美的十字星，右图为谷歌（股票代码 GOOG）的月线图，图上没有一个严格意义上的十字星。尽管右图有几根 K 线看起来像十字星，但即便实体最短的 K 线 3，其收盘价也高于开盘 47 美分。无论左图还是右图，使用经典定义对交易都没什么帮助。在谷歌的图上，K 线 3 完全符合十字星的特征，交易时应该把它当成十字星来对待。还是那句话，在交易中近似足矣，过分追求完美只会造成亏损。

### 本图的深入探讨

当一轮上升趋势出现一根极长的多头趋势 K 线，比如图 2.1 中谷歌的走势图，它可能意味着最后的恐慌性买盘，要么是空头在回补亏损的空头头寸，要么是最后一波多头入场造成上升动能井喷。它是一个买入高潮，当其形成之后，往往市场上已经没有等待买入的多头，空头夺回市场控制权。随后出现的长空头趋势 K 线构成反转走势的第二根 K 线。

在某个更高时间级别，这可能是一次完美的双 K 线反转。如果时间级别再往上，这个顶部应该是一根长空头反转 K 线。在市场急上又急下之后，无论多头还是空头都没有放弃，都在努力制造出一个朝自己方向的价格通道。二者合力的结果就是市场进入交易区间。这个交易区间可以只有一根 K 线，也可以持续多根 K 线。就谷歌的图形而言，双向交易造成了连续 3 根高点下降的 K 线。最终一方胜出。

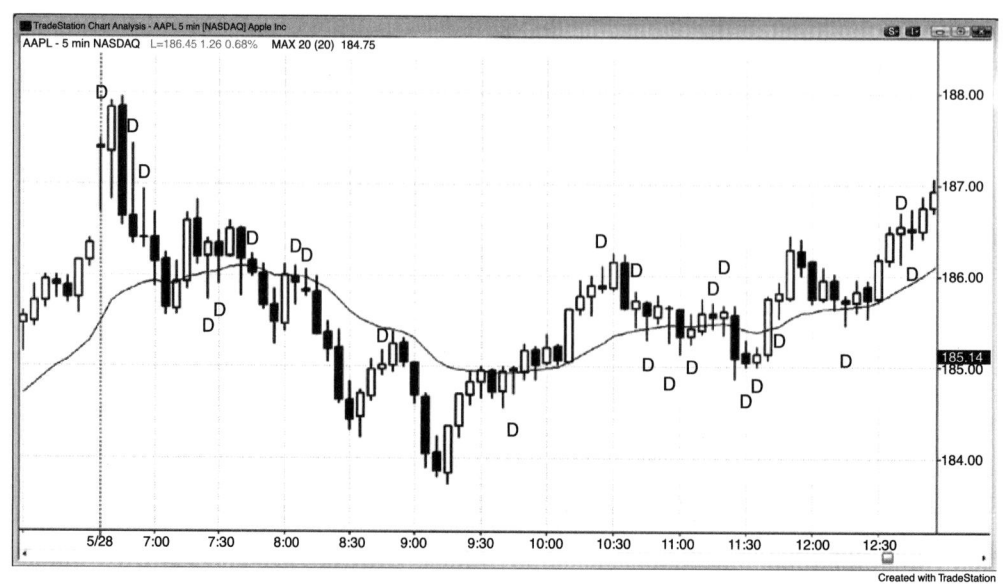

图 2.2　日内十字星

从交易角度来讲，我们可以把所有 K 线分成两类，要么是趋势 K 线，要么是十字星（无趋势 K 线）。图 2.1 和 2.2 中用"D"来表示十字星，使用的是非常宽松的定义。实体很短的 K 线在某些价格行为区域可以看成十字星，在另一些区域则可视为一根小的趋势 K 线。我们作此区分的唯一目的是帮助你快速判断是某一方控制着这根 K 线还是多空处于僵持状态。图 2.2 中有几根 K 线比较模糊，说它是趋势 K 线还是十字星似乎都可以。

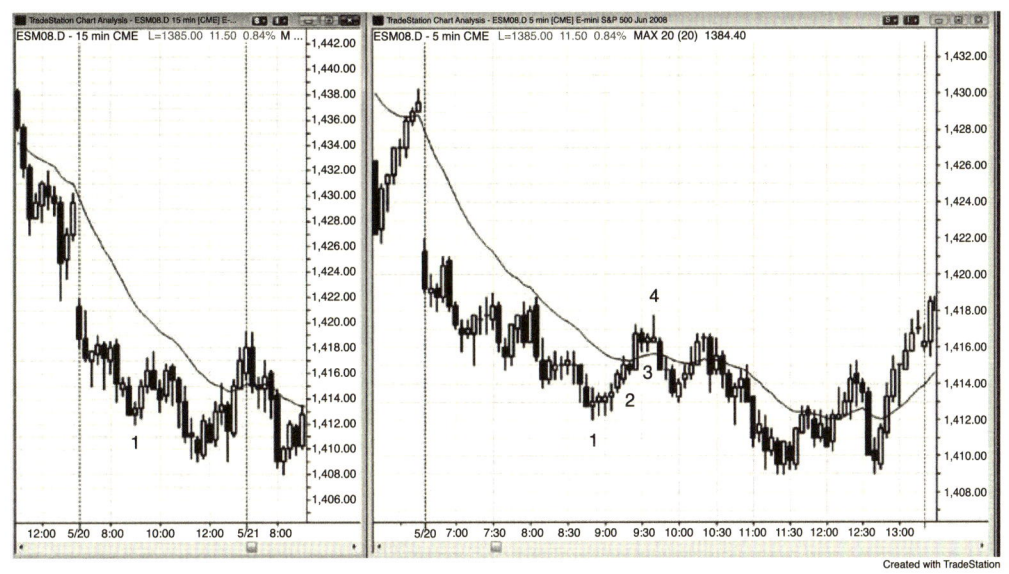

图 2.3 趋势性连续十字星

单根十字星意味着无论多头还是空头都没有取得市场控制权，但趋势性连续十字星意味着某种趋势。如果多根十字星呈现上行态势，往往是买压集聚的信号，行情上涨的概率上升。在图 2.3 中，右边的 5 分钟图从 K 线 1 开始连续出现 4 根十字星，每一根 K 线的收盘、高点和低点均形成上行趋势。从更高时间级别、左边的 15 分钟图来看，这 4 根 K 线对应于在一个新的摆动低点处形成的一根多头反转 K 线。

**本图的深入探讨**

图 2.3 中交易日开盘大幅跳空低开（即一次空头突破），紧接着出现一根长空头趋势 K 线。因此这一天有可能成为某种空头趋势交易日，交易者将会伺机做空。右边 5 分钟图上当天开盘后第 4 根 K 线是一根多头趋势 K 线，说明多头试图扭转

跌势，但最后还是无功而返，造成多头被套、空头踏空下跌行情。从开盘跳空造成的空头突破角度而言，这是一次"失败的突破"，从而带来在多头趋势 K 线低点下方进行一次突破回调做空交易的机会。K 线 4 是强劲下跌趋势中的均线（20 EMA）跳空 K 线，是一个很好的做空机会，可以预期行情将测试当日低点。但由于测试通常导致强劲回撤甚至反转，交易者将会寻求在行情创出新低和随后测试当日低点时买进。

在图 2.3 中，K 线 1 在左右两张图上都是一次趋势通道线过靶（连接前两个摆动低点画出一根趋势线）。市场试图突破下降通道的下轨然后加速，但与大部分突破一样，以失败而告终。对趋势通道线突破失败的情况尤其普遍，因为这种走势目的是让趋势加速，而趋势本来有随时间弱化的倾向。

K 线 4 是一根十字星，即单 K 线交易区间，但依然可以是一个很好的建仓形态。它是一根末端旗形反转形态的信号 K 线（一个双内包（ii）旗形突破失败），同时也是下跌趋势中的均线缺口 K 线做空形态，所以是预示行情将测试前期低点的可靠信号。下跌行情反弹出现均线缺口 K 线往往会突破下降趋势线，而随后测试前低的行情往往是最后一波下跌，然后市场开始预谋反转。就图中而言，测试前低 K 线 1 低点的走势形成了低点下降，那么交易者应该期待至少出现两波上涨。相反，如果测试形成低点抬升，那么上攻 K 线 4 的走势应该是第一波上涨，交易者应该预期至少还有一波升势。

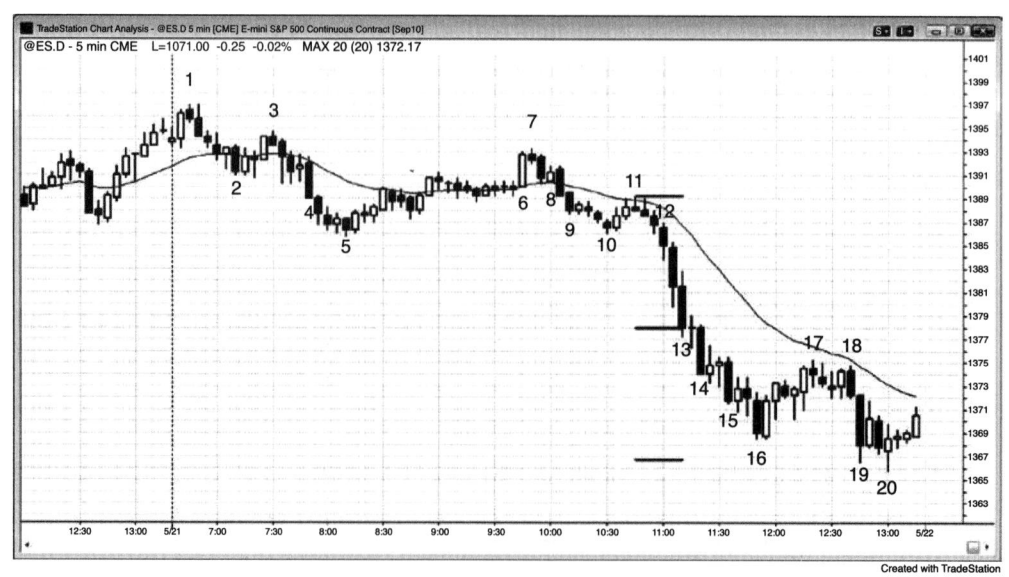

图 2.4　无趋势的趋势 K 线

就像十字星并不总是意味着市场没有趋势，趋势 K 线也并不总是意味着市场处于趋势之中。在图 2.4 中，K 线 6 是一根强多头趋势 K 线，突破了一长排十字星。然而没有买盘跟进，下一根 K 线的高点高出这根趋势 K 线一个最小报价单位，然后收在低点附近。这一看就是一次失败的多头突破，多头会在这根空头停止 K 线下方 1 单位处出场，空头也在这里做空。除非有进一步的看涨价格行为，没有人有兴趣买入，从而造成市场进一步下跌。多头试图捍卫多头突破 K 线的低点，在这里形成了一根小多头趋势 K 线（K 线 8 是一个突破回调做多形态，但始终没有被触发），但市场还是跌破了这个低点，于是这些先行多头再次离场、更多新空头进场。到这时，多头两次进攻失败，除非价格行为特别有利，他们将不愿再买入，此时不论他们还是空头，都预计市场至少有两波下跌。

趋势 K 线所发出的真实信号可能与其表象截然相反。新手可能会把 K 线 3 之前的那根强趋势 K 线看成对下跌趋势的突破和上升趋势的形成，而老练的交易者则需要看到后续第二根或第三根多头趋势 K 线出现，才能相信行情已经反转向上。老练的交易者可能在这根 K 线收盘时卖出、在其上方卖出，或者在 K 线 3 收盘时卖出以及在其下方卖出。多头锁定刮头皮利润，空头开立新的短线摆动交易空单。图中 K 线 7 和 17 之前的那根 K 线（熊旗终结者）也是同类型的多头陷阱。K 线 19 的情况刚好相反，这根当天最长的空头趋势 K 线之一反而是下跌趋势结束的前奏。当一轮下跌趋势运行 30 根或以上的 K 线而没有出现太大回撤，此时出现一根长空头趋势 K 线往往代表卖出真空和耗竭性的卖出高潮。有时候它直接就是一轮跌势的低点，有时候市场还会再跌几根 K 线再反转。当强势多头和空头看到一个支撑位并预期价格测试支撑，他们会在一旁观望、等待一根长空头趋势 K 线形成。一旦大阴线出现，多头和空头都大力买进——空头回补空头头寸、多头建立新多头头寸。二者均预计市场出现较大回撤，至少出现两波上涨，持续 10 根 K 线以上，可能向上小幅探破均线。市场也可能进一步形成趋势反转，但交易者需要看到上涨的力度才能判断行情可能走多远。

**本图的深入探讨**

图 2.4 显示当天开盘后突破了前一天的高点，但突破失败，行情反转走跌，形成"始于开盘的下跌趋势"。全天基本上是一个"下跌趋势恢复交易日"，虽然

前几个小时的行情属于"交易区间"。当天最重要的行情是上午 11 点（PST 时间）开始的崩溃走势。一旦 K 线 12 的突破发生，交易者就需要考虑出现"下跌趋势恢复"的可能性。当下一根 K 线为实体更长的阴线，交易者就有必要做空了。他们甚至会再等一根 K 线，也就是 K 线 13，也是一根强空头趋势 K 线。市场经过一个平静阶段后崩溃，这种行情做空难度很高，因为在此之前交易者都变得安于现状，以为全天都会一直平静下去。但这也是一种成功率极高的做空机会。从 K 线 12 到 13 都是大阴线，互不重叠。它们共同制造了一波空头动能井喷，后续跌势还持续了数根 K 线。从这波急跌行情第一根 K 线的高点或开盘到最后一根 K 线的收盘或低点，市场再出现与之相当幅度的等距走势的概率非常高。由于 K 线很长、跌速很快，交易者担心大幅反转的风险。最好的办法是在 K 线 13 或其前一根 K 线收盘时做空，保护性止损设在那根信号 K 线高点上方。如果你心里没底，可以用很小的仓位，只是确保自己参与到行情当中。一旦市场再出现一根强空头趋势 K 线，比如 K 线 14，你可以将止损收紧到盈亏平衡或这根 K 线高点上方，一直保持到这根 K 线收盘。

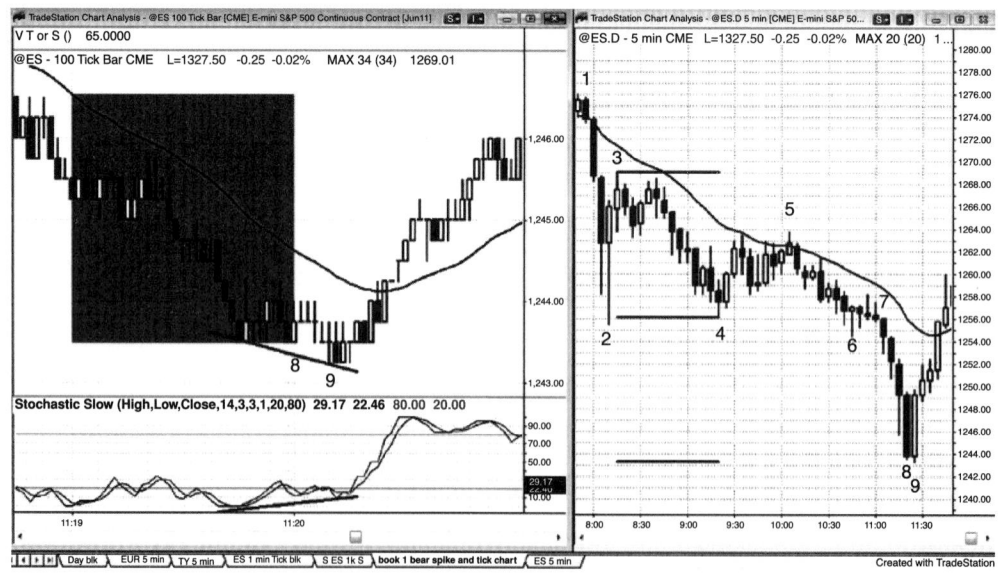

图 2.5　一根长空头趋势 K 线可以终结一段空头趋势

　　图 2.5 右图为 Emini 的 5 分钟图，市场处于强劲下跌趋势，但在大阴线 K 线 8 之后 V 型反转。K 线 9 在从 K 线 3 到 K 线 4 跌幅的等距位置出现双 K 线反转（等距运动将在第二本书讨论）。交易者能否通过关注更小时间级别的图形，在一个

小型反转形态触发的时候买入呢？左图就是每根 K 线包含 100 笔交易的 tick 图，即每发生 100 笔交易之后，一根 K 线收盘、下一根 K 线开盘。5 分钟图上的 K 线 8 收盘时间是上午 11 点 20 分（PST 时间），tick 图上的 K 线 8 是由 5 分钟图上那根 K 线的最后 100 笔交易所构成。在 tick 图上，市场形成一个双底，K 线 9 向下突破，但突破失败，市场反转走高。当其发生之时，随机指标出现了多头背离。这是一种非常规矩和经典的反转形态，但它存在一个问题，让我们很难抓住这个交易机会。左图的灰框对应右边 5 分钟图上 K 线 8 的最后一分钟，其中包含 33 根 K 线！这里面包含的信息量太大，人脑不可能在如此短的时间内作出反应，能够做到既作出可靠的分析，又及时准确地下单。市场是由计算机程序化交易所控制的，有时候价格运动非常迅速。交易获利本来就是一件很难的事情，而当速度成为胜负关键的时候，你根本不可能获利，因为只有计算机才有微秒级别的速度。当你的竞争对手占据明显的优势，你就不要指望能够赚钱。老练的交易者有多种方法根据 5 分钟图来买入，包括在 K 线 8 收盘之后以市价买入，或者在 K 线 9 上方买入（这些内容我们将在第三本书讨论）。

那么从 K 线 7 到 K 线 9 的跳水行情发生了什么？每根阴线实体都在逐步变长，这是空头力量增长的信号，另一方面也是潜在的卖出高潮信号，事实证明的确如此。正如前面所言，当一轮跌势持续时间达到或超过 30 根 K 线，而且处于支撑位，多头和空头都会采取观望态度、等待一根大阴线出现，然后强力买入。市场到 K 线 9 的低点为止出现了一段等距运动，事实上，当趋势反转的时候市场往往处于多个支撑位，只不过其中大部分对于初学交易者而言并不是那么一目了然。由于强势多头和空头都在等待出现一根超级强势的空头趋势 K 线之后才准备买入，市场在接近支撑之际缺乏买盘，于是产生一个卖出真空并形成一根长空头趋势 K 线。这根 K 线形成之后，空头立即买入回补、锁定利润，多头开仓买入。双方对市场此时发生的情况都了然于胸，都预计出现大幅反弹甚至反转，所以在市场至少出现数波拉升、运行 10 根 K 线以上或至少站上均线之前空头不会寻求做空、多头不会获利了结。最终的结果往往是市场急剧拉升，而那根超强空头趋势 K 线就是其前奏。

# 高级趋势技术分析
——价格行为交易系统之趋势分析

图 2.6　趋势转化为交易区间

　　在下跌趋势中，当空头开始把新低视为锁定利润的好价位，而非加空捕捉新一轮下跌的机会，多头将其视为开始做多的好时机，那么市场将从一轮强劲趋势演变成某种双向交易市场。如图 2.6 所示，在从 K 线 2 开始的下跌趋势中，每次市场跌至最新的摆动低点，就会在 1~2 根 K 线的时间内出现一根阳线或带长下影线的 K 线。这是买压的信号。买压是累积性的，当它集聚到一定程度，多头就能接管市场，发动一波强劲的反弹甚至是反转。

　　在 K 线 13 所处的顶部，阴线开始累积。这是卖压信号，说明市场可能很快进入回调。

# 第3章 突破、交易区间、测试与反转

就像K线可以分成趋势K线和交易区间K线，图形上任何一部分价格走势都可以分成趋势性行情（多头或空头一方占据主导）和双向行情（多头和空头轮流取得相对控制权）。当市场突破进入趋势，通常会出现一根趋势K线，这根K线可长可短，继之以多根作趋势性运动的K线，带领价格急速远离交易区间。交易者需要锻炼的最重要本领之一就是能够有效区分一次成功的突破与一次失败的突破（即反转）。突破将会让市场朝突破的方向运行还是相反的方向运行？这个问题我们将在第二本书详细讨论。在交易不够活跃的市场，突破可以是以缺口形式而非趋势K线发生的。这也是为什么趋势K线应该被视为某种缺口（将在第二本书中细讲）。到某个时点，市场开始有回调，趋势斜率降低，越来越接近于价格通道，可以画出趋势线和趋势通道线。随着趋势延续，我们需要调整趋势线和趋势通道线的位置，将价格行为的变化包含在内。通常情况下斜率会越来越低，通道越来越宽。

在所有市场中，这种"急速与通道"的价格行为每天都在以某种形式发生。通道的起点往往成为一个初始交易区间的开始。举例来说，如果市场急速向上突破，持续数根K线，然后进入回调。回调结束之后，行情恢复上涨，但这次上涨斜率不再是近乎垂直，而是以上升通道的形式，通常会出现较多重叠的K线、更多小幅回撤、更多带影线的K线，以及一些空头趋势K线。趋势进入通道阶段之后，下轨往往会在一两天内遭到测试。一旦回测走势开始、市场朝通道起点的方向运动，交易者将会怀疑一个交易区间正在形成，而他们是对的。价格行为交易者在急速拉升行情结束、通道开始之后就预期市场可能进入交易区间，少部分空头在急速拉升结束后第一波回调走势就开始分批布空。由于确信市场将很快测试通道低点，随着市场继续上涨，他们将会在其他回调走势中以及此前数根K线的高点上方继续加空。到通道的末端，更多空头将会在阳线上方加空。一旦市场转跌，进入更深的回调并测试通道底部，他们将会退出所有空头头寸，后入场的一批头寸实现获利，最初入场的头寸不赔不赚。由于许多交易者将会在通道底部回补空头，加上那些早期买入（在突破后第一次回调的低点买入）的多头继续加仓，市场将会再次走高，交易区间将会扩大。这次反弹之后，"急速与通道"的形态已经走完，交易者将会寻求其他形态。

由于通道往往最终都会被回撤，我们不妨将所有上升通道都看成熊旗、所有下降通道都看成牛旗。不过，如果趋势非常强劲，突破之后市场可能横向运行，然后出现进一步的趋势性运动。在极少数情况下，突破会发生在趋势的方向，然后趋势急剧加速。比如说，如果市场大幅飙升之后形成一个上升通道，接下来市场向上突破趋势通道线、趋势加速的情况是很罕见的。就算有，往往也会在大约5根K线以内失败，然后市场反转向下。

尽管大部分交易区间在更高时间级别上都是旗形，而且大部分都会朝趋势方向突破，但几乎所有反转也是从交易区间开始的（这一内容将在第三本书关于反转的章节详细讨论）。

所谓"测试"是指市场回到一个支撑或阻力区域，比如趋势线、趋势通道线、等距运动目标位、前期摆动高点或低点、一根多头入场K线的低点或一根空头入场K线的高点、一根多头信号K线的高点或一根空头信号K线的低点，或前一天的高点、低点、收盘或开盘。交易者通常会根据测试时的市场价格表现来下单交易。比如说，如果市场出现一个高点和一波回调，然后恢复上涨测试那个高点，多头希望看到市场强势突破。如果真的有突破迹象，他们可能会在前期高点上方1个最小报价单位处买入，也可能等待突破后的回踩，然后在前一根K线高点上方1单位处买入，希望市场恢复突破走势。相反，空头则期待行情反转。如果对前期高点的测试缺乏动能、市场在前高区域形成一根反转K线，他们将会在这根反转K线下方做空。他们并不在乎测试是形成高点抬升、双顶还是高点下降，只是希望看到市场在这个价格区域表现出强阻力，验证他们关于市场已经过度上涨的观点。

"反转"是指市场从一种类型的行为模式转向相反类型的行为模式，不过大家通常用这个术语来描述市场从上升趋势转为下跌趋势，或者从下跌趋势转为上升趋势。然而，交易区间也可以说是与趋势性行情相反的一种行为模式，因此当市场从趋势转入交易区间，其行为模式同样发生了反转。当交易区间转换为趋势，也是反转，只不过这种变化一般被称之为突破。虽然没有人会把突破称为反转，但从本质上来讲，市场的确是从双向交易模式反转为单向交易模式。

尽管大部分交易者都把反转理解成上升趋势转为下跌趋势或下跌趋势转为上升趋

势，事实上大部分反转都未能导致相反的趋势，而只是从上升或下跌趋势转入交易区间的一个暂时性过渡。市场是有惰性的，非常抗拒改变。当市场处于强劲上升趋势，它会抗拒改变，几乎所有反转尝试最终都会沦为牛旗，然后行情恢复走高。后一个牛旗往往会比前一个更宽，因为随着行情不断创出新高，多头更倾向于锁定利润而非继续强力买入，而空头也开始变得越来越激进。到某个时点，空头将会战胜多头，交易区间向下突破，然后一轮下跌趋势开始。然而在此之前往往有多次失败的反转尝试，形成不断扩大的牛旗，多头最终战胜空头，下跌趋势迟迟未能兑现。话又说回来，虽然大部分反转最终只是进入交易区间，其幅度往往足以带来波段交易机会，即行情足够产生可观的利润。即便相反趋势最终确立，交易者也会在第一个合理的目标位至少锁定部分利润，以防万一反转只是进入交易区间（这是高概率事件）。

反转有多种形态，不同周期的图形所看到的也不一样。比如说，如果你在月线图上看到一根长空头反转K线，它在周线图上可能是一个双K线反转，在日线图上可能是先出现3根K线快速拉升（即买入高潮），然后进入一个10天的交易区间，最终以2根空头K线向下突破。它们都是反转形态，只要你能够识别它们，看什么周期的图形并不重要。

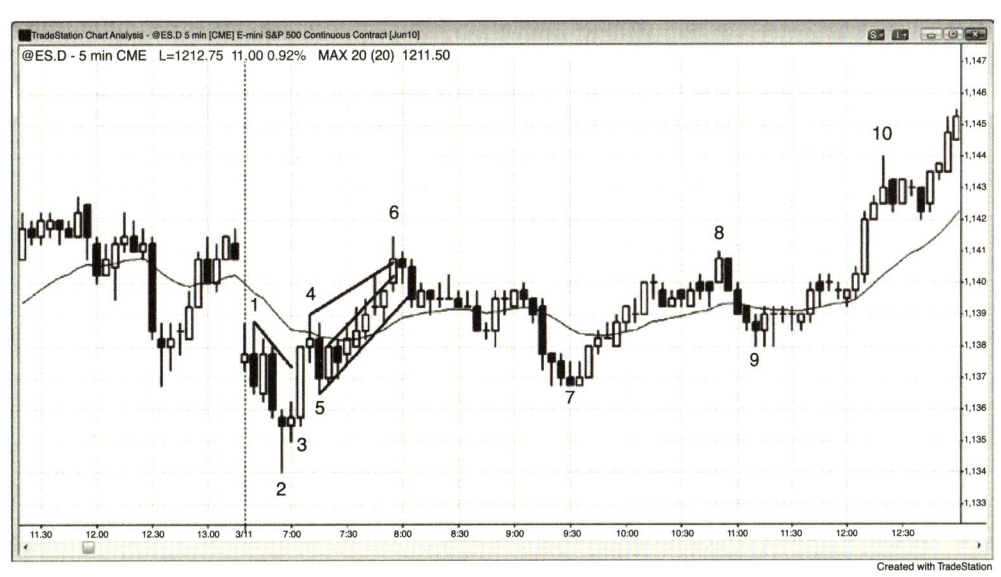

图3.1 突破、交易区间与测试

图3.1是Emini的5分钟图，展示了突破、交易区间和测试的例子。每一次摆动行情都是某种测试，只不过大部分交易者看不出在测试什么位置。许多测试都与

其他时间级别上的价格行为或其他类型的走势图有关，还包括测试各种均线、斐波那契回撤位、关键转折点位，诸如此类。

图 3.1 中市场开盘后测试了前一天的低点，但突破失败，形成低点下降之后迅速反转，连续拉升至 K 线 4。每一次突破，无论成功与失败，最终都会进入交易区间，图中也是如此。突破至新低的走势出现失败，意味着多头和空头都认为价格已经过低，空头将会锁定利润，而不是在如此低的位置继续大举做空，多头将会继续大力买入，直到双方都认为市场已经来到一个新的均衡区域（即交易区间）。

K 线 1 是开盘下跌行情的信号 K 线，如果空头依然掌握控制权，市场不应该有能力超越其高点。

K 线 4 是对 K 线 1 高点的测试，并形成高点抬升。由于上升动能如此之强，市场可能要至少再测试一次这个高点，多头才会罢休。第一次测试所形成的双顶（K 线 1 和 4 的高点）只造成了 1 根 K 线的回调，然后价格就成功突破了 K 线 1 的高点。注意，双顶和双底很少刚好在同一价位。

K 线 5 测试了 K 线 2 信号 K 线的高点，并形成低点抬升。

我们应该把每一波快速行情和每一次强力反转都视为类似突破的走势。对于从 K 线 2 开始的快速拉升行情，你将其视为突破从 K 线 1 高点下来的微型下降趋势线，还是对 K 线 2 反转 K 线的突破，都无关紧要。真正重要的是，在这波快速拉升行情中，多头和空头都认为价格过低，从而导致市场快速运动，寻找多空双方均感到舒服的价格区域。接下来市场进入从 K 线 5 到 K 线 6 的上升通道，通道内多根 K 线前后重叠。K 线的重叠代表多头陷入犹豫，此时市场继续上涨之前往往会先回撤几个最小报价单位或几分钟。随着市场上攻，一些多头会锁定利润，空头开始做空。许多空头在市场进一步上涨过程中会分批加空，多头也锁定更多利润、分批出场。上升通道是一种转弱的多头行情，通道也往往是交易区间的起点。从图上我们可以看到，到 K 线 7 为止市场刚好回撤到通道起点附近。

K 线 7 是对 K 线 5 摆动低点的测试，也是对前一天低点的第二次测试。测试形成低点抬升，市场以双底形式反转走高。

K 线 8 是对 K 线 6 高点和前一天收盘的测试，测试形成高点下降并以双顶形式回落而未能突破。它同时还测试了 K 线 6 之后那根内包阴线的高点。这根阴线是随后那波回调走势的信号 K 线。

持续到 K 线 9 的跌势测试了均线，同时也是尝试突破之后一次简单的回撤。这次回撤之后市场终于成功向上突破，创出日内新高。K 线 9 还测试了 K 线 7 之后那根阳线高点上方的多头入场点，差 1 个最小报价单位就打到多头的盈亏平衡止损。多头有能力保护盈亏平衡止损，使其不被扫掉，说明多方很强，后面通常会出现新高。

**本图的深入探讨**

我们对书中出现的走势图的高清原图进行了整理，微信扫描右侧二维码可获取高级趋势系列三本书中全部走势图的高清大图，大家可把图形放大来查看细节，也可以下载或者打印出来。

在图 3.1 中，K 线 3 是一根长多头趋势 K 线，也是一轮多头行情的起点，我们可以将其理解成突破或突破缺口。

当天开盘市场向下突破了前一天收盘前的一个上升通道。正如我们前面所说，上升通道可以看成熊旗。市场突破之后出现延续性下探，不过其中包含阳线和重叠 K 线，说明多头依然很活跃。然后市场突破了前一天的摆动低点，但突破失败并成为当天最低点。如果你没有在 K 线 2 对前一天低点的反转过程中买进，那么当 K 线 3 强多头趋势 K 线出来的时候，你就知道市场"始终入场"的方向已经转多，应该以市价或者在 K 线 5 高点上方买入。我们将在第三本书详细讨论"始终入场"的概念，简单来讲就是，如果你必须一直都有仓位，无论多还是空，那么你现在的头寸就是"始终入场头寸"。这是一个非常重要的概念，大部分交易者应该只交易"始终入场"方向。K 线 7 的双底回撤是另一个做多机会，可以期待行情展开第二波上涨并持续到收盘。

图 3.1 的形态属于"急速与通道"上升趋势。这一术语在这里的用处在于，它向我们描述了市场从单向交易（强趋势）向双向交易（交易区间）的转换。单独把 K 线 3 还是从 K 线 2 到 K 线 4 的过程看成突破，都无关紧要。市场回撤到 K 线 5，然后以不那么急切的方式继续走高。由于大部分 K 线都互相重叠，我们可以用两根平行通道线将价格完美涵括。你也可以连接高点画一根趋势通道线，以突出这是一个楔形通道（后面将会讨论）。部分交易者可能已经在 K 线 4 低点下方做空，然后随着市场走高在其他回调走势中加空。其他交易者可能在等待一个楔形顶部，准备在这里锁定多头利润或开空。一旦市场突破之后回调到 K 线 5，继而开始进入通道类型的价格模式，交易者将会把这个上升通道视为潜在的熊旗，并预期通道低点将

会遭到测试。像图中这种小形态，测试往往会在当天出现，但在较大的形态中，测试可能要一两天之后。

市场的确像交易者预期的那样，出现两段式回调，从楔形顶部跌到通道底部。空头会在通道底部全部平仓，先入场的头寸可能只是大致盈亏平衡，但后来加空的头寸将是盈利的。同时，多头将会再次在K线5低点附近买入。早先他们已经在这里部分建仓，且正是他们的买入造成第一波回调在这里结束并成为通道的起点。多头买入和空头回补通常会引发市场反弹。反弹可以是从一个双底牛旗（K线5和7）展开的上涨，也可以是小幅上涨之后进入漫长的交易区间甚至下跌趋势。

另外值得注意的是，K线2的低点是第三波向下推动，因此也属于楔形反转。

K线6是一个双顶熊旗（第一个顶是前一天的最后一根K线），K线5和7制造了一个双底牛旗。后面的K线9是一次双底回撤。你也可以将K线5到9之间的价格行为看成可以朝任何一个方向突破的三角形，但这样一来你就忽略了市场明确显示出的看涨动能。

K线7是一个楔形牛旗，因为它是K线6高点以来的第三波向下推动。

K线8是在前面出现一个6根K线牛旗之后的末端旗形反转。

# 第4章　K线基础：信号K线、入场K线、建仓形态与K线形态

　　交易者整个交易日都在寻找建仓形态和交易机会。所谓"建仓形态"是指由一根或多根K线组成的形态，让交易者相信可以在这里下单并且有较高概率实现盈利。实际上，图形上每根K线都是一个建仓形态，因为下一根K线成为一轮强劲上涨或下跌起点的可能性总是存在的。如果交易与市场最近的或占主导的趋势方向相同，就叫顺势交易，反之就叫逆势交易。比如说，如果市场最近的趋势是上涨，你做多，那么建仓形态就属于顺势建仓形态。反之，如果做空的话，那么你下单所依据的就是一个逆势建仓形态，这笔交易就属于逆势交易。

　　信号K线往往是事后标注的，也就是说，是在这根K线收盘以及交易开仓之后。一旦入场单被执行，前一根K线就不再只是建仓形态K线，而变成信号K线，当前K线则是入场K线。入场后的下一根K线是延续K线，建仓后出现第二根与你交易方向相同的K线总是一件好事。不过有时候市场会横向运行一两根K线之后再出现延续K线，这也不错，只要行情有延续，我们就有机会获得更大利润。

　　对于走势图上任意一根K线，既有多头在其高点上方挂单买入，又有空头在其低点下方挂单卖出；也有多头在其低点或下方限价买入，空头在其高点或上方限价卖出。所以每一根K线都同时是做多和做空交易的信号K线，无论接下来价格将突破其高点还是低点，都有多头和空头在等待入场。另外，每根K线都可以看成一个单K线交易区间。如果下一根K线超过其高点或低点，突破型交易者将会预计此次突破可能有足够的后续走势，可以让他们至少获得刮头皮利润。与此同时，另一批同样聪明的交易者则预计突破将会失败，进行相反方向的交易。如果市场站上前一根K线高点1个最小报价单位，将会有多头在这里挂单买入，而前一根K线将成为他们做多交易的信号K线。空头预计突破将会失败，所以在前一根K线高点处挂限价单卖空。空头希望在他们做空之后，下一根K线最好跌破他们入场K线的低点，这样他们的入

场K线将成为一笔做空交易的信号K线。关于交易，有一点我们必须要认识到，无论你对自己的判断如何坚信不疑，总有与你同样聪明的人对相反的判断同样坚信不疑。

交易者需要锻炼的一项最重要的技能，就是能够判断出前一根K线上方或下方何时买家更多、何时卖家更多。在恰当背景下出现的信号K线就属于这种非均衡时刻。举例而言，在一轮多头趋势的回调过程中出现一根多头信号K线，我们可以判断在这根K线上方买家可能多于卖家，所以在这根K线上方买入比卖出更合理一些。无论何时，只要交易者感觉市场处于非均衡状态，那么他就占据了一个先机，但这种先机通常很小，因为总有其他聪明的交易者持相反的观点（必须有人做你的交易对手方，否则你的单子无法成交）。作为交易者，我们的优势或先机在于我们解读价格行为的能力。这种能力越强，我们的先机就越大，就更有可能通过交易赚钱和谋生。

下面是一些常见的信号K线和建仓形态（本书后面还会进一步讨论）：

强趋势中急速行情阶段的趋势持续信号：持续信号意味着可以在上升趋势顶部买入、在下跌趋势底部卖出。

- 急速拉升中的强多头趋势K线
- 急速下挫中的强空头趋势K线

反转信号：反转形态可以是趋势反转，也可以是回调走势结束、行情反转回到趋势方向。

- 反转K线
- 双K线反转
- 三K线反转
- 小K线
- 内包K线
- 双内包（ii）或三内包（iii）形态
- 在一根长K线或交易区间高点或低点附近出现的小K线
- 内外内（ioi）形态
- 外包K线或双外包（oo）形态（即一根外包K线紧跟一根更长的外包K线）
- 双顶和双底
- 失败的反转尝试，包括反转K线失败。
- 失败的延续尝试，比如当一轮下跌行情有见底迹象时，在低1信号K线下方买入；或者在一轮上升行情有见顶迹象时，在高1信号K线上方卖空。

● 光K线：没有上下影线的K线。

● 趋势K线：在强劲下跌趋势的反弹中或交易区间顶部附近，一根多头趋势K线可以是一个卖出形态；在强劲上升趋势的回调中或交易区间底部附近，一根空头趋势K线可以是一个买入形态。

● 在强趋势的急速行情阶段所出现的任何停止K线或回调K线。

● 通道中的所有K线：在前一根K线低点或其下方买入，在前一根K线高点或其上方卖出。

● 任何在上升趋势中构成低点抬升或下跌趋势中构成高点下降的K线。

初学交易者应该只做顺势交易，只有当信号K线同时也是交易方向的一根趋势K线的时候才入场。举例而言，在做空的时候，限定在信号K线是下跌趋势中的空头趋势K线的情况。因为市场已经表现出卖压，相比信号K线是阳线的情况，行情延续跌势的概率更大一些。同样，初学者做多，应该只在信号K线为阳线、市场处于上升趋势的时候买进。

一般来讲，相比做趋势回撤和交易区间交易，做趋势反转需要更强的信号K线。这是因为大部分逆势交易都会失败，你需要想尽一切办法来提高成功率。超强趋势的信号K线往往非常难看，但依然是很棒的交易。如果一个建仓形态过于明显，市场将会迅速做出纠正。这个修复过程非常迅速但又往往是静悄悄的，大部分刮头皮交易的特征即是如此。相比之下，摆动交易建仓形态往往只有50%或更低的成功率（第二本书中将作进一步讨论）。它们往往表面上看起来只是一个交易区间的一部分，似乎震荡行情还将持续很多K线。强劲趋势会想尽一切办法将交易者拒之门外，不给上车的机会，迫使他们追涨杀跌。在交易区间的顶部，反转建仓形态的二次入场信号K线往往是阳线，而底部买入建仓形态的信号K线往往是阴线。然而，由于大部分对趋势的反转尝试都会失败，交易者应该只在各方面都完美配合的情况下才考虑做反转交易，包括信号K线，以降低失败的概率。初学者除非遇到异常强势的趋势反转，绝对不要参与逆势交易，一般的交易者也只有在整体价格形态支持反转的情况下才能参与。最低限度而言，交易者应该等待价格强势突破趋势线之后回踩，并且只有在出现强势反转K线的时候才进行逆势交易，因为大部分成功的反转交易都是从一根强信号K线开始的。如若不然，成功的概率将会很低，从长期来看交易者是要亏钱的。补充一点，趋势线突破之后的回踩可能会达到新的极端价格，比如在一轮上升趋势的末端形成高点抬升，或者在一轮下跌趋势的末端出现低点下降。再强调一遍，逆势交易是一种成功率相当低的交易策略，高明的交易者一定会慎之又慎，必须看到大量证据都支持趋势将要反转。

趋势持续的时间往往会大大超过大部分交易者的预判，其结果便是大部分逆势交易都归于失败，最终只不过造成趋势中的又一次回调和又一个顺势入场点。

同理，如果交易者寻求顺势交易机会，往往会急切地入场，而不等待强信号K线出现。举例来说，在一轮强趋势中，如果交易者打算在价格小幅回调至均线时买入（回调走势可能同时还测试了一个前期摆动低点、趋势线或斐波那契回撤位），即便信号K线是一根空头趋势K线，他们也会照样买入。其结果就是强趋势中大部分成功的信号K线都不好看。有一条定律：趋势越强，信号K线的外观越不重要；相反，交易越是逆势，入场时出现强信号K线就越重要。在强趋势中，大部分信号K线都很难看，只有极少数是朝趋势方向的趋势K线。

几乎所有K线都是潜在的信号K线，但绝大部分不会发出入场信号，从而未能成为真正的信号K线。作为日内交易者，你可能挂了很多单子，但最终没有成交。通常入场的最佳策略是在前一根K线上方1个最小报价单位处挂单买入或下方1单位挂单卖出，如果挂单没有成交，取消挂单，寻找新的位置入场。对于股票而言，最好是将挂单放在潜在信号K线高点上方或低点下方数单位处，因为"1单位陷阱"是很普遍的，即市场仅突破前一根K线高点或低点1单位然后反转，将所有刚刚在那里挂单入场的交易者套住。

如果挂单获得成交，那么前一根K线就叫信号K线，因为它给你发出需要下单交易的信号，是你下单的部分依据。通常一根K线可以同时是两个方向的建仓形态K线，这时你可以在其上方和下方同时挂买单和卖单，无论朝哪个方向突破你都可以入场。

关于蜡烛图（即K线图）的书籍已是汗牛充栋。蜡烛图起源于古代日本，有些人潜意识里可能觉得它也许蕴含着某种古老的东方智慧，具有某种神奇力量。只有新手才会寻找所谓神奇的东西，指望某种超乎自然的力量告诉他们怎么交易，而不是依靠自己的刻苦钻研。对于交易者而言，唯一重要的问题就是判断市场处于趋势之中还是处于交易区间。具体到单根K线的分析，要点依然是它是否具有趋势。如果多头或空头有一方具有控制权，K线将会形成实体，从而是一根趋势K线。如果多头和空头势均力敌，K线实体将会很小甚至不存在，也就是十字星。

你应该把 K 线看成单纯的价格行为，而不要去管各种没有意义和产生误导的 K 线叫法（其误导性在于多多少少会让人误以为它具有某种神奇力量）。每根 K 线只有与价格行为相关联才是重要的，而绝大部分 K 线形态大多数时候都不管用，因为作为价格行为的一部分，它们并没有非常可靠的预测能力。因此五花八门的 K 线形态只会把交易搞得更复杂，让你花很多时间去琢磨，不能将注意力集中在市场趋势上面。

一种经常出现的情况是，一根信号 K 线在某个非常适合开仓的区域开始形成，以 5 分钟图为例，当时间走到 3 分钟的时候，这根 K 线的样子依然非常不错，比如属于突破一个末端熊旗之后的一根多头反转 K 线。然而就在这根 K 线收盘前 5~10 秒钟，价格突然上蹿 4 个或以上最小报价单位。当 K 线收盘的时候，它依然是一根很不错的多头反转 K 线，但现在其高点已经接近熊旗的高点。此时你是否还想在其高点上方买入呢？这样你有可能买在一个熊旗的高点。你只有几秒钟来做出决定。除非你已经能够稳定盈利和快速解读市场，最好放过这样的交易，等待二次入场机会。当然，如果你确信有很多被套的空头，也可以参与交易。不过，任何时候当市场连续出现重叠度很高的多根长 K 线，风险都非常大。

所有反转都包含高潮，但对于"高潮"这个术语，不同的交易者用法也不同。大家只需记住一点，所有趋势 K 线都是一次高潮或高潮的一部分，而高潮在第一根停止 K 线结束。举例而言，现在连续出现 3 根多头趋势 K 线，如果下一根 K 线是带长上影线的小多头趋势 K 线、内包 K 线、十字星或空头趋势 K 线，那么高潮就止于这 3 根多头趋势 K 线。

图 4.1　典型的买入信号 K 线

图 4.1 是 Visa（股票代码 V）的 15 分钟图。图上显示价格突破一根下降趋势线，然后进入一波两段式下跌，并且跌破前一天的低点，创出低点下降。我们主要借此图说明何谓信号 K 线和入场 K 线，而具体的建仓形态将在本书后面讨论。第一波回调由截止到 K 线 2 的一组三内包（iii）K 线所完成。K 线 3 是一根强多头反转 K 线，同时反转了前一天的低点和对下降趋势线的测试，因此是一个做多形态。在这根 K 线上方 1 个最小报价单位挂单买入将会成交，于是 K 线 3 就从建仓形态 K 线升级为信号 K 线，K 线 3 的后一根 K 线就是入场 K 线。入场之后下一根 K 线是较强的多头趋势 K 线，因此属于延续 K 线。由于这是一笔逆势交易，交易者需要看到像 K 线 3 这样的强势多头反转 K 线才能买入，否则交易的成功率将会大打折扣。

K 线 4 是一个双内包（ii）建仓形态的入场 K 线，交易者可以抓住第二波上涨行情。

K 线 5 是一个"内包 K 线突破回踩"建仓形态的入场 K 线，这里的"内包 K 线突破"是指市场勉强突破截止到 K 线 2 的三内包（iii）形态。两根停止 K 线的实体部分均为内包形态，所以这个建仓形态与双内包（ii）实质上是一样的。

# 第5章　信号K线之反转K线

反转K线是最可靠的信号K线之一。所谓反转K线是指对前一根或数根K线的运行方向造成某种程度反转的K线。如果从更小时间级别图形上看的话，你会发现所有多头反转K线都是由一根空头趋势K线和随后一根多头趋势K线所组成，不过它们不一定是紧挨着的。换句话说，市场先出现一个卖出高潮，然后发生一次多头突破（记住，所有趋势K线都同时是急速运动、突破和高潮，只不过发生的背景决定了当时哪一种属性占主导）。空头反转K线则刚好相反，从更小时间级别上看是先出现一根多头趋势K线（意味着发生一次买入高潮），然后出现一根空头趋势K线（意味着市场向下突破）。

大部分交易者希望看到反转K线形成与旧有趋势方向相反的实体，但这并不是一个必要条件，我们还应该考虑反转形态的许多其他成分。

大家最熟悉的信号K线就是反转K线，一根多头反转K线的最低要求是收盘高于开盘（即阳线）或收盘高于K线中位。最强的多头反转K线应该具有一个以上的下述特征：

● 开盘接近或低于前一根K线的收盘，收盘高于自身开盘以及前一根K线的收盘。

● 下影线达到K线高度的大约1/3~1/2，没有上影线或很短。

● 与前一根或数根K线没有太多重叠。

● 信号K线的后一根K线不是十字星内包K线，而是强入场K线（多头趋势K线，实体相对较长、影线较短）。

● 收盘反转了一根以上K线的收盘和高点（即收于其上方）。

一根空头反转K线的最低要求是收盘低于开盘（阴线）或收盘低于K线中位。最强的空头反转K线应该具有一个以上的下述特征：

- 开盘接近或高于前一根 K 线收盘，收盘大幅低于前一根 K 线收盘。
- 上影线达到 K 线高度的大约 1/3~1/2，没有下影线或很短。
- 与前一根或数根 K 线没有太多重叠。
- 信号 K 线的后一根 K 线不是十字星内包 K 线，而是强入场 K 线（空头趋势 K 线，实体相对较长、影线较短）。
- 收盘反转了一根以上 K 线的收盘和低点（即收于其下方）。

最后这个特征适用于任何强趋势 K 线，比如强突破 K 线、信号 K 线或入场 K 线。举例来说，在一波下跌行情的底部，如果出现一根多头反转 K 线，收盘高于此前 8 根 K 线的收盘，高点高于此前 5 根 K 线的高点，那么相比收盘仅高于前一根 K 线收盘、高点未超越任何近期 K 线高点的反转 K 线，显然要更为强势。

市场可以在任何一根 K 线之后上涨或下跌，因此任何一根 K 线都同时是做多交易和做空交易的建仓形态 K 线。不过只有交易者在其下一根 K 线入场建仓（成为入场 K 线），建仓形态 K 线才能变成信号 K 线。单独一根建仓形态 K 线本身并不是入场交易的理由，必须结合前面多根 K 线综合考量，只有当其作为一个持续形态或反转形态的一部分，才能发出交易信号。初学者往往感到费解的一个现象是，很多信号 K 线似乎是在 K 线收盘前最后几秒钟突然冒出来的，而且出现的时机和位置通常要等到数根 K 线之后才感觉合乎情理。初学交易者要想登堂入室，必须有一个开放的心态，明白市场从下一根 K 线起可以展开一波向上摆动行情，也可以展开一波向下摆动行情。就像一流的棋手会提前想很多步棋，一流的交易者同样不停地思考市场下一根或几根 K 线上涨或下跌的理由在哪里。只有保持这种状态，才能提前预期信号 K 线，一旦好的交易机会突然出现，可以迅速做出应对并下单。

正如前面所说，顺势交易永远是最明智的做法，最可能成功的交易是那些信号 K 线为与交易方向相同的强趋势 K 线的顺势机会。记住，你寻找的是那些在前一根 K 线上方或下方存在多空力量失衡的时点。在恰当背景下出现的反转 K 线就是这样的时机，可以让交易者获得一定先机。即便你是在仅出现一根 K 线的趋势时入场，你也期待行情能够朝你的方向继续运行。在信号 K 线上方（做多）或下方（做空）挂止损单入场可以让市场进一步确认你交易方向的正确性，从而提高成功概率。不过，在走势图整体价格行为配合的情况下，相反方向的一根趋势 K 线也可以是合理的信号 K 线。一般来讲，当信号 K 线是与你交易方向相反的十字星或趋势 K 线时，失败的概率会更大一些，因为市场尚未对你交易的方向做出确认。强趋势行情则不同，在强劲上升趋势中，你可以有多种入场的理由，包括在一根强空头趋势 K 线高点上方买入，尤其如果你的止损比较大的话。趋势越强，对于顺势交易而言，是否出现强信号 K 线就越不重要，相反，逆势交易则越需要看到强信号 K 线。在正确的一方（多方或空方）至少控制信号 K 线之后入场总是比较稳妥的做法。这根趋势 K 线可以大大提升交易者入场的信心，使用较大的止损、加大交易手数，相信市场至少可以达到他们的刮头皮利润目标。

反转 K 线的某些特征意味着力度。大家最熟悉的多头反转 K 线往往是一根大阳线、具有中等长度的下影线。这意味着市场先下跌，然后反转走高直到 K 线收盘，说明多头控制着这根 K 线，直到 K 线收盘前最后一刻都在强力买入。

如果打算在强趋势中做逆势交易，你必须等待市场先突破趋势线，然后在测试前期极端价位（即前高或前低）时出现一根强势反转 K 线，否则的话获利的机会非常渺茫。另外，不要根据 1 分钟图上的反转 K 线入场，因为它们大部分都会失败，成为顺势建仓形态。尽管这么做你的亏损可能不大，但如果 5 笔交易亏损 4 个最小报价单位，你当天再想实现盈利就几乎不可能了（用纸张快速割你一千下，你也会流血而死）。

为什么对趋势极端价位的测试这么重要呢？我们举个例子来说明。在一轮下跌行情末端，多头夺回控制权，市场转涨。然后市场再次回到前低区域，这是一个测试过程，看看多头是否还会在这个价位附近强力买入，抑或空头压倒多头、再次试图将价格打压至前低下方。如果空头第二次打压市场的尝试失败，市场将会上涨，至少将持续一段时间。无论何时，如果市场的某种尝试失败两次，它往往会做相反的尝试。这就是为什么双顶和双底如此常见的原因，以及为什么只有在前期趋势极端位置被测试之后，交易者才会确信市场将要反转。

如果一根反转 K 线与此前一根或数根 K 线大致重叠，或者仅仅是影线部分略微超越前面的 K 线，那么它可能只是一个交易区间的一部分，也就是说市场处于震荡而非趋势之中，因此实际上没什么可以被反转的。这种情况下这根 K 线不应用作信号 K 线，相反，如果有足够多交易者被套的话，它甚至可能成为反方向交易的建仓形态。即便这是一根完美的多头反转 K 线，由于没有空头被套，也许不会有延续性买盘（空头被迫回补），而新入场的多头将会继续持有头寸几根 K 线的时间，希望市场能够回到他们的入场价、让他们不赔不赚出场——这属于暂时被抑制的抛压。

当信号K线很长，而且与前面2~3根K线有大量重叠，它就属于交易区间的一部分。这种情况在牛旗和熊旗中很常见，把那些过于急切地顺势入场的交易者套住。举例来说，如果市场开盘后一直处于交易区间，然后强势向上突破，小幅站上均线。接下来市场横盘3根K线并出现一根强多头反转K线。如果入场点在牛旗高点下方大约1个最小报价单位，做多的诱惑是很大的，但大约60%情况下这是一个多头陷阱，市场在你入场后将会立即反转。

什么程度的重叠才是可以接受的呢？一般来讲，在潜在多头反转的情况下，如果多头反转K线的中位高于前一根K线的低点（在潜在空头反转的情况下，空头反转K线的中位低于前一根K线的高点），就属于过度重叠，意味着市场在形成一个交易区间而非可交易的反转行情。相比在趋势行情回调结束时顺势入场（此时你不需要过分追求完美的入场形态），这一点对于做趋势反转交易要重要得多。

如果信号K线实体很短（即十字星）但整根K线很长，通常不能用作反转交易的入场信号。长十字星从本质上来讲属于单根K线交易区间，在下跌趋势中的交易区间顶部买入，或在上升趋势中的交易区间底部卖出，都不是明智的做法。最好等待第二个入场信号。

如果一根多头反转K线出现长上影线，或者空头反转K线出现长下影线，这说明逆势交易者在K线收盘前信心下降。对于这种情况，只有当K线实体看起来足够强劲以及价格行为配合（比如二次入场点）的前提下，才能逆势开仓。

如果反转K线比前面数根K线短很多（尤其在实体很小的情况下），说明逆势动能很弱，属于风险较高的信号K线。不过，如果这根K线有强劲的实体，而且整体价格形态配合的话，交易的风险也可能是比较小的（止损可以设在这根小K线另一侧1个最小报价单位的距离）。

在强趋势中，一种比较常见的情况是，一根反转K线正在形成，然而在K线收盘前几秒钟，反转失败。比如说，在下跌趋势中，你可能看到一根带长下影线的强多头反转K线，最近的价格（此时K线尚未收盘）远远高于这根K线自身开盘且高于前一根K线的收盘，K线的低点短暂探破下跌趋势通道线，然而就在这根K线收盘前几秒钟，价格急速下坠，K线收于低点附近。原本有望形成一根对趋势通道线过靶之后的多头反转K线，现在变成一根强空头趋势K线，所有那些预期行情反转、提前入场的多头都被套住，而他们被迫止损砍仓将推动市场进一步下跌。

实体很短的长多头反转K线还必须置于前期价格行为的背景下一并观之。长下影线意味着抛盘遭到拦截、多头控制着这根K线。然而，如果这根K线与前一根或数根K线过度重叠，那么它可能仅仅代表较小时间级别上的一个交易区间，收于高点仅仅是收于交易区间顶部附近，注定要随着1分钟图上的多头锁定利润而遭到进一步抛售。对于这种情况，你需要等待进一步的价格行为才能逆势开仓。你显然不愿意在一个熊旗的顶部买入或在一个牛旗底部卖出。

在电脑时代，交易者可以使用基于各种价格行为特征的走势图，几乎所有你能想到的时间级别都有，每根K线的跨度除了按时间计算也可以按照交易笔数或交易合约数量等计算。因此，5分钟蜡烛图上一根完美的反转K线在许多其他图形上可能根本看不出反转K线的样子。更重要的是，任何图形上的所有反转都会在某张别的图上出现完美的反转K线。如果你看到一个反转形态正在形成但没有出现反转K线，没必要浪费时间从十几二十张其他走势图上去寻找那个完美的反转。你的目标是理解市场正在做什么，而不是找到某个完美的形态。如果你看到市场正在试图反转，即便这个尝试过程已经持续了十几根K线，你也需要找到一个恰当的入场点。你应该把注意力放在这里。如果浪费时间到其他图形上去寻找那根完美的反转K线，你将会偏离目标，当交易机会出现的时候可能无法提前做好思想准备。

日线图上大部分反转K线来自于日内图形上的趋势性交易区间行情（将在第二十二章讨论），少数来自高潮性日内反转。每当我们看到日内行情走出趋势性交易区间，就应该警惕当天可能出现强势反转。

如图5.1所示，反转K线1与之前4根K线大致重叠，意味着当前处于双向市场，没有什么可以被反转的。所以K线1不是一根多头建仓形态K线。K线2是一根极佳的空头信号K线，因为它反转了反转K线1的突破（这根多头反转K线的突破造成部分多头被套），同时也反转了对当天高点下来的下降趋势线的突破。被套的多头被迫卖出平仓，强化了市场的做空动能。交易老手知道在K线2低点下方卖家多于买家，所以在这里做空，期待后续跌势至少能够带来刮头皮利润。下跌行情中出现交易区间，意味着市场在形成熊旗。聪明的交易者将会在高点附近卖出，如果形态强劲的话也会在低点买入。在交易中，"低买高卖"虽然是再简单不过的道理，实际上也是最有用的方法之一。这里的"低买"包括两种情况，

# 高级趋势技术分析
## ——价格行为交易系统之趋势分析

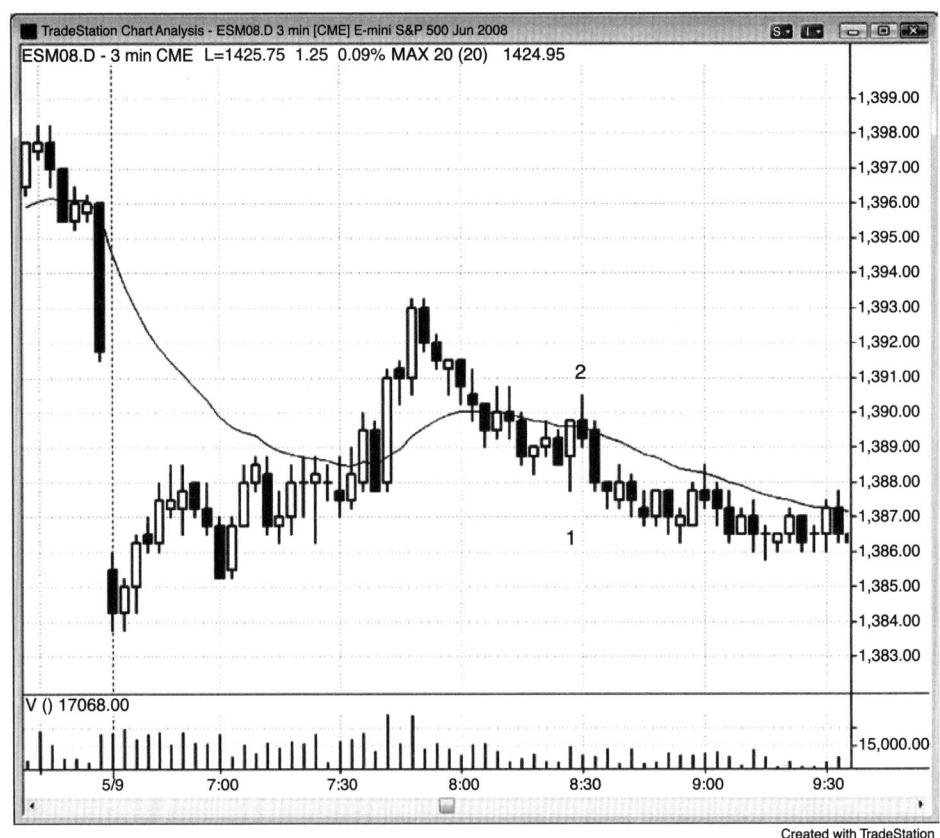

图 5.1 交易区间中的反转 K 线

一是如果你持有空头，在低位买入回补、锁定利润，二是在出现强劲买入信号的情况下，在低位开立多头头寸。同理，当市场处于交易区间顶部，你应该"高卖"，一是如果你持有多头，可以在高位卖出锁定利润，二是在出现较好做空形态的情况下，开立空头头寸。

**本图的深入探讨**

在图 5.1 中，市场开盘向下突破了前一天的低点，但突破失败、行情反转走高，形成一个"始于开盘的多头趋势交易日"。多头趋势在上午 7 点 48 分（PST 时间）一次强势突破失败后结束，并且出现一个均线缺口 K 线做空形态。从高点到 K 线 1 的走势是一个窄幅下跌通道，而窄幅通道的第一次突破往往会在 1~2 根 K 线内反转。在这个时点，市场有两种演变方式，一是突破后回踩（形成低点下降或者低点抬升），然后恢复走高，二是突破失败、下跌趋势恢复（图中正是如此）。

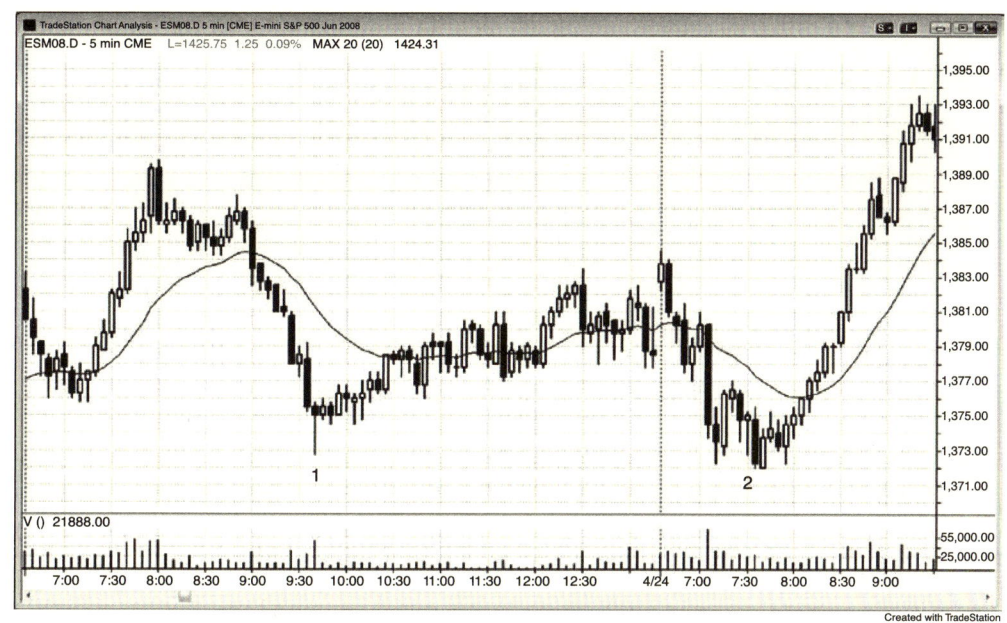

图 5.2 长影线、小实体的反转 K 线

长影线、小实体的反转 K 线必须放在前面价格行为的整体背景下进行评估。如图 5.2 所示，反转 K 线 1 先向下突破了前期重要摆动低点，以及前面 8 根 K 线所形成的陡峭的趋势通道线，然后反转走高。除了市场严重超卖的因素，当天早盘也出现了非常强劲的多头行情，所以多头可能重返市场。空头可能选择在此时买入回补、锁定利润，等待市场通过时间和空间消化超卖状态之后再伺机卖空。

第二个交易日，反转 K 线 2 与前一根和数根 K 线有大约 50% 的重叠，而且并未探破前期低点。因此它可能只是代表 1 分钟图上的交易区间行情，在价格行为进一步展开之前不宜贸然入场。

虽然经典的反转 K 线是最可靠的信号 K 线之一，大部分反转走势并不会出现经典反转 K 线，还有其他多种 K 线形态也能够发出可靠的信号。几乎在所有情况下，与你交易方向相同的趋势 K 线是最强的信号 K 线。举例而言，如果你试图在一轮下跌行情的末端寻找反转做多的机会，如果信号 K 线收盘大大高于开盘并接近高点，交易成功的概率将大幅提升。

**本图的深入探讨**

图 5.2 中第二个交易日市场开盘向上突破了前一天的交易区间，但突破失败，

使之成为"始于开盘的下跌趋势"交易日。第二次突破前一天的低点同样归于失败，成为当天行情的最低点。

当市场剧烈上涨然后下跌，通常会进入交易区间，多头和空头在这里激烈交战、争夺市场控制权。图上第一个交易日奔向盘中新低的走势在最后出现加速。走势图上出现多根长空头趋势K线，属于连续的卖出高潮。这种情况通常会导致至少两波和10根K线的上涨。创新低走势没有延续性行情，说明下跌的原因主要是由于卖出真空的存在，而非大资金强力卖出。强势多头预期市场将测试当天低点下方价位，所以在下跌目标达到前选择袖手旁观。由于K线1之前的数根K线没有强势多头的买盘支撑，造成卖出真空和市场跳水。既然相信市场将创出新低，他们显然没有理由在低点上方买入。多等几分钟就可以买在更低的位置，何乐而不为呢？然而，一旦价格达到他们的买入区域，他们开始持续买入，于是市场以上升通道的方式一直上涨到收盘。

图5.3 非常规反转K线

一根空头反转K线的高点不一定非得高于前一根K线的高点，但它的确需要对前一根或数根K线的价格行为有所反转。在图5.3中，K线29是上升行情中一根强空头趋势K线，其实体扭转了市场方向。它的收盘反转了前面13根K线的收盘和前面12根K线的低点（这种情况比较罕见，说明空头很强大）。所有在K线24收盘时以及后面12根K线中任何一根买入的交易者都迅速产生浮亏。如果在K线29

形成过程中没有出场，他们可能会在 K 线 29 收盘时或下一根 K 线跌破其低点后割肉。最强势的多头一般会在回调走势中继续持仓，直到他们认为趋势已经逆转。像 K 线 29 这种反转前期多根 K 线收盘和低点的强势反转 K 线可以改变市场的"始终入场"方向。它还可以让那些强势多头相信市场可能还有较大跌幅，不如暂时先行退出，等到低位再买入（也许是根据这根 K 线长度计算出的等距跌幅之后）。这些失望的多头会寻找任何机会平多离场。他们知道此时离场必然会产生亏损，但会想尽一切办法将亏损减到最小，可能在 K 线 29 的收盘上方以及当前 K 线的前一根 K 线高点上方挂限价卖单。部分交易者将会把当前 K 线的前一根 K 线视为潜在的高 1 买入形态，但大部分交易者都认为市场"始终入场"的方向已经被逆转，因此他们认为高 1 和高 2 入场点将无法带来哪怕刮头皮利润。多头和空头都会在这些高 1 和高 2 信号 K 线上方挂单卖出（第二本书将讨论在高/低 1/2 信号可能失败的情况下如何挂单入场）。多头很高兴能够以较小的亏损出场，而空头则认为新一轮下跌趋势（或下跌通道）中前一根 K 线高点上方是非常好的卖点。但如果市场跌破高 2 买入信号 K 线的低点，即便最死硬的多头也会举手投降，此时市场往往会急速向下突破，至少出现一轮等距跌幅。

如果市场未能出现反弹让被套的多头以较小亏损在数根 K 线内离场，他们将会以市价平仓，或者在那些阴线收盘时以及前一根 K 线低点下方卖出。空头也明白市场正在发生什么，将会寻找同样的机会卖出，只不过他们是开空而非平多。那些一直持有到 K 线 29 收盘的多头是摆动交易多头，因为他们愿意在回调中持有。摆动交易者通常是最强势的参与者，许多是资金量很大的机构，有能力忍受回调。一旦这些最强势的多头认定市场将进一步下跌，市场上已几乎没有买盘，通常须出现大约 10 根 K 线或两段式下跌，到达某个支撑位之后，他们才会再次考虑做多。他们买入的前提是出现强势买入形态，如果没有出现，他们宁愿继续等待。就图中而言，当天的行情已所剩无几，无法提供新的买入机会，因此收盘前没有足够的买家把行情拉起来。

K 线 29 是一根信号 K 线，很多交易者在其低点下方卖出。它也是一根入场 K 线，许多交易者在其跌破前一根 K 线低点和继续扩大跌幅过程中卖出，因为他们认为市场向上突破过去 12 根 K 线所形成的交易区间的走势正在失败。同时它又是一根突破 K 线，因为它向下突破了上述交易区间。它与 K 线 27 或从 K 线 26 到 29 的整波急升行情一起构成了一次反转。从嵌图可以看到，在 15 分钟图上它是一根长空头反转K线的一部分。

　　K线21反转了前面3根K线的收盘。由于它处于一个较陡的下降通道，比较安全的做法是在市场向上突破通道之后在回调中买入。况且，它与前面两根K线重叠度很高，有可能形成交易区间而非反转。K线23是一根合理的突破回调信号K线，因为市场刚刚做出两次下跌尝试，均归于失败（K线22以及K线23的前一根K线）。另外，市场当天早盘出现过非常强劲的上涨走势，因此在回调之后有可能再次尝试上攻。这使得那些在K线21高点上方买入的交易者成功率上升。还有一个利多因素，就是市场测试了对开盘区间（K线1高点）的首次突破，然后反转走高。

　　K线21是一根信号K线，但它紧跟着一根十字星，说明多头并无非买不可的迫切感。K线25也是一根信号K线，紧跟着一根十字星内包K线。每当信号K线紧跟着一根小十字星，往往说明市场并无反转之迫切需要。如果这根K线是内包K线，就像K线25的后一根K线那样，除非形态异常强劲，通常不宜参与交易。如果十字星是入场K线，就像K线21后面那根，你可以有两种策略：在盈亏平衡点或1个最小单位亏损处出场；如果整体形态不错，也可以将止损设在信号K线下方。由于图中的形态看起来较为强劲，将多单止损设在信号K线下方是合理的。

　　K线19的后一根K线是一根十字星，但K线19本身是一个弱信号。如果一根弱信号K线之后的入场K线依然很弱，最好想办法在盈亏平衡点附近离场。

　　一般情况下，将止损收紧到十字星入场K线下方并不是一个好的选择，因为有50%的概率被打掉止损。如果你习惯这种操作方式，那么尽量在盈亏平衡点附近出场可能是更好的选择。每当反转K线形成之后数根K线内出现十字星，市场大约有50%的概率跌破这根十字星。况且，做反转属于逆势交易，市场出现回撤的概率很高。如果你选择入场，而且价格走势看起来很强劲，那么你必须愿意忍受回撤，否则当初就不应该入场。相反，如果形态很弱，那么你需要看到一根非常强劲的入场K线。如果没有出现，应该考虑迅速出场（盈亏平衡点或者1~2个最小报价单位的亏损）。

　　K线13后面第二根K线是强多头趋势K线，由于它是一根反转K线，因此可以被视作信号K线。它的后一根K线是内包K线，可以看作突破回调。然而由于那根强多头信号K线与其前面两根K线有大量重叠，可能有60%的概率是一个多头陷阱（最后证明的确如此）。均线上方不远处形成牛旗且3根或以上的长K线基本重叠，往往是多头陷阱。同样，均线下方不远处形成熊旗且3根或以上长空头K线基本重叠，多半是空头陷阱。即便信号K线是一根强空头趋势K线，在其下方做空也很可能导致亏损。

在K线10与15之间有数根实体较长的阴线，这是卖压信号。这种压力是累积性的，最终引发下跌行情。

# 第6章 信号K线之其他类型

记住，信号K线是导致入场的建仓形态K线。然而并不是所有机会都值得一做，仅仅因为挂单被触发而将前一根K线变成信号K线，并不能说明这笔交易是有价值的（比如说，我们在后面会谈到，窄幅交易区间中的许多信号最好被忽略）。如果价格行为不支持突破信号K线之后有足够的后续行情至少带来刮头皮利润，所有的信号K线都是没有意义的。

**强趋势K线**

强趋势K线是非常重要的信号K线，尤其是在趋势的急速行情阶段。比如说，受重大利好消息刺激，市场刚刚突破位于重要支撑区域的一个底部形态，这时交易者将会以各种理由入场做多。一种普遍的操作手法是等待一根K线收盘，如果是强多头趋势K线，交易者将会在K线收盘时立即以市价买入。许多交易者会马上在收盘价下一个限价委托单，如果几秒钟内没有成交，再改成市价单。其他交易者将会在K线高点上方1个最小报价单位处挂单入场。交易者这种迫不及待的心态导致市场走出一系列的多头趋势K线，以及不断强化的上升动能。

**反转形态**

交易者总是在寻找市场转向的机会，并依靠反转形态作为转向可能发生的初步信号。风险是从入场点到反转K线另一端的距离，而回报往往是风险的数倍。比如说，如果一个交易者在一根多头反转K线上方1个最小报价单位处买入，这根K线的长度为8单位，他可能将保护性止损设在这根K线下方1单位，那么他总的风险将是10单位。然而，这位交易者可能计划在入场点上方20单位或更高的位置锁定利润。

当一轮强劲趋势可能发生逆转，进入一个交易区间或相反趋势，交易者希望看到强势反转建仓形态出现，通常简称为反转。这是因为趋势往往不愿发生改变，如果交易者想要押注反方向的行情，他们需要看到一个强烈的信号显示市场将要反转。顺势交易则不同。如果有一轮强劲趋势，然后出现一波回调，交易者很有把握趋势将会恢复，不需要在回调走势末端看到强势反转建仓形态出现。事实上，对于趋势回调交易来讲，大部分信号K线看起来都很弱。如果回调建仓形态看上去非常完美、一目了然，通常意味着趋势并不强。恰恰相反，由于太多交易者蜂拥入场，往往使之成为趋势末端旗形，从而导致更大的回调。趋势的延续需要让交易者不断错过入场时机，制造出一种持续的张力和入场的迫切感，而弱信号K线就是趋势达到这一目的的手段之一。比如说，在一轮强劲上升趋势中，市场出现两段式回撤，来到均线附近，交易者可能会选择在前一根K线高点上方买入，哪怕它是一根空头趋势K线而非强多头反转K线。一方面，这是因为他们害怕回调走势会随时反转、恢复原先的上升趋势，上涨可能立即加速。他们原本就计划在市场出现回调时逢低买入，现在回调已经发生了，他们必须确保在市场大幅突破牛旗之前买入。所有交易者都有这种迫切感，这也是创新高的走势往往运动非常迅速的原因。那些因为信号看起来很弱而没有入场的交易者仍急切地想要买入，许多人会在上涨过程中一点点加仓，确保自己至少有一个较小的仓位而不至于完全踏空。另一方面，被套的空头一直在等待市场出现更深的回调和更明确的买入信号，让他们能够以较小的亏损出场、买入回补，但这种信号一直没有出现，因此他们不得不在市场不断上涨过程中分批回补空头，避免出现大幅亏损。大部分趋势在进入深度回调之前至少会出现一个小型高潮，而高潮的发生通常是由于姗姗来迟的弱势交易者最终入场，以及做错方向的最后一批交易者最终离场。当做错方向的交易者全部离场，迫切感消失，市场通常会进入交易区间，至少持续运行一段时间。

除了经典的反转K线，还有下列常见的反转形态（其中一些由两根或三根K线构成）。

## 双K线反转

双K线反转是最常见的反转建仓形态之一，因此非常重要。其实我们可以将所有反转视为某种类型的双K线反转，这种视角可以提醒我们市场先是朝一个方向剧烈运动，然后朝相反方向剧烈运动。最强劲的走势通常以一根反转K线或双K线反转信号作为起点。交易中非常重要的一点，就是当形态预示大行情即将启动的时候，你必须提前做好交易准备。双K线反转有多种变体，也是所有反转形态的一部分，只不过在你所关注的时间级别图形上可能不是那么明显。只要你能够理解市场正在反转，完全没有必要从各种类型的图形上去寻找那个完美的双K线反转或那根完美的反转K线，尽管它们出现在所有反转当中。

双K线反转最经典的版本是两根连续的5分钟趋势K线，长度大致相当，但方向相反。多头建仓形态是一根空头趋势K线后紧跟着一根多头趋势K线，空头建仓形态是一根多头趋势K线紧跟着一根空头趋势K线。这两根K线共同构成一根10分钟反转K线，但只有50%的情况能够在10分钟图上看到这根反转K线，因为只有一半的5分钟双K线反转与那根10分钟K线同时收盘，另一半会在10分钟图上形成往往不那么明显的反转形态。

我们必须认识到，所有高潮反转、反转K线、双K线反转都是完全等同的，都会出现在所有反转当中。如果你看了足够多不同类型的图，就可以发现这一点。我们完全可以想象得出，一根经典的反转K线在某个较小时间级别实际上也是双K线反转，还包括在某种其他类型的图上，比如以交易笔数或成交量确定每根K线跨度的tick图或成交量图。另外，对于双K线反转，这两根运行方向相反的K线不一定非得紧挨着，大部分情况下是隔开的。不过，如果你到所有更高时间级别的图形上去找，总可以找到那个完美的紧挨着的双K线反转形态。同样，你也总可以找到与之对应的单根反转K线。要对所有可能性保持开放心态，这样你将会找到更多你能够理解和有信心交易的建仓形态。关键在于你能否在反转发生时发现它们，并且意识到它可以有各种各样的呈现方式。一次空头反转往往先出现一根多头趋势K线（代表买入高潮），不久后出现一根空头趋势K线（代表向下突破）。多头反转则相反，先是出现空头趋势K线作为卖出高潮，然后出现多头趋势K线代表向上突破。

双K线反转的第二根K线可以是一根反转K线。当其与前一根K线重叠度超过75%，最好将它们一起视为双K线反转建仓形态而非单独的反转K线。采用这种视角，可以提高反转交易的成功率。举例而言，如果市场处于上涨状态，此时出现一根空头反转K线，低点高于上一根K线的低点1个最小报价单位，这种情况往往是空头陷阱。接下来市场可能屡次跌破这根空头反转K线1单位，但始终未能跌破它前面那根多头趋势K线，然后市场在数根K线后创出新高。反之，如果做空入场K线同时跌破了两根K线而不仅仅是空头反转K线的低点，这种空头陷阱的情况就少见多了。当一根反转K线与前一根K线大量重叠，就形成了一个双K线的交易区间，突破型入场点应该是在整个交易区间之外。由于这个交易区间只有两根 K 线，那么入场点应该是在两根 K 线之外，而不仅仅是第二根 K 线。

如果那根空头反转 K 线跌破了前面的多头趋势 K 线，可以把它看作一根外包 K 线，即便其高点低于多头趋势 K 线的高点。在这种情况下，一般来讲，我们最好等待市场出现反弹、形成高点下降之后再做空，否则你的做空点可能距离上升行情的顶部太远，搞不好会刚好卖在某个支撑位（比如一个正在形成的交易区间的底部），市场可能随后转涨。这么做风险太大。

### 三 K 线反转

三 K 线反转只是双 K 线反转的变体。三 K 线反转是指市场出现 3 根连续的 K 线，第 1 根和第 3 根构成双 K 线反转，中间是一根不显眼的 K 线，比如小 K 线或十字星。当第 3 根 5 分钟 K 线与一根 15 分钟 K 线同时收盘，这个三 K 线反转形态就就对应 15 分钟图上一根反转 K 线。在这种情况下，反转信号的可靠性应该会有所提升，因为那些交易 15 分钟图的交易者也会入场。在另外 2/3 的情况下，5 分钟图上的三 K 线反转则通常导致 15 分钟图上出现某种其他类型的反转形态。当我们在 5 分钟图上寻找反转入场点的时候，想想是否有 3 根连续 K 线构成 15 分钟图上的一根反转 K 线也是有帮助的。这样可以增强你对这笔交易的信心，因为较高时间级别的信号更可能引发更大的行情，你可以更安心地持有头寸、提高止盈目标。但一般情况下，交易者应该将三 K 线反转看成简单的双 K 线反转，而不用去管它是否同时在 15 分钟图上对应一根反转 K 线。

### 小 K 线

相比前面数根 K 线波动范围较小的小 K 线也可以成为反转信号 K 线。常见的例子包括：

● 内包 K 线，即一根 K 线高点低于前一根 K 线的高点、低点处于或高于前一根 K 线的低点，或者低点高于前一根 K 线的低点、高点处于或低于前一根 K 线的高点。如果 K 线很短、实体方向与当前趋势相反，其作为信号 K 线的可靠性更强；相反，如果是长十字星，则可靠性较弱。事实上，长十字星通常不是好的信号 K 线，哪怕它是一根内包 K 线。因为长十字星本质上是单 K 线交易区间，往往会跟随进一步的双向交易。

● 双内包（ii）或三内包（iii）形态，即连续两根或三根内包 K 线，后一根 K 线被前一根所涵括。

● 在长 K 线（趋势 K 线或外包 K 线）或交易区间高点或低点附近出现的小 K 线。尤其当小 K 线实体方向与你的交易方向相同的时候，其有效性更强，因为它说明你所处的一方已经掌握控制权。

● 内外内（ioi）形态，即一根内包 K 线紧跟着一根外包 K 线，然后再出现一根内包 K 线（内包－外包－内包）。当其出现在突破可能发生的区域，交易者可以在市场突破第二根内包 K 线时入场。它通常属于突破型建仓形态，往上往下突破都有可能，稳妥的做法是在第二根内包 K 线下方挂卖单、在其上方挂买单，以突破的方向入场，未执行的挂单则变成保护性止损。

有一点须牢记，十字星通常不是好的信号 K 线。十字星属于单 K 线交易区间，而当市场处于交易区间，你不应该寻求在其高点上方做多或在低点下方做空。不过，有时候十字星也可以成为不错的反转交易信号 K 线，比如当其出现在交易区间高点或低点附近，或者当其属于强趋势中的顺势交易建仓形态。在交易区间中，如果十字星处于区间高点，在十字星下方卖出是没有问题的，尤其当其作为二次入场点的时候。当交易区间相比十字星所代表的微型交易区间越宽（因此在十字星下方卖出依然是卖在大的交易区间顶部），交易成功率越高。

### 外包 K 线

外包 K 线是高点或低点超出前一根 K 线的高点或低点，另一端处于或超出前一根 K 线另一端的 K 线。详见第 7 章。

### 微型双底

微型双底是低点处于或接近同一价位的连续或近乎连续的两根 K 线。当其形成于急速下跌行情中时，它是先出现一根收于低点或低点附近的空头趋势 K 线，然后出现一根开盘位于低点或低点附近的多头趋势 K 线（相当于单 K 线熊旗）。如果两根 K 线低点相同，可以考虑在低点下方 1 个最小报价单位处做空。在所有其他情况下，则更可能是反转形态，因为大部分小型多头反转都来自某种类型的微型双底（将在第三本书讨论）。

### 微型双顶

微型双顶是高点处于或接近同一价位的连续或近乎连续的两根K线。当其形成于急速上涨行情中时，它是先出现一根收于高点或高点附近的多头趋势K线，然后出现一根开盘位于高点或高点附近的空头趋势K线（相当于单K线牛旗）。如果两根K线高点相同，可以考虑在高点上方1个最小报价单位处做多。在所有其他情况下，则更可能是反转形态，因为大部分小型空头反转都来自某种类型的微型双顶（将在第三本书讨论）。

### 失败的反转K线

失败的反转K线是指反转K线的后一根K线朝与反转K线相反的方向突破（比如说，在一轮上升趋势中出现一根空头反转K线，然而下一根K线突破了其高点而非低点）。

### 光K线

光K线是指一端没有影线或两端都没有影线的K线。只有当其形成于强趋势之中，才是一个建仓形态（比如说，在强劲上升趋势中，如果出现一根没有上影线或下影线的多头趋势K线，那么它就是一个买入形态）。

### 耗竭K线

耗竭K线是指在趋势方向出现的一根极长的趋势K线，往往代表趋势动能出现情绪性耗竭。所有趋势K线都是急速运动、突破、缺口、高潮或耗竭K线，有时候耗竭的成分可能是其主要特征。

### 趋势K线

除了可以在强趋势中作为顺势入场的信号K线，趋势K线也可以作为反转交易的信号K线，比如回撤走势反转为原有趋势的方向，以及交易区间中的反转交易。举例而言，如果市场处于强劲多头趋势当中，至少有20根K线位于均线上方，现在市场横向运行，向抬升中的均线靠拢，那么我们可以考虑在出现第一根收盘仅探破均线1~2个最小报价单位的小空头趋势K线时买进。我们可以在其收盘时买进，也可以在其高点上方买进。这意味着我们预期市场将结束横向偏下的调整，反转进入原有趋势方向。

如果市场某个交易日一直处于明确的交易区间、发生多次转向，大概午盘时分出现一波两段式的、两根多头趋势K线的急速拉升行情并略微创出新高，这通常是一个很好的卖点。当然，如果你的仓位允许你逢高加空，或者它属于另一个形态的一部分（比如处于一个小型楔形的顶部，或测试一根下降趋势线），那就更加不错了。反之亦然。如果市场在一个交易区间内出现一波两段式下跌，形成一根空头趋势K线，其收盘低于交易区间下半部分的一个前期摆动低点，那么这可以是一个以市价买入的交易机会。如果你能够逢低加仓，或者它属于另一个形态的一部分（比如处于一个楔形牛旗的底部），那就更值得一做了。

**所有K线处于通道之内**

当市场形成一个强势上升通道，多头将会在前一根K线低点或其下方挂单买入，空头将会在每一根K线高点或其上方以及每一个摆动高点上方挂单卖出。与此同时，也有多头在回调K线高点上方挂单买入，有空头在位于通道上轨的K线低点下方挂单卖出。下降通道则相反。

小K线有多种类型，发生的情况也多种多样，但无论哪一种，都代表多头和空头热情均有所减退。所有小K线必须放到整体背景下考量。从建仓形态来讲，一根其实体方向与你交易方向相同的小K线（小反转K线）要好得多，因为它意味着你所在的一方控制着这根K线。如果小K线没有实体，交易成功率将大为下降，行情震荡的概率非常高，最好等待二次入场点。

内包K线不一定要完全内包（即高点低于前一根K线高点，低点高于前一根K线低点），K线的一端或两端可以与前一根K线刚好持平。一般来讲，当内包K线是一根小K线而且收盘方向与你打算交易的方向一致，往往是更可靠的入场信号。很显然，当你打算做多的时候，信号K线为阳线总是更好一些；当你打算做空的时候，则阴线更好。

当内包 K 线出现在突破交易区间的长趋势 K 线之后，可能只是代表趋势交易者稍作休整，也可能代表其信心不足从而可能引发反转（失败的突破）。当内包 K 线是一根小 K 线，而且是与长突破 K 线方向相反的趋势 K 线之时，反转的概率更大。相反，与趋势同向的内包 K 线将增加突破走势延续的概率，尤其在当天曾经出现过该方向趋势性行情的情况下（比如说，这可能是你所期待的第二波行情的开始）。

突破性趋势 K 线后出现的小内包 K 线比较难以处理，容易引起交易者情绪波动，因为这种情况既可以做多也可以做空，而且交易者必须在很短时间内处理大量信息。举例来说，在一个下跌行情交易日，出现一次向上突破，交易者通常会在内包 K 线高点上方 1 个最小报价单位处挂多单，同时在其低点下方 1 单位处挂空单。一旦某一挂单成交，另一挂单则变成保护性止损。如果空单先成交（说明突破失败），这时交易者应该考虑将买入挂单手数加倍，以防万一失败的突破变成一次突破回调（反方向的失败意味着多头和空头都被套，通常是较为可靠的交易机会）。然而，如果顺势的买单先成交，通常情况下交易者不应该将保护性止损（即卖出挂单）加倍成反手单，但如果当天属于空头趋势交易日，交易者可能会这么做。一旦市场已经走出第二根或第三根 K 线都没有发生突破失败的情况，接下来出现的失败走势则更有可能只是造成沿新趋势方向的一个突破回踩入场机会，而非可交易的突破失败。总而言之，优秀的交易者会根据多种微妙的因素快速做出客观的决策。如果决策过程让人感到困扰或造成情绪波动，那就最好不要进场，尤其是像双向挂单或逆转挂单方向这种复杂的操作。交易者不应将过多情绪投入一笔令人困惑的交易当中，否则当明确的交易机会很快出现的时候，你可能仓促应对，甚至失之交臂。

一轮摆动行情之后出现的一根内包 K 线可能标志着摆动的终结，尤其当其收盘方向与趋势相悖，以及其他因素配合的情况下，比如当摆动行情造成了一次趋势线或趋势通道线过靶、行情为 ABC 两段式回调（因此这根内包 K 线可能是一个潜在的高 2 或低 2 信号 K 线），或者行情形成交易区间中一个新的摆动高点。另外，处于任何长 K 线（趋势 K 线、十字星或外包 K 线）一端的任何小 K 线，无论是否为内包 K 线，都可以构成反转，尤其当这根小 K 线是小反转 K 线之时。一般情况下，交易者都会低买高卖。在交易区间中（交易区间交易日或趋势行情交易日中的交易区间），小 K 线唯一可以构成的入场信号就是在震荡区间顶部和底部逆向开仓。比如说，如果小 K 线是一个摆动高点，或者在其之前价格刚刚测试了一根下降趋势线，或出现一次上升趋势通道线过靶并反转，你应该只找机会做空；如果它是一个摆动低点，只找机会做多。

在趋势当中（即便只是交易区间交易日中的一段趋势），小K线可以同时成为做多和做空的信号。举例而言，如果有一轮强劲上升趋势，而且前面并未突破某根重要的上升趋势线，在长多头趋势K线高点附近出现的内包K线，或略微超过趋势K线高点的小K线应该只被看作买入形态。如果是内包K线，尤其还是一根小多头趋势K线的话，那就是非常好的做多形态。如果是略微超过趋势K线高点的小K线，那么只有在趋势足够强劲的情况下才是安全的做多形态。一般情况下我们最好等待一次回调，除非小K线是一根空头反转K线，这种情况下空头可能被套，所以在小K线高点上方1个最小报价单位处挂单买入是合理的。

双内包（ii）形态是一根较长的内包K线后再出现一根内包K线，即连续两根内包K线，第二根被第一根所涵括，长度与第一根相同或较短，三内包（iii）是连续三根内包K线。在一段持续行情之后，尤其前面已经发生趋势线突破的情况下，沿趋势方向突破一个双内包形态通常只是刮头皮交易机会，很可能在利润目标达到之前或之后发生反转（因此属于末端旗形，将在第三本书讨论）。然而，朝与趋势相反的方向突破（或从末端旗形反转）往往会导致大幅反转行情。双内包形态往往出现在末端旗形中，它是最后一次多头和空头达到均衡状态，弱势的一方最终赶上了强势的一方，至少暂时是这样。因此，如果顺势的一方占优，那么逆势的一方很有可能在发生顺势突破之后试图夺回控制权。双内包建仓形态的止损可以设在两根K线的另一端之外（而不仅仅是从技术上来讲作为信号K线的第二根K线的另一端），不过在两根K线相对较长的情况下，有时候也可以使用较小的止损，即设在第二根K线而非两根K线另一端之外。入场K线收盘之后，可以将止损收紧，同时考虑在入场K线另一端1个最小报价单位处反手的可能性。由于双内包K线的突破失败概率很高，尤其当其出现在当天区间中段的时候，要提防接下来几根K线内发生突破失败，随时准备反手。

5分钟图上的双内包形态通常是1分钟图上的双底回撤（上升趋势中）或双顶回撤（下降趋势中）（将在第二本书讨论），属于反转形态。这就可以解释为何很小的双内包形态可以导致大幅逆势运动。

在强劲上升趋势中，有时候会出现连续两根高点相同的K线，两根K线往往都有很短的上影线。这是一种双K线双顶买入形态，在1分钟图上则是标准的双顶。我们可以在这两根K线高点上方1个最小报价单位处挂单做多。这种操作手法是捕捉双顶失败的机会，那些做空的交易者会在同一价位设置保护性止损，一旦双顶失败，空头回补将会增加上涨动能。同理，在强劲下跌趋势中，可以考虑在双 K 线双底卖出形态下方 1 单位处挂单卖空。

双 K 线反转建仓形态有多种叫法和变体，其共同特征则是相互重叠的两根趋势 K 线方向相反、实体长度大致相当。在双 K 线反转顶部形态中，第一根 K 线是多头趋势 K 线，第二根是空头趋势 K 线，如果市场并不处于交易区间，二者就共同构成了一个卖出形态。双 K 线反转底部是一根空头趋势 K 线紧接着一根多头趋势 K 线，二者共同构成一个买入形态。它们在本级别（5 分钟图）属于标准的双 K 线反转形态，对应 10 分钟图上一根反转 K 线（大家可以想象一下这两根 5 分钟 K 线合成一根 10 分钟 K 线之后是什么样子）。

双 K 线反转可以是持续形态（单 K 线旗形），也可以是反转形态，要视乎整体背景。举例来说，如果市场处于急速下跌行情中，出现一根阴线，然后出现一根低点接近前一根 K 线低点的小阳线，这就是一个双 K 线反转。然而由于市场处于高斜率的下跌趋势中，千万不能在这根小阳线上方买入。相反，你应该将这根阳线视为单 K 线熊旗，考虑在其下方做空。相比之下，如果同样的双 K 线形态出现在上升趋势中回踩均线的两段式回调末端，就是一个双 K 线反转，属于非常不错的买入形态。回调接近尾声，正在反转回原有上升趋势。

在强趋势中，如果一根趋势 K 线一端或两端没有影线，通常意味着市场处于单向模式，动能强劲。在超强势的上升趋势中，5 分钟图上一根光头阳线要比光脚阳线更强势，因为前者上涨动能一直持续到 K 线收盘，市场更有可能延续 5 分钟之前的动能。因此，光头阳线是很好的做多形态。如果这根 K 线高点存在 1 个最小报价单位长度的影线，或者光脚，依然属于强势，但一般来讲，单独这一点并非在其高点上方买入的充分理由。我们还必须把 K 线放到整体背景下来分析。如果这根 K 线处于交易区间，那么在其高点上方买入就是愚蠢的，因为交易区间倾向于反复测试极端价位。换句话说，这根 K 线属于测试性质的概率要大于成功突破的概率，不应该在其高点附近买入。类似地，在超强势的下跌趋势中，一根光脚的空头趋势 K 线是做空建仓形态，可在其低点下方 1 单位处卖空。

在没有行情、成交清淡的交易日，光头和光脚 K 线时有出现，却并非强势的表现。如果你在一个小时左右的行情中看到大量光头和光脚 K 线，它们均处于一个交易区间，这时入场必须慎之又慎。所有这些 K 线都可能是陷阱，让交易者误以为某一方发力,其实并非如此。

并非所有小 K 线都是好的逆势交易形态。在某一特定情况下,它们不应该被用作信号 K 线。那就是当其为小十字星之时(大小是相对近期 K 线而言),尤其是它没有实体、处于均线附近以及大约出现在上午 10 点到 11 点之间(PST 时间)。这些情况都有很高的失败概率,通常需要进一步的价格行为才可下单交易。

尽管大部分顺势的长趋势 K 线都是强势信号,但如果一根 K 线过长,往往代表高潮性耗竭(买入或卖出高潮)。比如说,在上升趋势中,它通常意味着最后一批买家入场。这是一种恐慌性买盘,买家愿意以任何价格买入,或者如果他们先前持有空头的话,他们不得不以任何价格回补亏损的空头头寸。如果不再有等待入场的买家,市场将会下跌。这时任何标准的反转形态都可以作为信号 K 线。不过在做逆势交易的时候,等待出现强势反转 K 线之后的二次入场点永远是最安全的做法。

长趋势 K 线的突破通常会在下一根 K 线失败,将交易者套在错误的市场方向。尤其是在行情清淡的震荡市中,这种情况尤为普遍。市场一会儿奔向区间顶部,一会儿奔向区间底部,新手通常会受到欺骗,以为市场要成功突破。

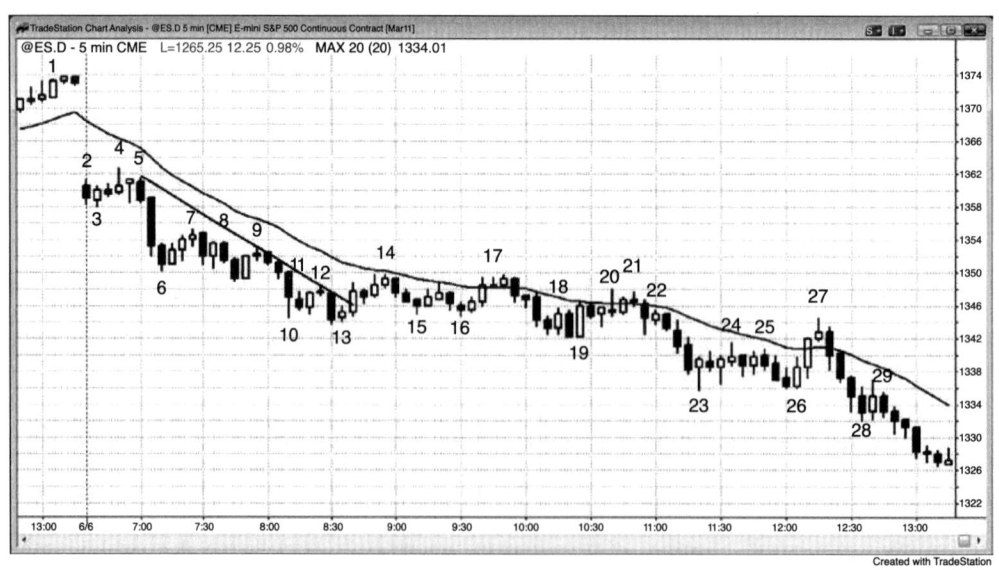

图 6.1 小信号 K 线

小 K 线可以是顺势也可以是逆势建仓形态。在趋势当中,回调中所出现的小 K 线只能是顺势建仓形态。如图 6.1 所示,K 线 7、9、12、14、17 和 21 都是回撤中的小 K 线,唯一正确的入场方法就是在其低点下方 1 个最小报价单位处做空。虽然它们大部分都是十字星 K 线，但属于顺势交易，因此是合理的卖点。正如我们前面所说，强趋势中大部分信号 K 线看起来都很弱，这正是趋势得以持续下跌的原因之一。空头迫切地想要卖空，多头想以较小的亏损离场，双方都在等待一个强势卖出形态——让他们确信市场不会再涨、需要立即做空或平多。然而完美的形态一直没有出现，于是空头踏空、多头被套牢。这就造成一种持续的张力和迫切感，不断将市场推向新低。为了防止期待的完美形态永远不会出现（通常如此），多空双方全天都在小笔分批卖出。由于这些建仓形态看起来都不强，交易者很容易误以为趋势较弱，期待很快就可能出现一波较强的反弹，让他们在更好的价位卖出。比如说，他们可能看到市场一直处于均线下方，但也一直没有出现足以让他们感到恐慌的快速下跌，因此他们不断期待市场出现更大幅度的反弹，以带来更好的卖点。弱信号 K 线是强趋势的重要组成部分。

小 K 线也可以带来逆势交易机会，比如当其出现在摆动低点而且有其他理由进行逆势交易的话。所谓其他进行逆势交易的理由包括市场之前已经突破趋势线。K 线 16 是一根小阴线，构成做多形态。此前市场突破了下降趋势线，并且突破从 K 线 7 到 13 下降通道的高 4 底部。市场在 K 线 14 测试均线之后出现两段式回撤，可能进入第二波上涨。

只有在下跌趋势中，交易者才可以在小 K 线低点下方卖出。急速下跌行情中则更佳。K 线 29 不算特别小，但它是一根内包 K 线（与小 K 线功能相同），又是空头趋势 K 线，因此在当天行情最低点做空是安全的。

K 线 13 是一个三 K 线向上反转的居中 K 线，K 线 17 是一个四 K 线向下反转的居中 K 线。所有多 K 线反转都只是双 K 线反转的变体。图上还有几种其他类型的反转。

**本图的深入探讨**

图 6.1 中当天市场大幅跳空低开，所以交易者要注意当天可能成为"始于开盘的上升趋势交易日"或"始于开盘的下跌趋势交易日"，需要密切关注建仓形态的出现。K 线 3 是一根多头反转 K 线，是很好的押注突破失败和反转的买入形态，可惜入场 K 线是一根阴线（这对于期待多头行情的交易者从来不是什么好现象）。于是这波小幅上涨变成了一次"失败的突破失败"，成为一个突破回撤做空形态，导致市场恢复空头突破的方向。当市场反转跌破 K 线 4 低点之时，多头撤退，其中许

多交易者还会反手做空。下一根K线也是十字星，此时市场处于一个"大幅跳空低开交易日"中的窄幅交易区间。这是一种非常不错的突破模式形态，可能引发一轮强劲上涨趋势或下跌趋势。K线5突破那根十字星1个最小报价单位，可能将那些没有耐心等待市场突破开盘区间K线4高点的冒进交易者套住。当天最佳的交易机会是在K线5低点下方做空，或者在其下一根K线突破开盘后窄幅交易区间低点时做空，又或者在其收盘时做空，因为此时市场已经明确进入空头趋势。截至K线6的急速下跌行情有3根长空头趋势K线，接下来可能再出现一波等距下跌，也许以下降通道的形式。事实证明下跌的幅度远超于此。

K线13是在新的摆动低点出现的内包小阳线，反转了一个低2末端旗形卖点，以及第二波下跌中的第二小波下跌，因此是一个高4做多建仓形态。同时，它还是一轮"急速通道"下跌趋势中下跌通道内的第三次或第四次向下推动（看你怎么数）。急速行情由始于K线5的3根空头趋势K线构成。通道往往会在第三波推动行情结束，接下来多半会出现两段式横向或往上的调整。本例中的确如此。回撤一般会到达通道的顶部，但本例中空头趋势非常强劲，导致回调仅仅是横向盘整，而非上涨。这通常意味着还会有新低出现。

K线16是一个正在形成的交易区间中的高2买入形态，在其之前，截至K线14的一轮相对较强的上涨突破了下降趋势线。这种动能使得第二波上涨可能发生。

K线14比较接近一个"20根均线缺口K线"做空建仓形态，因为前面20根K线的高点都在均线之下。K线14虽未触碰均线，但已非常接近。所谓"完美难求，近似足矣"，接下来市场很可能测试下跌行情低点。另外，截至K线14的上涨还是第一次突破窄幅通道，因此很可能至少有一次向下测试。

K线17则是名副其实的"20根均线缺口K线"做空形态。市场先在均线下方运行，然后站上均线，随即反转并创出盘中新低。K线17是一个十字星均线缺口K线做空建仓形态，但由于从K线16开始的上涨属于急速多头行情，大部分交易者都会等待出现二次信号再做空。入场点在K线17之后那根外包阳线低点下方。入场K线是一根强空头趋势K线，成为一波急速下跌行情的第一根K线。

所有图形上都会出现大量微型双顶和双底反转形态。这一内容我们将在第三本书讲反转的时候再详细讨论。K线20和21就是微型双顶反转形态的例子。

图 6.2　反转 K 线可以成为持续形态

当趋势非常强劲的时候，市场往往会跌破而非站上一根多头反转 K 线，或者站上而非跌破一根空头反转 K 线。图 6.2 是百度（股票代码 BIDU）的 5 分钟图，K 线 3 是市场第三次尝试向上反转，而且是强多头反转 K 线。然而市场并未站上这根 K 线，而是向下突破。也许有一批先行多头在这根反转 K 线入场，未能等待价格触发买入信号（下一根 K 线未能站上其高点 1 个最小报价单位），于是这些操之过急的多头被套住了。他们将在这根多头反转 K 线低点下方 1 单位处止损离场，而这里正是聪明交易者入场做空的地方。

K 线 6 则刚好相反。这是一根空头反转 K 线，那些没有等待市场跌破这根 K 线低点就过早做空的交易者被套住，被迫在下一根 K 线站上这根空头反转 K 线之时买入回补。单独一根反转 K 线并非入场的充分理由，哪怕它处于一个反转很可能发生的区域。

在已经持续 10 根或以上 K 线的趋势中，一根极长的趋势 K 线往往意味着市场动能耗竭，将会出现至少 10 根 K 线的回调，有时候还会引发反转。

在图 6.3 中，K 线 3 是一根极长的空头趋势 K 线，击穿开盘的低点，并且穿越趋势通道线。市场接下来出现一根光头的内包阳线。光头意味着多头在强力买入，一直持续到 K 线收盘。这是非常不错的做多形态。长空头趋势 K 线构成一次卖出高潮，突破内包阳线的高点则构成一次多头突破。这属于急速下跌后又急速上涨的行情（即

# 高级趋势技术分析
## ——价格行为交易系统之趋势分析

图 6.3　长趋势 K 线可能意味着动能耗竭

反转），如果你去看各种更高时间级别的图形，可能在某张图形上发现这个底部是一次完美的双 K 线反转，或者对应一根反转 K 线。

K 线 4 是一根空头反转 K 线，但 K 线 5 做空入场 K 线迅速反转至 K 线 4 高点上方，扫掉这些空头的止损。必须说明一点，由于上升动能过于强劲，在 K 线 4 空头反转 K 线下方做空可能并非明智之举。我们可以看到，市场连续出现了 11 根多头趋势 K 线，所以交易者不应该在第一根阴线下方做空。相反，在空头反转 K 线上方或 K 线 5 外包阳线上方买入是合理的做法，因为那些被止损出局的空头将会等待进一步的价格行为才会考虑做空。如果空头不准备做空，多头将会继续推高市场。

**本图的深入探讨**

在图 6.3 中，市场当天跳空低开后出现一根强多头趋势 K 线，但立即向下反转，使之成为突破回踩做空形态。由于头两根 K 线影线和实体都很长，而且开盘小幅跳空，接下来市场继续震荡的概率很高，最好暂时先观望、不要去做空。市场随后出现双 K 线反转，发出突破失败建仓形态的信号，可能意味着当天的低点已经出现。接着市场走出 4 根 K 线的急速拉升行情，但没有后续。在后几个小时的某个时点，交易者可能至少先锁定部分利润，剩余部分可能在后面的下跌行情中在盈亏平衡止损位出场，如果没有反手做空的话。

K线3还是一轮"急速与通道"下跌趋势的底部，反转走势应该测试通道起点K线2。事实的确如此。截至K线1的5根K线下跌属于急速行情，通道性下跌始于反弹的高点K线2。截至K线3的下跌是高潮性抛盘，因为期间出现多根K线低点和高点均低于前一根K线。到底多少根不重要，重要的是有很多根，数量越多，说明行情越不可持续，其表现越接近于高潮。在一轮强劲下跌趋势后出现像K线3这种长空头趋势K线属于卖出高潮，通常会导致两段式的横向或向上的调整，像图中这样的趋势反转则较为少见。

失败的K线4反转K线是一个低2失败买入建仓形态。低2套住了那些在反转K线下方卖空、没有等待市场先表现出空头动能的幼稚交易者。在强劲上升趋势中，如果市场处于窄幅上升通道，而且前面没有发生上升趋势线突破，做空是不明智的。

截至7点05分那根K线的4根K线拉升行情本来有可能跟随一轮通道性上涨，但截至K线1的急速下跌反而使得出现下降通道的概率更高（结果正是如此）。在截至8点45分左右（PST时间）的那波回调后买入是合理的，可以期待市场再次急速上攻。同样合理的做法是，在K线2后面那根内包阴线下方反手做空。

请注意，K线1前后的所有十字星都不是好的信号K线，因为它们处于当天区间的中位，而且靠近走平的均线。

K线1之前5根K线处出现的摆动高点形成了一个三K线反转，应该对应15分钟图上一根实体长度为1个最小报价单位的阳线反转K线，因为第三根5分钟K线刚好与15分钟K线同时收盘。

图6.4 从5分钟图看15分钟图反转

15分钟图上的反转走势可以在5分钟图上看到。在图6.4中，左边的15分钟图有数根反转K线，对应右边5分钟图上方框内的三K线形态。一般来讲，15分钟图上的反转相比5分钟图上的反转更有可能引发较大的行情。当你打算做一笔5分钟图交易时，如果看到某3根K线共同构成一根15分钟反转K线，你将会更有信心做这笔交易。

一般来讲，对于任何趋势K线，我们都有必要看看接下来大约10根K线内是否会出现收盘接近第一根K线开盘的相反趋势K线（即反转）。这种反转在某张更高时间级别图形上将是一个双K线反转，再往上则是一根反转K线。

**本图的深入探讨**

在图6.4中，市场开盘后向下突破均线，但随后突破失败，形成"始于开盘的上升趋势"。K线3是强趋势中的均线缺口K线，截至K线3的下跌突破了上升趋势线。均线缺口K线往往会引发趋势的最后一波行情，随后进入更大级别的调整。K线4是在一个高点抬升位置出现的双K线反转做空形态。

图6.5 三K线反转

有些5分钟图上的三K线反转并不能在15分钟图上制造好的反转，但依然可以引发可接受的反转走势。在图6.5中，右边的5分钟图出现了两个三K线反转形态，看起来应该在 15 分钟图上对应一根完美的反转 K 线。但是由于第三根 5 分钟 K 线两次都收于整点后的第 25 分钟而不是 15 分钟 K 线收盘所在的第 30 分钟,使得 15 分钟图的形态并未表现出同样的强势。如果 15 分钟图也出现完美的反转形态,交易者可以做 5 分钟图上的反转交易,可以在三根 K 线高点上方 1 个最小报价单位处买入,如果有更早的 5 分钟入场点,也可以提前买入。比如说,在右图第二个三 K 线反转例子中,第二根和第三根 K 线同时还构成一个双 K 线反转,所以我们可以在这个双 K 线反转形态上方 1 单位处买入,而不必等到再往上 2 个单位的 3 根 K 线高点上方再入场。一般来讲,交易者不应该刻意去寻找三 K 线反转形态,因为它们每天只出现两三次,刻意寻找反而会错过其他更常见的建仓形态。

K 线 2 是一个双 K 线反转的第一根 K 线,你可以在某个时间级别上看到,市场见底前的 3 根长空头趋势 K 线和 K 线 2 之后的两根长多头趋势 K 线共同构成一个更大的双 K 线反转,左边的 15 分钟图即是如此。同样,你也可以在某张图上看到这一组 K 线构成一根完美的反转 K 线。正因此,所有反转形态都是密切关联的,不必特意去找某种形态,不要让你的视线离开目标。你的目标是判断市场何时发生反转,然后找机会入场,如果你相信反转走势有后续行情的话。

**本图的深入探讨**

在图 6.5 中,最近一天市场开盘跌破了前一天的低点,小幅跳空。第一根 K 线是一个突破失败买入形态,市场有可能形成"始于开盘的上升趋势"。当反转发生在像图中这种陡峭下降通道之中,最好等待回调之后再买入。市场在几根 K 线后形成一个低点抬升,但这几根 K 线属于横盘走势、上下影线很长,所以多头应该等待市场展现出进一步的上升动能。然而恰恰相反,市场出现了一个低 2 卖点,同时也是一个突破回踩卖点,但是大部分交易者宁愿等待市场突破整个开盘区间之后再做决定,因为开盘区间是一个窄幅交易区间、幅度不到日均波幅的三分之一。市场最终以一根长空头趋势 K 线突破开盘区间的低点,这也证明大部分交易者都是等到突破之后才开空的。

K 线 2 是一个双 K 线反转,属于开盘反转做多机会。K 线 2 之前是一个单 K 线末端旗形,再加上开盘后第一根 K 线(长下影阳线)展现出一定多头动能,提高了市场反转的概率。

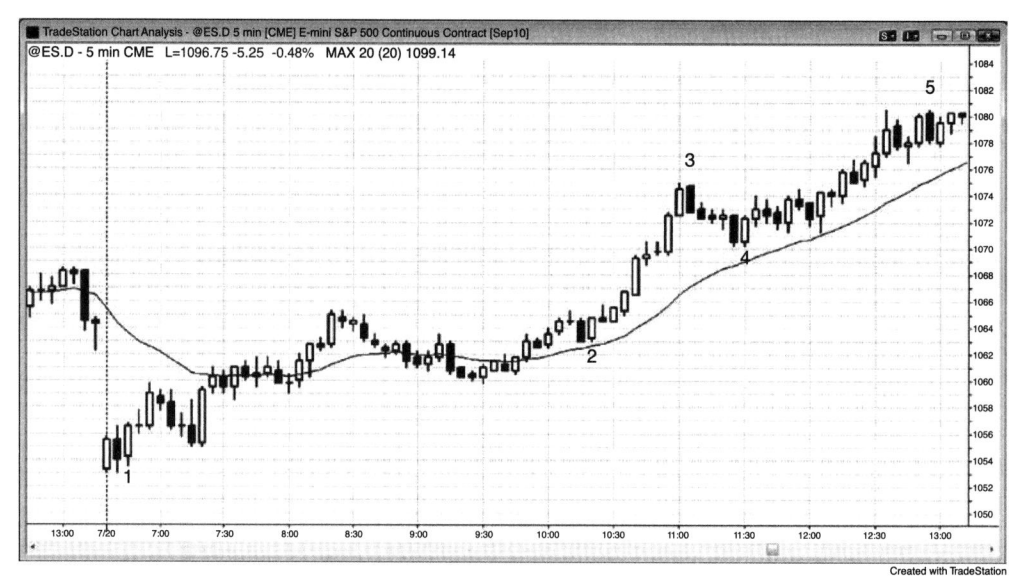

图 6.6 双 K 线反转

双 K 线反转是由两根 K 线构成的建仓形态，入场点在两根 K 线之外 1 个最小报价单位处。在图 6.6 中，尽管 K 线 5 是一根空头趋势 K 线，其低点高于前一根 K 线低点 1 单位。当一根反转 K 线与前一根 K 线几乎完全重叠，应该被视为双 K 线反转建仓形态。比如说，在这里最安全的做空入场点是在 K 线 5 与前一根 K 线较低的低点下方。市场跌破 K 线 5 低点 1 单位，但与其前一根 K 线的低点构成一个双底，使得那些认为在一根长空头趋势 K 线下方卖空肯定安全的交易者被迫止损出局。

K 线 3 的情况较为类似。如果交易者打算做空，更安全的做法是在其前一根 K 线低点下方开空，而不仅仅是 K 线 3 的低点下方。不过，无论哪一种做法，做空的风险都很高，因为市场前面 9 根 K 线处于强劲的上涨态势。在这种情况下，等待回调之后买入比做空要好得多，比如在 K 线 4 双 K 线反转上方买入。

K 线 1 是一个双 K 线反转买入形态的第二根 K 线，其高点高于第一根 K 线的高点。入场点在第二根 K 线高点上方。

K 线 2 是一个双 K 线反转，两根 K 线的高点位置相同。

**本图的深入探讨**

在图 6.6 中，市场大幅跳空低开，第一根 K 线为多头趋势 K 线。接着市场形成一个双 K 线向下反转形态，但未能触发做空入场点，反而形成一个双 K 线向上反转形态。在 K 线 1 高点上方入场的多头在后面两根 K 线中实现浮盈。由于当天可能是一个"始于开盘的上升趋势"交易日,而且有多头发力的迹象,交易者应该将止损保持在最初的当天低点下方,等到出现低点抬升之后再上移止损。一旦市场从低点抬升位置走出一根长多头趋势 K 线,他们就可以将止损上移到抬升低点的下方,一直持有多头头寸到收盘。

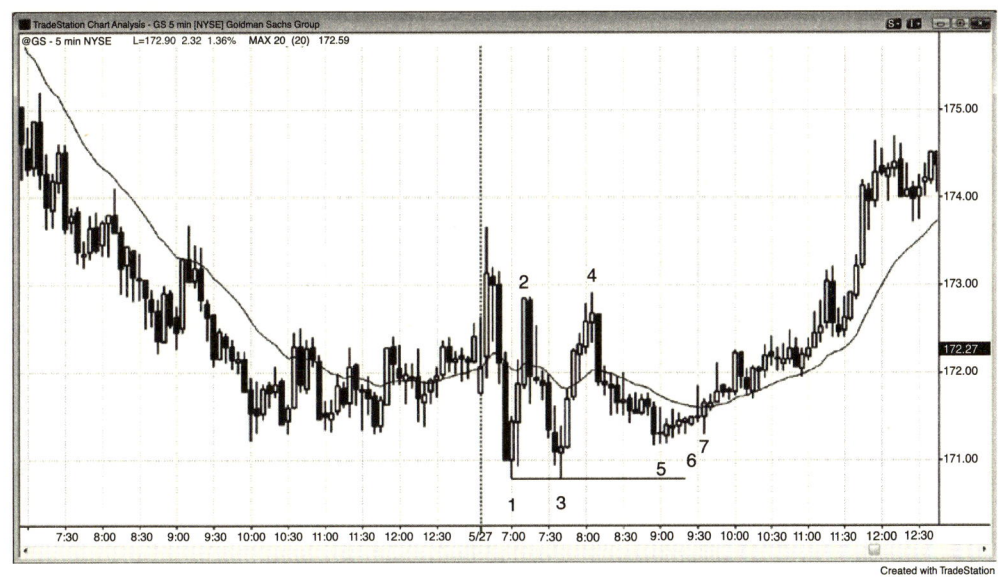

图 6.7　第一个小时反转

永远要提防市场在第一个小时左右发生反转。图 6.7 是高盛(股票代码 GS)的 5 分钟图,前一天处于下跌趋势,当天市场开盘后一度强劲拉升,所以交易者在等待市场回调、形成低点下降或低点抬升,然后可能发生趋势反转。市场在 K 线 1 形成低点下降,并在 K 线 3 遭到测试,共同构成一个双底。随后市场在 K 线 5 形成低点抬升,此时多头开始寻找入场点,期待市场可能展开一轮新的上升趋势。K 线 5 是一根内包 K 线,其后一根 K 线又被 K 线 5 所涵括(即低点高于 K 线 5 的低点、高点低于 K 线 5 的高点)。这是一种双内包(ii)建仓形态,交易者将会在第二根 K 线高点上方 1 个最小报价单位处买入。K 线 6 是第二个双内包(ii)建仓形态,它本身是一根内包 K 线,其前一根 K 线也是内包 K 线。

**本图的深入探讨**

图 6.7 当天开盘走势较为诡异,当你感到疑惑的时候,最好多看少动。市场开盘

先是突破了前一天最后几个小时的交易区间，但突破走势在第三根 K 线失败，然后向下突破至交易区间下方，随后向下突破也失败，在 K 线 1 向上反转。K 线 3 是一个可接受的双底买入形态，但交易者也可以等到出现双底回撤之后在 K 线 6 上方买入。

　　双底回撤的幅度通常会回撤 50% 以上，甚至几乎完全回撤到双底位置。图中的双底刚好处于同一位置。低点抬升通常会形成一个弧形底，传统的股票交易者会将其称之为吸筹区。叫什么都无所谓，重要的是市场在第二次下探尝试中（K 线 3 是第一次）未能创出低点下降。如果市场跌不动，空头就会离场观望，市场将会上行以寻找愿意以更高价格卖出的空头。结果市场上涨之后没有找到卖家，而是找到了愿意以更高价格买入的买家。

　　K 线 7 是第三个入场点。市场连续出现两次方向相反的失败走势，先是向上突破 K 线 6 的走势失败，然后下一根 K 线向下突破的走势也以失败告终，意味着多头和空头都被套住。K 线 7 变成向上突破 K 线 6 之后的一次回撤，从而是一个突破回踩做多建仓形态。

　　K 线 4 是一个双顶熊旗做空形态。开盘拉升之后，市场在 K 线 2 形成高点下降，然后在 K 线 4 遭到测试，形成双顶。由于这个双顶低于开盘的高点，市场有可能处于空头趋势，而空头趋势中任何回撤都应该被视为熊旗。

图 6.8　非常小的 K 线同样有用

那些极小的K线看起来无足轻重，但有时候也能给我们提供非常重要的信息。在图6.8中，K线2的信号K线是一根非常小的K线（股价185美元，其波动区间只有11美分），但如果你看下图由收盘价所构成的线图，数字2所标的位置明显出现一个小型低点抬升。

K线2是一个反转形态的后半部分，K线1之前3根K线处的长空头趋势K线是反转形态下跌部分的起点。你可以在某个更高时间级别的图形上发现这10根K线共同构成了一个双K线反转。

**本图的深入探讨**

图6.8中市场开盘后头两根K线急速下挫，突破前一天收盘前形成的两根K线的熊旗。市场试图在第四根K线向上反转，但没有出现买点，因为它是一根外包阳线、没有后续上涨。空头将会继续把止损维持在卖空信号K线上方，或者在那根外包阳线上方。下一根K线是一根内包阴线，构成"始于开盘的下跌趋势"中一个低2卖点。

在K线2之前3根K线处的多头反转K线是一个风险较高的入场点，因为前面7根K线市场一直处于窄幅下降通道。较为安全的做法是等突破通道之后在突破回踩时买进。图中的回踩基本属于横盘，在出现K线2低点抬升买入信号时结束。一般情况下，二次入场信号总是更可靠一些。横盘走势接近于一个三内包（iii）形态，这种形态往往会在行情末端引发反转。

K线1并不是一个末端旗形突破后反转交易的较好建仓形态，因为其信号K线是一根十字星。在强劲下跌趋势中抄底，你应该等待出现一根多头趋势K线作为信号K线。况且，K线1前面4根K线都是空头趋势K线，说明市场下跌动能很强，不能在市场第一次尝试反转时买进，尤其是信号K线为十字星，并无强力买入迹象的情况下。

双内包（ii）形态永远代表较小时间级别图形上明确的反转建仓形态，但你不必到那张图形上去进行确认。在图6.9中，右边的5分钟图上有两个双内包（ii）形态，其中第一个是三内包（iii）形态。在较小时间级别上，比如左边的1分钟图，可以看到更清晰的反转形态。5分钟图上K线1所在的三内包（iii）在1分钟图上构成一个被反复测试的低点抬升。5分钟图上K线2所在的双内包（ii）在1分钟图

图 6.9 双内包（ii）形态是较小时间级别上的反转形态

上是连续出现的第二个低点抬升，换句话说，市场形成趋势性的低点抬升（这是上升趋势的典型特征）。

在上述两种情况下，双内包（ii）形态末端出现的多头趋势 K 线都是非常好的做多建仓形态。尽管小 K 线的方向信号并不是那么强，但如果最后一根 K 线是与你入场方向相同的趋势 K 线，总是更好的事情。

5 分钟图上的 K 线 2 与往前两根 K 线的空头趋势 K 线共同构成了一次反转。

图 6.9 中 1 分钟图上 K 线 1 的形态是一个双底回撤买入形态，K 线 2 建仓形态是一个失败的低 2。

双底和双顶可以小到只有两根连续的 K 线，但依然很重要。

在图 6.10 中，K 线 1 是一个微型双底熊旗做空形态，因为它是急速下跌行情中一根空头趋势 K 线紧跟着一根多头趋势 K 线，二者低点相同。我们可以在其低点下方 1 个最小报价单位处卖出，也可以在下一根回撤 K 线的低点下方卖出，稍微早一点入场。

K 线 2 也是一个微型双底熊旗的例子。

K 线 3 是一个微型双顶做多形态的入场 K 线，因为那根空头趋势 K 线是急速上涨行情中的一个单 K 线牛旗（或急速上涨行情中的高 1 买入形态）。同时它还与前

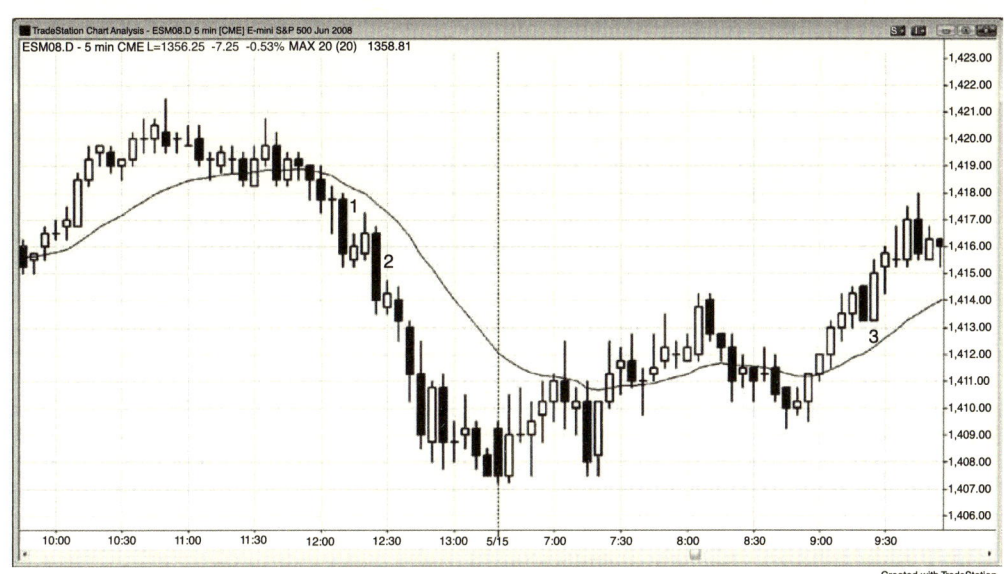

图 6.10　双 K 线双底和双顶

一根 K 线构成一个微型双底和双 K 线反转。因此交易者也可以在 K 线 3 高点上方买入，不过，入场点高出 4 个单位，风险相应也更大一些。另外，在一根长 K 线突破 3 根重叠的 K 线之后，在其上方买入风险较大，因为这 3 根 K 线有可能是一个交易区间的开始。

**本图的深入探讨**

　　图 6.10 中最近交易日开盘第一根 K 线突破了前一天的低点，但突破失败。由于市场仍处于前一天最后一个小时所形成的交易区间，而且开盘形成的双 K 线反转均为长 K 线，显然市场诱使交易者在一个较多长影线的交易区间顶部买入，正确的做法应该是观望。市场向上测试均线的走势构成一个熊旗，在上午 7 点 15 分（PST 时间）向下突破，但突破失败、下一根 K 线构成双 K 线反转。此时才是合理的买点。

　　虽然一般来讲，在强劲下跌趋势中最好不要在市场第一次尝试反转时买入，但如果市场在卖出高潮后出现强势双 K 线反转，也可以是可靠的买入形态。如图 6.11 所示，雷曼兄弟（股票代码 LEH）在出现连续的卖出高潮和测试下降趋势通道线后，形成一个双 K 线反转底部。抛盘属于高潮性的，势必不可持续，前面 17 根 K 线有 16 根高点低于其前一根 K 线的高点，而且 3 次出现一系列较短空头趋势 K 线跟随

图 6.11 强势双 K 线反转

一根长空头趋势 K 线的情况。高潮走势通常会伴随两段式回撤，持续多根 K 线（在 5 分钟图上至少持续 1 小时）。

K 线 1 是双 K 线反转的第一根 K 线。在强劲下跌趋势中，在首次反转时买入风险往往比较高，但由于前面有多个高潮信号，而且出现非常强劲的双 K 线反转，因此是一个合理的买入形态。K 线 1 是一根长空头趋势 K 线，因此也是一个卖出高潮。第二根 K 线是强多头趋势 K 线，实体很长，开在低点、收在高点。

**本图的深入探讨**

在图 6.11 中，市场当天开盘突破了前一天最后 90 分钟形成的熊旗，并测试前一天的低点。第三根 K 线测试了均线，其后一根 K 线是一个低 2 卖出形态，市场有可能形成"始于开盘的下跌趋势"，同时也是一个突破回踩做空机会。许多交易者等待市场向下突破开盘第一根 K 线再开空，导致市场走出一根空头趋势 K 线，进而形成连续 3 根 K 线的急速下挫。交易者还会在后面的熊旗下方进一步做空。

K 线 1 振幅很大，而且出现在一轮强劲下跌行情的末端，因此是一个卖出高潮。往前数第 4 根 K 线也是长空头趋势 K 线，因此也属于卖出高潮。在超强趋势中，市场通常要等到第二次卖出高潮之后再回调，极少情况下在第三次之后。

K线1前面两根K线处的小内包K线变成了一个单K线末端熊旗。

市场开盘后不久连续出现3根重叠度很低的长空头趋势K线，构成了一次急速向下突破。急速下破走势通常会继之以一个下跌通道，然后是回撤，有时候会反转。第一波向下突破走势跟随一个横向的低2，然后是更猛烈的抛盘。尽管第二波抛盘斜率近乎垂直，仍应被视为最初向下突破之后的下降通道。那个低2属于末端旗形，虽然市场在见底反弹之前还出现了一段幅度很大的下跌。

"急速与高潮"下跌趋势（"急速与通道"下跌趋势的一种）通常会在一两天内测试通道起点附近的位置，但如果像本例中如此强劲的抛盘，则可能达不到，市场可能被某个更高时间级别的形态所控制。比如说，持续到K线1的整轮下跌可能对应60分钟图上一根大阴线，后面的交易区间只是一次回撤，而且是一个大型下跌通道的前奏，价格还将出现比前面大得多的跌幅。

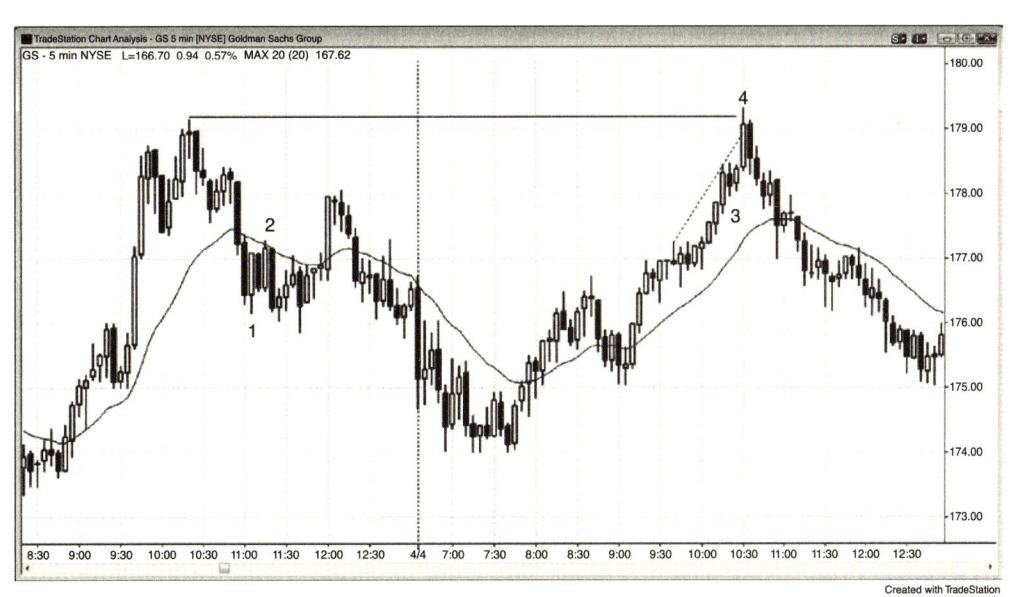

图6.12 买入高潮后的双K线反转

第一次反转强劲上升通道的尝试也可以是可靠的做空形态，如果它处于一次买入高潮的末端，而且双K线反转非常强势的话。

在图6.12中，K线4是一个大型双K线反转头部。在反转之前，它先是突破了一个小牛旗（K线3），然后虚破前一天的高点以及一根上升趋势通道线。当两根K线高度重叠的时候，在两根K线较低的低点下方而非另一根K线（图中即K线4）下方做空更有可能获利。况且第二根K线是一根大阴线，在强劲上升趋势中，你只能在一根强势空头 K 线下方做空，绝对不能在强势多头 K 线下方入场。

K 线 1 与前面那根阴线并不是好的双 K 线反转买入形态，因为那两根从低点下降位置向下突破的长空头趋势 K 线蕴含着极强的下跌动能。两根 K 线几乎没有重叠，影线都很短。

随后市场马上又出现一个双 K 线反转买入形态（同一形态连续出现的情况时有发生），但市场在向下突破之后出现 4 根重叠的 K 线属于熊旗，况且在下跌趋势中你不应该在交易区间顶部买入，尤其当其刚好位于均线下方之时。只有当我们有理由期待市场反转的时候，双 K 线反转才是逆势交易的信号。

基于前两根 K 线构成的双 K 线反转顶部，K 线 2 是一个可接受的做空入场点。它反转了一波回踩均线的小规模回调走势。但话又说回来，每当市场刚好在均线下方形成双 K 线反转做空建仓形态、K 线相对较长而且与一根或以上其他 K 线重叠，你通常可以在信号 K 线低点或下方买入，做一笔刮头皮多头交易。因为这种情况下市场处于小型交易区间，在其底部买入是更好的做法。

K 线 4 是一个双 K 线反转形态的第一根 K 线。

**本图的深入探讨**

在图 6.12 中，K 线 4 是一个双 K 线反转，出现在 K 线 3 小型末端旗形之后。它是上午 9 点 10 分开始的急速拉升行情之后的第三波向上推动。"急速与通道"形态通常会在 3 次向上推动之后进入回调。急速走势是第一波推动，通常还会出现两波快速行情，然后进入回调。回调往往会测试通道底部附近位置。

图中当天开盘第一根 K 线向下突破了前一天最后 90 分钟形成的双底牛旗。交易者可能在双底下方挂单卖出，或者在 3 根 K 线后的双内包（ii）突破回踩形态下方卖空。

市场从前一天高点开始出现一波幅度很大的两段式下跌，当天开盘后形成一个三重底。第二个做多机会出现在上午 9 点 05 分（PST 时间）的低点抬升处，市场前面那波强劲上涨测试了开盘的高点。它也属于一个突破回踩买入形态（尽管市场尚未突破开盘的高点）。

K 线 1 是一根阳线，紧接着是一根阴线，然后出现第二根阳线并测试均线。这是一个回踩均线的小型两段式调整，因此属于低 2 做空建仓形态，而且这里面有被套的多头。一旦低 2 被触发，那些在市场连续两次出现双 K 线反转时买入的多头将被迫止损出局。他们的卖出与新空头的抛盘叠加，将提高做空交易的成功率。再者，由于多头刚刚止损，不太愿意马上再次做多，也有利于空头刮头皮。

一系列相互重叠的 K 线构成一个窄幅交易区间，而交易区间具有磁力，因此大部分情况下突破都会失败、价格被吸回窄幅区间。这是因为在这个区间内多头和空头都认为有利可图。当市场跌向区间底部，多头感觉更好的买点出现了，于是加大吸筹力度。空头更愿意在区间中部或顶部卖出。于是在区间底部空头的缺席和多头的发力将推动市场回升。在区间顶部则相反，空头变得活跃，多头停止买入、等待价格回落。整个过程在市场的突破尝试中得到放大。以图中为例，空头战胜多头、市场向下突破。然而突破之后并没有新的卖家加入，将市场进一步推低，反而是多头认为当前价位比窄幅交易区间内更值得买入。结果就是市场再次被拉回交易区间。

后来市场尝试突破区间顶部，同样被拉回区间之内。当然，最终总会有一次成功的突破。

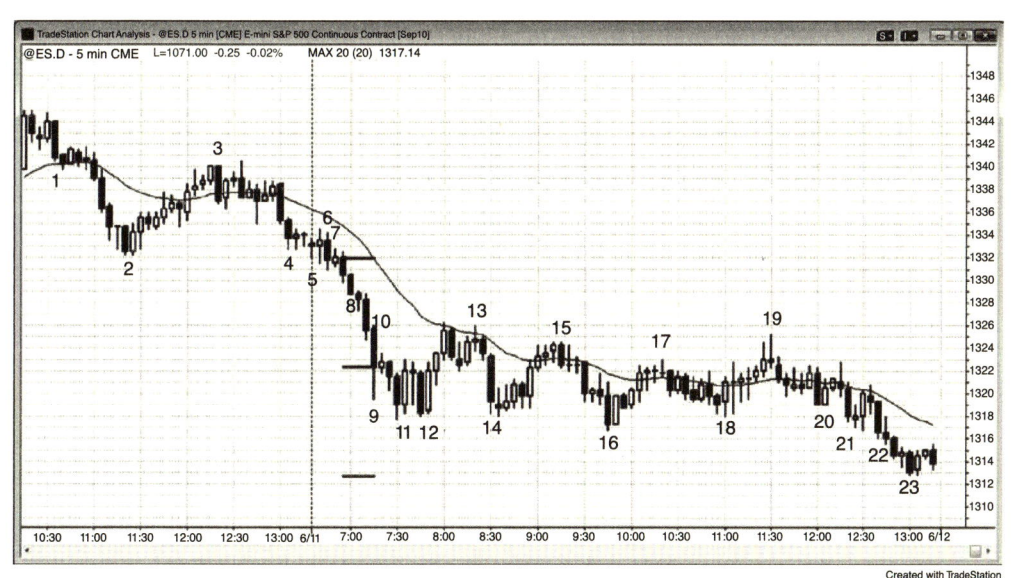

图 6.13　光头光脚是强势信号

在强趋势中，两端都没有影线（光头光脚）的 K 线是强势信号，交易者应该在其突破之时顺势入场。在图 6.13 中，K 线 8 是强劲下跌趋势中的一根阴线，光头光脚，说明抛压非常之重（抛盘从这根 K 线开盘一直持续到收盘），市场可能还会有进一步的下跌。由于市场运动速度很快，如果在这根 K 线下方挂单卖空的话，必须手脚要麻利一些。另外，交易者也可以选择以市价卖出，或者在低点上方挂卖单，市场出现 1~2 个最小报价单位的反弹即成交。

K 线 10 的后一根 K 线是下跌趋势中的光头阴线，但此时市场已经不再处于自由落体状态，单独这一点并非卖空的充分理由。

K 线 16 的后一根 K 线是光头光脚的多头趋势 K 线，但它不在多头趋势之中，因此单凭光头光脚也不构成一个买入形态。

同理，K 线 17 的后一根 K 线与 K 线 20 的前一根 K 线均非光 K 线卖出形态，因为它们并不处于自由落体式的空头趋势之中。

另外我们在这张图上还可以看到大量双 K 线反转建仓形态的例子。

**本图的深入探讨**

图 6.13 中当天市场开盘非常平静，延续了前一天收盘前的窄幅交易区间。K 线 8 是一个双 K 线突破，交易者可能在这根 K 线收盘时做空，因为市场看起来有可能出现"始于开盘的下跌趋势"，或者在第一根停止 K 线——K 线 10 下方卖空，或者在 K 线 13 双顶熊旗测试均线时卖出。

K 线 11 是一个双 K 线反转的第二根 K 线，市场在经历卖出高潮之后可能试图转升。下一根 K 线是十字星内包 K 线，属于低 1 做空形态。不过在熊旗当中，当信号 K 线与前面两根 K 线基本重叠，那么市场可能处于交易区间，做空交易失败、成为空头陷阱的几率比较高。此类做空信号应该忽略。

从 K 线 12 开始的三 K 线上涨制造了一个 20 根均线缺口 K 线做空形态，但由于上升动能非常强劲，最好等待二次信号（发生在 K 线 13）。

K 线 19 是一个均线缺口 K 线做空形态，导致市场创出日内新低。它还是对 K 线 15 和 17 摆动高点的一次假突破，以及对交易区间顶部的测试。在趋势行情交易日，市场经常在上午 11 点到中午之间（PST 时间）出现强逆势行情，诱使交易者站到错误的一边（本例中即是如此）。认识到这一点非常重要，这样你就能够提前做好顺势交易的准备（本例中为做空）。

K 线 10 前一根 K 线运行区间很大，而且市场已经走出一段持续跌势，因此它属于一个卖出高潮，市场可能很快出现横向或向上的调整。强趋势中出现的第一根停止 K 线往往是成功的刮头皮做空机会，哪怕是在强劲下跌趋势中，不过它有可能成为一个末端旗形并引发向上的调整（即向下突破其低点的走势可能在一两根 K 线内反转向上）。当市场出现急速下挫走势，通常会再走出一段等距下跌行情。幅度的测算通常是从急跌行情第一根 K 线的开盘或高点到最后一根 K 线的收盘或低点。

图中当天最低点刚好位于从第一根 K 线开盘到最后一根 K 线收盘的等距下跌目标处。交易者在市场至少达到等距运动目标区域之前应该继续持有空头。

K 线 16 是一根内包长阳线，从盘中新低位置反转。此时市场处于交易区间。K 线 16 还是交易区间中的一个高 2，因此是可行的做多形态。高 1 出现在两根 K 线之前。

在前一天收盘前的双 K 线急跌后，市场进入一个下降通道，一直持续到当前交易日 K 线 11 的前一根 K 线。然而整个通道斜率很陡，可能对应 15 分钟或 60 分钟图上一次急速向下突破，而市场收盘前可能一直处于通道性下跌过程之中（"急速与通道"形态）。

K 线 21 强空头趋势 K 线或 K 线 20 的前一根 K 线可以视为小型的急速下跌，然后市场进入下降通道，持续到收盘，构成"急速与通道"形态。

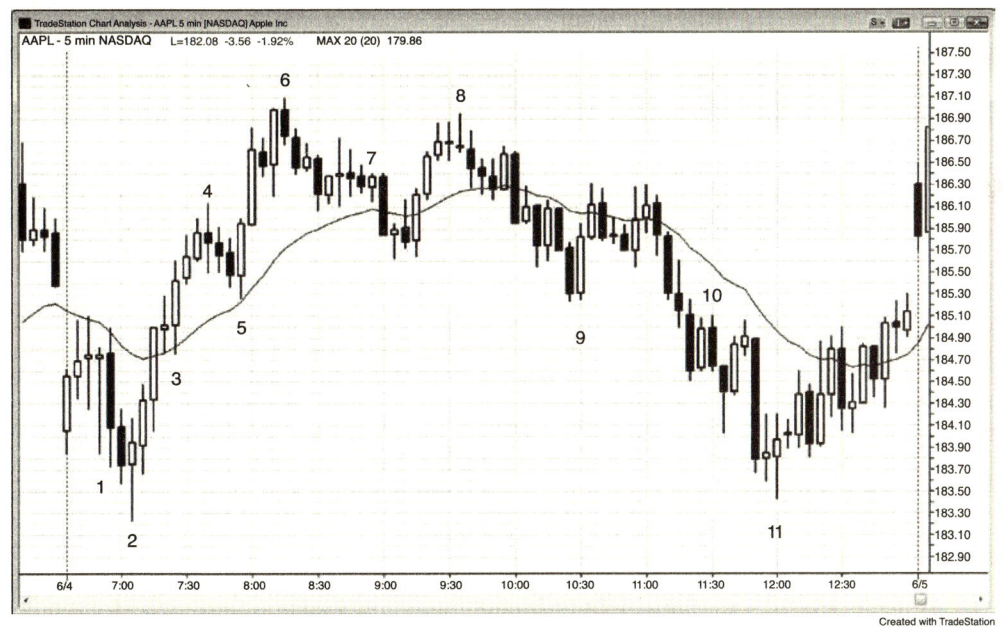

图 6.14　信号 K 线的例子

图 6.14 为苹果（股票代码 AAPL）的 5 分钟图，从图上可以看到许多常见信号 K 线的例子。K 线 1 虽然是出现在一波向下摆动行情底部的锤子十字星，许多迷信 K 线魔力的交易者可能忍不住买进，尤其，它还与当天开盘第一根 K 线构成一个双底，但对于价格行为交易者而言，这是一个糟糕的建仓形态。它是第三根重叠的十字星，意味着市场在所有三根 K 线中同时出现上涨和下跌。换句话说，这是一个双向交易区域，因此属于交易区间。当市场刚好在均线下方形成一个交易区间时，向下突破

的概率总是更大一些。这是因为，当价格从下方测试均线之时，总会有卖家出现，而且 K 线高点与均线之间没有足够的空间进行哪怕一笔刮头皮交易。如果你打算在 K 线 1 上方买入，最好先看看那几根 K 线的长度再做考虑。它们全都是波动范围很大的 K 线，意味着你的止损会很大，从而增加交易风险。如果你想将风险保持在平均水平，只能降低仓位。

K 线 2 是一个好得多的反转 K 线建仓形态，因为它有较长的实体，而且是从当天新低的位置第二次尝试反转对前一天低点的突破（K 线 1 是第一次尝试）。再加上开盘头两根阳线已经显示出初步的多头动能。K 线 2 的上影线显示出一定弱势，但随后出现的多头趋势 K 线消除了这一弱势。

K 线 2 是一个双 K 线反转的第二根 K 线，以及某个更高时间级别上更大双 K 线反转的中间部分。你可以在某张图上看到，K 线 2 的前一根和后一根 K 线构成一个双 K 线反转，也可以在某张再高一个时间级别的图形上看到，其前两根 K 线和后两根 K 线构成一个双 K 线反转。与所有双 K 线反转一样，时间级别再往上你还能发现这 5 根 K 线对应一根多头反转 K 线。

K 线 3 是一根外包阳线，其前一根 K 线是市场突破至盘中新高后的一根停止 K 线。因此 K 线 3 是在前面那根小 K 线高点上方买入的入场 K 线。新形成趋势中的外包 K 线往往会让交易者错过最好的入场点，因为它们运动速度非常快，许多交易者来不及反应，不能迅速从看空转为看多，最后只能被迫追高。尽管市场在突破至盘中新高后存在反转向下的可能性，K 线 3 前一根 K 线是十字星，因此并非较强的做空形态。只有刮头皮者和弱势空头会在其低点下方卖空，因为有迹象表明多头动能正在集聚。这根十字星的前一根 K 线是当天到目前为止实体最长的 K 线，收在最高点，而且已经是连续第三根阳线。所有 3 根 K 线都有长度可观的实体，第二根和第三根 K 线与前一根 K 线的重叠度均没有超过一半。这说明交易者在大力买入，任何回调都被视为买点，交易者在那根十字星低点下方和高点上方同时挂单买入。由于买盘如此强劲，两笔挂单都在那根外包 K 线获得成交。

K 线 4 是新高位置的一根十字星阴线，但上升动能如此强劲、反转 K 线如此之弱，只有出现二次入场点才能考虑做空。它是连续 7 根阳线之后的第一根阴线，而市场在第一次反转尝试中极少出现大幅回撤，况且信号 K 线收在其波动区间的中位而非低点。既然空头没有能力让 K 线收在最低点，那么在多头再次发力之前，他们恐怕也无法将市场大幅推低。

K线5也是一根外包阳线,测试了均线以及对开盘区间的突破,结束了强劲上涨后的第一波回撤。

K线6是一根空头反转K线,是突破K线4摆动高点和前一天高点之后做空形态的二次入场点(第一个入场点在两根K线前)。由于空头的力量足以让市场在K线5回踩均线,而且现在多头趋势更加显得过度,空头这一次应该有能力让市场回调到均线甚至其下方。随着趋势持续,多头通常希望等看到更深的回调才愿意再次买入。

K线7是一个双内包(ii)做空形态的入场K线,此时交易者正期待市场测试均线。两根双内包(ii)K线均为阴线,提高了做空交易的成功率。不太好的一点是入场K线收出阳线而且后一根K线还小幅超过其高点,不过市场并未站上任何一根双内包(ii)K线的高点(你的保护性止损应该在这里)。在窄幅交易区间中,止损应该稍微大一点,多给出一点空间。那根入场K线成了一根小多头反转K线,但小反转K线通常不是好的信号K线,当其形成于窄幅交易区间,不应被视为反转K线,因为实在没有什么可以被反转的东西。对双内包(ii)K线的突破在数根K线后向上反转,这是在预料之中的,因为那个双内包(ii)形态处在当天区间的中位。而且,市场在出现两段下跌和刺穿均线之后,已经完成了下跌目标。

K线8是在双顶位置出现的一根十字星,同时处于交易区间的顶部。在强多头趋势中,十字星从来不是好的做空信号K线,但在交易区间中却是可接受的做空信号K线,如果整体形态配合的话。由于市场正在测试区间顶部,所以这根十字星是一个可接受的做空信号,因为市场可能会测试区间底部。

K线9是在市场出现新的摆动低点和测试K线5低点之后的双K线反转。入场点在两根K线较高的高点上方,也就是K线9高点上方。不过这笔交易风险较高,因为当市场从下方往上测试均线时总会有空头在均线附近做空。而且两根K线很长,迫使买家在距离下跌行情低点过高的位置入场。在风险较大的时候,最好不要参与交易,等待更强劲的建仓形态出现。

K线10是一个双K线反转。前面是4根空头趋势K线,实体都较长、影线很短、重叠度很低。因此它属于强空头趋势中一个很好的做空形态。

K线11是第三波向下推动后的一根多头反转K线,市场试图守住当天的低点。空头趋势已经持续了很长时间,而且一路上有多次回撤,因此接下来向上测试均线的概率很高。由于这是一笔逆势交易,在市场上攻均线的过程中你必须愿意忍受回撤,不要过早收紧止损。

## 本图的深入探讨

在图6.14中，市场开盘突破至均线下方，但突破失败，形成一根强多头反转K线。第二根K线也是阳线，但上下影线都很长，未能重返均线上方。同样，第三根K线再次测试均线，仍未能站上均线，并无延续性买盘的迹象。此时多头应该考虑退出多头头寸、观望等待，因为市场已经进入均线下方的一个小型窄幅交易区间，K线波动剧烈、影线很长。均线下方的窄幅交易区间通常会向下突破，但并未出现可靠的做空建仓形态。交易者应该等待更好的形态出现。K线2是一根强多头反转K线，构成对窄幅交易区间突破失败之后的做多形态。先前的窄幅交易区间成了一个末端旗形。

一旦市场突破开盘高点，有可能出现等距上涨。

K线2还是一个微型下降楔形，对连接前3根K线低点的趋势通道线发生一次过靶。请大家注意K线1下一根K线的下影线，意味着多头在这根K线低点附近入场。空头原本希望在突破这根K线低点之后找到更多卖家，使K线收盘大幅低于其低点，结果未能如愿。后一根K线也是如此。K线2则有过之而无不及，虽然空头最终将价格进一步打压至前一根K线低点下方，但多头开始发力，扭转了市场方向，使K线收于开盘上方并接近高点。尽管微型楔形本身往往不会导致重大反转，但在其他因素的配合下，市场出现日内低点。

K线2与其前一根和后一根K线还共同构成了一个三K线反转，应该对应15分钟图上一根反转K线，因为前一根K线的开盘应该与那根15分钟K线开盘相同，后一根K线的收盘与15分钟K线收盘相同，收盘高于开盘。因此下一根K线可以触发一个15分钟级别做多入场点。

从K线4到K线5的下跌为数根重叠的K线，可能成为一个末端旗形。K线5与其后一根K线均为大阳线，影线很短，从而构成一个双K线买入高潮。当高潮发生在趋势已经持续多根K线之时，接下来出现至少10根K线的两段式横向或向下调整的概率上升。下一根K线为买入高潮之后的内包阴线，可能成为一个单K线末端旗形。

K线6是从K线5第一波回调和K线2低点开始的第二波上涨，而第二波行情经常会引发反转。而且它还是一个低4，以及由一个三连推（K线4、K线5后一根K线、K线6）形态所构成的楔形，或者由开盘后第三根K线、K线4和K线6三连推构成的更大规模楔形。在这么多因素共同作用下，我们可以预期市场至少出现两波下跌。从另一方面来看，K线6之前出现了两次买入高潮，第一次是K线5与后一根K线构成的双K线高潮，第二次是K线6的前一根K线。连续第二次买入高潮通常会引发至少两段式回调，很可能刺穿均线，持续至少一个小时（指5分钟图）。

K线6卖点引发两段式回撤，刺穿均线，以一根均线缺口K线结束回调。由于这根均线缺口K线形成于强劲上升趋势中，市场有可能再次测试趋势高点。均线缺口K线通常会引发趋势的最后一波行情，然后市场才会进入更大级别回调甚至反转。

K线8是在市场走出均线缺口K线之后形成的高点下降或双顶（均线缺口K线往往会突破趋势线，为趋势反转埋下伏笔）。这是一个收益风险比非常不错的摆动交易做空形态，交易者应该让一部分头寸参与摆动。K线8还形成一个单K线末端旗形反转，并与前两根K线的上影线构成微型双顶反转。

K线9是一个楔形牛旗，由始于K线8的三连推所构成，但由于下跌行情处于相对较窄的通道，市场有可能已反转为跌势，所以最好等等看是否出现可接受的突破回踩买入形态。5根K线后市场出现了一根外包阳线，但无论在交易区间还是下跌趋势中，它都不是一个可接受的买点，只能继续等待。另外，K线9还试图与K线5一起构成一个双底牛旗。当天早些时候，市场曾经在这个价位找到买家。最后，它是从K线6高点开始的大规模两段式回撤的终点，因此是一个高2买点，可能同时在更高时间级别上（比如15分钟图上）形成明确的高2买点。

K线10是向下突破K线9楔形牛旗低点和失败的高2之后的一次突破回踩。此前，市场还向下突破了K线9之后形成的双顶熊旗。4根K线的向下突破走势是一波急速下跌行情，市场收盘前反弹并测试了K线10高点所在的通道顶部。K线10与其后第四根K线的高点构成了一个双顶熊旗做空形态。所有突破都是急速行情和高潮，K线11往前两根K线为第二次卖出高潮，而连续第二次卖出高潮通常会引发至少两段式回撤。突破性急速行情往往会引发等距运动。就图中而言，测算方法是计算从4根K线第一根K线开盘到第四根K线收盘的距离，然后从第一次回撤顶部（K线10高点）起预测跌幅。

K线11外观与K线2类似，市场曾在这一价格区域找到买家，现在他们可能愿意再次买入。由于尚未突破下降趋势线，市场进入交易区间的概率要大于大幅反转的概率。从K线6开始的下跌处于通道之中，而下降通道应该被视为牛旗，所以不久后市场可能就会有一轮强劲上涨。而且，从K线6开始的整轮下跌为复杂的两段式行情（第二波下跌始于 K 线 8），在更高时间级别上（比如 60 分钟图）可能是简单的两段式回调。

K 线 11 与其前一根十字星阳线的下影线构成一个微型双底反转。

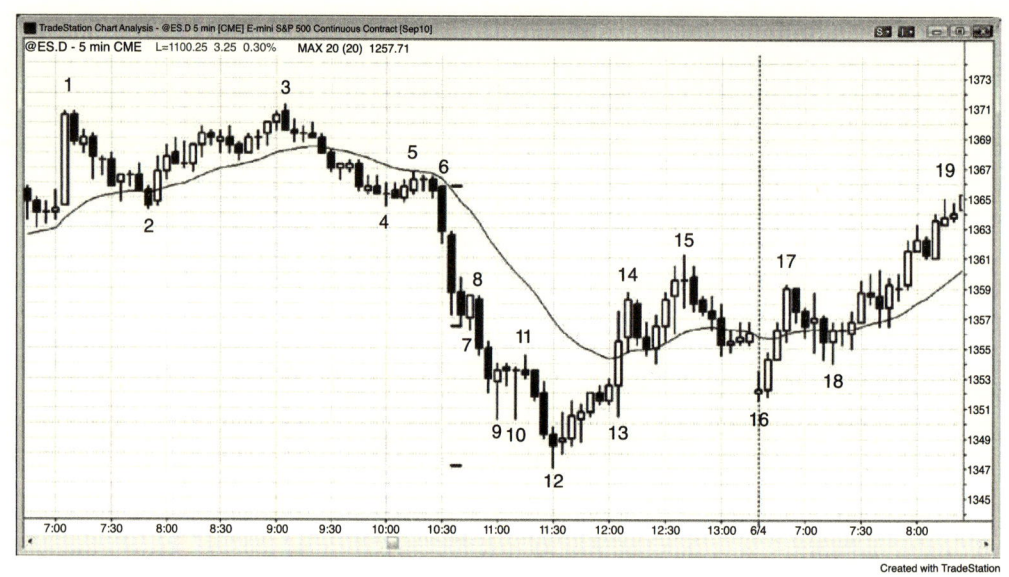

图 6.15　单 K 线熊旗

在急速下跌行情中，一根多头反转 K 线可以是一个单 K 线熊旗。在图 6.15 中，K 线 8 突破了一根出现在强劲下跌趋势中的（失败的）多头反转 K 线，属于非常好的做空入场点，因为那些匆忙入场的先行多头被套，被迫在反转 K 线低点下方卖出。

从 K 线 8 到 K 线 14 的走势在更高时间级别上对应一个双 K 线反转，再往上一个时间级别对应一根反转 K 线。

K 线 9 和 10 构成一个小型双底，K 线 11 是做多的入场 K 线，但在强趋势中进行逆势交易时，十字星并不是好的信号 K 线。由于在前面的跳水走势中，多头并未作出任何抵抗，而强趋势中第一次回撤通常会失败，因此聪明的交易者早已预见这个双底将会失败。他们将会在 K 线 11 低点下方 1 个最小报价单位处挂单卖空，而亏损的多头也刚好在这里止损出局。

十字星是单 K 线交易区间，K 线 9 和 10 构成一对长十字星，中间夹着一根小十字星。这 3 根 K 线共同构成一个小的横盘区间，由于大趋势是强劲下跌趋势，因此它属于熊旗，向下突破概率更大。K 线 11 是第二次反弹尝试（第一次为两根 K 线前，但它连前面那根十字星阳线的高点都没有站上），多头几乎肯定会在 K 线 11 低点下方止损，并且，在市场再出现1~2根阴线之前，他们不会有兴趣再次买入。多头止损平仓，而预期疲软双底将会失败的聪明交易者在K线11下方做空，造成市场抛压的叠加。既然唯一愿意买入的一批交易者刚刚止损出局，市场暂时处于单向状态，肯定要继续下挫。

**本图的深入探讨**

　　K线7形成一个微型双底，前一个底为两根K线前大阴线的下影线（双底不一定要刚好在同一价位）。由于市场处于急速下跌行情之中，在价格突破K线7双底低点时卖空是合理的做法。这与K线18的微型双底（与两根K线前十字星的下影线）有所不同，后者市场处于4根K线急速上涨行情之后的回调之中，而非急速下跌行情。在K线18高点上方买入是合理的，在其低点下方卖出则否。我们在第三本书关于反转的章节将会谈到，大部分小型多头反转都是从某种类型的微型双底开始的。K线11与往前数第二根K线的高点构成一个微型双顶，成为一根低2熊旗做空信号K线。

　　K线15强势突破了图6.15中的下降趋势线，K线16的跳空低开是一个低点抬升买入形态，可以预期市场出现第二波上涨。市场向下突破均线和前一天最后一个小时形成的双底牛旗，但突破失败。

　　K线18是一个突破回踩做多机会，是对市场突破从K线15到K线16的牛旗的回踩。

　　K线6和后一根K线都是长空头趋势K线，向下突破了K线2和K线4的双底。两根K线实体很长，影线很短，因此很可能有进一步的抛盘。所有大阴线突破都是卖出高潮，但这并不意味着市场将会立即反转。由于突破动能很强，多头力量仅造成卖出高潮后两根K线的止跌，然后再次被空头战胜。我们反复提到，突破走势不单单是一次高潮，也是急速行情，像这么强劲的突破，往往会跟随通道性下跌，之后才能形成可交易的底部。空头将会不遗余力地做空任何一次跌势暂停和小幅回撤，直到市场出现见底迹象。底部往往出现在某个等距下跌目标处，第一个要考虑的就是从突破之前的交易区间顶部到底部幅度的等距下跌，接下来考虑从突破K线开盘到突破走势最后一根强空头趋势K线（图中为K线7前一根或再往前一根K线）的收盘或低点幅度的等距目标。结果显示，下跌行情的底部刚好出现在从急速行情第一根K线高点到第三根（最后一根）阴线低点距离的等距下跌目标处。你还应该寻找一些其他的等距目标位，一旦市场在其中一个目标位附近有反转迹象，可以增强我们入场的信心。当然，你不能单凭等距运动目标这一点就去做逆势交易，因为大部分等距运动目标都会被超越，你不得不继续寻找下一个目标。这种交易方法成功率太低。然而，如果同时有其他入场的理由，比如出现趋势通道线过靶并反转或末端旗形反转，可以大幅提升成功率。

在一波强劲的急速下跌之后，最可能出现的后续走势就是某种通道性下跌，然后最终向上测试通道顶部。交易者将会沿着通道一路做空，然后在底部买入，期待市场反弹到通道顶部。

K线8与后一根K线均为长空头趋势K线，重叠度很低，因此构成第二波卖出高潮。尽管第二波卖出高潮通常会引发持续至少10根K线的两段式横盘或反弹，由于截至K线9的下跌斜率非常陡，买家缺乏做多兴趣，而卖家仍有进一步杀跌的欲望。

K线11处于一个4根K线铁丝网形态的末端。在一轮持续性趋势行情之后，铁丝网形态通常成为末端旗形，图中正是如此。交易者预计市场对这个小型窄幅区间的突破将会立即失败，然后价格被拉回区间之内。因此他们在K线11低点下方做空仅仅是刮头皮交易，而非波段交易。K线11后两根K线也是长空头趋势K线，构成第三波急速行情和卖出高潮，同时也是对铁丝网形态（从而是潜在的末端旗形）的突破。连续3波卖出高潮十分罕见，接下来市场出现至少持续10根K线的两段式横盘或上涨的概率非常高。再加上市场突破末端旗形并到达等距下跌目标，见底的概率就更高了。

尽管底部的K线12信号K线是一根阴线，但它收在振幅中位之上，显示出一定的多头力量。它还是市场急速向下突破之后的第三波向下推动（K线7和9是前两波），而急速行情之后的通道阶段往往在第三次推动后结束。末端旗形、连续第三波卖出高潮、楔形底部、等距下跌，在这么多有利因素共同作用下，市场止跌转涨已经是高概率事件，第一目标是测试铁丝网形态顶部（在K线11高点附近），以及测试均线。另一个目标是持续至少10根K线或大约1个小时的两段式横盘或上涨。最后一个目标是测试第一波急速下跌后的通道顶部，即K线7阳线的高点。虽然持续到K线15的上涨有两波行情，但基本上处在一个通道之内，因此很可能是复杂的第一波，属于更大的两段式回调的一部分。事实的确如此。第二波上涨在第二天开盘时从K线16启动。

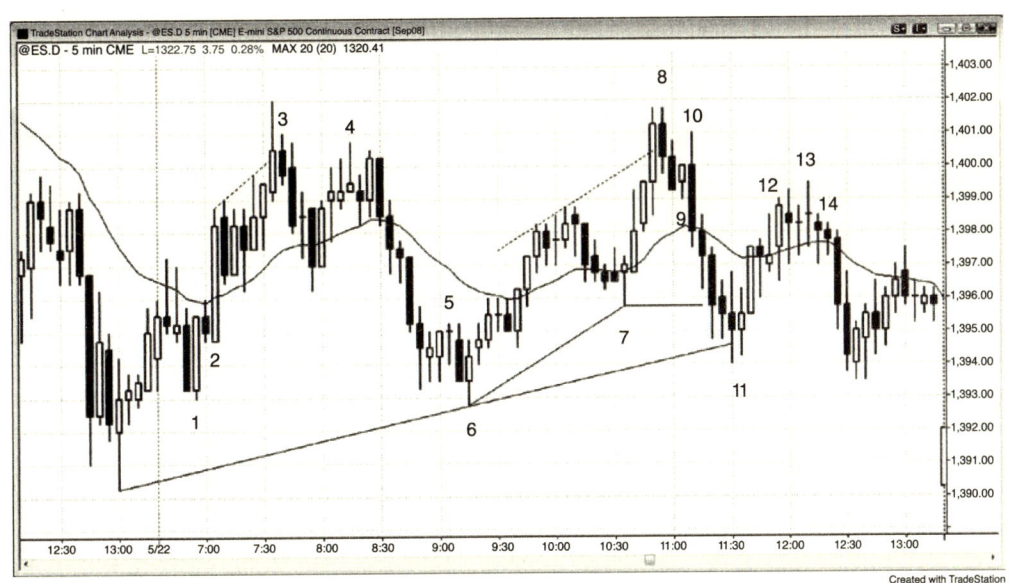

图 6.16　好形态比比皆是

每张图上每天都能出现许多好的建仓形态，你的经验越丰富，能够在其形成之时识别它们，就越能够从中获利。

在图 6.16 中，K 线 1 是一个双 K 线反转买入形态。它探破开盘低点后迅速转向，并与前一天的低点构成低点抬升。

K 线 2 前面的小空头反转 K 线测试了均线，试图让前面的双 K 线反转失败。然而这一尝试并未成功，仅仅成为突破 K 线 1 之后的一次回踩。当市场上涨意愿强烈，在回调走势上方买入是可行的。

K 线 3 是市场尝试突破趋势通道线和前一天高点之后形成的一根内包阴线。这是一个做空机会，因为如果市场跌破其低点，交易者将会认为突破已经失败，应该会进入回调。

K 线 4 是连续第三根十字星 K 线，不过实体很短的 K 线以及由十字星构成的微型楔形顶向来不是可靠的建仓形态。相互重叠的十字星代表双向交易，也就是不确定性。不过，这 3 根 K 线的长影线说明市场存在抛压。二次入场点在两根 K 线之后出现，以双 K 线反转的形式，做空入场点在两根 K 线较低的低点下方。当市场跌破那根空头趋势 K 线，同时也跌破了它与两根 K 线前的十字星所构成的微型双底。

K 线 5 是对一个双内包（ii）形态的假突破。

K 线 6 是一根多头反转 K 线，是市场测试当天低点之后的第二次上攻尝试。

K线7是一根十字星，但它具有较短的阳线实体，是一轮强劲上涨之后对均线的回踩，也是第二次尝试走高（第一次是前面那根K线）。

K线8是一根内包阴线，但它出现在3根强多头趋势K线之后。由于上升动能如此强劲，我们最好等出现二次入场点再做空。

K线8还构成一个双K线反转，属于某个更高时间级别上更大规模双K线反转的中间部分。那个更高时间级别双K线反转的上涨部分由K线8前面的3根多头趋势K线所构成，下跌部分由截至K线11的一系列空头趋势K线所构成。某些较高时间级别形态可能会用到所有这些K线，其他的则涵括发生在这些K线中的大部分交易行为。

K线9是一根多头反转K线，但比起近期K线相对较短，因此不太可能带来成功的做多机会。最好等待二次入场点，不过一直没有出现。相反，那些在K线9高点上方买入的多头立即被套，市场反转向下并收出一根外包大阴线。在K线9低点下方卖出是可接受的，因为那些亏损的多头将被迫止损平仓，加剧下跌动能。不过交易者必须思维足够敏捷才能意识到这一点并及时下单。

K线11是一个内外内（ioi）形态，也是市场跌破K线7摆动低点后做多形态的二次入场点。在交易区间交易日，市场经常会在向上突破前期摆动高点或向下突破前期摆动低点之后反转，此时二次信号尤为可靠。初次信号在两根K线前，但市场在这个时点上下跌动能非常强，此时买入并非明智之举。K线13是一个风险较高的买点，当市场刚好在均线上方出现3根或以上互相重叠且相对较长的K线，向上突破走势往往是多头陷阱。

**本图的深入探讨**

在图6.16中，市场当天开盘延续了前一天收盘前的涨势，回踩均线并构成一个均线回踩做空形态。不过由于上升动能非常强劲，最好不要在初次入场点开空，等等看是否会出现二次入场点。随后市场跌破当天开盘，但突破至新低的努力失败。这次向上反转有可能成为当天低点，它与开盘第一根K线构成一个双底，同时与前一天低点构成低点抬升。

K线1是一个低2失败买入形态（前一天收盘前的低点是第一波向下推动）。

K线2是在K线1高点上方入场做多交易的强势延续K线。K线2还成为低2

失败之后的长阳突破。低 2 失败后，市场往往会出现新一轮向上推动行情和一个楔形熊旗做空形态，或者两波向上推动和一个低 4 做空形态。如果市场出现强势突破（像本例中这样），那么走出低 4 的可能性就更大。由于市场急速拉升，接下来可能出现一轮通道性上涨。通道以楔形的形态出现。当楔形或通道发生反转，第一个目标就是测试形态的起点。

K 线 3 就是低 2 失败后我们预期中的低 4 做空形态。它还成为从两个楔形顶部向下反转的建仓形态。小楔形以 K 线 2 的后一根 K 线作为第一波推动，第二波向上推动发生在 3 根 K 线之后。大楔形从开盘第二根 K 线开始，第二波推动为 K 线 2 的后一根 K 线。两个楔形都应该带来至少两波横向或向下的调整，两个楔形的起点应该遭到测试。对小楔形起点的测试发生在 K 线 3 之后第三根 K 线。它有两个小的波段，K 线 3 往后两根 K 线的十字星下影线为第一波下跌。这根十字星 K 线收盘前获得拉升，下一根 K 线产生第二波向下推动。它与 K 线 2 之后第三根 K 线的摆动低点一起构成一个双底牛旗。当市场测试通道或楔形底部时，经常会出现这种形态。

这两小波下跌仅仅是从大楔形顶部下来的第一波行情，第二波下跌持续到 K 线 6。市场在测试大楔形底部并发生一次"5 单位突破失败"之后反转向上。

K 线 5 是急跌之后的第三根横盘 K 线，而一波行情后任何横盘形态都可能成为末端旗形，本例中亦如是。由于市场对末端旗形的突破造成一次"5 单位失败"，被套的空头被迫在 K 线 6 高点上方回补，从而加大市场买压。K 线 6 还与 K 线 1 的低点构成一个双底牛旗，引发预期中的反弹。它还是一个楔形牛旗做多形态。这个楔形的第一波向下推动为 K 线 3 后面第三根 K 线，第二波向下推动为 K 线 5 之前第三根 K 线。

K 线 7 是强劲上涨行情中出现的楔形牛旗。第一波向下推动是上午 10 点整（PST 时间）之前的那根 K 线，第二波向下推动结束于 K 线 7 前面第二根 K 线。虽然十字星通常并非可靠的信号 K 线，但在趋势中的回调或交易区间的强劲波段中可以例外。

K 线 8 是一根内包空头趋势 K 线，处在交易区间交易日第二波上涨的末端，并测试了当天的前高，二者都通常会引发反转。另外其前一根 K 线还曾突破趋势通道线并构成上升通道内的第三波向上推动（K 线 5 是第一波）。

K 线 11 从技术上来讲是一个高 3，但应该被视为高 2，因为下跌的起点应该是 K 线 10 外包 K 线多头陷阱（而非真正的摆动高点 K 线 8）。

# 高级趋势技术分析
—— 价格行为交易系统之趋势分析

图6.17 空头反转K线可以产生牛旗

上升趋势中的空头反转K线并不是做空的充分理由，有时候它会变成一个牛旗。在图6.17中，K线1后一根K线是强空头反转K线，但它前面有5根强多头趋势K线。由于前面并无空头活跃的迹象，所以它不是一个做空形态。只有二次入场点才可以考虑，也就是在K线2低点下方做空。然而K线2是一根十字星，而且市场在强多头趋势中出现4根高度重叠的K线。所以与其卖空，不如等回调之后买入。4根K线后在均线处出现的双K线反转是不错的做多建仓形态。

虽说急速上升行情中在一根空头趋势K线上方买入通常是可取的，但就本例而言，在空头趋势K线或后面那根多头反转K线上方买入风险都比较高。K线1是连续数根多头趋势K线之后的一根长多头趋势K线，因此属于买入高潮。而当市场出现买入高潮之后，进入横向或向下调整的风险就相当高了。我们可以看到，截至K线1的数根阳线高点斜率越来越陡，这种抛物线斜率也是高潮行为的表现，大大加剧了回调风险。所以更稳妥的做法是在回调时买入或找机会做空。

K线4是一个双K线反转，此前市场向下突破两根小十字星，再往前的K线3向下突破一个均线附近的7根K线水平熊旗。尽管出现外包长阳线，由于前面15根K线左右的趋势性下跌行情仅出现非常小的回撤，这顶多是一个刮头皮做多机会。

K线5是一根小多头反转K线，收于高点附近，是过去6根K线中的第三波向下推动，所以买家开始入场。虽然市场仍处于过去几个小时形成的下跌通道内，这却是一个不错的刮头皮买点。

K 线 6 是一根长空头趋势 K 线,下影线很长,收于振幅中位上方。这足以证明多头正试图让市场反转,况且它出现在跌势末端的加速过程中。它还对多根下降趋势通道线(没有画出来)造成过靶。在市场连续出现 4 根长空头趋势 K 线之后,只有在二次入场点才可考虑做多,也就是 K 线 7 外包阳线。K 线 7 的低点构成一个小型的低点抬升,成为第二波上涨的起点。在 K 线 6 高点上方买入并非绝对不行,但更好的做法是在阳线上方买入,比如 K 线 6 的后一根 K 线,而最佳买点则是出现二次入场信号时。K 线 7 就是那个二次信号,你可以在它涨上来成为外包 K 线时(同时也站上了 K 线 6 后面那根强多头趋势 K 线)立即买进,也可以在 K 线 7 高点上方入场。

**本图的深入探讨**

在图 6.17 中,市场高开高走,走出一波多头急速行情,然后在第二根 K 线小幅回撤,最低点低于第一根 K 线的中位。这是市场进入抛物线上涨之前的唯一回撤。这波抛物线行情同时构成一次跳空急速上涨、一个上升趋势通道和"始于开盘的上升趋势"。抛物线意味着行情在趋势已经非常强劲的情况下继续加速。如果我们在前 3 根 K 线的高点上方画一根趋势通道线,衡量趋势的斜率,你会发现第四根 K 线向上突破了这根趋势通道线。继续在数根 K 线高点上方画线,你会看到线越来越陡,然后在高点附近下降。这是一种抛物线形态,属于买入高潮的一种。由于市场仍处于"始于开盘的上升趋势"之中,你不应该在市场第一次尝试回调时卖出,因为市场第一次回调后几乎总是会在数根 K 线内测试前高。

虽然上升动能如此强劲,交易者应该警惕行情随时可能发生反转,尤其是在交易日第一个小时。市场通常会匆忙赶往某个并不那么明显的磁力位,一旦完成测试,任何走势都可能发生,包括反转。

只要出现某种类型的高潮,一旦市场开始回调,通常会出现两波调整,至少持续 10 根 K 线。

在 K 线 3 之前,市场形成一个 7 根 K 线的水平熊旗,而在趋势持续 10 根或以上 K 线之后形成的窄幅交易区间往往会成为末端旗形。这里有一个低 2 做空信号,信号 K 线为阴线,但由于末端旗形反转的可能性,最好只做刮头皮的卖空交易。K

线 3 长空头趋势 K 线突破熊旗，与所有突破一样，它同时也是急速行情和卖出高潮。当卖出高潮出现在一段持续趋势之后，突破可能失败，导致市场进入至少持续 10 根 K 线的两段式横向或向上的调整。不过整个下降趋势中一直没有出现较强的多头信号，所以即便市场真的试图反转，也最好只做刮头皮交易。

K 线 3 急跌之后出现一个楔形熊旗，由 K 线 3 后面那根十字星、K 线 4 后面那根外包 K 线以及再往后两根 K 线的小十字星所构成。它也可以被视为一个低 2 卖点，K 线 4 为第一波向下推动，做空入场点在 4 根 K 线后的内包小阳线下方。

由 4 根强空头趋势 K 线所构成、持续到 K 线 6 的下跌又是一次急速行情，从而又是一次卖出高潮，以及 K 线 3 急跌之后的第三波向下推动。急速行情之后的通道往往在第二次推动结束，但在下跌动能如此强劲的情况下，最好等待二次买入信号（在 K 线 7 出现）。下降通道相当于牛旗，所以一旦突破下降通道，市场应该会走高，而且应该会测试 K 线 3 急跌之后下降通道的起点。不过有时候上涨要到第二天才能完成。

图 6.18　弱反转 K 线需要其他条件配合

当反转 K 线不是特别强，如果有其他入场理由配合的话，也可以是好的建仓形态。

在图 6.18 中，K 线 1 是一根较小的 K 线，前面那根大阴线突破了一个大旗形，所以 K 线 1 有可能构成一次失败的旗形突破。同时 K 线 1 还刚好测试了前期低点。在一个交易区间交易日，K 线 1 出现这样两种反转可能，属于合理的做多建仓形态，尤其后一根 K 线还构成了一个双 K 线反转买入形态。从 K 线 1 开始的上涨与第二天跌至同一价格区域的下跌在某个更高时间级别图形上构成一个双 K 线反转顶部，以及再往上时间级别上的一根反转 K 线。

K 线 2 是一根小空头反转 K 线，前一根 K 线是突破小型交易区间的长多头趋势 K 线。因此 K 线 2 属于可接受的突破失败做空信号 K 线。

**本图的深入探讨**

图 6.18 中市场开盘突破了前一天的高点，但突破失败，形成"始于开盘的下跌趋势"交易日。

K 线 2 是市场突破窄幅交易区间失败后的末端旗形做空形态。当行情运行 10 根或以上 K 线之后，此时出现的窄幅交易区间往往会成为末端旗形。它还与上午 7 点 30 分的高点构成一个双顶熊旗。记住，对于形态而言，我们只要求近似，而不追求完美。随后的杀跌非常猛烈，市场收盘前下跌 30 点，不过尾盘的走势没有在图上显示出来，否则图形会被压缩，无法清晰地看到 K 线 2 前面那根大阳线，感受不到它在实盘操作中的重要性。

图 6.19　光 K 线可能毫无意义

光头和光脚 K 线并不总是强势信号。当多根光头和光脚 K 线密集出现，交易者应该特别小心，因为它们可能代表交易区间中的成交低迷，而非趋势中的强势。在

图6.19中，第一次4根光头K线（以S标示）密集出现的时候，市场下跌动能依然很强。然而第二次光头K线密集出现时，市场处于一个交易区间，因此它们可能仅仅意味着市场成交清淡。在这种情况下要尽量避免进行交易。

**本图的深入探讨**

在图6.19中，市场开盘跳空突破前一天的高点，但第一根K线为空头趋势K线，说明多头力量不足。市场本来可以构成一次突破失败并转为下跌，但结果却以一根大阳线向上突破。这种情况可以形成强劲的"始于开盘的上升趋势"，可惜随后又出现一根长空头趋势K线。这两根长阳和长阴构成一个双K线反转，属于突破失败做空形态，但入场点一直没有被触发，多头依然持有头寸。接着市场向上突破一个双内包（ii）形态，但突破失败，构成一个突破失败做空形态，可能意味着当天高点已经出现。

当多根长K线构成一个窄幅横向区间，突破入场的操作方法风险很高，由于窄幅交易区间的磁力效应，大部分突破将会失败。在本例中，市场先向上突破，然后向下突破，然后从均线附近反弹并回到区间之内。从均线附近展开的反弹形成高点下降，并进一步演变成一个双顶熊旗。多根重叠的K线、数根阴线、多根带下影线的K线，这些绝非强势上涨行情的特征，说明对当天高点的测试缺乏动能。

# 第7章 外包K线

外包K线是指当前K线的高点高于前一根K线的高点，且低点低于前一根K线的低点。外包K线解读起来非常复杂，因为在这根K线或前一根K线内部，多头和空头均在某个时点掌握控制权，要分析清楚须剖析其诸多微妙之处。K线长度增加意味着多头和空头都有发力迹象，但如果收盘接近振幅中位，那就基本属于单K线交易区间。事实上，从定义来讲，既然外包K线完全包含前一根K线，所有外包K线都是一个交易区间（两根或以上K线大致重叠）的一部分。在其他时候，它们可以表现出反转K线或趋势K线的特征。所以交易者必须注意它们所发生的背景。

传统的技术分析告诉我们，外包K线意味着接下来市场可以朝任何一个方向突破，你应该在其上方和下方同时挂单。一旦某个方向的挂单成交，未成交的挂单则变成止损单。此时可将止损单的手数加倍，让它成为一个反手挂单。但实际上，在突破一根5分钟外包K线时入场一定是不明智的做法，尤其在外包K线很长的情况下，因为止损距离太远意味着风险很大。有时候它们发生在你正在寻找重大反转机会之时，而且你确信市场将出现重大强势反转。在这种情况下，合理的做法是在这根外包K线超越前一根K线某一端时立即入场。如果你不太确定，可以等到这根外包K线收盘之后，在突破这根K线时入场。如果你选择在市场突破外包K线时入场，而且保护性止损比较大，可以考虑采用金额止损法（比如Emini的2个点），或者降低交易手数。由于外包K线是单K线交易区间，而在交易区间中我们最好不要在其顶部买入或在其底部卖出，所以通常情况下都不建议在突破外包K线时入场。

如果前一根K线是不错的信号K线，外包K线也可以成为可靠的入场K线。比如说，如果你打算在一波下跌行情之后抄底，此时市场形成了一根强多头反转K线，但下一根K线跌破了这根反转K线。那么你应该将买入挂单维持在反转K线上方，能不能成交就交给市场了。如果这根K线突然向上反转，并站上做多信号K线，那么挂单将会被触发，当前K线将成为一根外包K线和入场K线。一般来讲，除非前一根K线是非常不错的信号K线，交易者不应该在一根外包K线入场时做反转交易。

有时候你不得不在一根外包K线形成过程中入场（不是突破它之后），因为你知道有交易者被套住。尤其在一轮强劲行情之后更是如此。如果市场突破趋势线或者对趋势通道线过靶之后强势反转，而外包K线属于二次入场点，那么它可以是一根非常不错的入场K线。举例来说，如果市场刚刚第二次跌破一个摆动低点，对趋势通道线造成过靶之后反转走高，此时你可能会打算买入，你将不断移动买入挂单，将其保持在前一根K线高点上方1个最小报价单位，直到挂单获得成交。有时候成交会发生在一根外包阳线。这通常属于很不错的反转交易，说明强势多头正在发力。

当一根外包K线处于一个交易区间的中间位置，那么这根K线没什么意义，不应该作为交易的依据。除非它后面跟着一根小K线，位于这根外包K线高点或低点附近，则可能带来反向交易的机会。交易区间中的外包K线只不过重申了大家都已知道的事实——多空双方势均力敌、双方都会在区间顶部卖出以及区间底部买入，所以大家预计接下来价格将向外包K线另一端运动。如果市场反而向另一个方向突破，不要管它，看看对外包K线的突破是否会失败（通常发生在数根K线内），找机会做反向交易，或者等待回调（失败的突破失败就是突破回踩建仓形态）。

如果外包K线后一根K线是内包K线，那么就构成一个内外内（ioi）形态（内包－外包－内包），可以朝市场对内包K线突破的方向入场。不过，这种交易的前提是你有理由相信行情幅度足以达到你的利润目标位。举例来说，如果这个内外内（ioi）形态处于摆动新高，第二根内包K线是收于低点附近的阴线，那么向下突破可以是不错的卖点，因为它可能是一个二次入场点（第一个入场点可能发生在外包K线跌破其前一根K线低点之时）。反之，如果该形态出现在铁丝网（窄幅交易区间）之中，尤其在内包K线很长、接近外包K线中位的情况下，最好采取观望态度，等待更强的建仓形态出现。

当一根顺势外包K线发生在一轮趋势反转行情的第一波，而且前期趋势非常强劲，那么它在功能上等同于一根强趋势K线，而非交易区间特征的K线。举例来说，在一轮下跌趋势中，如果出现强势反转，交易者将会期待涨幅继续扩大。许多交易者将会寻求在低点抬升K线的高点上方买入，越来越少交易者在前一根K线低点下方卖空。如果多头更激进的话，他们将会在前一根K线低点下方买入，而非等待价格站上其高点，而且在接下来几分钟时间里他们还会持续不断地买入，因为越来越多交易者感到多头已经控制了市场。这种持续买盘将会使K线超越前一根K线的高点。一旦站上，它就变成了一根外包K线，而那些刚刚在前一根K线低点下方做空的空头可能被迫回补，而且至少在数根K线内不再有兴趣做空。空头几近绝迹、多头势头正盛，市场处于单向模式，可能继续上涨至少1~2根K线。突然之间所有人都开始认同新的市场方向，因此市场上升动能非常强劲、大幅度攀升，回调之后还将再次向上测试，造成第二波上涨。这个低点抬升而非前面的最低点才是上升行情的起点，因为多空双方是在此时突然一致认为下一波行情应该是上涨而不是下跌。通常从外包K线底部会出现两波上涨。虽然从图上最低点算起可以看到3波上涨，但第一波可以不算，因为市场就上升行情达成一致是在低点抬升位置而非最低点。正是在这个位置我们才明确知道多头已经"夺权"。

为何走势通常会很强劲？因为那些在前一根K线低点下方做空（以为只是一个熊旗）的空头被套。他们的入场K线迅速反转为一根外包阳线，造成空头被套、多头踏空。之所以有大批多头踏空，是因为他们不喜欢在外包K线形成过程中入场，因为许多外包K线最后只是形成交易区间。不可避免地，市场将会继续强劲上涨多根K线，所有人都意识到市场已经反转而必须重新调整自己的头寸。空头希望市场下探，让他们以较小亏损平仓；多头也希望出现同样的下探，让他们以较低风险加仓。然而当所有人想法一致，期望中的事情反而不会发生，因为多空双方都在市场刚出现哪怕仅仅2~3个最小报价单位回撤时就开始买入，使市场无法出现2~3根K线的回调，直到趋势运行过久。聪明的价格行为交易者从一开始就意识到这种可能性，如果预期市场出现两段式持续上涨，他们将会密切关注市场向下突破那个熊旗，知道突破很可能失败。他们会在前一根K线高点上方挂买单，哪怕这意味着将在一根外包阳线入场（甚至这根K线可能还是空头的入场K线）。

如果你用机构的思维方式来想问题，你会希望那个熊旗卖点被触发，从而造成多头踏空，被迫在后面的上涨中追高，同时新入场的空头被套，在向下突破失败后被迫买入回补。对于看涨的机构来讲，这是最理想的状态。那么作为一个机构，你会做些什么来造成这种形势呢？首先，在空头陷阱出现之前不要强力买入。事实上，你会在空头入场点被触发之前卖出，从而制造这个空头陷阱，然后当空头在前一根K线低点下方做空、多头在这里止损之后，你转而开始大力买入。也就是说，你充当了他们交易的对手方，在前一根K线低点下方大力吸筹！一旦把他们全部推入陷阱之后（空头被套、多头踏空），你就可以在上涨过程中一路买进，而他们在发现空头陷阱之后也会掉头追高。这将推动市场持续走高，因为所有人都同意市场正处于上升态势。

对于外包K线必须记住的一点是，一旦你不确定该怎么操作，最好的策略就是按兵不动，等待价格行为进一步展开。

图 7.1　外包K线非常微妙

外包K线风险较高，交易者必须密切注意它形成之前的价格行为。

在图7.1中，K线1是强劲下跌趋势中的一根外包阳线，所以交易者应该只关注向下突破的入场机会。你可以在K线1低点下方做空，或者等突破K线收盘之后看看它是什么样子。在这里，突破K线是一根强空头趋势K线，被套的多头可能会在这根如此强劲的空头趋势K线下方止损，所以在这根阴线下方做空是合乎逻辑的。

K线5是一根外包阴线，但市场基本处于横盘状态，大量K线相互重叠，所以它并非突破入场的可靠形态。下一根内包K线［共同构成内外内（ioi）形态］太长，无法用作突破信号，因为你可能卖在一个交易区间的底部或买在一个交易区间的顶部，而交易区间正确的操作方法是低买高卖。

**本图的深入探讨**

图 7.1 中市场开盘跌破了前一天的低点,第一根 K 线为空头趋势 K 线,并成为"始于开盘的下跌趋势"的第一根 K 线。K 线 1 与前一根 K 线构成首次回调,而首次回调往往至少是一个刮头皮的做空机会。K 线 3 市场出现一波回踩均线的两段式横盘调整,也是一个"20 根均线缺口 K 线"做空形态。

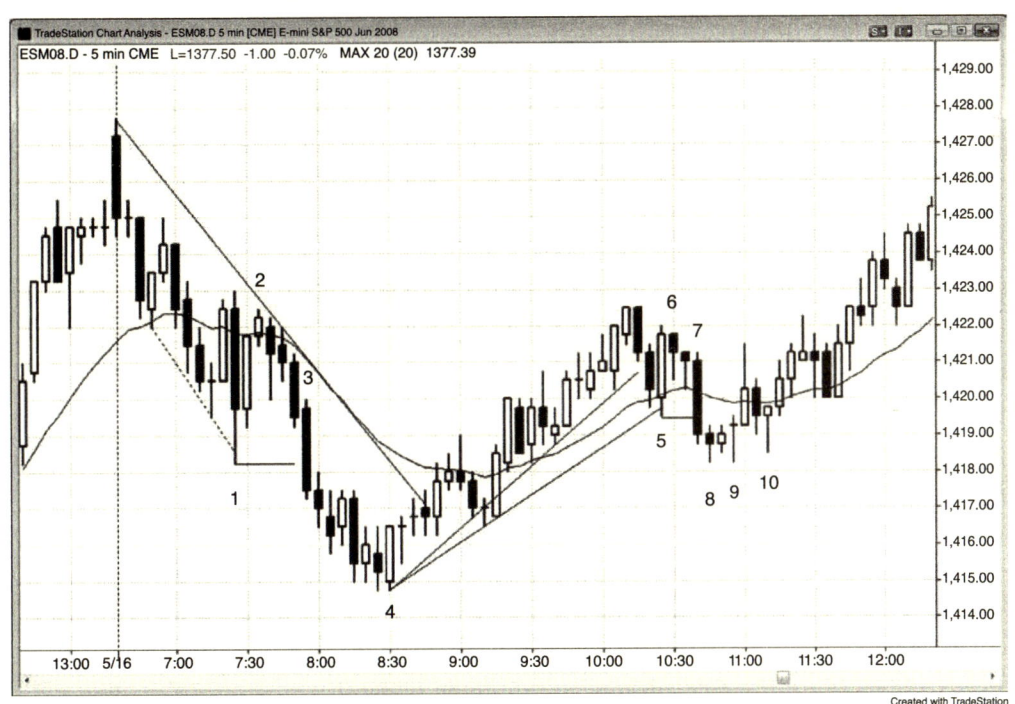

图 7.2 内外内(ioi)形态

外包 K 线之所以较难处理,是因为在这根 K 线和前一根 K 线内部,多头和空头均在某个时点享有控制权,因此接下来几根 K 线可能再次出现反转走势。在图 7.2 中,K 线 1 是一根外包 K 线并构成一个内外内(ioi)形态。K 线 2 突破了 K 线 1 后面那根内包 K 线,但突破失败。这种情况是很常见的,尤其当内包 K 线比较长的时候。这是因为多头被迫在内外内(ioi)形态的顶部买入,这个形态属于交易区间,而在交易区间顶部买入向来不是好的做法,尤其当市场处于跌势的时候。

K 线 2 是交易区间顶部附近的一根小 K 线。交易区间顶部属于不错的做空区域。由于交易者预计多头将会在 K 线 2 低点下方止损平仓(K 线 2 是多头的入场 K 线),

所以他们在 K 线 2 下方 1 个最小报价单位处做空。这是交易区间顶部一次失败的内外内（ioi）突破所带来的做空机会。由于这个内外内（ioi）形态的 K 线都很长，K 线 2 下方有足够的空间可以至少做一笔刮头皮空头交易。

K 线 4 几乎是一根外包阳线，而在交易当中，如果某个形态接近于一个可靠形态，那么它就可能产生可靠的结果。K 线 4 是过去 5 根 K 线中的第三根阳线，因此是从第三波向下推动行情（三连推）向上反转。它也是 3 根阳线中最强势的阳线，实体最长、影线最短，说明多头正在发力。

K 线 5 是一根外包 K 线，高点附近跟着一根小内包 K 线。同样，这也是一个风险很低的做空机会，尤其这根内包 K 线还是一根阴线。

**本图的深入探讨**

图 7.2 中市场开盘第一根 K 线突破了前一天的高点，但突破失败。最后收出一根强空头趋势 K 线，并构成一个"始于开盘的下跌趋势"做空形态。

K 线 8 和 9 形成一个小双底，市场在 K 线 7 向下突破之后并未出现应该有的下跌动能。在下跌动能消失之后，K 线 10 的双底回踩构成一个买点。

K 线 9 还是一波两段式调整的高 2 买点。这波调整是针对始于 K 线 4 的上升行情。从大形态来看，市场在突破下降趋势线之后形成低点抬升，带来了趋势反转的可能。

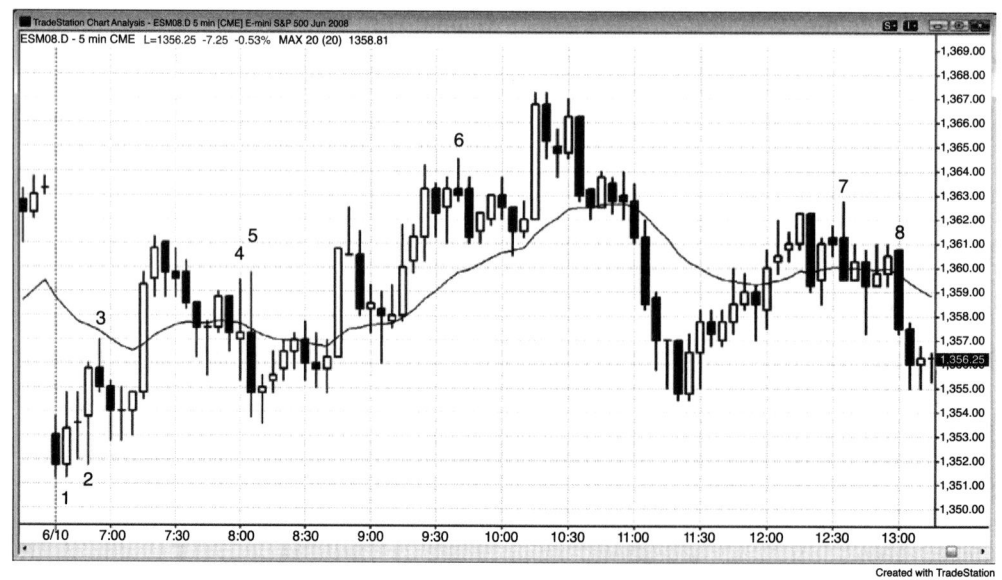

图 7.3　外包 K 线要看整体背景

外包 K 线必须放到整体背景下去考量。在图 7.3 中，K 线 1 后面那根内包十字星并不是一根好的做空信号 K 线，因为市场已经走出 3 根横盘 K 线，而且 K 线 1 刚刚反转了前面那根阴线。在开盘反转之后市场很可能出现至少 1~2 根 K 线的横盘或上涨，尤其是在均线基本走平的情况下。从当前位置到均线的距离可以做一笔刮头皮多头交易，最好在阳线上方买入。那根内包 K 线属于横盘休整，构成市场向上反转之后的某种回调，因此在其上方或者 K 线 1 高点上方买入都是合理的。交易者可以在 K 线 1 高点上方 1 个最小报价单位处挂单买入，而当 K 线 2 跌至那根内包 K 线低点下方的时候，明智的做法是保持原有止损不变。因为做多的逻辑没有改变，而且现在有一批空头被套——他们错误地在一根弱信号 K 线下方卖出，必然会在信号 K 线上方回补。这就使得在 K 线 2 反转走高、成为外包 K 线的那一刻买入成为一笔不错的交易。只要外包 K 线的前一根 K 线是很好的信号 K 线，在外包 K 线形成过程中入场就是可行的。

K 线 3 是均线附近的一根空头反转 K 线，属于可接受的卖点。不过相比 K 线 1 和 K 线 2 这两根阳线的实体，K 线 3 阴线实体较短，所以市场有可能形成低点抬升，然后继续上涨——这种情况经常发生在潜在趋势反转位出现强外包趋势 K 线之时。因此，无论交易者是否在 K 线 3 下方做空，他们必须准备好在市场形成低点抬升之后做多，两根 K 线后的双内包（ii）小阳线就是不错的买入信号。

K 线 4 是一根外包 K 线，但市场已经横盘 5 根 K 线，因此它只是交易区间的一部分，而非信号 K 线。

K 线 5 是一根更长的外包 K 线，构成一个双外包（oo）形态。这通常只是构成一个更大的交易区间。在这里，K 线 5 有很长的阴线实体，并收于 K 线 4 低点下方。那些错误地在 K 线 4 外包 K 线下方做空的交易者被套。一般情况下，当交易区间内多根 K 线振幅较大并有很长的影线，在突破区间时做空是不可取的，因为突破失败的概率很高。K 线 5 后面那根十字星小阳线是不错的做多信号 K 线，属于反转失败带来的交易机会。

K 线 6 突破一根外包阳线高点后构成一个做空形态。

K 线 7 突破至摆动新高然后反转向下，形成一根外包 K 线并收于最低点。这种情况造成多头被套，同时属于上涨行情之后的强势空头反转。不过当天为交易区间交易日，在这种市况中，任何一波行情只要持续 5 根 K 线以上，交易者就会寻找反转机会（在交易区间交易日正确的交易方法是"低买高卖"）。虽然在 K 线 7 跌破前面那根小阴线低点时做空并非不可，更好的做空点是在 K 线 7 低点下方，毕竟在一根强空头反转 K 线下方做空更安全一些。

**本图的深入探讨**

在图 7.3 中，市场开盘以大幅跳空和一根空头趋势 K 线向下突破，但并未延续下跌动能并形成"始于开盘的下跌趋势"，相反，向下突破走势归于失败，市场向上反转，进入"始于开盘的上升趋势"。

K 线 2 是一根外包阳线，可能意味着当天低点已经出现，因为市场正在逐渐收复巨型跳空缺口。换句话说，正是从 K 线 2 开始市场才决定趋势转为上涨，因此它应该被视为上涨行情的起点。尽管 K 线 3 是一个低 2 卖点，市场却只把它看成低 1，因为如果上涨从 K 线 2 算起的话，它是第一次回撤，有可能仅仅形成一个低点抬升。交易者都预期它是一个失败的卖点，实际上无论你把后面的上涨看成失败的低 2 也好、失败的低 1 也好，在潜在的多头趋势中它们都是不错的买入形态。

K 线 5 突破了一个铁丝网形态，而大部分对铁丝网的突破都会失败，因此交易者应该寻找逆势交易机会。铁丝网属于不确定性极强和充满双向交易的区域，多头在低点附近大力买入而在高点附近罢手，空头在高点附近大力卖出而在低点附近罢手。此时活跃的是大规模程序化交易，这从每根 K 线对应的较高成交量就可以看出来。多头和空头都感到这里适合交易，如果一方暂时压倒另一方并造成突破，该形态的磁力效应往往会把市场拉回来。比如说，如果市场向下突破，那些原本愿意在交易区间中以较高价位买入的多头此时更乐意在较低价位买入。同时，那些在交易区间顶部卖出的空头如果看到市场突破之后并未立即延续下跌，将会快速回补空头头寸。在这两个因素的作用下，很可能造成突破失败、市场被拉回铁丝网，本例正是如此。有时候市场接下来会朝另一个方向突破，有时候则继续维持震荡。最终这个形态将会被突破。

通常一天行情的第一根或前几根 K 线对后几个小时乃至于整个交易日的行情都会有所预示。图中开盘后首先形成一个双 K 线反转，然后是一根十字星（即本 K 线内部发生一次反转），再接下来是一个外包阳线反转。然后出现一根空头反转 K 线，以及数根带长影线（意味着不确定性）的小 K 线。多次反转、长影线、不确定性——这些都是交易区间交易日的特征。事实证明当天的确是震荡行情。早早地有了这种猜疑，交易者更愿意参与双向交易，而且以刮头皮为主，持仓倾向较低。

图中上午 11 点 25 分出现一根外包阳线并构成双 K 线反转，因此形成一个买入建仓形态。该形态还与前面那根十字星构成一个微型双底。

图 7.4 外包 K 线作为入场 K 线

有时候外包 K 线可以是合理的入场 K 线。在图 7.4 中，K 线 3 是一根外包阳线，也是一根可接受的入场 K 线，因为它反转了市场一轮强劲上升趋势之后的两段式回调，而且前面第二根 K 线为多头趋势 K 线，显示出多头力量。交易者可以在这根 K 线站上前一根 K 线高点之后立即买入，不过更安全的入场点是再等待几个最小报价单位，待其站上两根 K 线前的多头趋势 K 线高点之后。在阳线上方买入通常更有可能实现获利。最后，交易者也可以等待这根外包阳线收盘，看它是否收在高点附近，以及在前一根 K 线高点上方（最终答案都是肯定的）。当我们看到这种强势之后，就可以在外包 K 线高点上方买入。

K 线 6 是一根外包阴线，前面 6 根 K 线有 5 根均为阴线。它收于最低点，激进交易者在看到如此强的下跌动能之后可能在其下方做空，尤其是它的上探过程让多头误以为市场将恢复原有上升趋势从而造成多头被套。

**本图的深入探讨**

图 7.4 中市场开盘跌破了前一天最后一个小时的交易区间。第一根 K 线是多头趋势 K 线，但上影线很长，说明多头没有能力让它收在最高点。你可以在这根 K 线高点上方买入，也可以观望。第二根 K 线构成"始于开盘的下跌趋势交易日"的一个突破回踩做空形态。持续到 K 线 1 的下跌是一个抛物线卖出高潮，因此有可能成

为当天行情最低点。由于抛盘如此强劲，最好等待二次买入信号。它出现在 8 根 K 线之后，市场形成一个低点抬升以及对熊旗的假突破。

持续到 K 线 3 的下跌突破了一根重要趋势线，提醒交易者可以在测试 K 线 2 高点时做空。K 线 3 前一根 K 线是强趋势中的均线缺口 K 线买入形态，因此在其上方买入是不错的交易（哪怕入场 K 线是一根外包阳线）。市场下跌形成 20 根均线缺口，K 线建仓形态几乎一定会突破趋势线，而从这根 K 线开始的上涨通常会测试趋势高点，可能形成高点抬升，也可能形成高点下降。如果接下来向下反转，往往会导致持续至少 10 根 K 线的两段式回调，通常是趋势反转。

K 线 3 还与前一根 K 线以及再往前两根 K 线均构成双 K 线反转形态，因此许多多头会在 K 线 3 高点上方买入。

K 线 4 是一根长多头趋势 K 线（代表买入高潮）并形成高点抬升，后面那根强空头内包 K 线是做空信号。面对如此强的做空形态，交易者预计市场将会出现两波下跌。因此聪明的交易者将会密切关注高 1 和随后高 2 的形成，准备在这些做多形态失效并造成多头被套之后进一步加空。

K 线 5 是一个失败的高 1 做空形态，K 线 6 是一个极佳的多头陷阱。它是一个失败的高 2，做多入场 K 线反转成一根外包阴线，造成多头被套、空头踏空。这根外包 K 线表现得像一根空头趋势 K 线，而不仅仅是一根外包 K 线。由于它是一根外包 K 线，入场 K 线的确立及其失败发生在一两分钟之内，让交易者没有足够的时间处理这么多信息。直到一两根 K 线之后，他们才意识到市场实际上已经进入下跌趋势。这时多头希望市场能够出现 2~3 根 K 线的反弹，让他们以较小的亏损出场，而空头也希望出现这样的反弹，让他们以较小的风险入场做空。结果是每当市场刚出现 2~3 个最小报价单位的回撤，多空双方都开始卖出，于是 2~3 根 K 线的反弹一直没有来临，直到下跌行情已经走了很远。

请注意，这里的高 2 买点是一个非常糟糕的做多形态，因为前面 6 根 K 线中有 5 根都是阴线，另一根是十字星。单独的高 2 并不是一个建仓形态，必须前面已经表现出强势，其形式通常是一波高 1 反弹突破趋势线，或者至少前面有一根强多头趋势 K 线。

# 第8章　K线收盘价的重要性

一根5分钟K线往往在其收盘前数秒到一分钟（或以上）即呈现出与最终外观类似的样子。如果在K线收盘前入场，你偶尔可以多赚大约1个最小报价单位的利润。然而每天总有那么一两次，你原以为将要出现的信号没有出现，导致你亏损大约8个单位。这意味着，你需要大约8次成功的提前入场交易才能弥补一次失败，显然这是不可能做到的。在强趋势中做顺势交易，提前入场一般不会造成什么麻烦。但话又说回来，既然趋势强劲、你对入场信号信心十足，那么等待信号K线收盘然后在其一端挂单入场也不会有什么坏处。你不可能对每根K线都去判断一下提前入场是否合适，因为你还有很多其他重要决定要做。如果把这个也加入考虑之列，你每天可能会错失大量好的交易，而从提前入场交易偶尔成功获得的收益远远不能弥补失去的机会。

这一点对于所有时间级别都是如此。比如说，看一张日线图，你会发现很多K线开在最低点，但收在区间中位。所有这些K线都是强多头趋势K线，在盘中某个时候最后价格处在最高点。如果你想当然认为K线将会收在最高点，可能会在高点附近买入。到最后发现它收在振幅中位，你才后悔不迭。实际上，如果耐心等到收盘，你可能根本就不会入场，现在只有抱着它过夜了。

在5分钟图上，有两个常见问题。代价最高的问题发生在当你试图在强劲下跌趋势中抄底的时候。市场突破下降趋势线之后通常会出现一个下降低点，此时交易者希望看到一根强势反转K线，尤其在同时还发生下降趋势通道线过靶的情况下。不出所料，市场果然出现一根大阳线，到第3分钟左右，依然是一根强势多头反转K线。价格在这根K线高点附近停留数分钟，吸引越来越多希望提早建仓以降低风险（他们的止损在这根K线下方）的逆势交易者入场，然而就在这根K线收盘前1~5秒钟，价格突然崩溃，K线收在最低点。不消说，这些本来想将风险降低1~2个最小报价单位的先行多头，结果反而亏损2个点甚至更多。这些多头陷入一笔糟糕的交易。类似的情况是屡见不鲜的，一根潜在信号K线可能直到其收盘前看上去都非常完美。再举一个例子，比如你打算在一根空头反转K线下方做空，这根K线距离收盘还有几秒钟，目前价格位于K线底部。就在这根K线收盘前不到1秒钟，价格突然窜升2~3个单位，收于低点之上。市场所发出的信息是，现在做空信号已经变弱，你不应该再根据仅3秒钟前的预期和希望来做出决策，免得让自己陷入一笔糟糕的交易。

另一个常见的问题是被震出一笔好的交易。举例来说，你刚刚入场做多，现在已经有3~5个单位的浮盈，你的目标是赚取4单位的刮头皮利润，而市场必须上涨6单位才能让你如愿。但是6单位就是到不了，于是你开始变得焦躁不安。你盯着3分钟或5分钟图，看见当前K线是一根强空头反转K线，还有大约10秒钟收盘。稳妥起见，你把保护性止损上移到这根K线下方1单位处。然而就在这根K线收盘前，市场下探并扫掉你的止损，并在最后2秒钟拉升几个单位。接着，在第二根K线的头30秒，市场迅速来到6单位的位置——聪明交易者在这里锁定部分利润，而你只能眼巴巴看着。对于这笔交易来讲，你的入场点、交易计划都不错，但没有严格执行交易纪律，导致被震出一笔好的交易。如果遵循最初的交易计划，在入场K线收盘之前保持止损不变，你最后是获利离场的。

关于K线收盘还有一点值得一提。我们应该密切关注每一根K线的收盘，尤其是入场K线以及后面那1~2根K线。如果入场K线长为6单位，你应该更愿意看到它是在最后几秒钟从2单位而非4单位突然变长的。这样的话你可以降低刮头皮出场的头寸比例。对于后面几根K线也是如此，相比弱收盘，在收盘强劲的情况下，你应该更愿意让更高比例的头寸参与摆动、持有更长时间。

收盘价之所以如此重要还有一个原因，那就是许多机构交易者下单是根据估值而非价格行为，看图的话他们看的也是根据收盘价画的线图。而且，如果走势图对决策过程不产生影响，他们甚至根本不看图，而考虑的唯一价格就是收盘价。这无形中提高了收盘价的重要性。

较小时间级别图形可以让我们设置更小的止损，但交易者被震出一笔好交易的风险也会增大。在图8.1中，左边的嵌图显示使用3分钟图的交易者被止损出局，而使用5分钟图的交易者没有被震出去。

此图为Emini的5分钟图，市场数周来一直处于强劲下跌趋势中，现在开始出现越来越大的回撤。每一个新的下降低点都受到买盘支撑，属于有利可图的逆势多

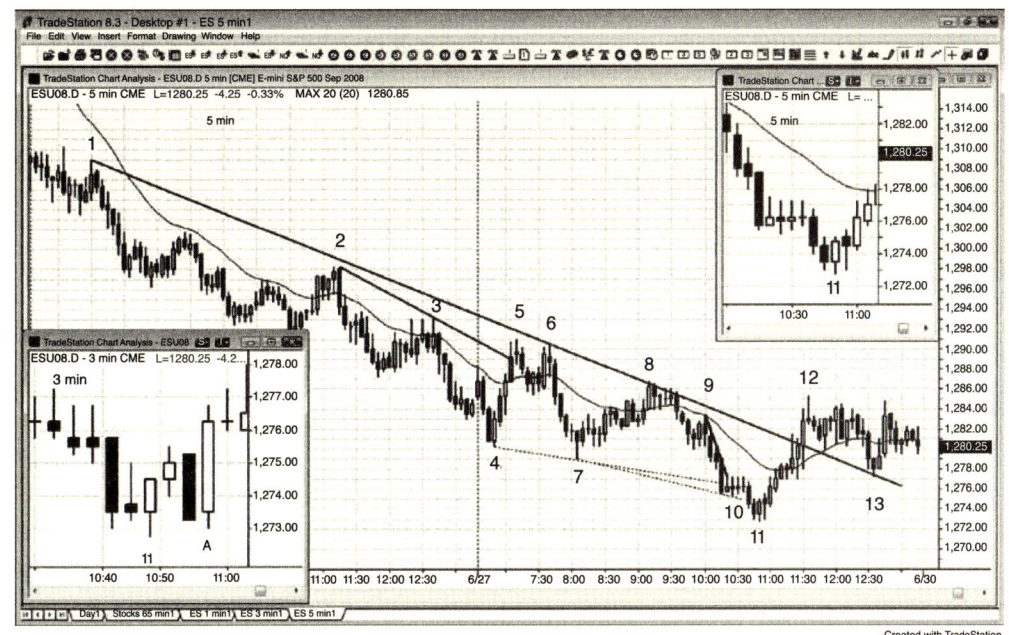

图8.1 较小时间级别图形导致更大亏损

头交易。多头信心越来越足,而空头越来越倾向于锁定利润。左下角的小图是3分钟图,右上角是5分钟图的特写放大。

K线11是一根强多头反转K线,并构成双K线反转,是第二次尝试从下降低点反转[K线10后面的双内包(ii)形态是第一次],也是当天第三波向下推动(有可能形成楔形底部)。这是一个高概率买点,但止损必须设在K线11低点下方,距离入场点3个点。对于Emini来讲,当日均波动区间为10~15点,合理的止损一般是2个点。这里止损虽然略微大一点,但价格行为告诉我们这是有必要的。如果觉得心里没底,你可以将仓位减半,但绝不能错过如此强劲的建仓形态,而且可以考虑让一半头寸参与摆动、持有时间长一点。

本例很好地说明了当交易者试图通过使用较小时间级别图形来降低风险可能发生的问题。没错,风险是降低了,但成功率也下降了。由于3分钟图上有更多交易机会,交易者更有可能错过那些最佳的机会。对于许多交易者而言,这可能导致3分钟图交易的总体盈利能力更低。

与5分钟图一样,3分钟图的K线11也是一根反转K线,但是入场K线下方的止损被一根光头光脚大阴线扫掉。此时,我们可能还很难将其与5分钟图没有被打止损这事挂上钩。由于5分钟图要求设置较大的止损,某些交易者可能更愿意提早止损出场。如果他们同时看着 3 分钟图操作，一定会被那根大阴线震出去，从而亏损离场。3 分钟图上的下一根 K 线是非常强势的外包多头趋势 K 线，形成低点抬升，意味着多头力量大爆发，但大部分先前被震出去的弱手可能惊魂未定，不敢贸然再次入场，宁愿等待回调。

在重要的行情转折点，3 分钟图扫止损比 5 分钟图要频繁得多，而聪明的交易者将其视为良机，因为弱势多头被震出市场后，将被迫在后面的上涨中追高。对于我们来讲，交易只需要看一张图就够了，因为有时候行情变化太快，如果同时看两张图并试图解读其差异，我们的思考速度可能跟不上，无法及时下单进场。

**本图的深入探讨**

在图 8.1 中，K 线 5 突破了一根趋势线，K 线 8 也微幅站上一根更长的趋势线。两次突破都宣告失败，带来顺势做空机会。

# 第 9 章　ETF 与反向 ETF

有时候你把图形变化一下，会让价格行为看得更清楚。比如你可以把 K 线图换成柱状图或线形图，或者基于成交量或交易笔数的图形，或者切换到更高或更低时间级别，甚至只是把它打印出来看。一些交易所交易基金（exchange-traded funds，简称 ETF）也能有所帮助。举个例子，SPDR S&P 500 ETF（股票代码 SPY）与 Emini 的走势几乎完全一样，但有时候价格行为会更清晰。

另外，从反向的视角来观察图形也不无助益。比如说你看到一个牛旗，但有点感觉不太对劲，可以考虑看看 ProShares UltraShort S&P 500 ETF（股票代码 SDS）的图形。SDS 是两倍做空标普 500 指数的 ETF，刚好是 SPY 的颠倒，但有两倍的杠杆。如果你去看 SDS 的图，可能会发现你在 Emini 或 SPY 上看到的牛旗在 SDS 上对应一个弧形底的样子。如果真是这样，明智的做法是不要做多 Emini 的牛旗，而是等待价格行为进一步展开（比如等待它突破，然后在突破失败的情况下做空）。有时候其他指数的期货形态更为清晰，比如纳斯达克 100 指数期货迷你合约（或者 ETF 中跟踪纳斯达克 100 指数的 QQQ、双倍反向跟踪纳斯达克 100 指数的 QID），不过一般情况下没有必要看这些指数，最好只关注 Emini，有时候也可以看看 SDS。

ETF 是一种基金，显然发行机构运作一只 ETF 是为了赚钱（从中收取佣金）。其结果是 ETF 走势并不总是与其跟踪的标的完全吻合。比如说，在三重魔力日（triple witching day），SPY 往往会出现比 Emini 大得多的开盘缺口，这是 SPY 的价格调整所造成的。不过在开盘之后的整个交易日，SPY 与 Emini 的价格走势还是完全吻合的，所以交易者不必过于担心开盘缺口。

如图 9.1 所示，最上面那张图是 Emini，中间是 SPY，二者走势几乎完全一样，但 SPY 的价格走势有时候容易解读一些，因为它的最小报价单位更小，所以图形更为清晰。最下面那张图是 SDS，与 SPY 呈镜像关系。有时候 SDS 的图形会让你重新思考对 Emini 图形的解读。

# 高级趋势技术分析
——价格行为交易系统之趋势分析

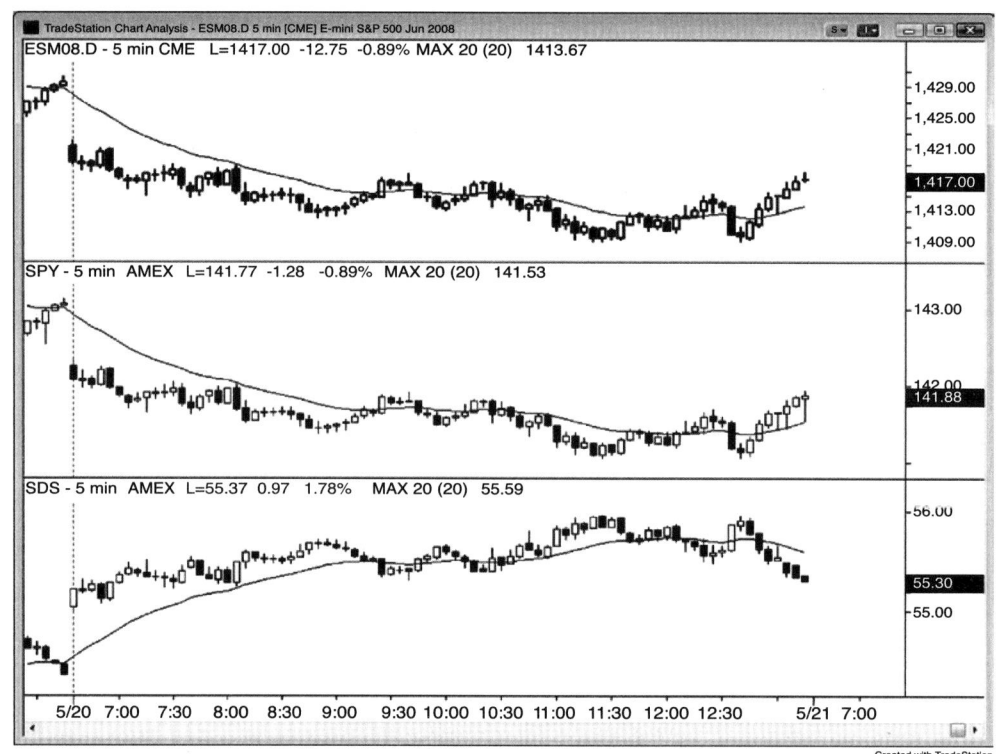

图 9.1　Emini 与 SPY 大致吻合

如图 9.2 所示，在三重魔力日，SPY 的价格有所调整，通常导致开盘缺口可能远远大于 Emini（左边是 SPY，右边是 Emini）。不过接下来它们的走势几乎亦步亦趋，与其他交易日并无分别，所以不用纠结于缺口问题，随着行情展开根据价格行为进行交易就是了。

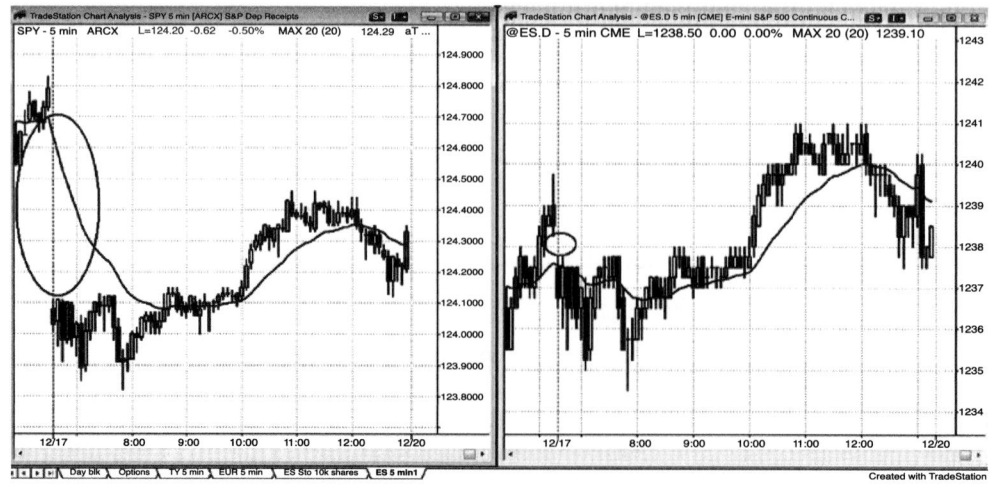

图 9.2　SPY 在三重魔力日的调整

# 第 10 章　二次入场点

分析师们常说，日线图上底部的形成往往需要从低点二次反转，这样才能让足够多交易者相信市场正在酝酿一轮新的趋势。其实顶部也是如此。相比首次入场点，二次入场点几乎总是更有可能实现交易获利。

如果二次入场点让你获得比首次入场点更好的价格，应该警惕它可能是一个陷阱。大部分好的二次入场点都处于同一价位或更差的价格。交易者之所以选择在二次入场点进场，是为了让风险最小化，所以市场往往会让他为这额外的信息付出一点"费用"。如果"收费"反而更低，那么它很可能是一个假信号，是来骗你的钱的。

寻找二次入场点的交易者往往更激进、更有信心，并且通常根据较小时间级别图形入场。这就使得那些使用 5 分钟图的交易者入场点在许多其他交易者之后，获得的入场价格更差一些。如果市场给了一个更好的入场价格，你应该要怀疑自己是不是哪里搞错了，应该考虑放弃这笔交易。在大部分情况下，好的入场点等于糟糕的交易，糟糕的入场点等于好的交易！

如果你是做逆势交易，比如在强多头趋势第一次尝试反转时做空，而前面的上升趋势有大约 4 根连续的多头趋势 K 线或 2~3 根长多头趋势 K 线，在上升动能如此强劲的情况下，逆势开空风险较大。在这种情况下不要急于入场，最好等待二次入场点，等趋势恢复 1~2 根 K 线，然后在市场第二次尝试反转时入场。

如图 10.1 所示，当天行情有多个二次入场点，除了其中一个，其他全部与首次入场点价格相同或更差。我们可以看一下 K 线 10 的买点。相比在 K 线 9 买入的交易者，市场给你提供的入场价格要低 1 个最小报价单位。前面我们已经提到"好价格等于坏交易"的法则，无论何时，如果市场给你一个"折扣价"，你应该假定自己对图形的解读有误，最好不要参与这笔交易。尽管 K 线 10 是一个二次入场点，但市场下跌动能非常强劲（从始于 K 线 8 的窄幅下跌通道可见）。一般情况下，逆势开仓的时候，最好前面几根 K 线已经有多头活跃的迹象，比如能够站上前一根 K 线高点

图10.1  二次入场点

2单位以上。

我们在第三本书将会谈到，大部分顶部都是由某种类型的微型双顶构成，比如K线1与两根K线前的空头反转K线；同理，大部分底部都是由某种类型的微型双底构成，比如K线18与K线17的前一根K线。

图10.2  在强趋势中应等待第二次反转

如果市场动能强劲，应该等出现二次反转形态再考虑逆势开仓。

如图 10.2 所示，K 线 1 前面是连续 5 根阳线，说明上升动能非常之强，不宜在第一次下跌尝试中做空。聪明的交易者在开空前会耐心等待，看看多头的第二次上攻尝试是否会失败（发生在二次做空入场点 K 线 2）。

K 线 3 是当天新低位置的一个首次做多入场点，但前面连续 6 根 K 线没有一根阳线，等待出现二次做多入场点更为稳妥（发生在 K 线 4）。

K 线 5 出现在 4 根空头趋势 K 线之后，说明下跌动能过强，不宜买入。二次入场点一直没有出现，聪明的交易者因为等待而避免了损失。

K 线 10 前面 6 根 K 线均形成低点抬升，只有两根 K 线形成很小的阴线实体，说明上升动能强劲，不宜做空。二次入场点出现在 K 线 11 空头反转 K 线。

**本图的深入探讨**

在图 10.2 中，市场开盘突破了前一天收盘前的下降通道，但突破走势在均线处失败，构成一个卖点。接下来市场跌破前一天的低点，但这一突破同样失败，并在当天第 4 根 K 线向上反转。这一反转可以视为第一根 K 线突破小型下降通道之后以低点下降方式出现的突破回踩。

然而全天市场一直未能形成高点抬升，而是延续了趋势性的下跌通道。交易者应该会在 K 线 6 双顶下方做空，因为市场没有突破前期下降高点，说明形成"始于开盘的上升趋势"的尝试已经失败，高点下降、低点下降的格局仍在持续。

截至 K 线 3 前一根 K 线是一轮急速下跌行情，随后的回撤走势出现一个低 4 做空形态，上午 9 点 35 分那根阴线触发了入场点。这一空头突破演变成持续 4 根 K 线的急速下跌行情。

K 线 5 是一个高 2 买点，但前面有 4 根空头趋势 K 线，所以不应该买入。

K 线 6 是一波持续 4 根 K 线的急速下跌行情的起点。

K 线 7 双内包（ii）形态是一个潜在的末端旗形。

K 线 7 带来一波两根 K 线的急速下跌。从那个低 4 卖点开始，整个下跌通道内的 3 波急速下跌构成连续的卖出高潮，而一旦出现第 3 波下跌，市场很有可能走出至少两段式反弹。

在形成 K 线 8 反转 K 线之后，交易者可能会在 K 线 9 做多，由于市场出现末端旗形和持续的下跌趋势，可以预期至少有两波上涨。K线8与两根K线前的那根阴线构成一个微型双底买入形态。

K线10是一个低1，但由于市场上升动能过于强劲，不宜做空。更明智的做法是准备在低点抬升位做多，甚至在前一根K线低点下方挂限价单买入。在上升动能这么强的情况下，市场很有可能至少测试这一波上涨走势的高点。

K线11是出现在大阳线之后的一根十字星反转K线。当市场走出5~10根多头趋势K线之后，此时形成的长阳属于买入高潮，接下来多半要出现10根或以上K线的横盘或下跌，然后才能恢复多头趋势。K线11还处于下跌趋势最后一个下降高点的区域，因此构成一个潜在的双顶熊旗。由于多头力量如此强大，大部分交易者都假定市场将形成低点抬升，但他们会利用双顶熊旗作为锁定多单利润的区域。部分刮头皮交易者会在这里做空，预期市场至少将向下测试均线。由于前面的上涨行情包含如此多的多头趋势K线，说明多头毫不掩饰自己的激进立场，因此市场有可能形成低点抬升。

# 第 11 章　迟到的与错过的入场点

假设你现在尚未入场，但看了走势图之后得出结论，如果你当初在最早的入场点进场，现在仍然会持有一部分参与摆动的头寸，那么你应该以市价入场。市场处于明确的"始终入场"方向，你需要参与到行情中来，因为获利的概率很高。不过仓位不应该太重，应相当于如果你在最早的入场点进场，现在依然持有的头寸规模，而且应该使用同样的跟踪止损。相比刮头皮交易，你的止损肯定要大一些，所以需要适当降低仓位，让你的资金风险保持在同一水平。举例来说，如果你看到高盛（股票代码 GS）股价处于强劲的上升趋势，而如果你在最早的入场点买入 300 股的话，现在可能仅持有 100 股，保护性止损为 1.5 美元，那么你现在进场应该买入的股数就是 100 股，止损也是 1.5 美元。从逻辑上来讲，你现在建立一个摆动规模的头寸，与持有早期入场后剩下的摆动头寸，性质是完全一样的。虽然从情感上来讲，我们很容易认为那笔有浮盈的交易已经没有风险，似乎是拿别人的钱在冒险。但事实并非如此。那也是你的钱，你所冒的风险与现在买入是完全一样的，同样是那 1.5 美元止损。成熟的交易者了解这一点，所以会毫不犹豫地进场。相反，不成熟的交易者可能根本就不相信自己如果早入场的话现在还会持有一部分头寸，或者需要先解决自己的心理问题。

一般来讲，一旦市场开始连续出现 4 根或以上的多头趋势 K 线，而且 K 线不是太长（因此不属于高潮走势），那么交易者应该考虑至少先少量建仓，而不要等待回调。

图 11.1 是高盛（股票代码 GS）股价的 5 分钟图，前一天收盘前市场出现剧烈的两段式下跌，但 K 线 2 形成一根强多头反转 K 线，与前一天低点构成低点抬升，开启一个上升趋势交易日。

如果交易者大概在 K 线 4 的位置看到这张图，他们所见的是一系列多头趋势 K 线，市场处于强劲上升趋势。他们可能会想，如果自己早一点入场，现在至少继续持有部

# 高级趋势技术分析
## ——价格行为交易系统之趋势分析

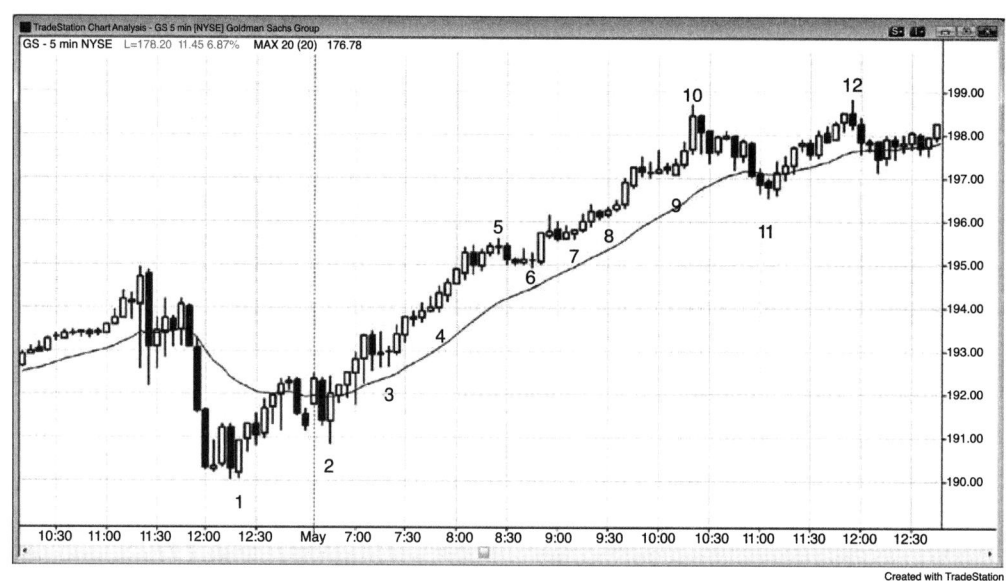

图 11.1　趋势中连续出现的趋势 K 线

分摆动头寸，让利润奔跑，那该多好！假设他们在 K 线 3 上方的入场点建仓，总共买入 300 股的话，此时可能还剩下 100 股继续持有。如果这一假设成立，那么他们此时应该以市价买入 100 股。而且，他们应该使用与在 K 线 3 上方入场情况下同样的止损。在上述假设的情况下，由于他们将只剩下参与摆动部分的头寸，止损应该放在盈亏平衡点或者在 K 线 3 高点下方 10 美分左右。他们还应该寻找盘整或回调的机会加仓。如果在 K 线 6 高点上方加仓，可以将整体仓位的止损上移至 K 线 6 信号 K 线下方 1 个最小报价单位处，然后继续跟踪止损。

晚入场并使用初始止损，与持有初始头寸的摆动部分使用同样止损，绝对是一样的。

**本图的深入探讨**

在图 11.1 中，市场当天开盘第一根 K 线突破了前一天收盘前的摆动高点，在均线处形成一个小双顶熊旗卖点。然而这一第二次突破始于 K 线 1 熊旗的尝试以失败告终。K 线 2 强势向上反转，并形成双 K 线多头反转。下一根 K 线是内包阳线，对于"始于开盘的上升趋势"是一根很好的信号 K 线。同时，它还是对市场向下突破前一天收盘前最后 4 根 K 线所形成小双底的多头反转。

持续到 K 线 11 均线缺口 K 线的下跌突破了上升趋势线，有可能引发对上升行情高点的测试，可能形成高点抬升也可能形成高点下降。通常情况下，在此之后市场可能进入幅度更大或更复杂的调整。然而持续到 K 线 10 的上涨行情处于如此窄的上升通道，说明多头力量异常强劲。本轮上升行情在较高时间级别图形上可能对应一波急速拉升，接下来可能在该时间级别上进入通道性上涨。在此之后，我们才可能在 5 分钟图上看到像样的回调。而且，K 线 11 均线缺口 K 线还是一个 20 根均线缺口 K 线回撤。当市场在 20 根均线缺口 K 线回撤之后出现第一个新高，往往会进入回调，然后再次测试高点。所以这根均线缺口 K 线并非一般的均线缺口 K 线形态，而是更接近于 20 根均线缺口 K 线形态。

# 第12章 形态的演变

我们要时刻牢记一点，无论何时，你所看到的当前这根K线可以成为朝任何一个方向一轮大行情的开始，所以你必须密切关注价格行为的展开，看看某个形态是否正在演变成可能带来相反方向行情的形态。形态总是在不停地演化，或演变成其他形态，或发展成规模更大的形态，在两种情况下都可能导致同一方向或相反方向的交易。大部分情况下，如果你正确地解读了价格行为，初始形态至少可以给你带来刮头皮利润。同样，规模更大的形态也是如此。你可以把规模更大的形态看成初始形态的扩展版本，但这无关宏旨，因为叫法从来都不重要。你只需确保对眼前的走势图做出正确的解读，并据之下单交易，对于那些在数根K线前已经完成的形态，一概忽略之。

形态演化最常见的例子就是失败，即一个形态未能产生刮头皮利润即发生反转、发出相反方向的交易信号。形态失败将交易者套在错误的市场方向，随着这些交易者被迫止损，市场将获得反方向的运行动能，至少可以带来刮头皮利润。这一点可以发生在任何形态上，因为所有形态都可能失败。如果形态失败后市场并未作反向运动，而是横盘数根K线，然后形成一个新的形态，我们应当将这个新形态视为独立于第一个形态。这里之所以要忽略第一个形态，是因为现在已经没有多少被套的交易者（他们被迫止损出局将对市场产生推动）。

现在我们还没必要马上熟悉书中的所有形态，不过你将会在后面的章节中看到一些形态演化的常见例子。比如说，一个扩散三角形有时候会从5波行情扩充到7波；对微型趋势线的突破通常会失败，然后出现突破回踩；如果一个末端熊旗未能造成市场反转，往往会演化成突破回踩做空建仓形态，然后通常会扩大成一个楔形反转形态，或者进入更大的交易区间，并通常形成一个更大的末端旗形；一个"急速与通道"上涨形态通常会进入交易区间，然后形成双底牛旗；在交易日第一个小时行情中，双顶熊旗往往会演化成双底牛旗（反之亦然），如果你风格比较激进，可以抓住两个入场机会，部分头寸刮头皮，部分头寸参与摆动，因为两个形态往往都会导致价格大幅运动。

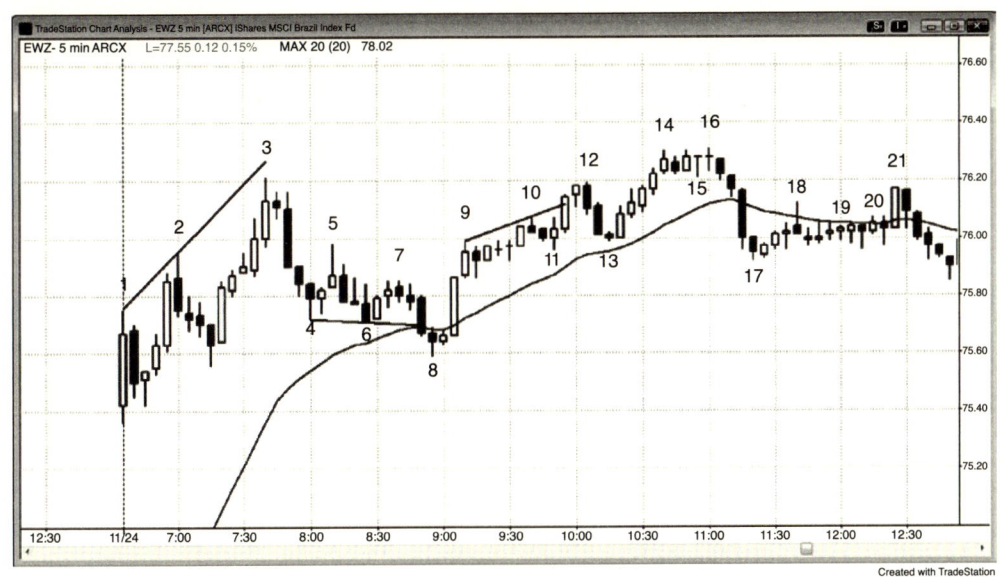

图12.1　建仓形态可能演化成更复杂的形态

可靠的形态有大约40%的概率失败，通常演化成一个更大的形态并可能构成做多或做空入场点。图12.1是跟踪巴西股市的交易所交易基金iShares MSCI Brazil Index Fund（股票代码EWZ）的5分钟图。图中，K线2下方的低2做空形态失败，但形态演化成一个更大的楔形顶部，入场点在K线3后一根K线低点下方。

K线19低2熊旗演化成了一个更复杂的低2做空形态，入场点在K线21双K线反转下方。K线18是第一波向上推动。

**本图的深入探讨**

在图12.1中，K线6后面的高2演变成了一个楔形牛旗，入场点在均线处的K线8上方。它还是一轮"急速与通道"下跌行情，K线8是通道内第3波向下推动，而通道往往在第3波推动结束。

K线10的低2有可能失败，因为截至K线9的拉升走势力度很强。低1入场点在K线10前面两根K线处。该形态在K线11变成了一个低2失败买入形态，在K线12进一步演变成一个"急速与通道"顶部，与通常情况下一样，通道在第3波向上推动结束。

K 线 15 的高 2 失败，市场在当天新高位置第二次尝试向下反转。入场点在 K 线 15 后面那根高 2 入场 K 线下方。

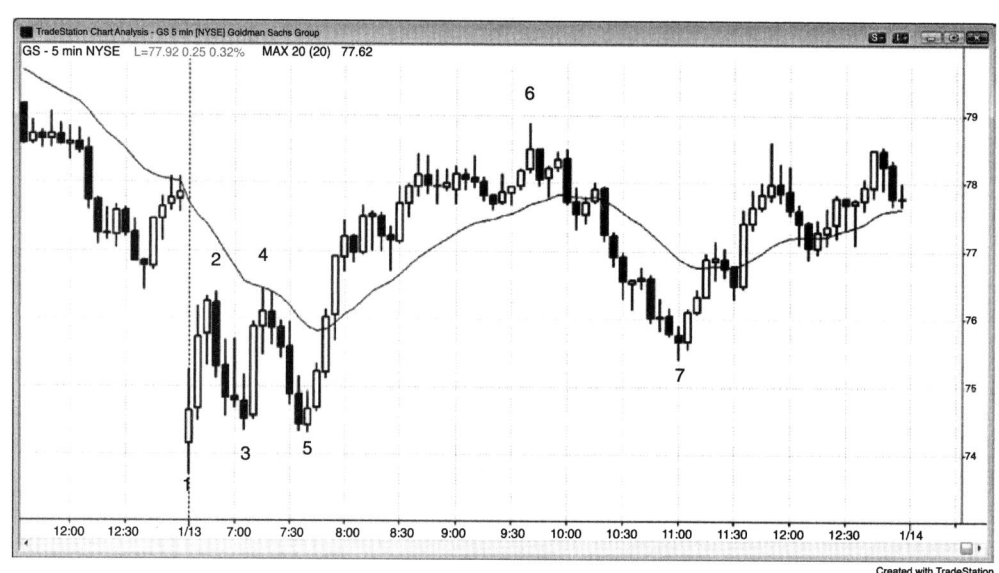

图 12.2　第一个小时的突破模式

在交易日第一个小时，双顶和双底都极为常见，使得市场处于突破模式。在图 12.2 中，高盛（股票代码 GS）股价的双顶演化成了一个双底牛旗。这是一种常见形态，你在两个入场点都应该进场（在 K 线 4 下方做空，然后在 K 线 5 上方做多）并让部分头寸参与摆动，因为无论第一个形态还是第二个形态都可能带来较大行情。记住，交易日的最高点或最低点往往在第一个小时出现，也就是说，接下来几个小时中大部分时间市场都会远离这一价位，如果当天成为趋势交易日的话，甚至全天都可能如此。图中高盛当天大幅跳空低开，向下突破了前一天行情所形成的趋势通道线，然后在当天第一根 K 线向上反转。在 K 线 4，市场在下行均线处形成了一个低 2 和双顶熊旗，然而在 K 线 5 又反转为双底牛旗。接下来市场大涨 3 美元，在 K 线 6 创出日内高点。

**本图的深入探讨**

开盘大幅跳空往往会带来朝任何一个方向的趋势交易日。在图 12.2 中，由于前 3 根 K 线强劲上涨，市场形成多头趋势交易日的可能性更大，尤其是市场开盘对前一天尾盘所形成的下降趋势通道线过靶后向上反转。空头试图在均线处重新夺回控制权，但跌至 K 线 5 之后，市场在 K 线 3 低点区域再次迎来强劲买盘。空头在 K 线 4 第二次尝试制造下跌趋势交易日的努力失败，市场在 K 线 5 二次筑底成功之后进入上升通道。

市场在 K 线 2 和 K 线 4 之前均走出急速上涨行情，在 K 线 3 和 K 线 5 之前则为急速下跌。这种走势通常会构成交易区间，因为多头和空头都试图制造一个朝自己方向的运行通道。图中市场从 K 线 5 开始走出一段 5 根 K 线的急速飙升行情，紧接着是一波"三连推"通道性上涨行情，一直持续到 K 线 6。对这张图可能存在不同的解读。有的交易者可能认为截至 K 线 2 的上涨属于突破过程，持续到 K 线 5 的交易区间是回调，然后截至 K 线 6 的上涨行情属于上升通道；其他交易者则可能认为从 K 线 5 开始的急速拉升为当天最重要的行情，在 5 根 K 线的急速上涨结束之后市场才进入上升通道。这种问题没有标准答案，两种解读都有一定道理。最重要的一点是我们可以看到从 K 线 1 和 K 线 5 开始的急速上涨比从 K 线 2 和 K 线 4 开始的急速下跌更为强劲，因此进入上升通道的概率更大。

当天本来有望成为"始于开盘的上升趋势日"，但最终形成了一个趋势性交易区间日。K 线 7 向下测试下方的交易区间，然后反转走高直至收盘，接近上方交易区间的高点。

第二篇

# 趋势线与通道

虽然许多交易者把所有线都看成趋势线，但我们有必要把它们细分一下。趋势线和趋势通道线都是涵括一部分市场价格行为的斜线，但二者处于相反的方向，共同构成运行通道。在上升趋势中，趋势线位于多个低点下方，而趋势通道线位于多个高点上方；在下降趋势中，趋势线在高点上方，趋势通道线在低点下方。构成通道的一组线通常是平行或大致平行的，但也可能收敛成楔形或各种三角形，或发散成扩散三角形。趋势线往往用来做顺势交易，而趋势通道线主要用于发现逆势交易机会。相比趋势线，弧线和包络线过于主观，思考时间比较长，很难保证及时快速下单进场。

通道可以走升、走跌或走平（交易区间即为横向通道）。当通道走平，通道线处于水平位置，上方的线为压力线，下方为支撑线。部分交易者把压力位视为派筹区域（交易者平多），把支撑位视为吸筹区域（交易者加多）。不过，现在大量机构做空与做多规模不相上下，压力位不但是派发多头头寸的区域，同样也是开立空头头寸的区域。同理，支撑位不但是开立多头头寸的区域，也是退出或回补空头头寸的区域。

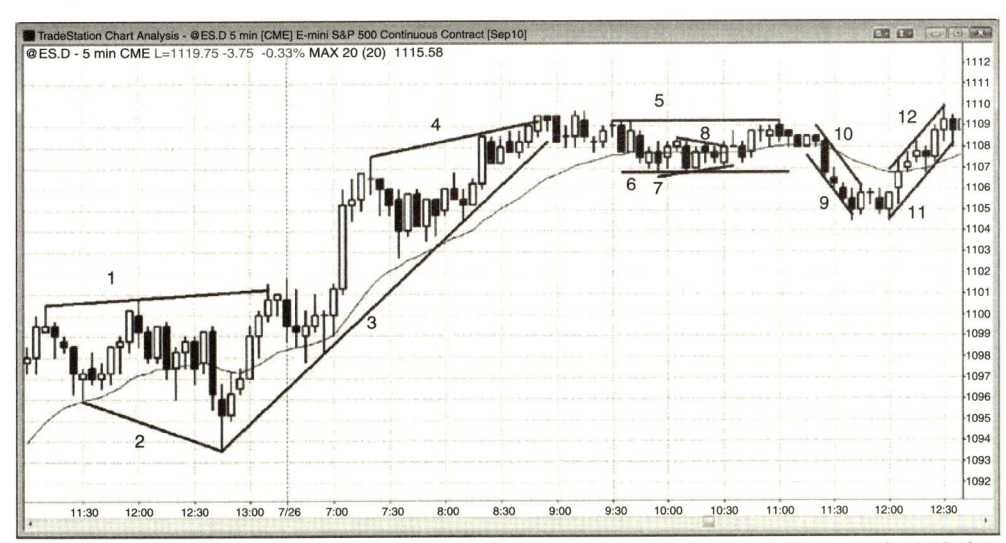

图 PII.1　通过画线界定趋势

我们可以通过画线来突出价格行为的特征，让开仓和头寸管理更为容易。

在图 PII.1 中，线 1 是一个扩散三角形上方的趋势通道线，线 2 是其下方的趋势通道线。由于这个通道呈发散状，处于无趋势状态，因此没有趋势线。

线 3 是一轮上升趋势中位于 K 线下方的趋势线，是一根支撑线。线 10 是下降趋势中位于高点上方的趋势线，是一根阻力线。

线 4 是上升趋势中的趋势通道线，位于高点上方。线 9 是下降趋势中的趋势通道线，位于低点下方。

线 5 和线 6 是交易区间（即水平通道）中的水平线。线 5 在高点上方，构成阻力位；线 6 在低点下方，构成支撑位。

线 3 和线 4 构成一个收敛的上升通道，也就是楔形。

线 7 和线 8 两根趋势线构成一个小型对称三角形，属于收敛通道。由于对称三角形内同时有一段小型下降趋势和一段小型上升趋势，所以通道是由两根趋势线所构成，没有趋势通道线。收敛三角形可以细分成对称三角形、上升三角形和下降三角形，但它们的交易方法都一样，所以没必要用这么多术语把事情搞得更复杂。

**本图的深入探讨**

在图 PII.1 中，市场开盘第一根 K 线突破了前一天的高点，但突破失败。由于前一天最后 6 根 K 线均为多头趋势 K 线，因此只有在二次入场点才可考虑做空，但并未出现合理的信号。开盘后前 6 根 K 线构成一个小型交易区间，故而市场处于突破模式。交易者会在开盘区间高点上方 1 个最小报价单位处挂单做多，在其下方 1 单位处挂单做空。最终市场向上突破，最低上涨目标为扩散三角形高度的等距幅度。

# 第 13 章　趋势线

上升趋势线是沿着上升趋势低点画出来的线，下降趋势线是沿着下降趋势高点所画的线。趋势线的作用主要有两个，一是在回调中寻找顺势入场机会，二是在趋势线被突破之后寻找逆势入场机会。趋势线的画法有很多种，可以连接摆动点，也可以采用线性回归等最佳适配法，或者用目测法快速画线。趋势线还可以通过画趋势通道线的平行线的方法来画。先画一根平行线，然后拽动到 K 线另一侧。不过这种方法用处不大，因为一般我们都可以通过连接摆动点画出一根可接受的趋势线。有时候吻合度最高的趋势线是连接 K 线实体，忽略影线（在楔形中较为普遍，很多楔形形态在形状上并非楔形）。如果趋势线一眼就能看出来，那就没必要画了。另外，如果你画了一根趋势线，在确认市场已经对它作出测试之后，可以立即把它删掉，因为图上线太多可能会造成干扰。

一旦趋势确立，形成一系列趋势性的高点和低点，大部分有利可图的交易机会都出现在趋势线的方向，直到趋势线被突破。每次市场回撤到趋势线附近区域，哪怕略微不及或超过趋势线，我们都可以预期市场将从趋势线反转，可以找机会顺势入场。即便趋势线被突破，如果前期趋势持续了十几二十根 K 线，那么市场回调之后很可能再次测试趋势极端价位（前高或前低）。测试极端价位之后有几种可能：趋势延续、趋势反转，或者进入交易区间。突破趋势线并不必然意味着反转，只是说明市场将不再由某一方（买家或卖家）所控制，进入双向交易模式的概率大大增加。每次趋势线被突破之后，市场将会出现一个新的摆动点，可以依据它画一根新的趋势线。通常每一根新画的趋势线都比前一根斜率更低，意味着趋势动能减退。到某个时点，相反方向的趋势线将变得更为重要，此时市场控制权从多头转向空头，或者相反。

如果在相对较短的时间里，市场反复测试一根趋势线，就是无法远离它，那么接下来可能有两种走势。大部分情况下，市场将会击穿趋势线并试图反转趋势。但有时候也会出现相反的情况，交易者放弃攻陷趋势线的努力，市场迅速远离趋势线。然后趋势获得加速，而非反转。

市场突破趋势线的力度反映了逆势交易者的能量。逆势运动幅度越大、速度越快，市场越有可能发生反转，但在此之前通常会先测试趋势极端价位（比如说以高点下降或高点抬升的方式测试上升趋势的前高）。

开盘缺口和任何长趋势K线都可视为某种突破，而且都应该被当成仿佛是一段仅持续一根K线的趋势。由于突破通常会失败，当入场点出现的时候，你应该准备逆势开仓。接下来任何横向运动都会突破趋势。通常这些横向K线会构成一个旗形，然后以顺势的方向突破旗形，但有时候突破会失败，市场将会反转。既然横向运行的K线突破了陡峭的趋势线，如果出现好的反转交易信号K线，你就可以找机会逆势入场。

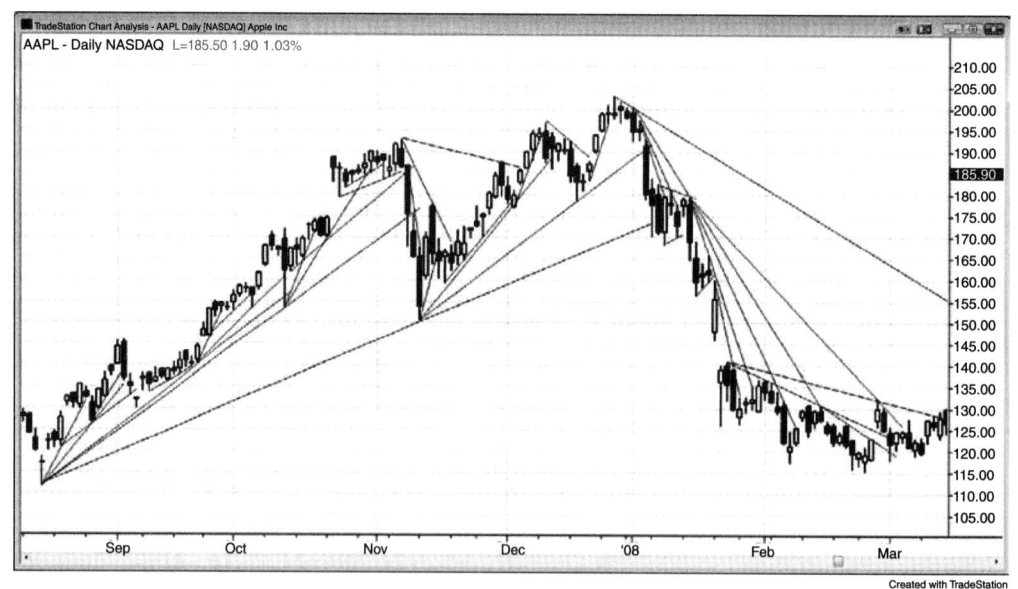

图13.1　所有趋势线都很重要

图上哪些趋势线是有效的？你所看到的每根趋势线都有可能带来交易机会。找出你所看到的所有摆动点，看看前面是否有某个摆动点能够与它连成一根趋势线，然后将其向右延伸，观察价格击穿或碰到这根线之后有什么表现。我们注意到每一根后画的趋势线都倾向于比前一根斜率更低，直到某个时点反方向的趋势线变得更为重要。

在实盘分析中，当你看到可能存在某根趋势线，但不确定距离当前K线有多远，把线画出来，看看市场是否已经到达这根趋势线，然后马上把它删掉。在交易的时候，图上的线存在的时间最好不要超过几秒钟，否则会造成干扰。你需要关注的是K线，看它们接近趋势线之后有何表现，而不是关注趋势线。

随着趋势延续，逆势运动会突破趋势线，但突破往往会失败，构成顺势入场点。每一次突破失败都会形成第二点，可以画一根跨度更大、斜率更低的新趋势线。最终，某一次突破失败后市场未能到达新的趋势极端价位。这就可能构成反方向新趋势中的一次回撤，从而可以画出一根反方向的趋势线。在主要趋势线被突破之后，反方向的趋势线将变得更为重要，此时趋势有可能已经反转。

图13.1向我们展示了所有人要想迈向交易成功必须接受的一个最重要的现实——大部分突破都会失败！市场不停地以极强的动能奔向一根趋势线，我们很容易被当前这根K线的力度所迷惑，而忽略了过去20根K线所发生的事情。举例来说，当市场处于上升趋势，中间会有多次非常强劲的下跌，迅速跌至上升趋势线。新手以为市场已经反转，于是在趋势线附近做空。市场下跌动能如此之强，他们以为自己应该可以抓住一轮大跌行情，大赚一笔，而且自己几乎是在趋势刚开始的时候就已入场。他们盘算，最糟糕的情况也不过是小幅反弹之后二次下探，至少可以在盈亏平衡点出场。他们所犯的错误在于，当他们抱着新趋势已开始的希望决定逆势开仓的时候，只想到了自己能赚多少钱，而忽略了每笔交易必须考虑的另外两个因素：风险与成功率。我们下单交易时必须同时考虑到这三个因素。

市场快速下探后，当新手在上升趋势线附近做空，老练的交易者却反其道而行之。他们会在趋势线附近或其下方挂单买入，或者在那个位置以市价买入。在剧烈回调中，市场通常会至少小幅跌破趋势线，以获得更多信息——看看这里卖家更多还是买家更多。大部分情况下，买家都多于卖家，上升趋势将会恢复，但前提是市场强力突破趋势线，然后以高点更高（如本例）或低点更高的形式测试前期高点。

趋势线在所有时间级别都很重要，包括道琼斯工业平均指数（代码INDU）的月线图。从图13.2可以看到，1987年崩盘（K线3）刚好跌到连接K线1和K线2的趋势线b。2009年的熊市刚好从连接1987年低点和1990年低点的趋势线a反转。由于2009年的下跌趋势如此强劲，市场存在再次测试趋势线b的可能性。一路跌回水平线c的突破位应该是不可能的（这一位置刚好对应1994年共和党同时掌控众议院和参议院）。一般情况下，当市场突破之后进入一段持久的趋势，突破位就不可

图 13.2　月线图趋势线

能再被触碰，但往往会遭到测试。由于这一位置一直没有被有效测试，它可能仍具有某种磁力，把市场拉下来。只不过它距离现在时间已经过长，可能已经失去部分或全部磁力。

顺便提一下，市场的方向通常只有大约 50% 的确定性，因为大部分时候多头和空头都处于均衡状态。然而在强劲趋势中，交易者对市场方向通常有 60% 或更高的把握。由于 2009 年的暴跌如此之强，市场可能有 60% 的概率在突破历史高点之前先测试 2009 年的低点。空头可能会把当前的熊市反弹看成一个潜在头肩顶的右肩，或者与 2007 年高点构成双顶，或者一个三角形扩散顶（如果市场创出历史新高）。价格行为交易者把所有这几种情况都仅仅看成是对长达 12 年交易区间顶部的测试。

趋势线可以通过画趋势通道线的平行线的方法画出来，但一般不能单独依据这种线来操作，除非运用其他更普通的价格行为分析方法也发现明显的交易机会。

在图 13.3 中，连接 K 线 1 和 K 线 4 低点是一根下降趋势通道线，画一根它的平行线，将其平移到另一端并固定在 K 线 2 的高点，就可以画出一根趋势线。

K 线 6 是第二次尝试反转对此线的突破，所以是一个很好的做空形态。

而且，根据连接 K 线 1 和 K 线 4 的趋势通道线所画出来的平行线与连接 K 线

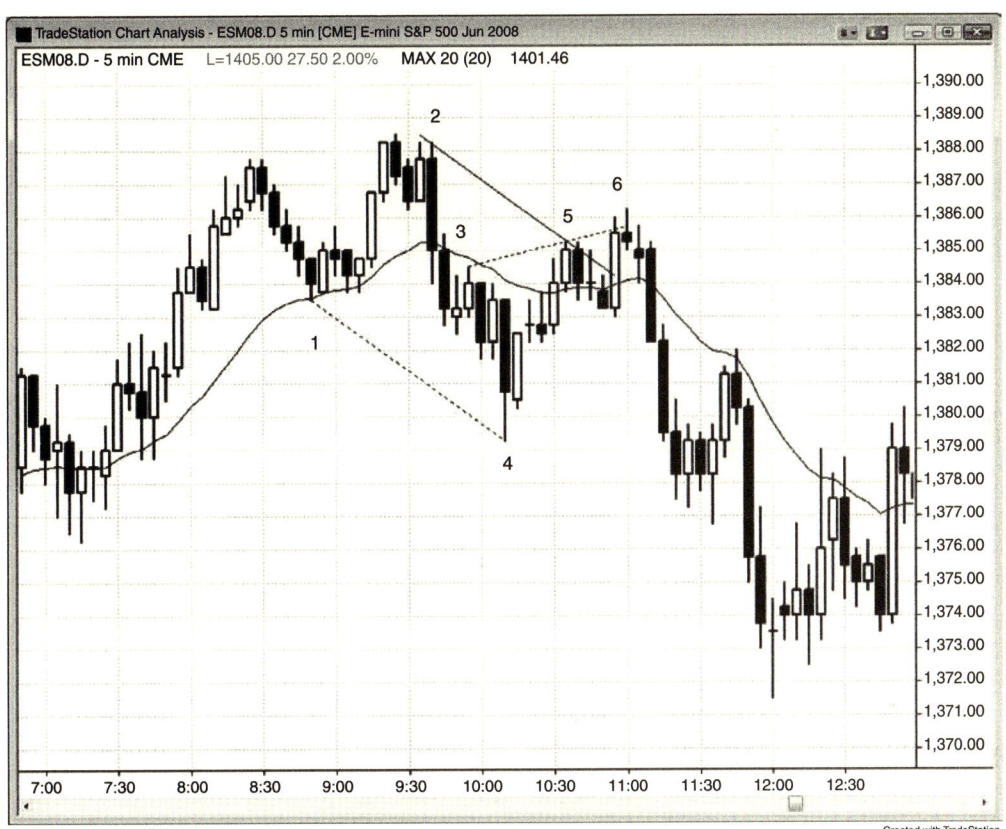

图 13.3　平行线构成的趋势线

2 和 K 线 5 高点的趋势线（未显示）几乎完全重合，所以对于寻求做空的交易者并未提供更多帮助。

**本图的深入探讨**

在图 13.3 中，K 线 6 还是对连接 K 线 3 和 K 线 5 高点的趋势通道线的假突破，使 K 线 6 卖点成为一个交叉线交易的例子。所谓交叉线交易，是指回撤走势的趋势通道线或通道的一波走势与通道的趋势线交叉。在这里，朝向趋势线的回撤是以楔形熊旗的方式发生的，由 K 线 3、K 线 5 和 K 线 6 构成。

市场出现头两波推动行情之后，它们形成的趋势通道线有时候可以用来构成通道。图 13.4 是俄罗斯通讯公司 Mobile TeleSystems（股票代码 MBT）的日线图。

市场在 K 线 6 之前和 K 线 8 之前出现两波强劲的向上推动行情。在 K 线 4 楔

# 高级趋势技术分析
—— 价格行为交易系统之趋势分析

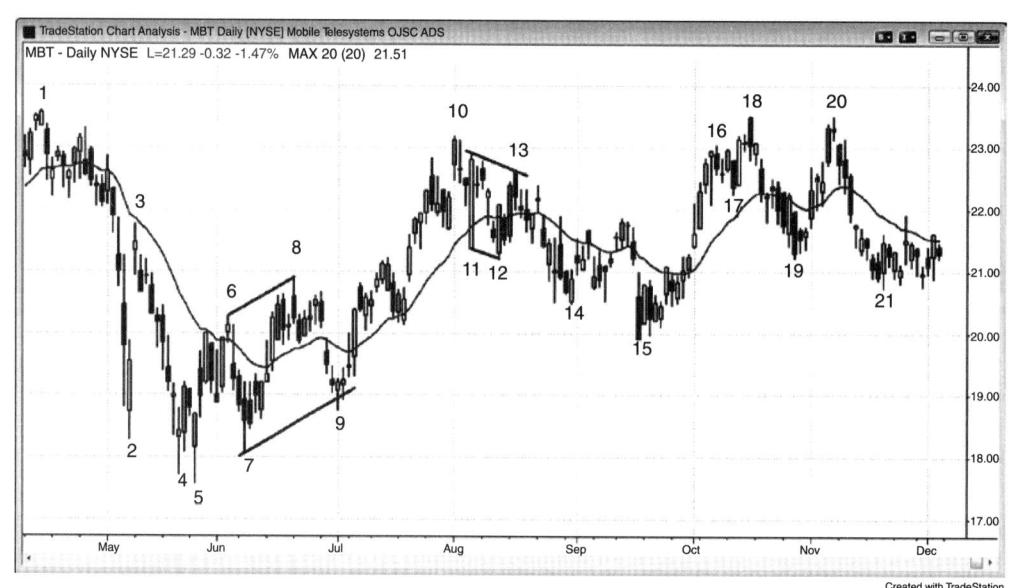

图 13.4　趋势通道线构成通道

形底部之后，市场有可能形成趋势反转和进入上升通道。交易者可以用连接 K 线 6 和 K 线 8 高点的趋势通道线画一根平行线，然后拖动到 K 线 7 摆动低点构成一个通道。接下来交易者可以观察从 K 线 8 开始的下跌走势，看是否会在通道下轨向上反转。K 线 9 多头反转 K 线是一个买入形态。

类似地，K 线 10 处于 K 线 1 高点区域，因此交易者应该提防市场形成双顶。市场在 K 线 11 向下跳空，然后出现第二轮下跌，持续到 K 线 12 低点。交易者可以连接它们的低点画一根趋势通道线，然后拽到两根 K 线之间的高点，恰好是 K 线 11 的高点。接下来就看从 K 线 12 低点开始的上涨是否会在这个潜在下降通道的上轨遭遇阻力。当他们看到 K 线 13 形成强空头反转 K 线，可能入场做空，因为市场有可能已经进入通道性下跌过程。

如图 13.5 所示，当市场走出头肩底雏形（底在 K 线 4 附近区域），我们可以连接颈线（K 线 3 和 K 线 5）画一根趋势通道线，然后平移到左肩（K 线 2）位置。有时候这根平行线能够预测右肩的大致位置（K 线 6）。当市场跌到这一位置，交易者将会开始寻找买入信号，比如 K 线 6 卖出高潮之后形成的强多头内包 K 线。不过话又说回来，这根线的重要性非常有限，因为最近数根 K 线对于决定何时入场永远要重要得多。此图是印度领先软件公司 Infosys（股票代码 INFY）的 60 分钟图。

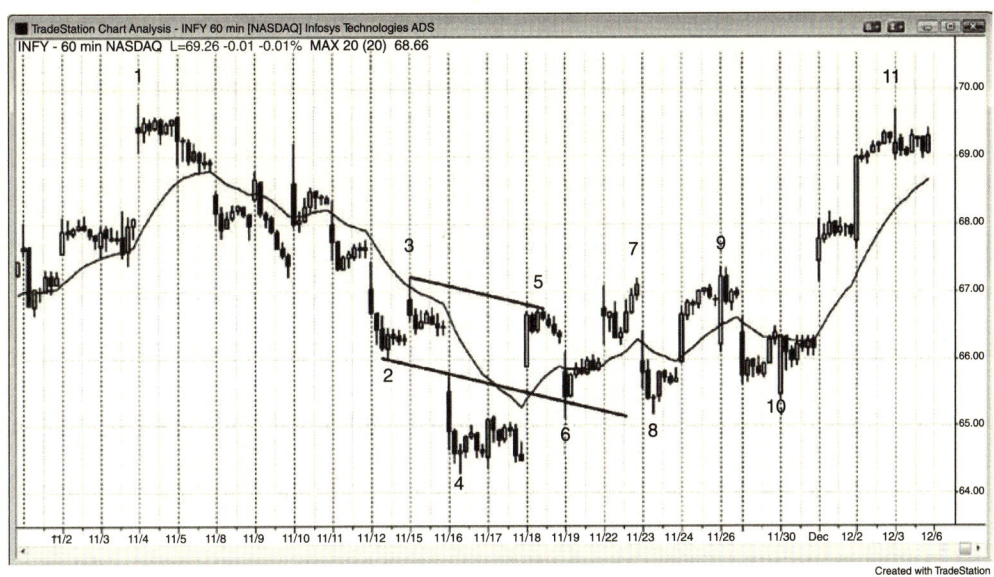

图 13.5　用趋势通道线画头肩形态

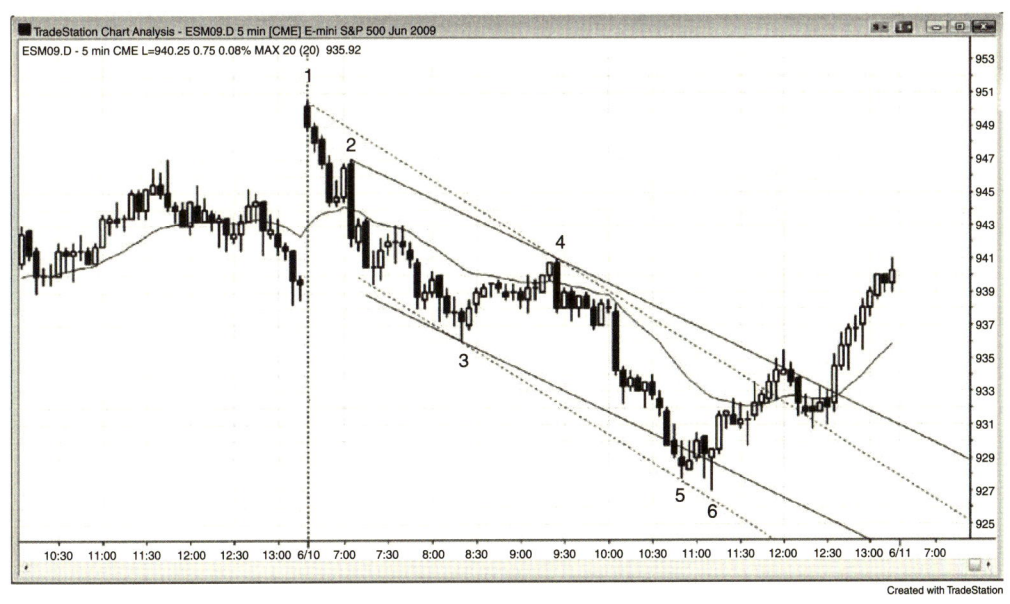

图 13.6　趋势通道线构成通道

在图 13.6 中，从 K 线 3 低点延伸至略低于 K 线 5 低点的趋势通道虚线是由连接 K 线 1 和 K 线 4 高点的下降趋势虚线平移而成。虽然 K 线 5 和 K 线 6 均未触到这根线，但已经足够接近，不少多头可能认为通道下轨已得到充分测试，可以找机会买入。不过，许多交易者在做反转交易时更希望看到价格能够刺穿通道。这样反

# 高级趋势技术分析
——价格行为交易系统之趋势分析

转之后通常最低上涨目标可以击穿通道上轨。

当趋势通道线比较陡，只是被测试而没有被击穿，明智的做法是换一种方法画线。也许市场此时所看到的与你所见不同。由于市场是从K线2长空头趋势K线开始明确进入下降趋势，我们可以考虑将其作为下降趋势线的起点。如果从K线2和K线4画一根趋势线，然后平移到K线3低点，你会发现K线6是第二次对通道下轨过靶之后向上反转（K线5是第一次）。与预期一致，市场继续走高并虚破通道上轨，回调之后展开新一轮上涨。

**本图的深入探讨**

在图13.6中，市场当天大幅跳空高开、突破前一天的高点，但突破失败。接着市场连续走出4根阴线，构成"始于开盘的下跌趋势"。K线2是第一次回撤，往往是可靠的做空入场点。市场向下突破后跟随一段通道性下跌，以"三连推"的形态在K线3结束。由于"急速与通道"形态是一种高潮走势，反转之后通常会有两波上涨，往往会测试通道顶部然后形成双顶熊旗卖点。本例正是如此。

K线4也属于急速下跌，8根K线后还有一次更剧烈的急跌。市场接着进入下跌通道，通道顶部在12点左右被一个多头"急速与通道"形态所测试。接下来市场下跌4根K线，测试了上升通道底部附近区域，并形成双底牛旗。随后是一轮强劲上涨，测试K线4高点。对于下一个交易日的行情，这是一个潜在的双顶熊旗形态。

Emini日均波动区间大约20点，所以当市场跌至开盘价下方大约20点，也给交易者带来又一个期待反弹的理由。

图13.7　趋势线被反复测试

如图 13.7 所示，那根虚线下降趋势线被反复测试大约 15 次，最终多头被迫放弃。这根趋势线是根据连接点数最多的原则画成，包含了对此压力线的所有测试。最后多头投降、平多离场，并在市场继续下跌多根 K 线之前停止买入。他们的抛售增加了市场卖压，市场完全处于单边模式，使得空头有能力让下降趋势加速。一般情况下，当市场反复测试一根趋势线而不愿下跌，往往会向上突破。但也有例外，比如本例当中，市场加速下跌并在通道下轨附近以高潮方式止跌。连接 K 线 3 和 K 线 15 高点的趋势线包含了所有高点，因此是通道上轨的一个合理选择。以 K 线 A 低点为固定点画一根平行线，可以看到 K 线 B 和 K 线 C 均击穿了通道下轨并向上反转。一旦反转走势被 K 线 C 和后一根 K 线所构成的双 K 线反转所确认，第一上涨目标即测试通道上轨。市场在 K 线 D 向上突破，然后出现 1 根 K 线的休整（属于回调的一种）。市场并未在下降趋势线遭遇阻力，反而迎来强劲买盘，强力突破下降通道。

**本图的深入探讨**

在图 13.7 中，市场开盘先测试均线，然后跌破前一天的摆动低点。交易者可能在当天第一根 K 线下方做空（低 2 卖点），或者在第四根 K 线下方。不过第二根、第三根和第四根 K 线都比较长，而且大致重叠。这意味着不确定性，是交易区间的标志之一。这就使得在第四根 K 线下方做空不太合适，很可能市场突破之后走不了多远就被窄幅区间的磁力拉回来。

市场一直在交易区间运行了几个小时，然后向下突破至当天新低。不过双向力量依然控制着市场，尾盘市场反转走高，大致收于开盘价附近。

# 第14章 趋势通道线

在上升或下降通道中,趋势通道线处在与趋势线相反的一侧,斜率大致相同。在上升趋势中,趋势线在低点下方,趋势通道线在高点上方,均处于上升状态、向右上角倾斜。对于涨幅过大、上涨过快的上升趋势,趋势通道线是有用的逆势交易工具。如果价格对趋势通道线过靶之后反转,尤其是第二次刺穿之后反转,可能带来逆势入场机会。

趋势通道可以大致平行,也可以呈收敛或发散状。当其收敛之时,且通道为上升或下降状态,这种通道属于楔形,往往是反转交易形态。一般而言,任何向右上倾斜的通道都可以视为熊旗,因此存在突破通道下轨的可能。突破可能带来趋势反转,也可能进入交易区间,然后向上或向下突破。有时候市场会加速上攻、突破通道上轨。在这种情况下,行情通常属于高潮性上涨,最终会反转进入通道且往往进一步击穿通道下轨,但有时候也可能成为新一轮上涨的开始,进入更加强劲的上升趋势。

类似地,向右下倾斜的通道可以视为牛旗,可能突破通道上轨。这可能成为趋势反转或交易区间的起点。如果市场击穿下降通道的下轨,通常突破会在大约5根K线以内失败,然后进入反转,但也可能成为新一轮更强劲下跌行情的开始。

趋势通道线可以通过画趋势线的平行线,然后将其拽到K线另一侧而形成,也可以通过连接通道另一侧摆动点形成,或者采用线性回归等最佳适配法或目测画线。在上升趋势中,趋势线是连接两个低点而成。如果想用这根趋势线来画趋势通道线,先画一根平行线,然后将其拖动到趋势的另一侧。如果你想让这根通道线将趋势线两个点之间的所有价格行为都包括在内,将平行线拖到那根与其单独发生接触的K线高点。个别情况下,将平行线固定在那两根K线之外的某根K线可以更好地理解趋势。我们应该想尽一切办法对趋势作最佳界定。

有时候,市场原本处于非常窄的上升通道,但有一根大阳线跑到通道之外。在这种情况下，通常最好的办法是忽略这根K线，用其他K线作为趋势通道线的连接点。不过也不要忽略最终通道上轨变轨、上升趋势加速的可能性。如果接下来市场开始出现幅度更大的摆动，而且高点都落在以前面那根大阳线为固定点的趋势通道线上，那么你应该使用这个较宽的通道。

趋势通道线也可以单独画出来，而不必作为趋势线的平行线。在下跌行情中，趋势线向下倾斜，在K线高点上方。趋势通道线将具有类似的斜率，通过连接下跌趋势的两个摆动低点而成。如果趋势通道线能够包括（即低于）下跌行情中所有K线，效果更好，因此可尽量选择能满足这一条件的K线来连接。

趋势通道线过靶与楔形密切相关，我们应该把它们视为一体，在实际操作中同等对待。大部分楔形都会以对趋势通道线的假突破来触发行情反转，而大部分趋势通道线过靶和反转都同时是楔形反转（尽管该楔形可能不明显或并非完美的楔形形状）。当趋势通道线根据趋势线的平行线画成，楔形往往不是那么一目了然，但它通常确实存在。

通道之所以走出楔形，是由于交易者有一种迫切感。举例来说，在楔形顶部，趋势线的斜率要高于趋势通道线的斜率。趋势线是顺势交易者入场和逆势交易者出场的地方，趋势通道线则刚好相反。因此如果趋势线斜率更陡，意味着多头在更小的回撤中买入，而空头在更小的下跌中退出。楔形与平行通道的第一次分化在第二波回调中。当第二波向上推动结束并开始反转，交易者可以画一根趋势通道线，再画一根它的平行线。然后把平行线拖到第一波回调的底部，这样就产生了一根趋势线并构成一个趋势通道。它告诉多头和空头支撑在何处，多头将会寻求在这里买入、空头在这里锁定利润。然而，如果多头在这一位置上方买入，而空头也提早回补，市场将会在到达该趋势线之前转升。多头和空头之所以都选择这么做，出于一种迫切感，担心市场不会跌到那个支撑位。这意味着他们都感觉趋势线斜率需要上升，上升趋势在加速。

一旦市场转升，交易者就可以重画趋势线。现在他们不再使用趋势通道线的平行线，可以连接头两波回调的低点构成趋势线。当他们看到趋势线比上方的趋势通道线更陡，就知道市场可能正在走楔形（也知道楔形多半属于反转形态）。然后交易者将会画一根较陡趋势线的平行线，拖到第二波向上推动行情的高点，以防万一市场并不是在走楔形，而是正在形成一个更陡峭的平行通道。接下来无论多头还是空头都会密切关注涨势能否被最初的趋势通道线所压制，还是将触及那根更陡的线。

# 高级趋势技术分析
## ——价格行为交易系统之趋势分析

如果上涨被最初的线所压制，市场转跌，交易者将会认为，尽管第二次回调后买盘变得更为迫切，但这种迫切感并未在第三波向上推动行情中得以持续。于是多头在最初斜率较低的趋势通道线锁定利润，意味着比原计划提早退出。他们原本指望市场能够上攻更陡峭的趋势通道线，但现在有点失望。另一方面，空头担心市场无法到达那根更陡峭的趋势通道线，所以开始在最初那根线做空。现在角色刚好互换，迫不及待的是空头、担惊受怕的是多头。交易者将预计市场从楔形顶部回落，大部分至少等待出现两波下跌之后才开始寻找下一个买点或卖点。

一旦市场出现第一波下跌，将会跌破楔形下轨。到某个时点，空头将会锁定利润、多头再次买入。多头想让这个楔形顶部失败。当市场向上测试楔形顶部，空头将会再次卖空。如果多头也开始锁定利润，那说明他们自认为没有能力让市场超越前高。如果这些锁定利润的多头与新入场的空头达到一定规模，超过剩余多头的力量，市场将会进入第二轮下跌。再到某个时点，多头将会重返、空头将锁定利润，双方都认为经过两段式回调之后多头趋势可能会恢复。此时，楔形使命已经完成，市场将寻找下一个形态。

既然所有人都知道趋势通道线过靶通常会造成反转，为何如此多的反转都以这种方式发生？难道就不会有人提早入场、让市场无法达到这根线？一般的解释是，站错队的交易新手一直持有亏损头寸，直到承受能力到达极限。突然之间他们全部止损，制造出一波高潮性上涨或下跌。举例而言，在一个上升通道内，市场一路涨到某个阻力位（尽管可能并不是十分明显）并且击穿，导致最后一批空头忍无可忍、举手投降。就在这最后一批空头集体投降之时，那些易于激动、经验不足的多头被拉升行情所诱惑，慌忙入场，从而进一步推动行情迅速上涨、突破趋势通道线。这一飙升使得更多残余空头回补，然后又有更多幼稚多头进来开仓。这是一个自我强化的过程。最后，市场中将没有足够的空头回补来推动行情走高。当市场突然不再加速，横盘然后掉头，那些完全被情绪所左右而非凭逻辑买入的幼稚多头将会感到恐慌。他们突然意识到自己可能买在一波高潮行情的高点，想要立即抽身。此时，已经没有新的多头加入，只有被套的新入场多头夺路而逃，市场突然进入单向模式，完全被卖家所主导，显然只能下跌。这就是一般的解释，我们不去管它是否正确。事实上，在 Emini 这种盘子很大的市场中，基本上是机构在主导，大部分交易可能都是由计算机来完成的，所以散户很难说能够在行情反转中起到多大作用。聪明交易者不会去逆势交易，除非市场强势突破趋势线之后进入回撤，或者出现趋势通道线过靶之后反转。举例来说，在上升趋势中，聪明钱会持续买入，直到把价格推升到上升趋势通道线上方，然后他们将会锁定利润。可能会有几次失败的反转尝试，市场继续加速上涨，导致趋势通道线越来越陡。一般来讲，如果你发现自己不断地在重画趋势通道线，通常说明你处在错误的市场方向。因为你一直在期待反转出现，而趋势反而越来越强。我们应该顺势交易，不要不停地去预测反转。

最终市场会一致同意某根趋势通道线是最后一根，此时你才会看到可靠的反转。要有耐心，在市场有效反转之前，只能顺势交易，绝对不要逆势而为。就在浮盈交易者锁定利润之时，许多还会反手做空，而许多空仓以待的交易者会入场开空。其他聪明交易者将会等待图形发生反转（交易者会根据各种不同类型图形上的反转形态入场，包括1分钟图、5分钟图、成交量图、tick图等等）。

一旦认定顶部已经出现，这些聪明钱将不再寻求买入。他们会开始做空，而且即便市场创出新高、造成浮亏，大部分交易者也会继续持有，因为他们相信顶部已经出现或至少非常接近。实际上很多聪明钱会在高点上方加空，一是为了摊低空单成本，二是帮助推动市场下跌。大资金此时只考虑做空，根本不会被吓出去，除非发生较为罕见的二次入场点失败或重大失败（比如在Emini交易中高于他们入场点3个点）。没有多头买入，所以市场只有下跌这一条路。

虽说我们在决定是否入场的时候不需要看成交量，因为可靠性太低，但成交量在关键拐点处通常非常大，尤其是在底部。每笔交易都有一个或以上机构在买入，一个或以上机构在卖出。市场底部的大资金买家是锁定利润的空头和新多头。为什么机构会在一轮下跌行情的最低点卖出呢？每家机构所使用的策略都经过缜密的测试，已经被证明是可以获利的，但这些策略都有30%~70%的时间是亏钱的。那些在最低点卖出的机构实际上是沿着下跌趋势一路卖出的，前面很多入场点都已获利，但是在趋势明确反转之前会继续执行该策略。没错，他们最后的做空交易是亏钱了，但前面的空头头寸已经赚了足够的利润，完全可以实现整体盈利。另外高频交易机构也功不可没，它们会试图刮取下跌行情哪怕最后1个最小报价单位的利润。记住，低点通常处于支撑位，许多高频交易机构会在支撑位上方1~2个单位处卖出，旨在攫取最后1单位的利润——如果它们的系统显示这是一种获利策略的话。其他机构卖出可能是为了对冲另一个市场（比如股市、期权、债券、外汇等等）的风险，因为它们认为这样对冲之后可以获得更有利的收益风险比。

散户的卖出基本可以忽略不计，他们在市场重大转折点贡献的成交量还不足5%。反转之所以经常在过靶之后发生，因为它是机构交易心理的固有特征，只能如此发生。即便有些机构根本不看图形，他们也会用其他的标准来判断市场涨跌过头，是时候出场或反手，这不可避免地与价格行为交易者所看到的相吻合。记住，价格行为是当庞大数量相互独立的聪明人都试图从市场中赚取最大利润时在价格上所留下的无法掩盖的足迹。在大体量市场中，价格行为无法被操纵，其走势本质上都是相通的。

最后一个小发现是一轮趋势末端旗形的斜率往往与新趋势的斜率近似。这一点对于交易而言价值有限，因为做交易决策的时候还有很多其他重要得多的因素需要考虑。不过这是一个有趣的发现。

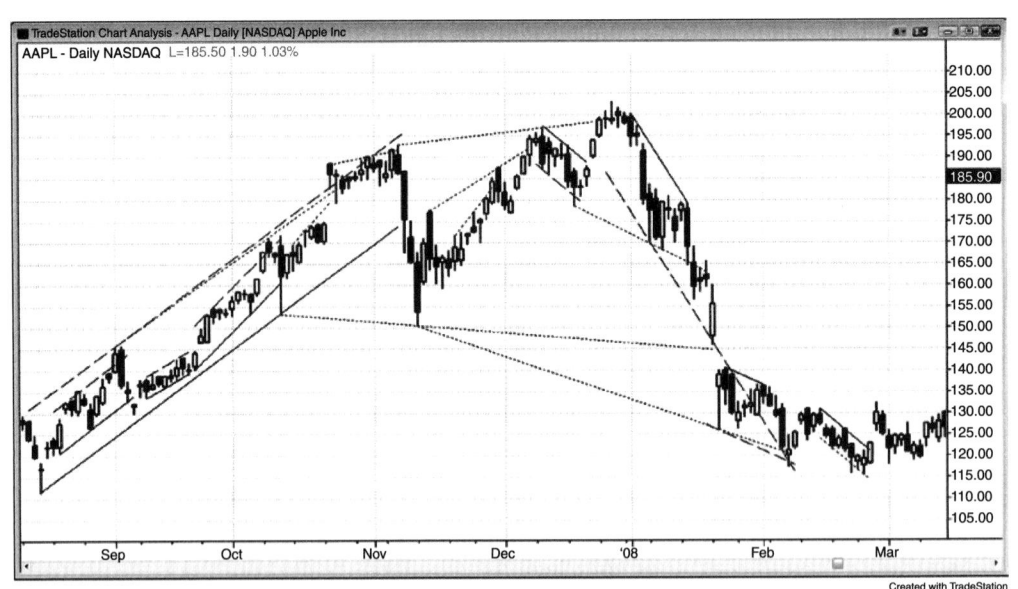

图 14.1　测试趋势通道线

趋势通道线与趋势方向相同，但处在趋势线相反的一边。我们可以将趋势通道线向右延长，看价格击穿通道线之后如何表现，是反转，还是趋势加速？

趋势通道线通常有两种画法，第一种方法是画趋势线（图 14.1 中的实线）的平行线（虚线），然后将其拽到走势的另一侧，固定在趋势线所连接两根 K 线之间的某个摆动点上。形成的趋势通道最好可以将所有 K 线都包含在内。第二种画法是撇开趋势线，通过连接两个摆动点而成（图 14.1 中的点线）。你也可以简单地画吻合度最高的线，不过对实际交易通常帮助不大。

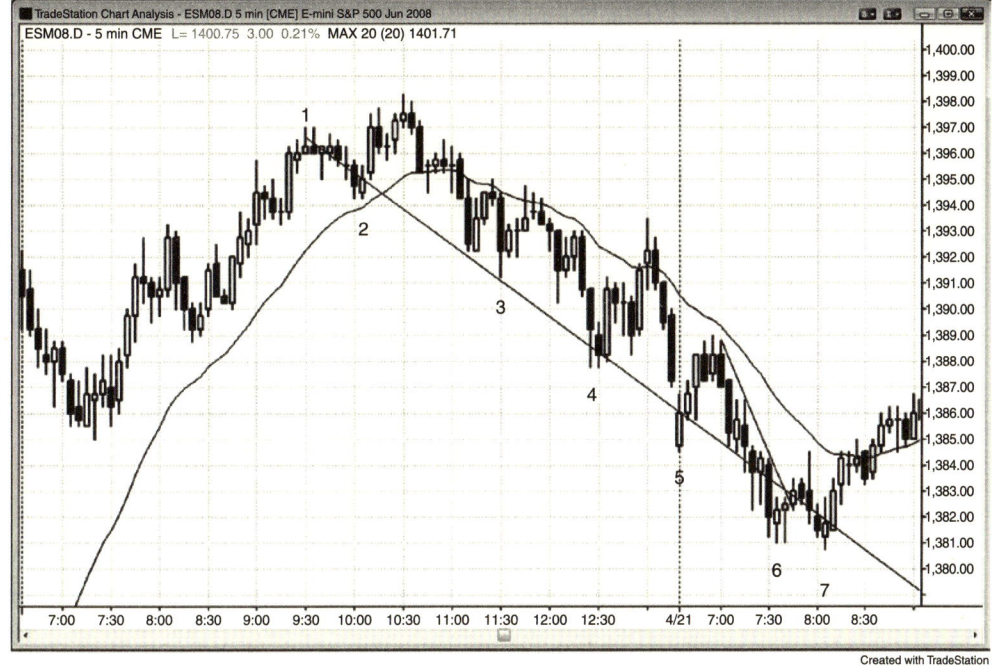

图 14.2 末端旗形的斜率

在图 14.2 中，上升趋势末端旗形的斜率为后面的下跌趋势指明了方向。我们在 K 线 1 和 K 线 2 之间画一根线性回归趋势线，基本上就是持续到第二天的下跌行情的趋势通道线。这根线有可能对 K 线 7 的买点起到一定作用，但总地来讲，K 线 7 买点的依据是市场先前突破了第一个小时行情的下降趋势线，同时它也是第二次尝试反转市场对 K 线 5 开盘低点的突破。通常情况下，我们下单最好依据最近的价格行为（如果它能够提供入场理由的话），而无需往回看 30 根或以上的 K 线。

事后来看，上升趋势实际上在 K 线 1 就结束了，尽管市场在 K 线 2 之后还创出新高。持续到 K 线 2 的下跌是下降通道中的第一波下跌。

在图 14.2 中，市场前一天最后几个小时处于下降通道，所以第一次反转尝试成功的可能性并不大。当天第一根 K 线市场向下突破趋势通道线并向上反转，形成多头趋势 K 线，但这一"突破失败"行情仅持续了数根 K 线，就演变成了一个"突破回踩"做空形态。

在图 14.3 中，我们用连接 K 线 2 和 K 线 3 的趋势线画一根平行线，将其拖动到 K 线 1 并向右延伸。这根趋势通道线直到 K 线 6 才遭到测试。这根线的特殊之处在于，它的固定点 K 线 1 并不处于用来连成趋势线的 K 线 2 和 K 线 3 之间。然而交

图14.3 较长的趋势通道线

易者应该要了解各种可能性。既然市场测试趋势通道线之后反转向上，那么接下来出现两段式上涨，远离K线5低点的概率应该有所提升。

我们还可以连接K线1和K线5的低点构成一根趋势通道线。此线在K线6被击穿。但这并不是一根理想的趋势线，无法作为逆势交易的依据，因为K线1和K线5距离太远，而K线5和K线6距离太近。一般来讲，被第三波行情所测试的趋势线效果最好。然而本例中，K线5和K线6基本属于同一波行情的一部分（K线4、5、6构成三连推下跌）。不过，这笔交易依然值得一做，因为K线6是一根小K线，收益风险比不错。同时这里还构成一种"缩梯式"下跌形态（指一系列低点下降，每一次向下突破的幅度都小于上一次，意味着下跌动能越来越小，将在后文讨论）。

**本图的深入探讨**

在图14.3中，市场大幅跳空低开（与所有大型缺口一样，构成一次突破），形成"始于开盘的下跌趋势"交易日。开盘后的小型区间使市场处于突破模式，随后是一根长空头突破K线。然而，当下跌趋势已经走了很远，此时出现极长的空头趋势K线往往代表卖出高潮，接下来将会出现至少持续10根K线的两段式横向或向上的调整。K线1是一根强多头反转K线，构成一个突破失败买入形态。

然后市场进入两段式横向调整，在 K 线 3 结束（K 线 3 是对窄幅交易区间的一次假突破，与 K 线 2 大致构成一个双顶）。尽管这一天大部分行情都属于震荡，但市场开在高点附近、收在低点附近，属于由上下两个交易区间构成的趋势性交易区间交易日。

# 第15章 通　道

当市场走势基本被限定在两根线之间，就叫做通道。仔细去找的话，你总会发现市场处于某种通道之中。通常它还会同时处于多个通道之中，尤其如果你去看其他时间级别图形的话。趋势通道由两根斜线构成，一根是趋势线，一根是趋势通道线。比如说，下降通道的上轨是一根下降趋势线，下轨是一根下降趋势通道线。交易区间则是由下方的水平支撑和上方的水平阻力所构成。有时候交易区间也可能略微向上或向下倾斜，但这种情况最好是看成一种弱的趋势通道。

三角形也属于通道，因为它们满足价格行为被两根线所包含的定义。由于三角形有高点抬升或低点下降的特征（扩散三角形则兼具二者），所以它们既有趋势性行为的属性，也有交易区间行为的属性。扩散三角形由两根发散的线所构成，从技术上来讲两根都是趋势通道线。下方的线是连接下降低点而成，即位于下降趋势下方，因此属于下降趋势通道线；上方的线是连接抬升高点而成，因此属于上升趋势通道线。相反，收敛三角形由两根趋势线构成，因为市场同时处于一段小型下跌趋势（高点下降）和上升趋势（低点抬升）。上升三角形上方是阻力线，下方是上升趋势线；下降三角形下方是支撑线，上方是下降趋势线。楔形是趋势线和趋势通道线呈收敛状的上升或下降通道，属于三角形的变体。上升趋势中的ABC回调属于小型下降通道，相反，在下降趋势中则属于小型上升通道。

在强趋势中，均线往往会不停地在支撑和阻力的角色中变换，许多交易者根据均线和许多其他因素来构造曲线通道或包络线，但从交易角度来讲，直线的趋势线和趋势通道线通常可以带来更可靠的建仓形态和获利机会。

上升通道可以形成于交易区间之内，也可以处于上升趋势或下降趋势之中，或者位于一轮下降趋势末端、市场开始反转之时。当其处于交易区间之内，交易者可以考虑在其位于区间下半部分时买入，而当通道延伸到区间上半部分，做多的成功率将会下降。当上升通道位于上升趋势中，价格继续上涨的确定性更高，交易者应该寻求在通道下轨附近买入。在通道开始面临显著抛压，或者接近重大阻力位之前，做多的成功率依然较高。当通道非常窄（意味着趋势线和趋势通道线距离很近、回撤幅度很小），说明趋势很强劲，在更高时间级别上可能对应一波急速行情。市场接下来可能进入一个更宽的通道，再出现与窄幅通道高度相当的等距行情。下一章我们还会谈到微型通道，即没有回调或仅一两次微幅回调的极窄通道。

当上升通道形成于下降趋势之中，它就是熊旗。交易者应该寻求在其顶部附近做空，或者在向下突破之后回撤时做空。有时候当一轮下降趋势开始反转之时，最初5~10根K线会形成一个弱上升通道，大量K线相互重叠并且有一次或一次以上向下突破熊旗的尝试，但这些尝试均告失败，市场迅速向上反转。在出现失败的低2或低3之后，市场有时候会向上突破熊旗，"始终入场"的方向突然转多，多头反转开始。当交易者怀疑某个熊旗可能成为一轮上升趋势的起点，许多人会在低1、低2或低3信号K线下方买入，预计这些信号将会失败，市场向上反转。

在通道形成过程中，起初交易者并不确定市场是否真的在走通道，抑或只是两段式回调然后反转。事实上，通常情况下，只有当市场从两段式走势反转，然后反转失败并展开第三波走势之后，你才能画出一组通道线。举例来说，假如市场刚刚完成两段式上涨、开始反转，如果前面的上涨力度不强，许多交易者会在此时做空。然而，如果回调行情与第一波上涨后的回调幅度相当，回调结束后市场再次向上反转，此时交易者将开始意识到市场可能在走上升通道，而非反转进入下跌行情。第二波回调结束后，交易者可以连接第一波回调和第二波回调的低点，画出一根趋势线，等市场再次回到这根线时买入。他们还会画一根平行线，将其平移到第一波上涨行情的高点，于是一个上升通道就产生了。每次市场上涨到那根趋势通道线，交易者将会锁定多头利润，寻求做空。由于一个上升通道需要至少两波回调来确认通道的存在，接下来市场通常会测试第二波上涨高点上方的位置，所以上升通道通常至少有三波向上推动行情。只有当市场走出第三波上涨之后，交易者才会寻求市场反转以及向下跌破通道。一旦第三波上涨走完，尤其在出现趋势通道线过靶和强空头反转K线的情况下，交易者将会积极做空，因为市场成功向下突破的概率增加了。因此，许多上升通道都在第三波向上推动之后结束。同样，许多下降通道也在第三波向下推动之后结束。

为何市场会加速奔向通道上轨或下轨？由于真空效应。比如说，假如市场处于上升通道，现在正接近上方的趋势通道线，交易者认为市场可能触到这根线甚至突破 1~2 个最小报价单位。既然他们相信市场将涨到至少比当前位置略高的水平，大家都选择暂不卖出（多头卖出是最终锁定利润、空头卖出是开立空头头寸）。卖盘的相对缺乏造成了力量对比向多头倾斜，而所有失衡都会造成市场快速运动。结果通常是市场走出一到两根长多头趋势 K 线，测试通道上轨。快速拉升走势往往会吸引一些过于冒进的多头在高点买入，以为市场正在进入一轮更强劲的多头趋势。然而大部分突破都会失败，这一次可能也不例外。为什么？因为机构交易者。强势空头已经在摩拳擦掌，只不过预计市场会测试通道上轨，暂时按兵不动。一旦价格到达上轨，他们将会大举放空，斩杀多头。他们很愿意看到一根强多头趋势 K 线，因为他们相信市场将会下跌，而最佳的做空点莫过于在多头能量释放到极致的时候。市场可能会在多头趋势 K 线顶部稍作停留，形成一根小 K 线，因为多头和空头都在分析突破是否会失败，但通常情况下市场会迅速下跌，因为机构多头和空头都知道大部分突破尝试都很可能失败。

那些强势机构多头会怎么做呢？他们会停止买进，迅速卖出手中的多头，快速锁定利润。他们知道机会稍纵即逝，市场不会在极端位置停留太久，所以暂时先退出，至少在 1~2 根 K 线之内不考虑买入。机构多头的相对缺席加上机构空头的大力抛售，推动市场迅速跌向通道下轨，然后进入相反过程。多头和空头都预计市场将测试下方趋势线，空头继续做空，直到市场到达趋势线之后再买入回补、锁定利润，而多头在市场跌到位之前也不愿买入。这就造成一段短暂的急速下跌。快速下跌引诱那些新手入场做空，期待市场向下突破，与机构的做法刚好相反。记住，你的任务是跟随机构的步伐，他们做什么你就做什么，而不是你希望他们很快将会做的事情，绝对不能与他们反着做。每一次这种小幅回调都是一个微型卖出真空。一旦市场接近通道下轨，多头和空头都预计上升趋势线将被测试，所以在价格跌到位之前停止买入。一旦到位，多头将会开立多头头寸，空头则买入回补、锁定刮头皮空头的利润。双方都预计通道将出现新高，价格将测试通道上轨，然后又开始新一轮上涨。这种情况发生在所有通道中，包括交易区间和三角形。

即便在趋势通道中，也会有双向交易发生，即呈现交易区间的价格行为特征。事实上，趋势通道可以视为倾斜的交易区间。当斜率很陡、通道很窄的时候，其表现更接近于趋势，交易者应该只做顺势交易。当斜率不太陡、通道内出现宽幅震荡（部分摆动持续 5 根甚至 10 根 K 线）的时候，市场的表现更接近交易区间，可以朝两个方向进行交易。与所有交易区间一样，区间的中部具有某种磁力，试图将市场维持在区间之内。为什么市场停留在通道内而没有突然加速呢？因为存在太多不确定性（就像所有交易区间一样）。

举例来说，在上升通道内，多头希望继续买入，但想买在较低的价位。那些弱势空头希望市场出现回调，让他们能以较小的亏损回补空头。然而无论多头还是弱势空头都担心市场可能不会出现希望中的回调、让他们得以在更好的价位买入想要买的所有股份（对于弱势空头而言则是买入回补亏损的空头头寸）。于是他们在市场上涨过程中继续分批买入，从而增加了市场买压。当市场出现任何小幅下探，他们会更激进地买入，比如在前一根K线低点下方挂买单，或者在均线或通道下轨附近买入。

一般来讲，在通道开始形成的时候，最好是顺势交易；当其接近目标区域，出现更多双向交易行为，老练的交易者往往会开始逆势交易。因此，在一个上升通道开始形成的时候，最好的交易方法是在K线低点下方买入。但随着通道接近阻力区域，开始出现更多相互重叠的K线、阴线、更深的回撤、长影线，此时最好考虑在K线上方做空，而非在K线下方买入。

然而对于新手而言，面对通道行情，要么不交易，要么只能做顺势交易。在通道中交易是非常难的，因为它们总是试图反转，回撤次数很多。这往往会给新手造成困惑，反复止损。如果市场处于上升通道，他们应该只考虑买入，最可靠的买入信号应该是位于均线处的高2（信号K线为阳线），入场点不会距离通道上轨太近。虽然这种完美形态并不经常出现，但对于新手来讲，应该等待最佳的建仓形态，哪怕这么做可能错失整轮行情。经验更丰富的交易者会在弱卖出信号K线下方挂单买入，以及在均线和通道下轨附近买入。如果交易者还没有稳定盈利的能力，应该避免在上升通道内做任何卖出动作，即便市场已经出现一个小的高点下降。虽然可能有不少做空信号看起来不错，但市场"始终入场"的方向是做多，就不应该想做空的事。等待市场"始终入场"的方向明确转为做空，再考虑做空也不迟。这种转变通常需要一波强劲的急速下跌，跌破通道下轨和均线，并且有延续性下跌，然后在市场形成高点下降并出现一根阴线信号K线时入场做空。如果建仓形态比上述情况要弱，新手应该放弃做空，而是等待回调之后买入。不要执意认为市场一定会朝中位值线性回归，以为力度弱的通道一定会反转。如果你认为趋势看起来很弱，非要逆势而行，恐怕一直到你爆仓，市场可能都没有反转，而是继续以看起来不可持续的方式运行下去。

许多多头会在市场上涨过程中分批买入，依据各种方法和逻辑。有些人会在价格回调至均线时买入，有些人会在前一根K线低点下方买入，或者价格回调固定金额之后买入，比如在苹果（股票代码AAPL）股价每次跌到最近高点下方50美分时买入。另一些人会在市场似乎要恢复通道性上涨时买入，比如每次回升到前一个低点上方25美分时买进。如果你能想出某种策略，那么算法交易的程序员也能想出来。一旦他的方法经过数学上的测试被证明为有效，他所在的机构就可能尝试用这套程序来交易。

多头和被套的空头都希望出现更低的价格，但又害怕市场不会回调，所以都会继续买入，直到该买的全都买完。这种情况通常发生在某个磁力位，比如等距运动目标，或更高时间级别上的趋势线或趋势通道线。由于通道持续的时间经常大大超出大部分交易者的预期，趋势往往会突破一个或以上明显的阻力位，直到某个位置足够多强势多头和空头都认为市场已经运行过头、上涨空间已经非常有限。此时市场的买压耗尽，强势多头锁定利润、卖出多头头寸，强势空头入场、大量卖出。这就导致市场反转，进入更深的回调或相反趋势。多头趋势往往会在突破通道上轨后结束，造成这种假突破的原因是最后一批绝望的空头被迫回补空头，而一直都没有等来回调的弱势多头最终不再等待，以市价买入。强势空头知道会发生这种情况，耐心等待市场强势突破，然后大手笔卖空。他们清楚卖在最高点的机会很难得，市场不会在这里停留太久。强势多头则把急速拉升视为出货良机，在市场出现至少持续10根K线的两段式回调之前不会再买入。通常他们会等市场跌到通道起点才开始买入（这是他们之前获利交易最初买入的位置）。强势空头完全了解这一点，因此刚好在强势多头准备再次买入的地方锁定利润。结果通常是市场出现反弹然后进入交易区间，因为多空双方都对市场下一步的方向没有把握。不确定性通常意味着市场处于交易区间。

上面的推理过程只是常规的逻辑，真实情况可能更复杂和难以知晓。所有机构都熟知这种模式，毫无疑问，他们的量化交易程序员也在想方设法从中获利。机构可能采取的一种策略是，故意制造一波买入高潮。这家机构可能是一路买上来的，已经准备锁定利润，但它需要确定市场即将见顶。所以它可能突然最后买入一大笔头寸，明知这笔交易可能会造成小幅亏损，但目的是在图形上制造一次高潮性反转。如果此举成功，再加上还有其他几家机构采用类似程序的话，它就能够平掉所有多头并且大部分实现盈利，甚至继续反手做空。

是否所有高潮都是这么来的？我们无从知晓，也没必要知道。你的目标是跟在机构后面做，而他们的动向都反映在K线图上。你没必要知道各种形态是由什么程序造成的，机构自己也搞不清楚其他机构在用什么程序。不过，除非大量机构同时朝同一个方向进行交易，而且其交易规模足以压倒朝相反方向交易的其他机构，市场不可能出现较大幅度的涨跌。有没有绝大多数机构都做同一个方向的时候？有，在强趋势的急速行情阶段。但这种情况在图形上所有K线中比例不到5%。

在通道继续上升过程中，不单是多头和弱势空头在交易，强势空头也在上涨过程中分批卖空。他们相信市场上涨空间有限，整体仓位最终可以获利。强势空头的卖出让市场开始感受到卖压，其表现是更多K线收出阴线实体、阴线越来越长、长上影线，以及更多K线低点低于前一根K线低点。强势空头预计市场将跌破通道下轨，甚至可能测试通道的起点。由于他们想卖在尽可能最佳的位置，所以选择越涨越卖，不等市场反转。反转走势往往非常迅猛，如果等反转出现后再卖出，入场点可能距离通道上轨非常远，不容易获利。

他们有几种方式加空，比如在前一根K线高点上方或通道内小型摆动高点上方挂空，或者在价格每次测试通道上轨时、在等距运动目标处、在上涨固定幅度后（比如苹果股价每上涨50美分）、在每个潜在顶部卖空。当反转来临，他们可能一直持有所有仓位（期待行情大规模反转），也可能在某个目标位锁定利润，比如当市场测试通道下轨时，或者在他们首次做空的入场点（通常接近通道起点）。采用这种操作手法，他们第一笔建仓将不赔不赚，而后面的高位加空将实现盈利。

在日内交易中，如果你在上升通道内分批做空，最好是在交易日前面2/3的时间里完成。否则，你可能发现自己的平均成本在下方很远的位置，但已经没有足够的时间让你不亏钱出场，更别提赚一大笔利润了。一般来讲，在交易日后半段做通道交易的话，最好只做顺势，比如在前一根K线低点下方买入，或者在均线处每一根多头反转K线上方买入。

如果市场上涨超出空头的预期，他们会回补整个头寸、止损出局。这可能是市场有时候在通道末端急速向上突破的重要原因之一。他们不再期待市场立即出现回调，让他们得以在较低价位买入，因此以市价回补所有分批卖出的头寸，截断亏损。由于他们很多都是动能交易者，不少人会反手做多。所有做动能交易的多头都会在市场加速上涨过程中大力买进，因为他们知道此时概率对自己有利。市场下一分钟继续上涨的方向概率高于50%，一入场就已获得先机。即便突破有可能很短暂，存在急剧反转的风险，只要逻辑支持，他们的交易程序依然会继续买入。然而一旦动能突然消失，他们就会迅速平多离场。在他们分批平多的时候，强势空头也在做空，从而使得力量对比严重倒向空头。如果空头掌握控制权，下跌走势通常至少会持续10根K线，往往会反转至趋势通道线下方（跌回通道之内），然后进一步跌破通道下轨。

电视上的股评家会把市场急速突破上升通道归因于消息刺激。他们总能找到很多消息，因为他们是从根据基本面交易的传统股票交易者的视角来看待市场的。他们不明白，很多市场行情，尤其是一两个小时的短期行情，与基本面毫无关系，只不过是一些大型程序化交易突然行为趋同的结果。一旦市场高潮性动能喷发结束后急速反转，专家马上又找到新的理由来自圆其说。他们从来不愿承认自己的解读愚蠢幼稚这一事实，继续对短期行情中强大的技术性力量彻底视而不见。当然，每隔几年他们也会偶尔承认一下技术因素的威力，那就是当市场盘中瞬间暴涨暴跌的时候。无一例外，他们都会将矛头指向程序化交易，认为它们是造成市场剧烈波动的罪魁祸首，就好像这些程序是突然冒出来的一样。没有谁应该受到指责。每天行情中绝大部分价格运动都是程序化交易的产物。记者不懂这些，在他们眼里只有财报、季度销售、利润率之类的东西。

既然通道属于倾斜的交易区间，那么与所有交易区间一样，大部分向上或向下的突破都会失败。没错，在通道中某一方要更为强势，但基本原理与交易区间是一样的。比如说，在上升通道中，多头和空头都很活跃，但多头力量更强一些。这正是通道向上倾斜的原因。在通道中间位置，多头和空头都很从容地下单交易，但是当市场接近通道上轨，多头可能担心向上突破会失败。一旦他们认为突破可能失败，就会卖出部分多头头寸。而且，空头在通道中部就开始做空，在通道上轨附近卖点更好，做空会更加积极。当市场跌到通道下轨，空头做空兴趣减弱，而刚才还在较高位置买入的多头现在更愿意在这里买入。这就造成市场从趋势线反弹。在通道形成过程中，市场通常会一次或数次击穿下轨，需要我们重新画趋势线。重画趋势线之后通道会变得更宽更平。最终，市场某一次向下突破的力度将足以让市场走出高点下降和低点下降。当其发生之时，交易者将开始画出下降通道，即便原来的上升通道依然存在（显然更宽了）。

我们必须记住，大部分向上突破上升通道的努力都会失败。即便多头有能力击败空头制造一次向上突破，通常这种能力也只能维持几根K线的时间。然后多头将会认为涨势过头从而锁定利润，只有在市场回调一段时间之后才会考虑再次买入。通道中轨的磁力效应通常会将市场拉回通道之内，造成突破失败，使突破变成一次买入高潮。一旦回到通道之内，市场最低下跌目标通常是小幅刺穿通道下轨。买入高潮往往会带来至少持续 10 根 K 线的两段式回调，跌破下轨是很常见的。通道下轨被突破之后，如果跌势继续，下一个目标将是与通道高度大致相当的等距幅度。空头也知道买入高潮可能会引发调整，所以大举卖空。加上多头卖出手中的头寸，市场遭遇强劲卖压，进入向下调整，甚至演变成下跌趋势。

有时候向上突破上升通道的动能非常强，走势在数根 K 线内都不会失败。在这种情况下，市场往往会上涨到等距运动目标，而突破就变成一个测量缺口。举例来说，现在有一个楔形上升通道，市场先是向下突破，但突破走势在数根 K 线后失败，市场反转向上并突破楔形上轨。这种情况市场通常会上涨到大约等于楔形高度的等距幅度。突破楔形上轨的一根或多根趋势 K 线就变成一个测量缺口。我们将在第二本书讨论缺口、等距运动和突破。

如果市场并未向上突破，而是直接向下突破（即此前没有出现失败的向上突破、买入高潮和空头反转），市场往往会横向运行数根 K 线。它可能形成一个高点下降，然后进入第二波下跌，或者交易区间演变成一个牛旗，导致市场恢复上升趋势。急速下跌和强势空头反转的情况则较为少见。下降通道的情况则与前面的讨论全部相反。

由于趋势通道只是倾斜的交易区间，它们往往接近于旗形。对于上升通道而言，无论多么陡峭或多么持久，通常会在某个时点向下突破，因此可以视为熊旗，哪怕它前面并没有下跌趋势。在某个时点，强势多头将会锁定利润，只有在市场大幅回撤之后才有兴趣再次买入。回撤行情通常会一路跌到通道起点。这是多头最初的买点。强势空头与强势多头一样聪明，通常在强势多头停止买进之后立即开始大力卖出，而且不会被价格上涨震出去。事实上，他们把更高的价格视为更好的卖点，会进一步加空。什么时候锁定空头利润呢？在通道下轨附近，也就是强势多头可能试图重新建立多头头寸的地方。

既然所有上升通道都表现得像熊旗，在实际交易中就应该被当成熊旗来对待。同样，所有下降通道应该被视为牛旗。它们前面可能有一轮上升趋势，也可能没有，但这并不重要。有时是在更高时间级别图形上会有一轮上升趋势，但在 5 分钟图上看不出来。在这种情况下，下降通道在那张图上的确显示为牛旗。虽然更高时间级别的上升趋势可能增加向上突破的概率、提高突破的强度和持续性，但下降通道强势向上突破的情况是很常见的，你不需要确认更高时间级别上是否存在上升趋势，亦可将此通道作为牛旗来进行交易。上升通道的情况则相反，往往表现出熊旗的特征。

既然上升通道等同于熊旗，那么它们通常最终会向下突破。不过有时候也存在向上突破的情况。大多数情况下，这种突破都是高潮性的和不可持续的。它可能仅持续1~2根K线，有时候也可能持续5根或以上K线之后再反转。向上突破之后延续超强趋势的情况较为少见。如果市场向下反转，通常会重新进入通道。一般来讲，只要市场突破通道之后又返回通道，通常会测试通道另一侧。市场突破上升通道上轨失败之后，由于这是一种高潮走势，反转走势应该至少有两波下跌，至少持续10根K线，通常还会演变成趋势反转。同理，下降通道向下突破通常属于卖出高潮，往往会反转并站上通道上轨，至少有两波上涨。

所有通道最终都会以突破结束，突破可能很猛烈也可能动能极弱。趋势通道持续的时间往往会远远超出大部分交易者的预期，诱使交易者过早地去做反转交易。大部分通道在结束之前通常至少有3波行情。这一点在三角形态中尤其明显，特别是楔形。在三角形态中，突破通常近在咫尺，但方向不明确。

对于通道而言，斜率越陡、两根线距离越近，说明通道越强、动能越高。当通道很陡很窄，它就属于一种特殊的通道，我们称之为窄幅通道。当其方向为水平，就属于窄幅交易区间（将在第二本书讨论）。当通道很强势的时候，不要在首次突破时做逆势交易，因为整个通道在更高时间级别上可能对应一波急速行情。比如说，现在有一个陡峭的下降通道，通道内大部分的回撤可能都只有一根K线，在这种情况下，最好不要在市场突破前一根K线高点时买入，即便它同时突破了下降趋势线。正确的做法是耐心等待，看是否会出现突破回踩（可能以低点下降的方式或低点抬升的方式出现）。如果出现突破回踩，而且回升走势看起来很强劲（比如前面数根K线中有2~3根较长的多头趋势K线），那么你可以考虑买入。如果市场没有回调而是继续上涨，那么价格进一步走高的概率比较大，你可以等待任何形式的回调出现（应该发生在大约5根K线内）。如果反弹走势突破均线，而且第一次回调站稳在均线上方，做多交易获利的概率会比较高。相反，如果第一次回撤发生在均线下方，说明多头力量不足，出现第二波上涨的概率不大。如果市场向上突破之后反转续跌，说明突破失败，市场恢复下降趋势。

当市场可能处于反转过程中时，通道的力度显得尤为重要。举例来说，如果市场处于强劲上升趋势，然后出现一轮强劲抛盘并大幅跌破上升趋势线，交易者将会密切关注下一轮反弹。他们要看看这轮反弹是否只是测试前高，还是强力突破前高并进入新一轮强劲上涨。一个最重要的考量是市场测试前高时的动能。如果反弹走势形成极窄极陡的通道，几乎没有回撤，K线之间重叠度极低，而且在大大超越前高之后才开始进入休整或回调，说明上升动能强劲，市场恢复前期上升趋势的概率很高（虽然前面曾出现强劲抛盘并跌破上升趋势线）。通常第一次跌破窄幅持续通道的尝试都会失败。接下来市场将恢复原有趋势，通常会突破至新的极端价位（新高或新低），来到与首次突破高度相当的等距幅度。

相比之下，如果反弹走势出现多根相互重叠的K线、多根长空头趋势K线、2~3次明显的回撤、可能走出楔形形态、斜率（动能）显著低于原初上升趋势以及那一波抛盘，那么测试前高的走势很可能产生一个下降高点或小幅上升高点，然后进入第二波抛盘。市场可能反转进入下跌趋势，最低限度也将进入交易区间。

任何时候，只要市场突破通道之后又返回通道，接下来都会测试通道另一侧，通常情况下还会试图突破另一侧，哪怕只是略微突破。如果市场成功朝任何一个方向突破通道，下一个最低涨跌目标将是与通道高度大致相当的等距幅度。比如说，双顶属于水平通道，如果成功向下突破，最低下跌目标将是与通道高度相当的等距幅度。当然，突破也可能造成趋势反转，出现幅度大得多的下跌。如果市场反而向上突破，最低上涨目标同样是与双顶高度相当的等距幅度。比如说，假如苹果（股票代码 AAPL）股价形成一个双顶，形态的顶部距离底部为 5 美元，那么任何向上突破之后最小上涨目标为高出顶部 5 美元。如果是向下突破，最低下跌目标同样是低于形态低点 5 美元。楔形底部也是如此。第一目标是测试楔形顶部。如果涨势继续，下一个目标就是等距涨幅。再涨的话，市场就有可能已经处于上升趋势。即便在通道倾斜的情况下，第一运动目标也是通道高度的等距幅度。比如在上升通道内，你可以随便挑一根K线，测算其上方和下方通道线的距离，就可以算出等距运动目标。虽然等距运动目标只是近似，但市场经常是刚好到达这一位置之后就进入休整、回调或者反转。如果行情大幅超越这一目标，那么一轮新趋势很可能正在形成。

与所有突破一样，通道的突破也有三种情况：第一种是成功的突破，市场继续朝突破方向运行；第二种是失败的突破，成为一次小型高潮性反转；第三种是进入横盘，形态演变成一个交易区间。大部分突破都会在数根K线内尝试反转。如果反转 K 线相比突破 K 线更为强势，那么突破失败、反转成功的概率就比较高；如果反转 K 线相比突破 K 线更弱，那么这一反转尝试有可能失败，将在 1~2 根 K 线内构成一个突破回踩建仓形态，突破走势将会继续；如果突破与反转的强度相当，交易者将会关注反转信号 K 线的后一根 K 线。举例来说，如果市场以一根强多头趋势 K 线突破一个牛旗，而下一根 K 线是力度相当的空头反转 K 线，那么接下来那根 K 线就显得尤为重要。如果它跌破空头反转 K 线的低点，就说明突破失败（至少暂时）；如果它收出一根大阴线，那么反转走势很可能延续下去。相反，如果它收出一根强多头反转 K 线，那么"突破失败"的形态将不会成功，这根多头反转 K 线将成为一个"突破回踩"买入形态的信号 K 线，可在其高点上方 1 个最小报价单位处买入。我们将在第二本书讨论突破。

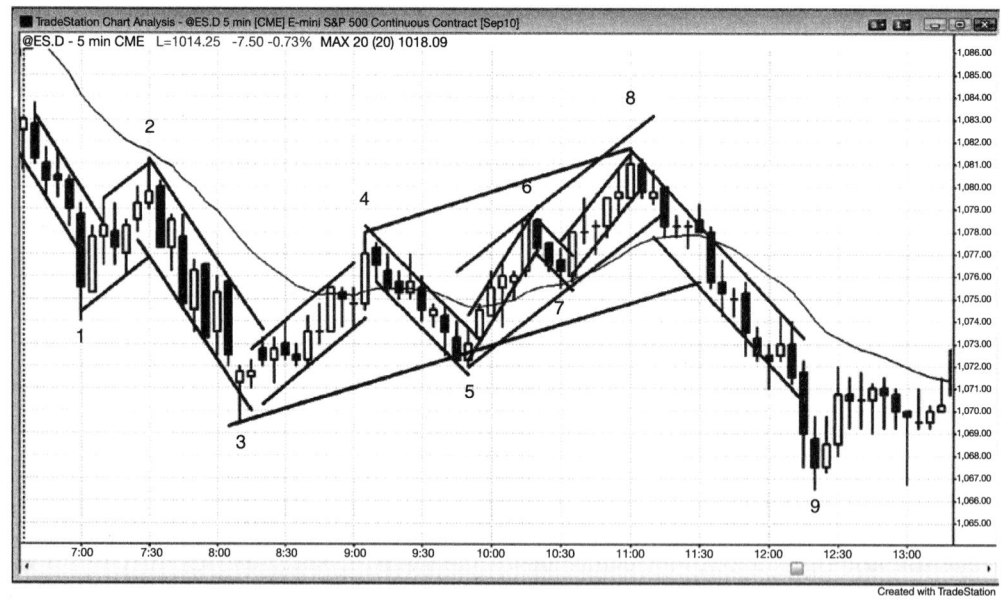

图 15.1　嵌入式通道

通道在所有图形上都相当普遍，而且往往是大通道内嵌着小通道。在图 15.1 中，请大家注意通道线并不一定非得把通道内所有高点和低点都涵括在内。按照吻合度最高的原则来画线可以让通道行为更加明显，更容易捕捉交易信号。由于大部分交易都是机构造成的，而且是通过电脑程序下单，因此我们可以合理地假定所有小型窄幅通道都是程序化交易的产物。全天都有大量机构在做程序化交易，通道的形成需要多家机构的交易程序朝同一个方向运行，而且其产生的交易量足以压倒那些试图让市场反方向运动的程序。举例来说，在从 K 线 4 开始的下降通道中，必须有足够多的卖出程序战胜买入程序，才会推动市场下行。当买入和卖出程序基本平衡，市场会在窄幅交易区间横向运行，即处于水平通道。

我们反复提到，上升通道与熊旗没有分别，而下降通道应该被视为牛旗。当市场处于类似从 K 线 2 到 K 线 3 的窄幅通道，多头在买入之前应该等待市场出现失败的突破并向上反转（图中发生在 K 线 3）。他们也可以等待市场突破通道上轨之后再在回调时买入，图中买点在 K 线 3 之后 5 根 K 线的那根小 K 线高点上方。在这两种情况出现之前，交易者应该只能做空。对于像从 K 线 3 到 K 线 8 这样的宽幅震荡通道，交易者可以朝两个方向交易。这样的通道更接近于倾斜的交易区间，而交易区间属于双向市场，同时提供买入和卖出信号。

图中大部分通道都很窄，有些中间没有回撤或只有一根 K 线的微幅回撤（1~3 个最小报价单位），通道持续 10 根 K 线或更少，因此也属于微型通道。

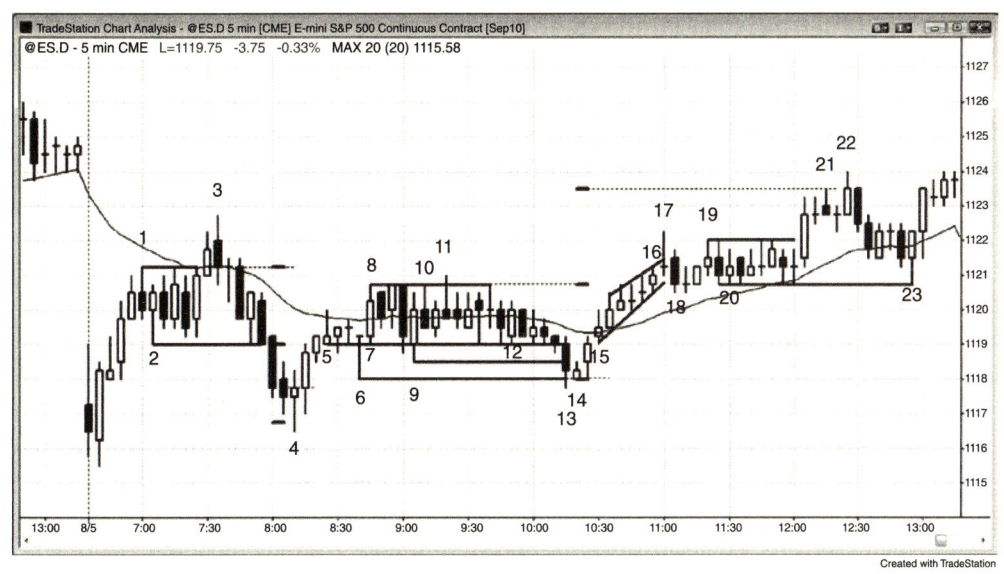

图 15.2　失败的通道突破

我们已经提到过，当市场突破通道之后又折回通道之内，接下来往往会测试通道另一侧，通常还会朝另一侧突破，至少是小幅刺破。如果突破走势有延续行情，第一目标是与通道高度相当的等距幅度。在图 15.2 中，K 线 3 突破了交易区间的上轨，然后反转下跌。在突破通道下轨之后，K 线 4 的低点仅低于等距跌幅 1 个最小报价单位。

K 线 11 同样突破了交易区间的上轨，随后市场在 K 线 13 测试交易区间底部。

在画通道线的时候，有时候有多根 K 线可以选择，最好把所有可能性都考虑在内，因为你事先不可能知道哪一根最管用。一般最宽的通道确定性最高。

K 线 13 向下突破之后出现的那根内包阳线构成一个突破失败买入形态。由于市场再次返回通道，第一目标是测试通道顶部。接下来市场成功突破通道上轨，因此下一个目标就是等距上涨。K 线 22 高于这一目标 1 个单位。有时候市场会进入一轮新趋势，大大超越等距目标。

K 线 17 突破了一个微型上升通道或者说楔形，然后在第二根 K 线向下反转。由于这个通道非常窄，测试通道下轨的目标在下一根 K 线就达到了，但没有足够的空间让我们做空获利，因此此处不应该交易。

突破 K 线 19 和 K 线 20 所构成的通道的等距上涨目标与 K 线 6 和 K 线 10 所构成的通道的等距目标处于同一价位。当多个目标大约处于同一价位，此处发生反转的成功率将会比较高。K 线 21 是一个有效的做空形态，但该形态在入场 K 线的后一根 K 线失败。K 线 22 下方是一个二次入场点，随后市场测试通道底部，然后形成一根多头反转 K 线并测试通道上轨。

**本图的深入探讨**

在图 15.2 中，市场当天大幅跳空低开，跌破了前一天收盘前的交易区间，但第一根 K 线相对较长、上下影线也都比较长。这是交易区间的特征，并非一根好的信号 K 线、可以发出买入或卖出一轮"始于开盘趋势"的信号。第二根 K 线是一根强多头反转 K 线，发出突破失败的做多信号，意味着市场可能走出一轮"始于开盘的上升趋势"。随后市场在均线下方进入窄幅交易区间，成为一个发生突破失败并向下反转的末端旗形。虽然交易者可以在 K 线 3 跌破前一根 K 线低点之后立即做空，但更安全的做法是等待这根 K 线收盘、确认收出阴线之后，再在其低点下方做空。

持续到 K 线 1 的上涨是一个微型通道，所以 K 线 2 向下突破之后可能很难出现连续下挫。当市场站上 K 线 2 突破 K 线的高点，向下突破走势宣告失败。随后多空双方进入激烈争夺，市场横向运行。空头希望市场出现对 K 线 2 突破以高点抬升或高点下降方式做出的回踩，而多头显然希望市场突破失败并走出新一轮上涨。

最终空头获胜，市场进入微型下跌通道，一直持续到 K 线 4 才反转。K 线 5 是一个突破失败形态的信号 K 线，但连续 4 根 K 线的快速拉升动能很强，交易者有理由相信市场将测试更高的位置（的确一直持续到 K 线 8）。

从 K 线 14 到 K 线 17 的上涨也是一个微型上升通道，K 线 18 是对通道的突破。接下来市场进入震荡，直到小规模上升趋势得以恢复，持续到 K 线 22。

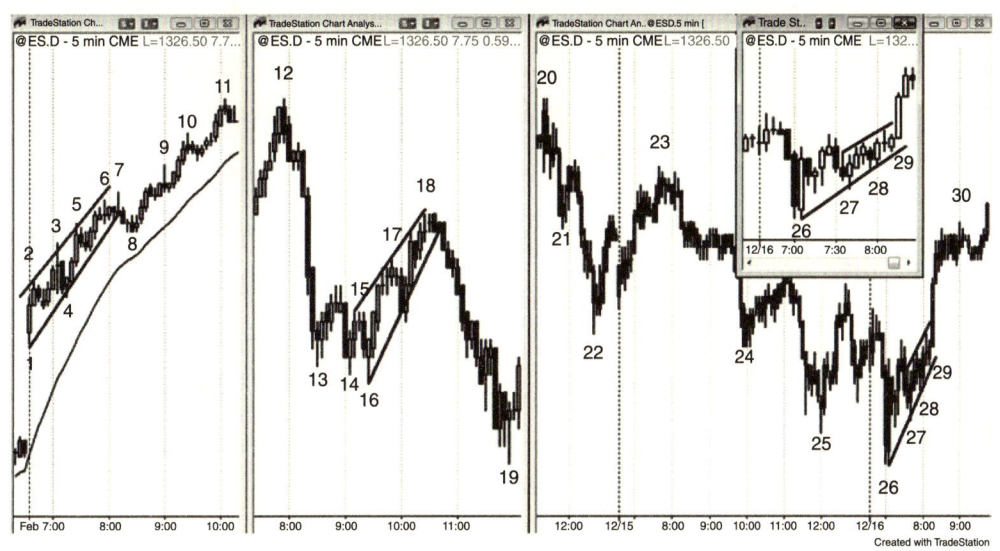

图 15.3　上升行情与下跌行情中的上升通道

上升通道可以出现在任何行情中。在图 15.3 中，左边的图形是强上升趋势中的上升通道，市场跳空高开并形成"始于开盘的上升趋势"交易日。通道回撤幅度很小，全天都一路攀升。由于这是一个强上升趋势交易日，交易者会在小幅回撤中买入，比如在前一根 K 线低点下方。

中间那张图中的上升通道是下跌趋势中的楔形熊旗，交易者不应该寻求做多，可以在 K 线 18 双内包（ⅱ）形态下方做空，或者后面随便某一根 K 线，因为市场"始终入场"的方向已经变成往下。

右图的上升通道是一轮过度的下跌趋势中的小型熊旗。它形成于开盘后的长空头趋势 K 线之后（这根大阴线构成第三波向下推动）。K 线 26（请看嵌图）构成强劲的双 K 线反转，反转了对前一天低点的突破。虽然从 K 线 26 到 K 线 29 前一根 K 线的通道是一个熊旗，但交易者认为市场正在向上反转，因此会在前一根 K 线低点下方买入，预期低 1 和低 2 卖出形态将会失败。K 线 29 是一根强多头趋势 K 线，突破了熊旗上轨，使得市场进入明确的多头态势。并非所有熊旗都会向下突破，有时候熊旗会成为下跌趋势的末端旗形，将向上突破并引发一轮多头趋势，本例即是如此。

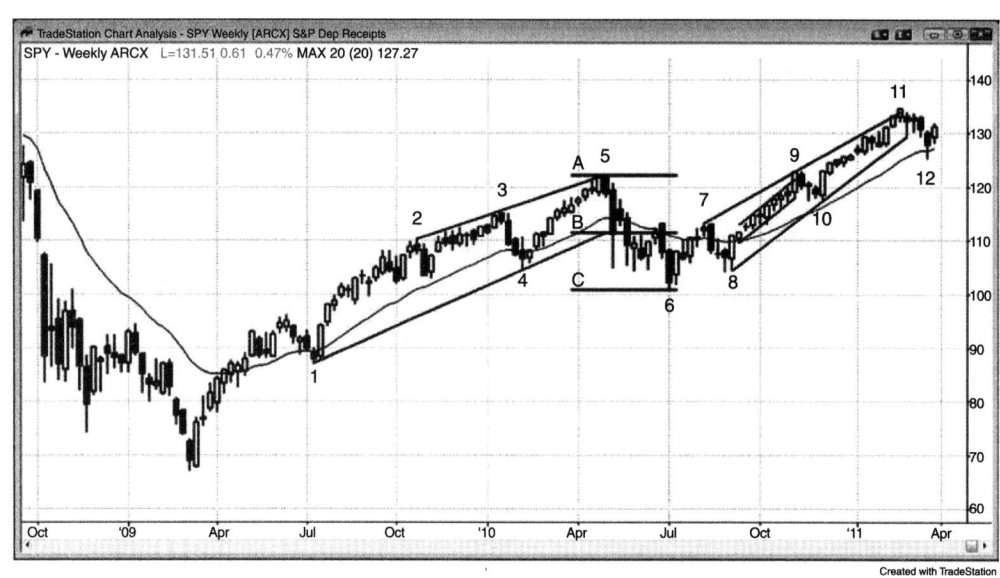

图 15.4　通道突破与等距运动

当市场成功突破任何通道，第一目标都是等距运动。图 15.4 是 SPY 的周线图，趋势线连接 K 线 1 和 K 线 4 低点而成，趋势通道线连接 K 线 2 和 K 线 3 高点而成，并在 K 线 5 遭到测试。这是一个上升通道，两根线略微收敛。水平线 A 经过 K 线 5 的高点，线 B 位于正对 K 线 5 下方的通道下轨，线 C 则是 A 到 B 距离的等距跌幅。我们可以看到，K 线 6 刚好在等距运动目标处找到支撑，**市场止跌转涨**。

我们使用安德鲁叉也可以做出类似的预测，但既然基本的价格行为分析可以得出同样的结论，那就不必多此一举了。也许有无数种理由可以解释为何空头在 K 线 6 附近锁定利润，多头在这里大力买进。但这些全都不重要，因为你不可能知道每种理由产生了多大资金量的交易。你只需要看图就够了，图形是基于无数种理由进行交易的所有资金共同作用的结果。理解一些反复出现的形态可以让你知道何时可以锁定利润、何时考虑做反转。

持续到 K 线 1 的下跌是首次突破一个窄幅强势上升通道，因此可能失败。一般首次突破失败、趋势恢复之后，市场会走出大约等于首次反转尝试高度的等距行情。不过在本例中，上涨行情大大超过了这一高度。

K 线 1 急速拉升之后开始的上升通道也非常窄，而持续到 K 线 4 的快速下跌是首次强势突破。然而反转走势失败，趋势恢复。多头试图让行情出现新一轮大约等距的上涨。等距目标为测量 K 线 3 到 K 线 4 的高度，然后将其叠加在 K 线 3 高点之上，不过市场并未达到这一目标。

持续到 K 线 7 的上涨突破了截至 K 线 6 的两段式牛旗下跌，K 线 8 构成突破回踩。K 线 8 也是一个新的上升通道的起点，而截至 K 线 12 的下跌突破了通道，大约跌至等距运动目标（依据通道的高度以及 K 线 11 与其后一根 K 线构成的第一波下跌的高度）。K 线 3、5、7 形成一个头肩顶，与大部分反转形态一样，最终成为一个大型牛旗而未能反转。

**本图的深入探讨**

在图 15.4 中，K 线 6 的前一根 K 线是一个突破回踩做空形态，也是均线处的低 2 卖点。K 线 5 后一根 K 线收出长下影线，随后几根 K 线也是如此。图中均线下方的交易区间属于铁丝网形态。这种形态往往会成为末端旗形，本例亦然。

在图形最下方有一波仅一根 K 线的急速拉升，随后进入极窄的上升通道。实际上，在这轮上涨行情中存在 3 个或 4 个窄幅通道（有些交易者把从 K 线 1 到 K 线 3 的第二波快速上涨视为一个单独的陡峭通道或急速行情，另一些交易者则认为是两个通道）。窄幅通道与急速行情性质相近，所以后面往往还会出现一个通道。持续到 K 线 1 的回调结束之后，市场出现了两根 K 线的急速拉升，然后再次进入通道。这也是一个窄幅通道，在功能上也许构成前面急速运动的一部分。在始于 K 线 2 的回调结束后，后面的上升通道内有数根阴线，说明抛压在累积。最终造成 4 根 K 线的急速下挫，持续到 K 线 4。由于卖压在累积，多头有可能在测试高点时锁定利润。虽然从 K 线 4 开始的上涨依然走出窄幅通道，因此也属于急速行情，但急速行情有可能具有高潮性质。这是连续第三波或第四波买入高潮（所有急速行情都属于高潮，无论它是一根 K 线还是多根 K 线），随后遭遇强劲杀跌。连续的高潮往往会导致更大幅度回调，本例也不例外。

下降通道向下突破之后有可能进入更强劲的下跌趋势，但通常突破很快成为一次高潮，往往出现至少两波上涨。如图 15.5 所示，K 线 4 突破了下降通道，但突破走势成为一次卖出高潮，并走出两段式反弹，一直持续到 K 线 7。

K 线 14 之前是一波急速拉升，随后回撤至 K 线 15，接着进入一个楔形通道。市场在 K 线 17 以跳空方式向上突破，但这一突破仅仅是一个买入高潮，立即反转跌回通道并进而向下突破。回调走势出现两波下跌，持续到 K 线 18。许多通道在反

# 高级趋势技术分析
## ——价格行为交易系统之趋势分析

图 15.5　高潮性下破下降通道

转之前都走出 3 波推动，图中 K 线 14、16 和 17 是三连推上涨。

始于 K 线 12 的微型上升通道向上突破，而且突破走势非常强劲。所有突破都是高潮性的，但高潮并不总是导致反转。有些可以成为非常强势的突破，如本例。一旦最终完成回调、趋势恢复，通常动能会有所下降（斜率更低），K 线重叠度增加，这是双向交易增加的信号。

在强劲上升趋势中，交易者会在市场测试均线时买入，比如 K 线 13 和 15。这就导致均线对趋势形成包络，就像通道的下轨一样。你可以编写指标做出一根与之对称的曲线，置于 K 线高点上方，从而构成一个通道。但通常情况下，曲线通道或各种形式的包络线在提供可靠交易机会方面不如直线通道。

**本图的深入探讨**

在图 15.5 中，从 K 线 13 到 K 线 14 的强劲上涨近乎垂直。所有强势向上突破走势都应该被同时视为急速上涨和买入高潮。当急速行情由两根或以上长多头趋势 K 线所构成，说明上涨动能尤为强劲，更有可能在深度回调之前先出现某种类型的等距上涨。根据急速行情第一根 K 线开盘或低点以及最后一根 K 线收盘或高点所测算出来的等距运动目标往往是多头锁定部分或全部利润的好位置，有时候也是不错的开空点。K 线 13 没有下影线，收于高点附近，而且是连续多根阳线中的第一根，所以它是急速行情的起点。急速行情的高度可以通过测算 K 线 13 开盘和 K 线 14 高点之间的距离得出，由此预测的等距运动目标刚好在 K 线 17 的高点。

K 线 7 是下降趋势中的一个二次入场均线缺口 K 线卖点。这种形态通常会带来下跌趋势中的末端旗形，然后产生更大规模的反转。持续到 K 线 7 的上涨突破了下降趋势线，然后在 K 线 8 以低点下降的方式反转下跌趋势。

K 线 10 也是一个下降低点。市场此时处于一个交易区间，同时也是一个扩散三角形底部。扩散三角形底部通常会创出新高，然后构成一个扩散三角形顶部。市场试图在 K 线 14 筑顶，然而由于动能如此强劲，任何打算做空的交易者都应该等待二次入场信号（一直未能出现）。在如此强势的多头突破中，与其考虑做空，不如在回调中逢低买入。不出所料，扩散三角形顶部失败，市场突破趋势通道线和前一天的高点 K 线 9，然后进入两段式横向的突破回踩，在 K 线 15 测试均线后转升。

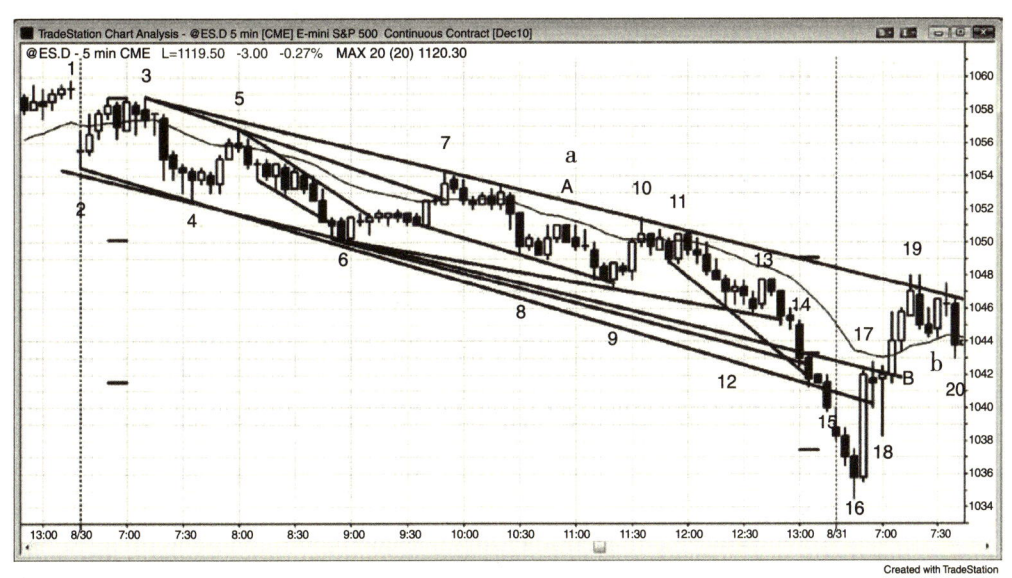

图 15.6　从连线反转

一旦市场似乎进入趋势，我们应该找出各种可能的趋势线和趋势通道线，因为它们都可能是市场反转的区域。交易者将会使用各种技术来画线，包括连接摆动点、画平行线或使用最佳契合法画线。图 15.6 画了一些比较明显的线，还有许多没有画出来。有一些线可能是基于现货股指等关联市场，或者成交量图、tick 图等其他类型的图形。空头可以在市场测试通道底部、接近趋势通道线的时候锁定部分利润，而激进的多头可以在这里开立刮头皮多头头寸。在下降通道的上轨，多头将锁定刮头皮头寸的利润，而空头将开立摆动和刮头皮空头头寸。

连接K线3和K线7高点的下降趋势线a在K线7之后6根K线处刚好得到测试，几乎毫厘不差，K线10和K线11亦然。这根线涵括了所有向上的价格行为，说明这根线对于当天的行情非常重要。既然这是一根很重要的趋势线，我们可以作出一根平行线（线b），将其固定在一个摆动低点，使其能够将所有向下的价格行为都涵括在内。这样就可以构成一个通道，交易者都会重视这个通道。K线6是比较合理的固定点。

一旦市场在K线14跌破通道下轨，交易者将会预计市场可能出现等距下跌，即从突破点再下跌与通道高度相当的幅度。这一目标在第二天开盘之后被超越。当下降通道向下而非向上突破，即便像本例这种强势突破，通常都难以持久，往往在运行数根K线之后即发生反转。当它在K线17反转返回通道，下一个目标就是测试通道上轨（发生在K线19）。

从K线13到K线16的下跌走出10根阴线，重叠度很低，实体较长，影线较短——所有这些都是杀跌动能强劲的信号。这是一种不可持续的价格行为，因此是高潮性的。在某张更高时间级别图形上，它一定对应一根极长的空头趋势K线，不过我们没必要去找到这张完美的更高时间级别图形。任何长空头趋势K线都同时属于急速行情、突破和卖出高潮。截至K线19的强劲上涨与从K线13开始的大跌行情在某个更高时间级别图形上共同对应一个双K线反转，在再往上的时间级别上则对应一根多头反转K线。永远不要失去大局观，不要被急速下跌行情所吓住。没错，急速下跌行情通常是强劲的卖出高潮，往往会紧跟着一个漫长的下跌通道，但它也可能代表动能耗尽并引发大规模反转，比如本例。

由于真空效应，市场通常会快速奔向通道上轨和下轨。比如说，K线7是一根强多头趋势K线，两根K线前也是一根强多头K线。弱势多头看到市场出现3根K线的快速上涨并且属于强势反转，于是在K线7形成过程中或其收盘时买进，或者在3根K线后的高1买进。强势多头的做法刚好相反，他们在市场测试下降通道上轨时了结多头。

在这样一个明显是空头"掌权"的下跌趋势交易日，为何会出现如此强劲的真空性上涨呢？因为空头相信趋势线将遭到测试，因此当市场越来越接近此线的时候，他们更加相信市场将马上测试趋势线。既然他们相信几分钟之后就可以在更好的价位卖出，在此之前显然没有做空的动力。强势空头的缺席仿佛造成一股上升气流，将价格迅速推向趋势线。动能交易者在动能停止之前会持续买入，由于愿意做空的卖家更少，市场迅速涨到空头的理想卖点。一旦市场测试趋势线，一直在等待这一时刻的空头将大举做空。从下跌趋势可以看出来，整个交易日空头都占据上风，而多头和空头都知道这一点。市场形成下跌通道，全天大部分时间都在均线下方运行，说明空头掌握着控制权。

既然除了交易新手，所有人都知道任何突破趋势线的尝试都极可能失败，那么这里显然是一个极佳的卖空点。而且，在多头力量最盛的时候做空可以让空头获得很好的入场价格。空头认为市场反弹已经过头，不可能继续大幅上涨，甚至无法再上涨哪怕1个最小报价单位，所以他们在离场观望数根K线之后再次返回市场，大手笔持续地做空。另一方面，多头则把测试趋势线视为锁定刮头皮利润的机会。多头和空头都知道市场可能只在通道上轨停留很短的时间，所以大家动作都很迅速。多头迅速平多离场，因为他们不想冒着市场迅速反转并跌破其入场均价的风险。空头开始大举卖空，并在市场下跌过程中一路加空，直到价格测试通道下轨。在这里，一些空头会锁定部分利润，其他空头则继续持有，直到他们看到趋势强劲反转（反转发生在第二天）。

**本图的深入探讨**

在图15.6中，K线2、4、6形成一个楔形熊旗，市场向下突破这个旗形之后，继续下跌了等距幅度，在收盘前第3根K线到达这一目标。

市场当天小幅跳空低开，但第一根K线是十字星，属于一个弱势的突破失败做多形态。一直到K线3，当天行情处于交易区间，因此在K线3下方低2卖点做空是可以接受的。况且一天行情的高点或低点往往出现在开盘后第一个小时，所以这里有可能是当天的高点。市场可能正在形成一个下降高点，而且未能守在均线上方。

K线5测试了K线3低点下方空单的盈亏平衡止损，再次构成均线处的一个低2卖点。市场正在形成高点下降和低点下降，因此可能处于一轮下跌趋势的早期阶段。

图 15.7　通道总是试图反转

当市场处于通道之中，反转形态往往看起来不太对劲，因为它们并非真正的反转形态，而只是旗形回调的开始。在图 15.7 中，Emini 截至 K 线 12 完成了一波楔形牛旗下跌。K 线 12 虚破 60 分钟图上的一个前期低点（见嵌图），构成一个大型双底牛旗。在 K 线 12 后一根 K 线、K 线 14，或者市场突破 K 线 18 之后，交易者感到市场"始终入场"的方向已转为多头。K 线 18 是市场向上突破一个小型三角形（K 线 15、17 和 18 是 3 波向下推动）的信号 K 线。

一轮上升趋势要么是急速行情，要么是通道行情。由于市场并未出现强劲的急速拉升，因此交易者假定市场处于上升通道——也就是说，将会频繁出现回撤。于是，任何看起来像是低 1 或低 2 的信号 K 线都成为买入信号。在这些信号 K 线低点或其下方买家可能多于卖家，所以我们不能在其低点下方做空。K 线 17 后面那根低 1 做空信号 K 线就属于这种情况。交易者在价格跌破这根内包阴线时买入，因为他们看到现在"始终入场"的方向是做多，市场处于上升通道而非下降趋势。他们同样想在 K 线 18 前一根 K 线的低点或其下方买入，预计低 2 卖出信号将会失败。然而多头迫切地想要买进，于是在那根 K 线低点上方 1 个最小报价单位处挂单买入，因为他们担心没有足够的空头将市场打压至那根卖出信号 K 线低点下方。既然市场正处于一轮上升趋势的初期，他们不想踏空。总而言之，他们认为市场"始终入场"的方向是做多，空头是错误的，任何卖出信号都会失败，并且预计任何下跌以及随之而来的低位买入机会都将是短暂的。他们很乐意看到任何空头趋势 K 线，尤其是可能套住空头的低 1 和低 2（当市场反转向上，这些被套空头将被迫买入回补）。然后，这些空头将会转变成多头，进一步推高市场，并且至少在数根 K 线内不愿再次做空。这就使得市场均衡倒向多头，让多头至少可以获得刮头皮利润，甚至是摆动行情利润。

由于截至 K 线 16 的三连推上涨处于窄幅上升通道，许多交易者会把这个楔形整体视为一波急速上涨，预计回调之后将紧接着进入上升通道。上涨行情前面 3 次回调幅度均为 5~9 个最小报价单位，因此在后面的回调中多头也会大致在这一幅度处挂单买入。截至 K 线 20 的回调是 7 个单位，截至 K 线 22 的回调是 8 个单位，截至 K 线 24 也是 8 个单位。其他交易者会在通道内前一根 K 线低点下方 1~3 个单位处挂单买入，<u>止损设在最近摆动低点下方</u>。比如说，他们会在 K 线 20 跌破前一根小十字星或 K 线 19 时买入，保护性止损设在 K 线 17 下方。对于新手而言，这种做法有点费解，但老练的交易者把它视为机会。他们知道突破通道下轨的尝试 80% 情况下都会失败，所以在市场尝试下破时买入可能是不错的交易。

空头把从 K 线 12 开始的整轮上涨视为涨过头的熊市反弹，但对于做空信号之弱不太满意。这些信号发生在 K 线 13、K 线 15 前一根 K 线、K 线 16、K 线 19 后一根 K 线、K 线 21 前一根 K 线、K 线 23、K 线 25 后一根 K 线。当市场在一个相对较窄的通道内稳步上涨，所有卖出信号看起来都很糟糕，因为它们并非真正的卖出信号，只不过是小型牛旗的开始。强势多头会在前一根 K 线低点下方买入，以及在最近摆动高点下方 5~10 个单位处挂单买入，如果刚好在强势多头买入的地方做空，成功率是很低的。在窄幅上升通道内，在一根 K 线低点下方做空几乎一定是不明智的，除非市场在突破通道上轨之后出现剧烈的高潮性反转。但即便如此，最好也不要直接在一根 K 线低点下方做空，应该等待第一波下跌之后形成高点下降。记住，在上升通道内，市场"始终入场"的方向是做多，在"始终入场"方向转空之前，我们只能考虑做多。就此图来讲，大家很容易认为上升通道动能很弱，再看看截至 K 线 12 的下跌行情，然后主观认为市场还恢复跌势。然而我们必须根据眼前的市场来交易，而不是刚刚结束的行情或你主观认为将要开始的行情。

当通道中出现许多相对较短的 K 线、影线较长的 K 线，以及相反方向的趋势 K 线，说明市场在发生激烈的双向交易，哪怕通道处于趋势之中。这给逆势刮头皮交易者带来了机会。从 K 线 18 开始的通道性上涨就是一个例子。空头将会在突破前期摆动高点的多头趋势K线收盘时做空刮头皮，比如K线22的后一根K线，以及后面的小阳线收盘时，比如K线23。许多空头还会逢高加仓（我们将在第二本书讲分批建仓）。比如说，如果他们在K线20后面那根多头趋势K线收盘时做空，然后在后面的一根或数根小阳线收盘时加空，或者在首次入场点上方大约1个点加空，那么他们将会在首次入场的位置回补整个头寸锁定利润。采用这种操作手法，他们的底仓可以不亏不赚，后面的加仓将获得刮头皮利润。这些锁定利润的刮头皮空头将会在K线22低点买入回补，因为K线22低点跌破了他们底仓的入场点（K线20后面那根多头趋势K线的收盘价）。这根K线也测试了均线，会有多头在这个位置买入。刮头皮空头之所以在这里锁定利润，是因为市场达到了他们的利润目标，而他们设定利润目标的标准可能有很多，比如K线20后面那根多头趋势K线的收盘价、均线、对K线16高点的突破回踩，等等。请记住，在全天行情的任何位置，都有大量不同的交易者开仓和平仓，理由和逻辑各不相同。越多的理由指向同一个方向，市场就越有可能形成趋势。

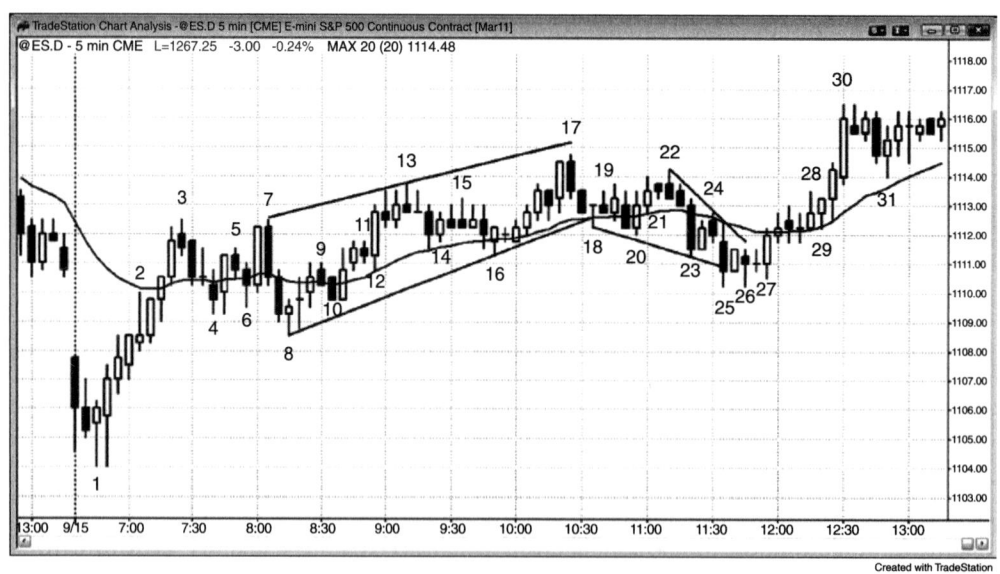

图15.8 在通道中挂限价单入场

当市场处于任何类型的通道，包括三角形和交易区间，除了与交易同向的挂单，限价单和市价单也是有效的入场方法。在图15.8中，市场截至K线3的急速拉升行情走出连续8根多头趋势K线，所以回撤之后很可能再次测试高点。虽然空头在K线3空头反转K线下方做空，多头也会在其低点下方挂限价单分批买入。有些多头会在 K 线 3 低点挂限价买单，但下一根 K 线是强空头趋势 K 线，说明卖单远远多于买单。其他多头会在均线上方 1 个最小报价单位处挂单，因为市场有可能一触到均线立即走高，如果刚好在均线处挂限价单，可能不会成交。部分多头会随着价格下跌分批买入，比如每下跌 1 个点即加仓。采取这种操作策略，他们可能会在第一单的入场价（K 线 3 低点或其下方）同时卖出两个头寸。他们的止盈单将会在 K 线 5 被执行，第一单盈亏平衡，第二单盈利。这些多头的止盈行为部分导致 K 线 5 形成空头反转 K 线。

对于 K 线 3 后面那根空头趋势 K 线再往后的内包十字星 K 线，许多交易者认为不是一个好的做空建仓形态。既然他们相信在这根 K 线下方做空可能无法带来刮头皮利润，部分交易者会转而在其低点或其下方 1 个或以上最小报价单位处挂限价单买入。他们的买盘造成 K 线 4 出现下影线。虽然交易者相信市场将测试 K 线 3 高点，但 K 线 4 是连续第 4 根下跌 K 线，这样的下跌动能足以导致交易者不愿在其高点上方买入。他们预计第一次上攻尝试将会失败，宁愿等待走出两段式回调之后再买入。空头也意识到这一点，认为在 K 线 4 高点上方买入的交易者将会亏钱。这就使得在 K 线 4 高点或其上方限价卖空是合理的刮头皮交易。当 K 线 6 跌破 K 线 4 高点 5 个单位，他们将锁定 1 个点的利润。为什么 K 线 6 低点刚好比 K 线 4 高点低 5 个单位？在很大程度上正是因为刮头皮空头在这里锁定利润，而他们的买入部分导致 K 线 6 收出下影线。

由于大部分交易者依然相信市场应该测试 K 线 3 高点，他们仍将寻找买入机会。市场在从 K 线 1 到 K 线 3 的急速行情中明显进入多头态势，现在并未明确转空，所以"始终入场"的方向依然是做多。因此，他们不认为在 K 线 5 低点下方做空是好的交易。既然在这里做空可能亏钱，许多交易者会反其道而行之，在 K 线 5 低点或其下方挂限价单买入。他们的买入，加上前面说的在 K 线 4 高点上方卖空的刮头皮空头锁定利润，造成了 K 线 6 的下影线。

K 线 6 是从 K 线 3 高点开始的两段式横向调整，许多交易者预计市场接下来将测试 K 线 3 高点，所以在 K 线 6 高点上方挂单买入。与此同时，许多在 K 线 5 低点下方买入的交易者会借反弹锁定利润。

虽然市场在 K 线 7 形成双顶，许多交易者并不认为趋势会反转，而是预计市场将形成交易区间，然后进入上升通道。因为市场开盘后出现急速拉升行情，我们有理由相信 K 线 1 很可能是当天行情的最低点。K 线 7 与其前一根 K 线构成双 K 线反转,较好的入场点在两根 K 线低点下方。仅仅在 K 线 7 阴线低点下方入场有一个问题,那就是市场经常会出现所谓"1 单位空头陷阱",即市场跌破阴线低点 1 个最小报价单位,但未能同时跌破双 K 线反转形态两根 K 线的低点,然后就恢复上涨。如果在两根 K 线低点下方入场,风险要低一些,所以市场在 6 单位之后才反转走高。空头以限价单的方式在信号 K 线下方 5 单位回补空头锁定利润。这通常需要市场下跌 6 单位,而 K 线 8 低点刚好在双 K 线反转低点下方 6 单位。

如果这是一轮强空头趋势,交易者可能会在跌破 K 线 4 前期摆动低点时做空。然而大部分交易者都认为当天低点已经出现,市场可能形成一个上升通道,因此他们认为在 K 线 4 低点下方做空是糟糕的交易。反过来,这意味着在其低点下方买入可能是不错的做多交易,尤其如果交易者在必要的情况下可以逢低分批入场的话。而且,由于市场可能形成持续数小时的通道,不太可能再回到这一位置,这些多头可以将其部分或全部头寸参与摆动。

其他多头会把 K 线 8 看成从 K 线 3 开始的第二波下跌(K 线 4 是第一波下跌),然后在 K 线 8 高点上方挂单买入。K 线 8 后一根 K 线是十字星,意味着市场依然处于双向交易状态。K 线 8 并非强多头反转 K 线,而从 K 线 7 开始的两根大阴线让交易者怀疑市场是否正在反转。此时交易者必须做出一个判断:到底 K 线 9 是一个高点下降回踩、市场将进入下降通道,还是市场仍为多头态势、正处于上升通道初期。

那些相信当天低点已经出现的交易者认为 K 线 9 是一个糟糕的卖点,于是在 K 线 9 低点及其下方挂单买入。如果市场跌破 K 线 8 低点,他们当中不少还可能加仓。那些在 K 线 9 下方做空的交易者在市场反转站上 K 线 10 入场 K 线之后买入回补。与此同时,多头也在买入,因为他们认为这一失败的卖点进一步证明一个上升通道正在形成。

通道在形成过程中会有很多回撤,多头将会尽量让自己不被回调震出去。不仅如此,他们还会在前一根 K 线低点或下方挂单买入,比如 K 线 9 和 K 线 11 下方。通道内存在双向交易,只要通道不是特别窄、特别陡,空头将会在摆动高点或其上方做空。比如说,他们可能会在 K 线 12 站上 K 线 7 高点之后做空,有些交易者还会在上方 1 个点加仓。这正是 K 线 13 高点刚好高于 K 线 7 高点 5 个单位的部分原因。他们还会在市场突破 K 线 13 高点、涨到 K 线 17 时做空。部分空头甚至会在 K 线 30 强力突破 K 线 17 高点时做空,并在上方 1 个点加空。当市场回调至 K 线 31,他们会在最初入场价回补两笔空头头寸。他们的第一笔建仓应该是不亏不赚,后面的加仓可以获得 1 个点的利润。

对于截至 K 线 29 的上涨，多头看到市场出现趋势性高点、低点和收盘，因此认为市场动能强劲。部分多头将会在 K 线 17 高点上方 1 个单位挂单加仓，然后在 K 线 30 获利了结。当突破型交易产生利润，通常意味着趋势非常强劲。不过，这也并非绝对，如果市场全天大部分时间都处于交易区间，可能也不会有延续性行情，比如本例。

全天市场一直处于双向交易模式，多头和空头都在以限价挂单和止损挂单两种方式入场。比如说，当市场在 K 线 17 楔形顶部（楔形反转将在后面讨论）转入空头态势，空头将会开始在前一根 K 线的高点上方挂单做空，比如 K 线 18、K 线 20 以及 K 线 24 后一根 K 线的上方。多头则在前期摆动低点下方做多，比如 K 线 20 和 K 线 23 低点下方。全天还有很多其他的建仓形态和交易机会，我们不可能一一指出来，此图目的只是告诉大家，当市场处于上升通道，多头会在前一根 K 线低点下方买入，而空头会在摆动高点上方卖出。在下降通道中则刚好相反，多头在摆动低点下方买入，空头在前一根 K 线高点上方做空。

# 第16章 微型通道

微型趋势线是指在任何时间级别上连接2~10根左右K线的趋势线，大部分K线触到或接近于趋势线，而且这些K线通常都比较短。通常情况下，趋势通道线同样可以通过连接K线另一侧而成，结果是构成一个非常窄的通道，称之为微型通道。与一般通道经常发生回撤不同，微型通道运行过程中没有回撤，或仅次数很少、幅度很小的回撤，使得通道非常之窄。

微型通道内K线数量越多、K线越强（比如朝微型通道方向的长趋势K线）、影线越短，说明微型通道力度越强，趋势越不可能被首次回撤所反转。一个微型通道可以持续10根或以上的K线，有时候会持续大约10根K线，发生小幅回撤，然后继续运行10根K线左右。你可以将整个通道视为一个大的微型通道（微型通道是窄幅通道的一种），也可以看成被小幅回撤所分隔的两个连续微型通道，抑或一个大型窄幅通道。这都无所谓，因为交易方法是一样的。微型通道趋势非常强劲，交易者将会预计反转尝试失败并成为回撤和延续原有趋势。

10年前，交易者可能会将微型通道视为程序化交易的产物。现在大部分交易都是电脑产生的，走势图上每根K线都是程序化交易所为，再说微型通道是程序化交易的信号有些多此一举。微型通道只是一种特殊类型的程序化交易，可能是大量机构同时运行类似程序的结果。通道的启动是由一家或多家机构肇始的，但一旦动能稳定之后，动能型程序会侦测出来然后朝同一个方向交易，为趋势增添动能。一旦趋势开始突破阻力位，突破型程序将开始交易。一部分程序会朝趋势方向交易，另一部分会分批逆势建仓，或者分批平掉在低位买入的多头。

最终某一根K线会击穿趋势线或趋势通道线，造成突破。微型上升或下降通道可以发生在上升或下降趋势中，也可以发生在交易区间中。他们所发生的环境决定了如何对其进行交易。上升和下降通道都可以朝上方或下方突破。与所有突破一样，接下来可能出现3种情况：第一种是成功的突破，行情继续朝突破方向运行；第二种是突破失败,构成一次小型的高潮反转;第三种是市场横向运行,形态演变成一个交易区间。

与任何突破一样,交易者可以朝突破方向交易(预期走势延续),或者朝相反方向交易(预期突破失败)。突破、突破失败和突破回踩都是密切关联的,我们将在第二本书详细讨论。简单来说,交易者可以对比突破与反转尝试的力度。如果其中一个明显更强势,那么市场很可能朝这个方向运行。如果二者力度相当,那么交易者就需要等待更多K线才能判断市场下一步的走向。

当微型下降通道形成于上升趋势中,往往属于牛旗,或者是牛旗的最后一波行情,交易者会寻找信号K线并在其高点上方挂买单,在市场突破微型下降通道和牛旗时入场。当微型上升通道出现在下跌趋势中,往往属于熊旗或熊旗最后一波行情,交易者将会在信号K线下方做空。

如果微型通道并非牛旗中的微型下降通道,而是上升趋势中的微型上升通道,那么第一次向下突破(首次回撤)通常运行不了太远就会迎来强劲买盘。微型上升通道内K线数量越多,向下突破走势越不可能反转上升趋势。举例来说,如果上升趋势内形成一个5根K线的微型上升通道,那么在第5根K线处及其下方买家可能远远多于卖家。如果市场跌破第5根K线,那么这根K线将构成对上升通道的突破。然而下跌走势可能仅持续1~2根K线,因为多头往往会在强势微型上升通道出现首次回调时积极买入。记住,许多交易者一直在关注那5根K线的上涨,就是等待这个回调的机会。他们可能会迫不及待地在第5根K线下方买入,或者在回调K线的高点上方买入(这根K线成为一根突破失败买入信号K线和高1买入形态)。如果市场触发买点之后在1~2根K线内形成一根空头反转K线,就构成一个微型双顶卖出形态。我们也可以将其视为对微型上升通道的突破回踩,哪怕其高点高于微型通道中最高一根K线的高点(那就属于高点抬升式反转,是重大趋势反转的一种微缩版本。我们将在第三本书讨论反转)。

我们必须认识到,交易者不一定非要等待回调之后才会做多。当上升趋势内的微型上升通道运行2~3根K线之后,许多经验丰富的交易者就能够做出正确解读,知道某个强势的买入程序可能刚刚启动、许多动能型买入程序也在积极买入。这些交易者将会试图复制计算机程序的手法,在每一根阳线收盘后买入,在每一根K线收盘价下方1~2个最小报价单位处挂买单,或者在前一根K线低点上方1~2个单位处挂单。如果微型通道内最大的回撤为5个单位,他们会在后面每次回调3~4个单位时挂单买入。他们预计市场首次出现一根跌破前一根 K 线低点的 K 线将会吸引更多买盘，所以有把握自己最近的买单有可能实现盈利，并不担心回调。由于他们在上涨过程中一路买进，所以即便市场最终进入回调，导致他们最后入场的买单在盈亏平衡点或以小幅亏损出场，也不会为此担心。

　　与所有通道一样，微型上升通道可以形成于交易区间之中，也可以位于上升或下跌趋势之中。当其位于上升趋势之中，价格继续上涨的确定性更高，交易者将会寻求在前一根 K 线中部或其底部附近买入。当微型通道非常窄，往往在更高时间级别上对应一波急速行情，可能接着进入一个较宽的通道，并上涨到与窄幅微型通道高度相当的等距运动目标。当微型上升通道出现在下降趋势中，就属于熊旗，交易者应该会寻求在其向下突破或向下突破后回踩时卖空。当微型上升通道形成于下降趋势可能已经见底之后，它就可能成为下降趋势中的末端旗形，将会向上而非向下突破，其突破可能属于急速上涨并引发一个上升通道。在市场向上突破之后，接下来往往会出现失败的低 1、低 2 或低 3。

　　微型通道属于倾斜的窄幅交易区间，因此具有很强的吸附力，使得任何突破都很难运行太远。有时候极窄的通道会表现得像一波急速行情，然后紧接着出现一个更宽的通道，构成一轮"急速与通道"趋势。当微型通道发生突破，通常情况下突破走势只能持续 1~2 根 K 线，突破主要是获利回吐所造成的。比如说，现在有一个微型上升通道（向上倾斜的微型通道），某根 K 线跌破前一根 K 线的低点，造成对微型通道的向下突破。这主要是由于多头获利回吐，当然也有部分空头在做空。1~2 根 K 线之后，其他买家将会入场，部分空头退出，市场往往会站上前一根 K 线的高点。部分交易者将会把这种走势看作对微型通道的一次假突破，将在市场站上前一根 K 线高点之后买入。对于他们而言，这是一个高 1 买入形态。其他交易者将会假定趋势已经向下反转，等待未来几根 K 线市场以高点抬升或高点下降的方式作出一次突破回踩，然后在前一根 K 线低点下方做空。市场整体走势可以帮助我们判断哪种情况可能性更大。比如说，如果市场处于强劲的下跌趋势，微型上升通道仅仅是一波回撤，那么微型通道向下突破之后出现进一步抛盘的可能性就更高。如果接下来市场站上那根突破 K 线，空头将会在前一根 K 线低点下方挂单卖出。相反，如果微型上升通道构成牛市中对交易区间的突破，那么向下突破微型通道就很可能成为上升趋势中的一次回调，多头将会在前一根 K 线高点上方 1 个最小报价单位处挂单买入。

突破趋势线往往构成顺势入场机会。举例来说，如果市场形成一个微型上升通道，"始终入场"方向为多头，然后有一根K线的低点跌破微型上升趋势线，那么在这根K线高点上方买入就是一笔可靠的交易。这是一个小型但非常强势的单K线牛旗（高1买入形态），同时还是一个突破失败买入信号。在较小时间级别图形上，它可能对应一波两段式调整，不过最好不要去看那张图，因为这样一来你可能需要在短时间内处理大量信息，从而可能出现操作不当或者错过交易机会。

如果微型上升通道出现在交易区间或者下降趋势中，而非强劲上升趋势中，那么你在向下突破失败后做多时还需要考虑其他一些因素。如果通道位于交易区间顶部，最好不要在突破失败时买入，等着看反转上涨走势是否会失去动力、变成对突破的一次高点抬升式回踩。如果它只运行1~2根K线，然后就形成一根空头反转K线，那么这就是一个可靠的做空形态，因为它接近交易区间的顶部（微型双顶，我们将在第三本书讨论）。如果微型上升通道是刚好位于均线下方的熊旗，那么你应该只考虑做空，因为空头的力量很可能超过在回调中买入的多头。等待市场向下突破通道，再等待突破失败并出现新一轮向上推动。如果市场转升后1~2根K线内在均线处形成空头反转K线，那就通常是可靠的突破回踩做空形态（低2）。在这种情况下，市场先是向下突破微型上升通道、然后回升形成一个小型高点下降，最终，如果它反转向下，将真正突破这个本质上属于熊旗的形态。

与任何对上升通道的突破一样，市场可能出现回撤，然后再继续下跌。回撤可能以高点下降的方式，也可能是高点抬升。高点抬升意味着K线高点站上最近摆动高点，后者通常是上升通道内最高的一根K线。由于大部分对趋势的反转尝试都会失败，向下突破走势很可能失败，演变成上升趋势内的一次回撤，多头趋势得以恢复。交易者可以在突破K线高点上方1个最小报价单位处挂单做多，以防突破失败，多头趋势恢复。

然而他们也必须提防做多机会只是一个多头陷阱，以免被套造成亏损。记住，虽然大部分对趋势的反转尝试都会失败，但也有成功的情况。有时候市场并不会出现突破失败，向下突破之后只是小幅回撤，形成一个小型高点抬升或高点下降，然后延续下跌。随后市场可能成功逆转上升趋势，进入一波下跌行情或趋势。因此，如果整体价格形态使得反转似乎概率较高，交易者必须准备好在其做多入场K线下方反手做空。在这种情况下，它就属于一个突破回踩做空形态。每当突破失败，这一失败走势就构成朝原初方向的交易形态。如果这一形态又失败，它就构成最初向下突破之后的一次突破回踩，以及第二次反转尝试。

如果突破回踩卖点被触发（K线跌破前一根K线1个最小报价单位，后者往往是那根多头突破K线），那么我们要看最近几根K线实体的长度。如果这些K线是多头或空头趋势K线，那么这个二次失败就很有可能成为一个成功的二次卖点。记住，第一次失败是空头在市场向下突破失败后被迫止损出局，第二次失败则将因为市场向下突破失败而入场的多头套住。如果现在市场再次转跌，空头将会踏空，多头将会被套。一般情况下，如果多空双方都被套或踏空，下一个建仓形态成功的概率将会上升。如果这些K线看起来更接近于十字星，那么市场可能会进入交易区间，但概率仍偏向于向下突破。如果你感觉不确定，可以在场外观望，因为大部分交易者也可能感到不确定，市场往往会进入交易区间。

虽然绝大多数微型趋势线突破在1分钟图上都属于一段或两段式回调，但你应该避免在1分钟图上进行交易，因为那么做很可能会亏钱。大部分交易者都不可能抓住1分钟图上所有交易机会，几乎不可避免地会选择太多失败的交易、漏掉很多成功的交易机会。最好的交易形态往往迅速形成又迅速触发入场点，因此很容易错过。相反，很多失败的交易形态往往慢慢形成，给交易者大量时间入场，然后被套在错误的方向。

那个微型上升通道也可以向上突破，即突破趋势通道线，然后进入更陡峭的上升趋势。如果突破失败，出现强空头反转K线，那么这个买入高潮就可能是一个卖出建仓形态。

当微型趋势线持续大约10根或以上K线，那么即将出现可交易的反转走势的概率将大幅上升。这种类型的趋势属于高潮走势，是不可持续的，通常最终会进入调整或反转。在这种高潮性价格行为之后，我们应该准备做突破回踩交易。这是第二次趋势反转的尝试，最初的趋势线突破是第一次。

微型趋势线突破之所以重要，不单单是当其作为微型通道一部分之时，在强劲趋势中也很重要。比如说，现在有一轮强劲下跌趋势，出现多根长空头趋势K线，连续K线之间很少重叠，而且已经有4~5根K线没有出现回调，你可能迫不及待想要做空。你可以找出任何一根微型下降趋势线，然后在任何一根K线刺破微型下降趋势线之后在该K线低点下方做空。任何刺破趋势线的走势都是一个突破失败做空形态，可以在那根突破微型下降趋势线的K线下方1个最小报价单位处入场（低1

做空形态）。

很短的陡峭趋势线，哪怕仅连接两根连续的 K 线，也可以提供顺势交易机会。在趋势很陡的情况下，有时候一根小回撤 K 线或停止 K 线就可以刺穿极微型趋势线。一旦出现虚破走势，它就可以成为顺势入场的信号 K 线。在 Emini 中，有些刺破的幅度小于 1 个单位，但依然是有效的。

当市场发生趋势中的回调，经常会在回调中出现微型趋势线。举例来说，一轮上升趋势发生回调，如果出现一波持续 3~10 根 K 线的微型下降趋势，然后某根 K 线试图向上突破这根微型下降趋势线，从理论上来讲这构成一个突破失败做空形态。但由于它发生在上升趋势中，而且大部分情况下都出现在均线上方或附近，所以你不应该做空这个形态。否则，你可能发现自己卖在上升趋势中上行均线附近的一个牛旗底部。这种交易成功率是极低的。既然做空可能会失败，你应该预见到这一点，准备在做空信号失败后买入，刚好在被套空头将要出场的地方入场。这属于突破回踩买点，因为市场先突破微型下降趋势线，然后以小型低点下降或低点抬升的方式发生回撤，再继续朝突破的方向运行（也是当天大趋势的方向）。

有一点很关键：微型趋势线应该只能用来寻找顺势建仓形态。然而，一旦趋势反转之后，比如突破上升趋势线然后从抬升高点向下反转，那么你应该寻找微型趋势线做空形态，即便形态位于或略高于均线。

与任何形态一样，微型通道的外观在较低和较高时间级别图形上都不一样。尽管在微型通道或任何其他类型的窄幅通道中，趋势 K 线通常都不会太长，相邻 K 线之间往往有大量重叠，但是在较高时间级别上去看则不然，通常可以看到由一根长趋势 K 线或一系列趋势 K 线构成的强劲趋势。这意味着它通常表现得像一波急速行情，接下来往往进入更宽的通道，整体构成"急速与通道"形态。而且，即便微型通道内没有发生回撤，如果你去看一个足够小的时间级别的话，其实是有许多回撤的。

小趋势线可以在一天中产生大量刮头皮机会，尤其是在 1 分钟图上，不过 1 分钟图是不适合交易的。在图 16.1 中，左边是 Emini 的 1 分钟图，数字标注与右边的 5 分钟图相对应。两张图都显示，对微型趋势线的假突破可以带来获利的交易机会。1 分钟图上还有其他交易机会，但没有标出来，因为放这张图只是为了与 5 分钟图对照，让大家看到 5 分钟图上的微型趋势线在 1 分钟图上对应更明显、更长的趋势线。

# 高级趋势技术分析
## ——价格行为交易系统之趋势分析

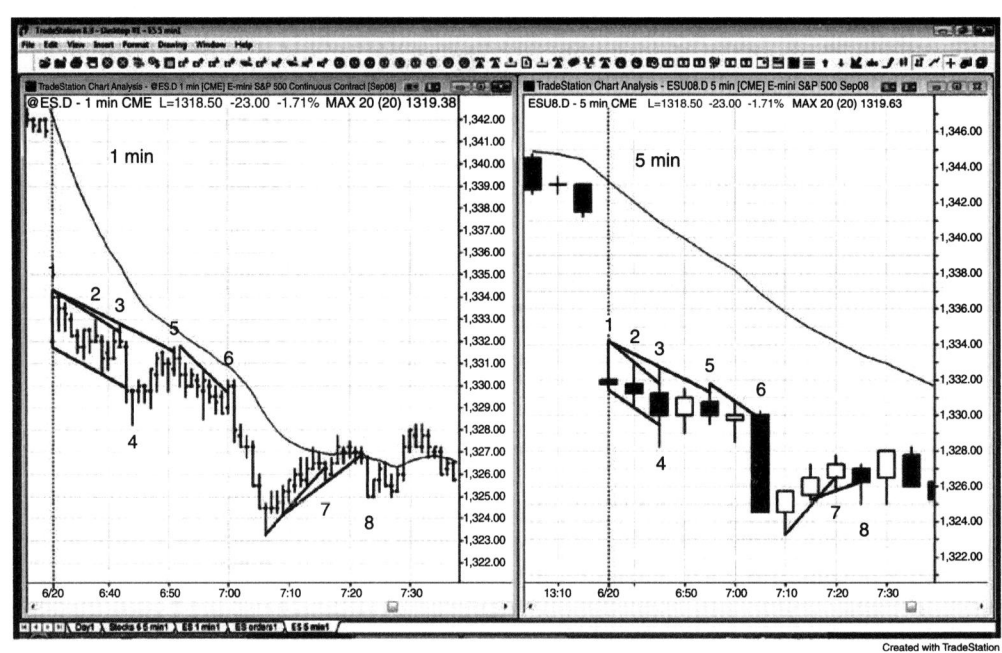

图 16.1　微型趋势线

因此如果你能够解读 5 分钟 K 线，就没必要特意到 1 分钟图上去下单。许多此类交易在 1 分钟图上都是有利可图的刮头皮机会。

我们注意到，5 分钟图上有几次微型趋势线突破都很容易被忽略，因为突破幅度都不到 1 个最小报价单位。比如说，K 线 3、5、6、7 都是 5 分钟图上失败的微型趋势线突破，大部分交易者可能都注意不到，不过 K 线 5 的假突破较为显著，可以带来非常不错的刮头皮机会（它是第二次尝试突破下降趋势线失败，K 线 3 是第一次）。

K 线 7 对微型上升通道的假突破是一个风险较高的买点，顶多只能刮头皮。由于它是回踩均线的熊旗回撤，我们最好预期涨势将会停止并成为一个突破回踩做空形态（结果的确如此）。

价格行为交易方法在最小级别的图形上同样适用。我们注意到 1 分钟图上的 K 线 8 是一个高点抬升的突破回踩做多形态（测试位于下降趋势低点的那根 K 线的高点）。尽管市场在做多入场点两根 K 线后测试了 K 线 8 信号 K 线的低点，但并未触及这根信号 K 线下方的保护性止损。大家还可以注意，在 1 分钟上图上这一部分还出现了一个更小的重大反转。市场形成一轮微型上升趋势（由从图中最低点上来的微型上升趋势线可见），然后在 K 线 7 突破了趋势线，进而以高点抬升的方式测试了前期微型上升趋势的高点。由于这个形态如此之小，截至 K 线 8 的反转下跌只是刮头皮机会。

为什么在 5 分钟图上 K 线 8 并非做多形态呢？因为它是下跌趋势中的回撤。在下跌趋势交易日，你不应该在回撤走势的顶部买入。相反，一旦微型趋势线触发买入信号，你应该准备借其失败的机会做空，从而刚好在被套多头被迫止损出场的地方入场。

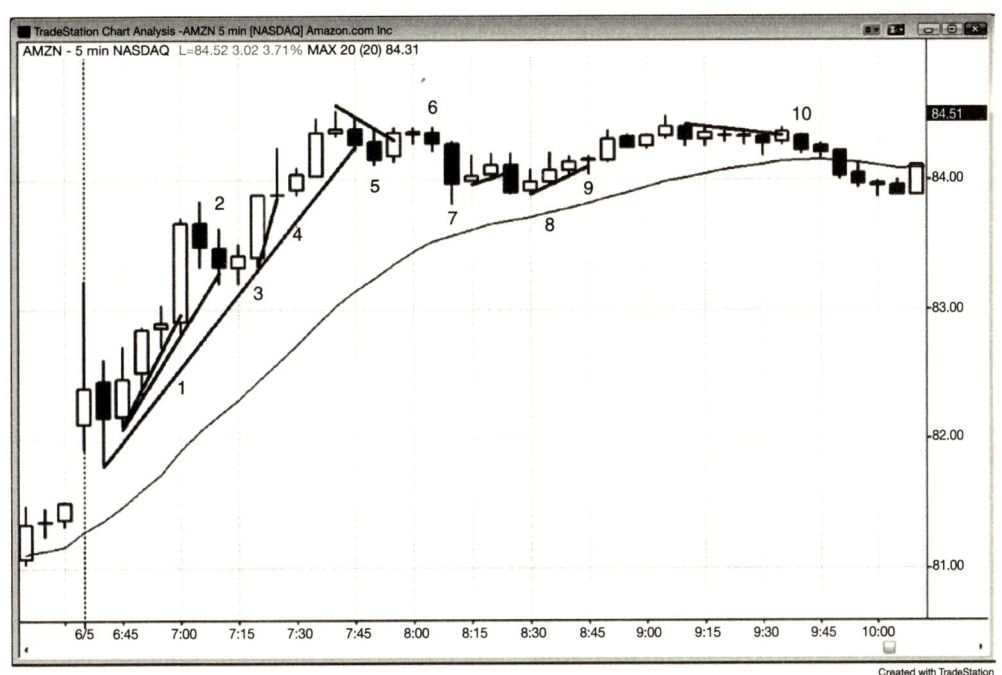

图 16.2　对微型趋势线的假突破

在陡峭趋势中，即便是仅连接 2~3 根连续 K 线的趋势线，一旦出现小幅突破后立即反转，也可以构成顺势入场点。每一次新的突破都成为一根更长更平趋势线的第二个点，直到最终反方向的趋势线变得更为重要，此时趋势已经反转。

在图 16.2 中，K 线 1 小幅探破一根连接 3 根 K 线的趋势线然后反转走高，从而带来在前一根 K 线高点上方 1 个最小报价单位入场的做多机会。

K 线 2 探破一根连接 6 根 K 线的趋势线。交易者将会在其高点上方挂单买入。如果没有成交，他们将把挂单移到下一根 K 线的高点上方，从而在 K 线 3 获得成交。这是一个高 1 买入形态。在上升趋势中，大部分向下突破微型上升通道的走势都会失败，并成为高 1 买入形态。由于微型通道往往会突破某个位置，比如前期高点，在本例中则是突破开盘第一根K线的高点，所以这个高1往往也是一个突破回踩买入建仓形态。顺便提一下，K线2前一根K线是一个可能的做空形态，因为它构成对一根微型趋势通道线（没画出来）的假突破。这根微型趋势通道线是连接K线1之前3根K线的微型趋势线的平行线。不过由于上升动能过于强劲，我们需要等二次入场信号（但并未出现）。这里只是为了说明微型趋势通道线也可以带来逆势交易机会。

K线4是一根小内包K线，跌破了一根连接两根K线的趋势线（没有显示刺破的情况）。我们可以在这根小内包K线上方1个最小报价单位处挂单买入。

K线5突破了当天最重要的趋势线（任何持续时间达到1小时或更长的趋势线都很重要），所以交易者应该预计市场很可能进入两段式回调。当K线5后面那根K线突破下降趋势线之后，K线6的高点下降将触发做空点。在市场出现像K线5后面这种小十字星K线的情况下，最好等待出现更长的趋势K线再进行交易。不过亚马逊（股票代码AMZN）走势图上的这些趋势线反转仍可带来30~50美分的刮头皮利润。K线5是第一次突破一个非常窄的上升通道，最好不要立即做空，等出现突破回踩之后再去做空。

K线6是一个合理的高点下降突破回踩做空形态，可以做一笔以均线为下方目标的刮头皮交易。这并不是一笔理想的趋势反转交易，因为市场尚未出现测试均线然后测试上升趋势高点的走势。

K线6是上升趋势中的微型趋势线做空形态。这种形态如果发生在均线附近，属于比较糟糕的交易，不过这里距离下方均线还比较远，而且前面还出现一个楔形顶部，因此可能属于一波两段式向下调整的一部分。

与常规通道不同，微型通道内几乎没有回撤。这也成了界定微型通道的一个重要特征。比如说，在始于K线8前一根K线的微型上升通道中，第一波上涨在K线9的微幅回撤结束。部分交易者会将后面4根K线视为同一个通道，把K线9看成一次回撤，而其他交易者则认为K线9是第二个微型通道的起点。这其实无关紧要，因为持续到K线10的横盘同时跌破了两个通道。

## 本图的深入探讨

在图16.2中，市场跳空高开，突破了前一天的收盘，第一根K线是多头趋势K线。这根K线实体相对较长，有下影线，说明存在买压。况且前一天收盘前也走出几根小阳线，同样表现出多头力量，因此这根K线并非一个潜在突破失败做空形态的强信号K线。第二根K线为阴线并探破第一根K线的低点，因此是一个合理的突破回踩做多形态，市场可能出现始于开盘的上升趋势交易日。随后市场走出4根多头趋势K线，构成一次急速上涨，但最后一根实体过长，可能意味着动能耗尽。这就带来第一个回踩做多建仓形态，K线3是一根强势入场K线。这也是一个市场突破开盘高点之后的突破回踩做多形态。由于开盘第一根K线相当长，市场可能出现等距上涨（结果的确如此）。

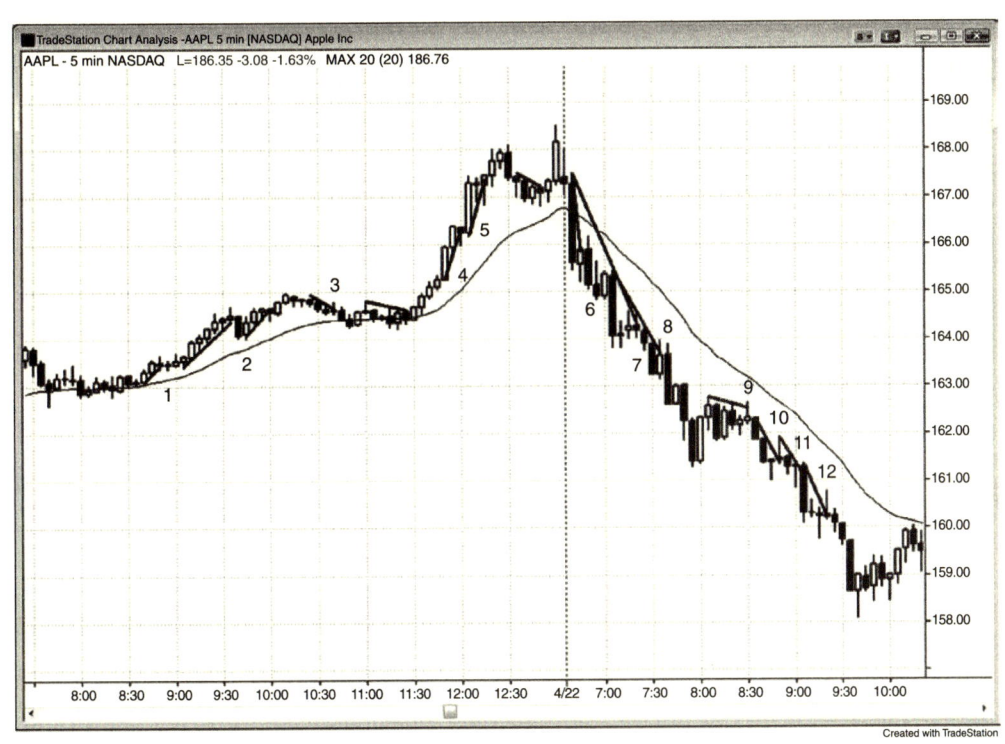

图 16.3　强趋势中的微型趋势线

　　强趋势中的小趋势线，即便只是连接相邻的K线而成，往往会出现失败的突破并提供很好的顺势入场点。此类假突破许多在1分钟图上都是两段式回调（ABC回调），但如果你能够在5分钟图上看到假突破，就没有必要去看1分钟图。

　　在实际交易中，你不一定非得频繁地在图上去画线，因为大部分趋势线不用画也可以目测出来。

　　图16.3是苹果（股票代码AAPL）的5分钟图，图上有许多微型趋势线假突破所带来的顺势入场机会。当趋势很陡峭的时候，你应该只寻找顺势交易机会，不要去交易小的反转。举例来说，虽然K线3对微型下降趋势线有一个假突破，但这个下降趋势实际上是一轮强劲上升趋势中的牛旗回调。市场已经在均线上方运行超过

20 根 K 线。你应该只考虑做多而不要做空，尤其是在市场位于均线上方的情况下。

K 线 2 跌破了强劲上升趋势中的一个微型上升通道，我们可以预见它将会失败。这就构成一个可靠的高 1 买入形态。

K 线 10 和 12 是第一次突破陡峭的窄幅通道，因此不是好的做多入场点。虽然 K 线 12 是市场下跌过程中第二次向上突破，但从 K 线 10 开始的下跌持续多根 K 线而且很陡（从而形成一个新的微型通道），因此 K 线 12 实际上是对新通道的第一次突破尝试。K 线 10 和 12 都是低 1 卖出信号 K 线。

K 线 9 是一根空头反转 K 线，也是市场向下突破小三角形的信号 K 线。三角形属于基本横向运行的交易区间，市场朝一个或两个方向出现 3 波或以上的推动。K 线 9 的前几根 K 线是第 3 波小规模向下推动，正是在此时交易区间变成了三角形。由于市场从开盘起就处于极窄的下降通道，我们没有理由认为这个三角形是一个可靠的买入形态。事实上，大部分交易者还没有把这个形态看成三角形，而是继续寻找机会做空。一旦 K 线 9 空头反转 K 线构成第 3 波向上推动，交易者才确定这是下降趋势中的一个三角形，属于可靠的卖出形态。虽然 K 线 9 收出小阳线，但属于小十字星，并没有表现出太多买压。况且，它收于振幅中位之下，所以仍是一根反转 K 线。如果 K 线 9 收出阴线实体，其看跌信号将会更强一些。

结束于 K 线 8 后面 3 根 K 线的窄幅下降通道包含了几个更小的微型通道。我们可以将这个窄幅通道看作一个中间有几次小幅回撤的大的微型通道，也可以看成 3 个连续的微型通道，或者一个大的窄幅下跌通道。这都无关紧要，因为交易的方法是一样的。下跌走势非常强劲，在更高时间级别上可能对应一波急速下跌。聪明的交易者会在每次反弹后做空，因为每次反弹都只是空头锁定利润的结果，接下来还会继续下跌而非发生趋势反转。在这样的强劲趋势中，交易者将会在前一根 K 线的高点上方做空，以及任何反弹的低点下方做空，比如 K 线 9、10 和 12 低点下方。

在许多下降趋势中，小幅回撤可以带来高获利的机会，但做空的成功率较低。举例来说，K 线 10 和 12 都是十字星，而且附近其他 K 线都有较长的影线，说明市场存在双向交易迹象。当市场开始出现双向交易，通常会演变成一个交易区间。这意味着在其低点附近做空并期待市场向下突破正在形成的交易区间是低概率的做空交易。市场成功出现一轮向下摆动行情的概率可能只有 40%。不过由于潜在回报是风险的数倍，交易者等式依然是非常有利的。那些只做高概率交易的交易者将不会在 K 线 10 和 12 下方做空，而是等待高概率的反转买入机会（比如图中在一系列卖出高潮之后在当天低点出现的多头反转 K 线。我们将在第三本书讨论反转），或反弹时做空（比如 K 线 9 三角形），或急速下挫之后做空（比如 K 线 11 的收盘，因为它向下突破了一个楔形底部。K 线 11 前一根 K 线的低点与 K 线 12 的高点之间构成一个测量缺口。我们将在第二本书讨论测量缺口）。

**本图的深入探讨**

在图 16.3 中，市场前一天以一根强多头趋势 K 线收盘，突破了一轮持续上升趋势之后形成的一个大致水平的牛旗。这是一个末端旗形做空形态，被当天开盘第一根 K 线所触发。交易者可以在那根大阳线下方或者开盘那根小阴线下方做空，也可以在末端旗形底部下方卖出。入场 K 线是一根大阴线，随后市场进入一个非常强势的窄幅下降通道。当天属于"始于开盘的下跌趋势"交易日。

微型通道的首次反转尝试是获利回吐造成的。举例而言，当 K 线 2 前面那根阴线跌破微型上升通道，主要就是因为多头锁定利润。其他多头迫切地想要入场，由于大趋势是上涨，他们会在那根阴线跌破前一根 K 线低点之后买入，其他人可能会在再往下 1 个或几个最小报价单位处挂单买入。有些交易者会在那根阴线收盘时买入，预计它会成为一次失败的突破。我们将在第二本书讨论如何通过限价挂单入场。偏好止损挂单入场的交易者会在 K 线 2 双 K 线反转上方买入，同时也是一个高 1 和突破回踩买入形态。

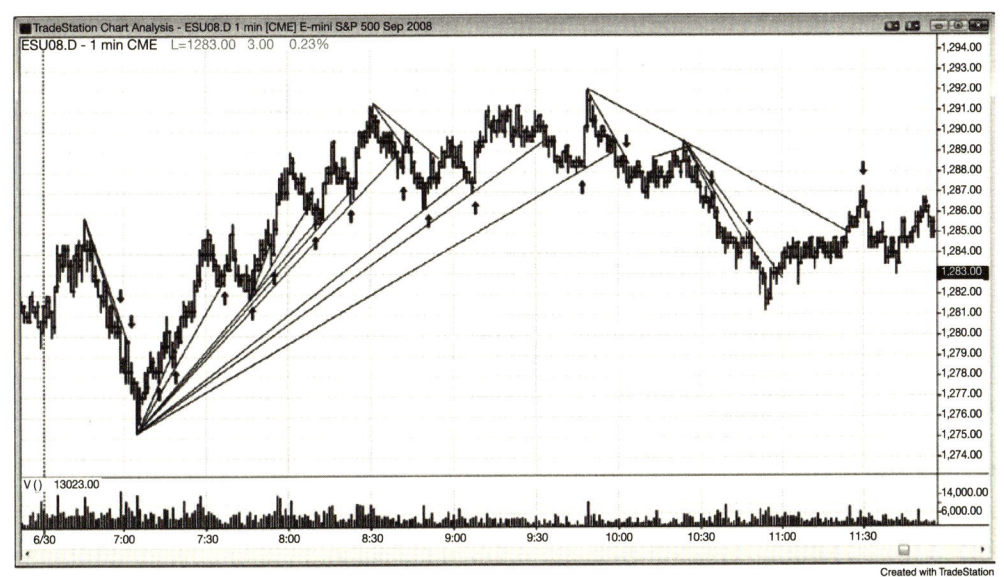

图 16.4　微型趋势线只是较小时间级别上的趋势线

# 高级趋势技术分析
## ——价格行为交易系统之趋势分析

5分钟图上的微型趋势线假突破建仓形态往往对应1分钟图上3~10根K线的回撤（见图16.4）。Emini的1分钟图每天都有大量趋势线测试和趋势通道线过靶与反转的入场机会。许多假突破不到1个最小报价单位，但依然有意义。图上显示的趋势线只是一部分，还有一些没有画出来。虽然事后来看，1分钟图上的交易机会更为明显，但在实际操作中，这并不意味着交易1分钟图更容易赚钱。恰恰相反。在实盘中，最佳的建仓形态最初看上去往往很糟糕，然后迅速形成并且触发，让你来不及反应，而那些失败的形态则会给你大量的时间去入场。结果往往是你选择了大量失败的交易，而少量的成功交易不足以弥补损失，从而当天整体出现亏损。

在图16.4中，每一根趋势线都比前一根斜率要低，直到反方向的趋势线成为主导力量。

微型通道在某个较高时间级别上往往对应一根趋势K线（急速行情），在较低时间级别上则对应发生多次回撤的通道。

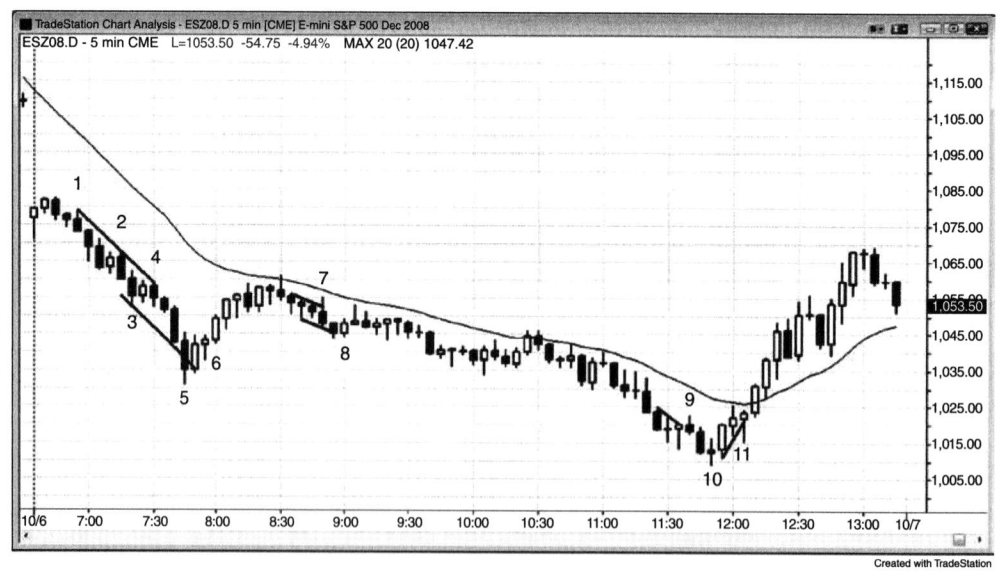

图16.5 道指暴跌700点交易日中的微型趋势线

本例当天道指罕见地暴跌超过700点，但尾盘出现反弹，收复一半失地。图16.5是Emini的5分钟图，当天出现了许多微型趋势线和微型通道所带来的交易机会（只显示了4个）。

K线5是一个微型趋势通道线过靶，并成为一个双K线反转的第一根K线。通道线是连接K线1和K线4的微型趋势线的平行线。你也可以通过连接K线低点来画通道线（K 线 1 后一根 K 线的低点和 K 线 3 的低点）。接下来市场出现一个非常不错的双内包（ii）形态，两根内包 K 线都收出阳线（在强劲下跌趋势中做反向交易，这是非常必要的）。K 线 5 后一根 K 线与 K 线 5 构成双 K 线反转。

当一个微型通道开始走出 5~10 根 K 线（就像图中从开盘到 K 线 5 的通道），你也可以同样准确地将其称之为通道。叫什么并不重要，因为微型通道本来就是通道的一种。我们之所以将微型通道与一般的通道区分开来，只是因为微型通道通常可以带来可靠的顺势刮头皮交易机会。

K 线 7 和 K 线 9 都是微型趋势线突破失败所带来的刮头皮卖点，随后"突破失败"也失败，迅速出现刮头皮买点。"突破失败"失败即突破回踩买入形态，虽然二者的回踩均以低点下降的方式发生。K 线 7 是首次突破微型通道，并非好的做多形态。实际上它最终成了一根外包阴线做空入场 K 线。你也可以等待 K 线 7 收盘，确定收出阴线，然后再在市场跌破 K 线 7 外包阴线时做空刮头皮。

K 线 11 属于典型的空头陷阱，将交易者震出去，使他们踏空一轮强势上涨。如果你被震出去，需要在 K 线 11 高点上方再次买入。这是一个微型趋势线假突破构成的高 1 入场点。K 线 9 突破了微型下降通道，K 线 10 是一个低点下降方式的突破回踩，此时交易者可能猜测市场也许将出现一轮较大的上涨。K 线 10 出现很短的阴线实体，下一根 K 线为强多头趋势 K 线，再往后一根 K 线也是阳线，说明买压在累积。这就使得第 3 根阳线成为一个很弱的低 1 卖出形态。交易者预见到它会失败，所以在其低点或下方买入。此时他们并不知道后面会进入多头趋势，但相信涨幅至少可以带来刮头皮利润。在 K 线 11 后面 1~2 根 K 线之后，交易者看到市场"始终入场"的方向已经转多，于是将剩余的多头头寸参与摆动，甚至还会加仓。

当天许多 K 线都有超过 6~8 个点的振幅，稳妥的做法是将头寸规模降到一半或更低，然后将止损扩大到 4 个点，利润目标扩大到 2 个点。除了这一点，当天的价格行为走得非常规矩。

**本图的深入探讨**

在图 16.5 中，市场当天大幅跳空低开，但第一根 K 线是强多头反转 K 线，属于"始于开盘的上升趋势"买入信号（基于对前一天收盘的假突破）。第三根 K 线是强空头趋势 K 线（急速下跌），不过市场有可能只是形成低点抬升然后恢复上涨。但结果市场站上那根低点抬升 K 线之后以外包阴线的方式反转下跌（K 线 1），触发突破回踩做空入场点。跳空低开为突破走势，"突破失败并尝试上攻"失败为突破回踩，导致市场恢复向下突破走势。在那根外包阴线形成过程中，部分交易者开始反手做空。其他交易者会在这根外包阴线低点下方做空，另一些交易者则在那根多头反转 K 线（当天第一根 K 线）低点下方做空。当天成为一个大规模的"始于开盘的下跌趋势"交易日，以窄幅通道的方式一直下跌到 K 线 5。这个通道非常窄，相当于一波急速下跌。接下来市场回踩均线，然后进入一个新的下降通道，一直持续到当天低点 K 线 10。

大部分微型趋势线假突破交易机会都是下跌趋势中的低 1 入场点或上升趋势中的高 1 入场点。K 线 9 是低 1 卖出形态。K 线 11 是高 1 买入形态。K 线 11 是新一轮上升行情的第一个低点抬升，而在趋势可能转多之后出现的低点抬升是非常不错的买入形态。K 线 11 前面的低 1 信号 K 线是一根十字星，前面是一根多头趋势 K 线。这是一根强多头趋势 K 线，可能已经将市场"始终入场"的方向转为多头（它与 K 线 9 后一根 K 线构成双 K 线反转，而 K 线 9 是单 K 线末端旗形）。激进的多头可能预期低 1 卖点失败，将会在低 1 信号 K 线低点挂限价买单。

高点抬升或低点下降的突破回踩建仓形态始于小型末端旗形反转。举例来说，K 线 9 是一次微型趋势线突破，然后突破失败，在 K 线 10 创出低点更低。K 线 10 可以看成对 K 线 9 突破的回踩。这一突破回踩是以低点下降的方式发生的。由于市场从 K 线 10 反转走高，K 线 9 就成了一个单 K 线末端旗形。

持续到 K 线 5 的下跌形成窄幅通道，但其动能非常之强，在某个较高时间级别上应该对应一波急速下跌。随后市场反弹到均线并出现"20 根均线缺口 K 线"卖出信号。接着市场进入一个更长的通道，一直持续到 K 线 10，从而完成了一个"急速与通道"形态。反转行情的第一目标是第一个强势买入形态的顶部，也就是 K 线 5 双 K 线反转。接着下一个目标就是下降通道的起点，即市场 8 点半测试均线的位置。

在强劲上升趋势交易日，我们应该避免做空，包括微型趋势线假突破带来的卖点，尤其是当其发生在均线附近或其上方之时。在图 16.6 中，如果在 K 线 1、2 和 3 做空，那就是在均线区域或均线上方做逆势交易。没错，下倾的微型趋势线意味着市场出现了一小段下降趋势，但每一波都属于超强上升趋势中的回调，因此你只能考虑做多。这些回调属于牛旗，而且位于均线上方，说明多头力量较强。市场并

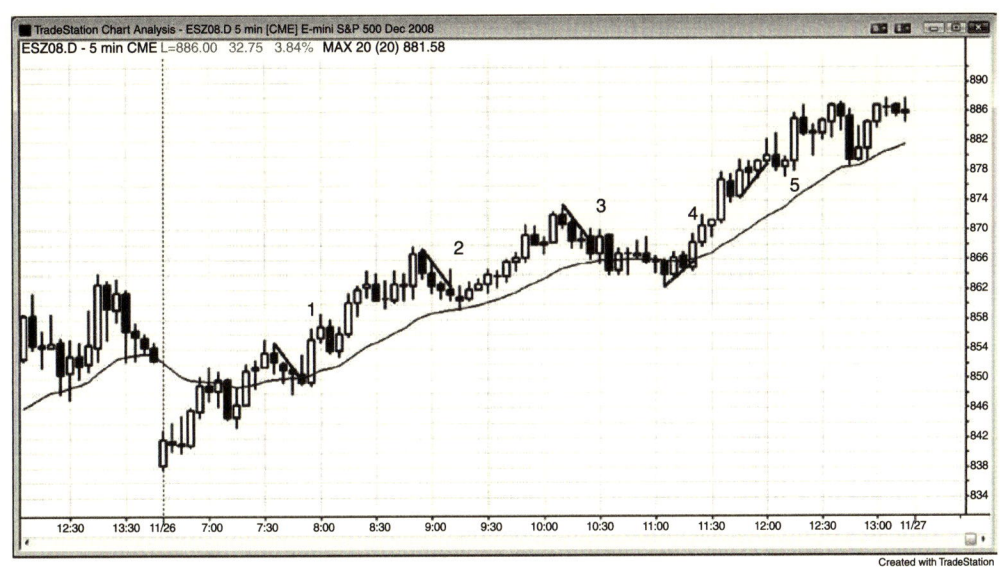

图 16.6　上升趋势中的微型趋势线

未出现突破重要上升趋势线继而以高点抬升或高点下降方式测试前高然后向下反转的走势。在上升趋势交易日，微型下降趋势线的唯一价值就是提醒你在微型趋势线做空信号失败之后在发生突破回踩时买入。换句话说，不要在 K 线 1、2 和 3 做空，相反，应该在那些空头买入回补的地方做多。做空信号的失败将会形成小型低点下降（比如 K 线 2 和 K 线 3 微型趋势线假突破失败之后），或者小型低点抬升（比如 K 线 1 假突破失败之后），仅仅成为向上突破微型下降趋势线之后的一次回踩（突破回踩做多形态）。

顺势的微型趋势线假突破入场点是高概率的交易，比如 K 线 4 和 5 的买点。

**本图的深入探讨**

图 16.6 的行情属于"始于开盘的上升趋势"交易日，应该避免做空，包括微型趋势线假突破造成的卖点，尤其是当其发生在均线附近或上方时。市场开盘跌破均线后立即向上反转，造成突破失败。空头试图将上涨变成回踩均线的突破回踩做空形态，但上涨行情出现多根大阳线，意味着交易者只能在二次入场点做空。然而二次入场点并未出现，市场短暂下跌之后形成低点抬升并继续走高。

# 第 17 章　水平线：摆动点与其他关键价位

大部分交易日都是交易区间交易日，或者存在大量交易区间走势。在这些交易日，你会发现经过摆动高点和低点的水平线通常会成为价格运动的障碍，造成假突破然后反转。对摆动高点的突破往往会失败，形成高点抬升反转形态；对摆动低点的突破失败后形成低点下降反转形态。有时候"失败"会再失败，从而成为突破回踩形态，然后形成第二个更高的抬升高点或更低的下降低点。在第二个抬升高点或下降低点逆势交易成功率更高，因为它们是第二次反转尝试，而二次信号在交易区间交易日是不错的建仓形态。

在趋势交易日，水平线通常只能用于在回调中入场。比如说，在一个上升趋势交易日，如果市场强势向上突破交易区间，数根 K 线后可能出现回踩突破位的走势。如果测试过程中出现多头反转形态，这就是一个非常不错的突破回踩买入形态。

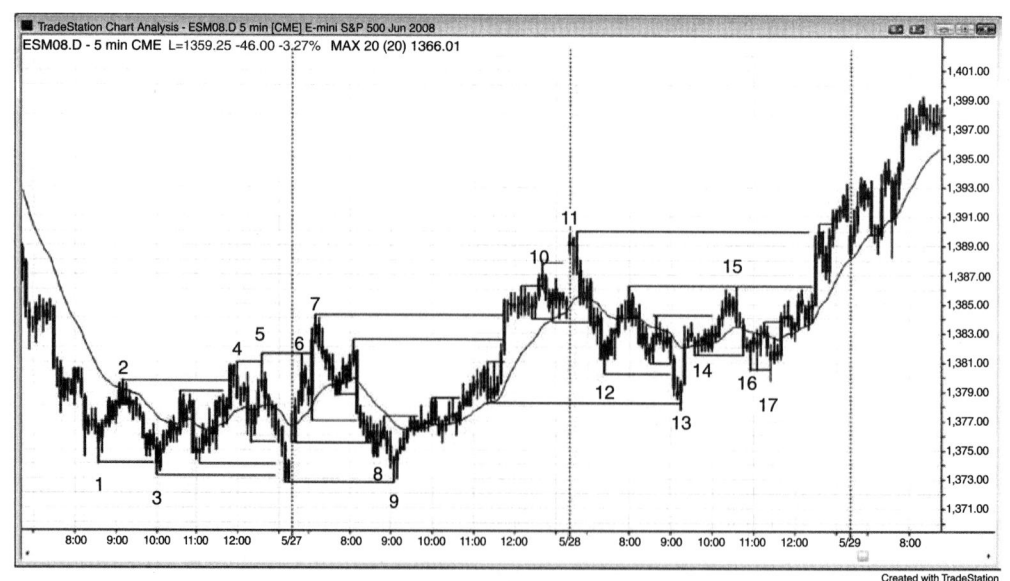

图 17.1　突破可以构成反转建仓形态

大部分交易日都不是强趋势交易日，在这些交易日交易者应该关注那些前期摆动高点和低点，看市场是否会制造假突破并带来反转交易机会。二次信号为最佳。第二个抬升高点或下降低点是交易区间交易日更极端的价位，由于当天的中间价位具有一定磁力，因此这个更为极端价位更有可能产生刮头皮利润。比如说，在图 17.1 中，K 线 5 是 K 线 2 上方第二个抬升高点。

K 线 9 是市场跌破开盘低点后第二次试图向上反转，并与前一天的低点构成一个双底。

**本图的深入探讨**

在图 17.1 中，K 线 5 还是从 K 线 3 低点开始的第 3 波向上推动。虽然样子并非楔形，三连推通常表现出楔形的特征，可以视为楔形的变体。

K 线 9 是一个扩散三角形底部的第 7 个点（虽然它与前一天的低点构成双底，并非低点下降，但没必要那么精确），K 线 11 是一个扩散三角形顶部。它也是一个较小的扩散三角形，K 线 10 是第 2 波向上推动，第 1 波推动在其 5 根 K 线之前。

K 线 13 是一个大双底回撤。图中有各种各样的底部，其中一些可以看成双底，而 K 线 3 和 K 线 9 可能是最标准的。K 线 13 还是一个高 2 买入形态，因为它处于两波大规模复杂下跌的底部。由于市场从 K 线 9 到 K 线 11 形成一个上升通道（熊旗），K 线 13 是对这一熊旗的假突破。它还是一个大的楔形牛旗，K 线 10 之前或之后的小型摆动低点是第 1 波向下推动，K 线 12 是第 2 波。

K 线 15 是一个双顶熊旗。形态失败，一根长阳突破其高点，市场显著转为多头态势。

K 线 17 是 K 线 16 下方的下降低点，K 线 14 下方的第二个下降低点。它还与 K 线 14 和 16 共同构成一个楔形牛旗，同时也是市场突破 K 线 11 到 K 线 13 牛旗之后以低点抬升方式发生的突破回踩。

在强趋势交易日，只有当市场强力突破趋势线并出现强势反转 K 线，才能考虑在上升趋势中的摆动高点和下降趋势中的摆动低点逆势开仓。在图 17.2 中，两个交易日都是强趋势交易日，开盘附近构成当天的最低点或最高点，价格超过 2 个小时没有回踩均线（20 根均线缺口 K 线回踩建仓形态）。K 线 4 是一根空头反转 K 线，是对市场向上突破交易区间走势的反转（此前曾发生向下突破后小规模向上反转）。K 线 8 是一个小型双 K 线反转的第一根 K 线，而且是 K 线 7 上方的一个低点抬升。

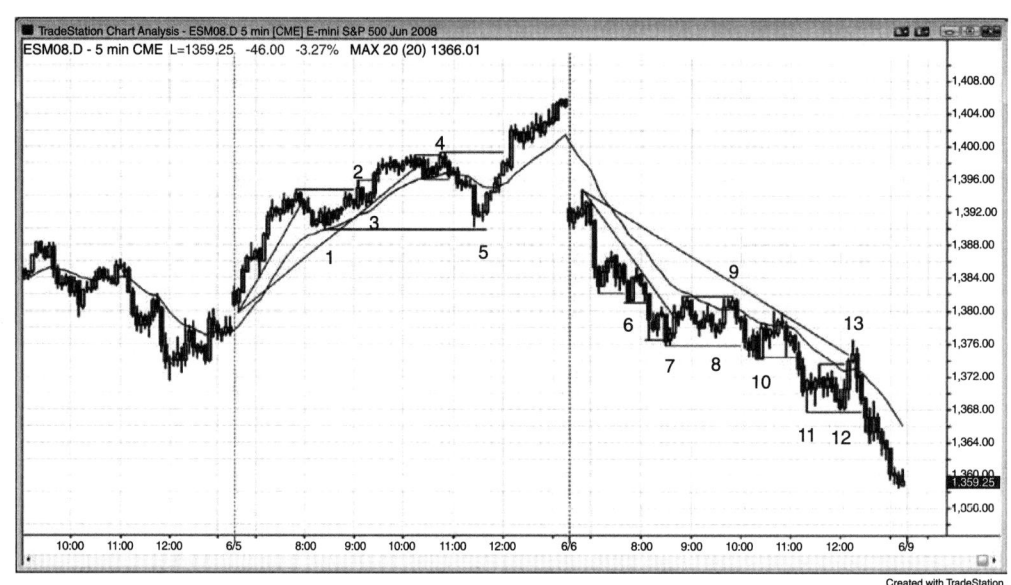

图 17.2　不要在强趋势中逆势交易

不过，它们都属于逆势交易，而且此前对趋势线的突破逆势动能很小，因此并非强势建仓形态，只能刮头皮。如果它们对你的顺势持仓造成了干扰（顺势持仓应该让很大一部分仓位参与摆动），那就干脆不要做。

**本图的深入探讨**

　　在图 17.2 中，市场当天开盘跌破了前一天最后一个小时的上升通道。上升通道应该总是被看成熊旗。第一根 K 线为阴线，说明开盘时空头力量很强。但第二根 K 线向上反转，试图造成一次突破失败并形成"始于开盘的上升趋势"。然而"突破失败"失败，带来在第四根 K 线下方以及开盘区间下方入场的突破回踩做空机会。在强劲的两根 K 线急速下挫之后，市场进入漫长的下降通道。

　　K 线 1 和 K 线 5 形成一个双底牛旗，K 线 9 是一个双顶熊旗的一部分。K 线 8 也是一个小双底牛旗。记住，双底牛旗通常只是以双底形式出现的低点抬升。

　　K 线 4 有可能成为"急速与通道"上升行情交易日中的通道顶部。的确，市场向下测试通道起点 K 线 1，然后构成一个双底牛旗买入形态。

　　K 线 5 和 K 线 13 都属于均线缺口 K 线建仓形态。二者都发生在上午 11 点半之后。这个时间段市场通常会出现强劲的逆势行情，将交易者震出趋势或者套在错误的方向。这带来可靠的顺势交易机会，市场往往会创出新高或新低并持续到收盘。

# 第三篇

# 趋势

趋势是指一系列的价格变化，大部分为上涨（上升趋势或多头趋势）或下跌（下跌趋势或空头趋势）。这一点对于交易非常重要，因为通常情况下，除非市场至少正在形成一个低点抬升，交易者不应该寻求做多；除非市场至少正在形成一个高点下降，交易者不应该寻求做空。趋势可以短到只有一根K线（记住，一根趋势K线在较小时间级别上是对应一段趋势的），长到整个屏幕都放不下。趋势可以宽松地分为四种互有重合且通常可以互换的类别：趋势、摆动、回撤和波段。这只是一个大概的分类，因为其他三种只不过是趋势在不同时间级别上的不同版本。比如说，60分钟图上一轮上升趋势中的回撤可能是1分钟图上一轮强劲的下跌趋势。而且，每一个类别都包含一个或以上较小的版本。比如一轮趋势可能是由10次摆动所构成，每一次摆动都包含1~4次回撤，而每一次回撤可能都有1~4个波段。另外，任何规模的向上摆动和向下摆动通常都被视为一个波段，所以分类并不是很重要，只不过不同的术语之间有着微妙的差异。

简单来讲，当你电脑屏幕上的走势图从左上角或左下角开始，以一定斜率运行到屏幕上的对角，中间没有特别大的波动，这就是趋势。比如说，如果左边的多根K线位于你显示器的左下角，而右边的多根K线位于右上角，屏幕中间并没有太多大幅度向上摆动和向下摆动走势，那么这就是上升趋势。你的感觉会告诉你市场到底更可能处于趋势当中还是交易区间中的一波强劲走势。如果你有一种不确定感，那么市场就更可能处于交易区间。相反，如果你有一种迫切感，一直希望市场出现回调，那么市场就更可能处于趋势当中。

趋势可以非常陡峭，出现一系列趋势K线，实体很长，相邻K线之间重叠度很低，影线很短。这是趋势的急速行情阶段，可以短到只有一根K线。正是在此时，大部分交易者感到市场"始终入场"的方向明确变为多头（如果这是一轮新的上升趋势），或明确变为空头（如果这是一轮新的下跌趋势）。最终市场开始以回撤的形式出现一些双向交易，然后趋势将转入通道阶段，持续的时间可以大大超出大部分交易者的预计。趋势可以由小的急速行情加上大的或小的通道构成，也可以由大的急速行情加上大的或小的通道构成。急速行情K线之间可以存在一些重叠，使其看起来更像一个窄幅通道；通道也可以非常陡峭，相邻K线之间重叠度非常低，看起来更像一波大的急速行情。关键点在于，大部分趋势开始的时候往往非常强劲，然后动能逐步下降，最终出现更大幅度的回撤并演变成交易区间。交易区间仅仅是更高时间级别上的一次回撤。在某个时点，市场将会以急速行情的方式朝相反方向突破，然后反转进入相反方向的趋势。

一张图上只显示一段或两段趋势。如果图上的趋势超过两段，那么我们最好用其他三种分类之一来描述趋势，因为双向的价格行为可以带来不同的交易机会。摆动和波段都是较小的趋势，一张图上至少有两次摆动和两个波段。当图上有两段或以上的较小趋势，我们就会用到"摆动"这个术语，即便整张图可能处于震荡行情。

波段是指较大趋势中任何较小的趋势，可以是回撤（逆势运动），也可以是趋势或震荡行情中的一次摆动，或者趋势中任何两次回撤之间所发生的顺势运动。

回撤是短暂的逆势运动，属于趋势、摆动或波段的一部分。举例来说，一次多头回撤是指一轮上升趋势、摆动或波段中发生的横向或向下的运动，接下来至少将测试前期高点。任何代表走势暂停或动能丧失的一根或多根K线就是回撤，即便并未真正出现倒退的价格运动。这也包括单根内包K线（显然没有跌破前一根K线的低点或超出前一根K线的高点）。当回撤只有一根K线，它就属于停止K线或回撤K线。这些单K线的回撤在较小时间级别上是由一系列小摆动所构成的。不过你可能需要到1分钟图或更小级别的图上才能看到它们。对于交易者来讲这属于浪费时间，不过心里有数的话，在下单时思路可以更清晰。

在任何趋势内，都有大量较小的相反趋势，有些仅持续一两根K线。所有这些反向运动都应该被认为有可能失败，并构成较大趋势方向的顺势交易机会。在上升趋势中，摆动应该是趋势性往上的，也就是说，每一次回撤应该高于上一次回撤并带来新高（趋势性高点和低点，或趋势性摆动）。所有动能强劲的行情通常在回撤之后至少会测试极端价位（所有强劲走势往往至少有两波行情，哪怕第二波未能展开就发生反转）。

所有趋势，无论多小，都必须先突破前期趋势的趋势线，或者前期交易区间的支撑或阻力位，然后产生趋势性摆动（在上升趋势中即一系列高点抬升和低点抬升）。二者缺一不可，否则就不会产生趋势。最佳的风险收益比发生在趋势确立之前，突破趋势线后在第一次回撤时入场。在趋势行情交易日展开过程中，交易者应该留意那些强势信号，以确定趋势延续的概率。

为什么识别趋势的存在如此重要？因为你大部分的交易都应该朝这个方向，你必须想办法抓住所有顺势入场机会，尽量少做逆势交易。大约80%反转趋势的尝试都会失败，当然这还要看你如何定义趋势和反转尝试。市场有一种惰性，倾向于维持当前的状态。由于这种惰性的存在，等待反转尝试失败（仅成为趋势中的回调）然后顺势入场相比试图去逆势交易具有高得多的数学上的合理性。顺便提一下，市场的惰性还意味着如果市场处于交易区间，它将会抗拒突破区间进入趋势，大约80%的突破尝试都会失败。

你越早发现趋势，就越可能赚更多钱。过于关注逆势形态可能会让你错过回报高得多，但往往更吓人的顺势入场点。顺势入场点之所以更吓人，是因为市场总是看起来涨跌过度，很难想像在一轮超跌行情低点卖出和超涨行情高点买入居然可以获利。然而，这正是我们可以获利的原因！比如说，在一轮下跌趋势中，没有可以确定市场是否会出现一轮反弹（让他们获得更好的卖出价格），但所有人都确信市场很快还会创出新低。正是由于这一点，所有人都会以市价或在微小反弹中卖出，使得大幅反弹无法实现。多头不计成本地撤退，空头不计成本地想要入场，因为双方都认为市场还将下跌，不想因为期待反弹而错失机会。

当趋势相当强劲，行情通常会延续到第二天或更多交易日。比如说，如果某一天是一个强劲上升趋势交易日，尤其如果它属于反转或突破以及可能是一轮大行情的开始，那么这一天通常会收在最高点，第二天往往也会收出阳线。这种情况可能会持续数天。开盘通常会出现剧烈抛盘，将多头洗出去、将空头套住，但往往会在15分钟或60分钟均线或其他支撑位找到支撑。我们将在第二本书讨论支撑位和阻力位。

趋势是相对确定的价格区域，即市场在朝相反方向运行X单位之前继续朝当前方向运行X单位的概率要高于50%。趋势由一系列急速行情所构成，中间交替出现小型交易区间，在每个短暂的急速行情阶段，市场方向的确定性要高于50%，但在每个交易区间阶段，不确定性上升，概率再次回到50%附近。交易趋势的难点在于，急速行情阶段往往非常短暂，等你意识到它的存在，可能已经没有多大的空间让你从中获利（虽然此时方向确定性较高）。然后，还没等你反应过来，一个交易区间已经开始形成，概率回到50%。所以做趋势最好的方法之一就是预期下一波急速行情将会在何时启动，然后以止损挂单的方式在其启动时入场。采用这种方法，你就能抓住一波急速行情，可能有60%甚至更高的概率在亏损X单位之前获得X单位利润。如果你精于此道，就能够成为成功的交易者。

　　大资金并不害怕在趋势的急速行情阶段入场，因为他们预计后面还有很大的空间。如果入场之后市场立即出现回撤，他们反而会进一步加仓。比如说，如果市场出现一轮持续数根K线的强势多头突破，将会有越来越多的机构确信市场"始终入场"的方向已经转多。当确信市场将会继续走高，他们就会开始买入，从而使得飙升幅度迅速扩大。他们有多种方法入场，比如以市价买入，在1~2个最小报价单位回调中买入，在前一根K线高点上方挂单买入，或者在突破前期摆动高点时买入。他们怎么入场并不重要，因为他们的目标是至少先建立一个较小的头寸，然后在市场上涨过程中或者回调中继续加仓。正是由于机构在市场上涨过程中加仓，所以急速行情可以持续多根K线。新手看到市场涨幅快速扩大，无法理解为什么涨这么高之后还有人在高点买入。他们没有明白，由于机构如此确信市场将会继续走高，所以会越涨越买，因为他们不想因为等待回调而错过一轮行情。新手还担心如果现在追高，止损必须设在飙升行情的起点下方，或至少是涨幅中位的下方，冒的风险过大。机构显然知道这一点，但他们会通过降低仓位来降低总资金风险，使之与其他交易的平均风险相当。

　　在所有趋势中，无论多么强劲，最终都会出现一定回撤。比如说，现在有一波强势多头突破，或者"始于开盘的多头趋势"，急速飙升行情由4根影线很短的连续长多头趋势K线构成，然后第5根K线跌破前一根K线的低点，这就是一次回调。你也许会问，如果所有人都想在回调中买入，为何还会出现回调呢？答案是，并非所有人都想要买入。那些在低位买入的老练交易者会寻找合适价位锁定部分利润（开始分批卖出多头头寸），有时候他们会全部平仓。与那些计划在首次回调中逢低买入的多头不同，他们害怕市场反转或出现深度回调（可以让他们在更低的位置再次买入），所以锁定部分或全部利润。如果他们相信市场仅回调几个最小报价单位就可恢复趋势行情，那就没有理由减仓或平仓。他们总是在某个阻力位锁定利润，比如等距运动目标、趋势线、趋势通道线，或上方某个交易区间的底部。大部分交易都是由电脑执行的，必然有数学上的基础。这意味着机构的利润目标是基于所有人都能从走势图上看到的价位。通过实践，交易者可以慢慢发现电脑程序可能锁定利润的价格区域，从而也可以在同一价位锁定利润（如果预期市场将进入回调的话）。

有时候飙升行情还会出现一根 K 线或一个形态可以让激进的空头做一笔小的刮头皮。这些空头可能认为回调即将来临，而且有足够的获利空间。然而，大部分交易者这么做都会亏钱，因为大部分回撤的幅度都不足以带来交易利润，或者交易者等式非常弱（赚取刮头皮利润的概率乘以利润的规模小于亏损的概率乘以保护性止损的大小）。而且，做空的交易者急切地追求如此小的利润，几乎无一例外地将错过几分钟后出现的、获利性高得多的做多机会。

有些交易者不喜欢在急速行情中买进，因为冒的风险太大。他们更愿意在更好的位置（折扣价）买进。这些价值型多头只在回调中买进，将会耐心等待回调出现。其他错过了第一个买点或在飙升阶段没有建立足够仓位的多头将会焦急地等待第一次回调，然后入场或者加仓。他们会在前一根 K 线低点或其下方挂单买入，希望市场能够小幅下探，让他们的单子成交。正因为这个原因，第一次回撤往往只跌破前一根 K 线低点几个最小报价单位。在多头相当激进的情况下，他们甚至会在前一根 K 线低点上方买入，使得本来应该成为一根回调 K 线的 K 线并未跌破前一根 K 线的低点。

如果持有浮盈头寸的多头认为急速飙升行情正在减弱，下一根 K 线将会跌破当前 K 线的低点，部分多头将会以市价卖出头寸。其余多头将会等待当前 K 线收盘，如果并非强多头趋势 K 线，他们将在 K 线收盘时卖出，虽然这么做可能卖的有点早，但能够在高位卖出依然是一件很开心的事情。最终市场将会真正出现一根回调 K 线，其低点跌破前一根 K 线的低点。一旦回调 K 线出现，其他多头将会在其高点上方挂单买入，因为这是急速飙升行情中的高 1 买入形态，属于高概率买点。部分交易者更愿意在 K 线上方（止损单）而非下方（限价单）挂单买入，因为他们更愿意入场的时候市场朝他们的方向运行，这样风从背后吹来而不是迎面吹来。换句话说，他们愿意用部分潜在利润来换取更高的成功率。只要交易者等式有利，两种策略都是可行的。较高时间级别上的上升趋势往往会在 5 分钟图上交易日最后 30~60 分钟出现上涨走势，部分买盘来自共同基金，部分来自空头回补，但大部分都是量化交易程序买入所致——它们的程序员经过测试证明在上升趋势中在收盘前买入是一种获利策略。尾盘拉升通常会造成收盘高于开盘，从而在日线图上形成一根多头趋势 K 线。当市场处于多头趋势，我们可以在最后一个小时寻找买点。同样，当日线图处于下跌趋势，可以在最后一个小时寻找卖点，因为 5 分钟图尾盘通常会出现下跌、使得日线收出空头趋势 K 线。

在上升趋势中，市场最近一组K线都集中在你电脑屏幕的最上方（下跌趋势则相反）。从心理上来讲，这会让人感觉仿佛市场已经没有太多上涨（或下跌）的空间。于是大部分交易者都抓不住上升行情顶部的极佳买入信号或者下跌行情底部的极佳卖出信号，反而寻求反转机会。但屏幕显示所造成的幻觉与市场本身无关，如果你在图形上方或下方加一些空白，感觉可能马上就会不一样，觉得趋势运行空间还很大。市场总是吸引逆势交易者入场，如果你刚好在他们出场的地方顺势入场，那么他们将会帮助你推动市场朝你的方向运行，哪怕行情看起来已经相当过度了。

在上升趋势中，价格站上前期摆动高点将会导致下列三种情形之一：更多买盘、获利回吐（可能性最大）或做空。在强劲趋势中，强势多头将会在突破前高时买入（或加多），市场将会出现某种类型的等距上涨。举个例子，有一轮上升趋势形成一个楔形顶部，但市场向上突破楔形，如果有足够的多头追高，市场通常会继续上涨与楔形高度相当的等距幅度。空头将会立即察觉市场的强势突破，从而回补空头。这种迫切的空头回补将增加突破走势的动能，扩大飙升行情的幅度。那些在楔形顶部形成过程中卖空的强势空头意识到自己此前的预判是错误的。他们预计市场将会出现等距上涨，迅速回补亏损空头，而且在数根K线内不再考虑做空，也许直到市场测试某个阻力区域，比如等距运动目标。这通常会导致持续一根或多根K线的强势多头突破，并且接下来多根K线延续升势。如果涨势非常强劲，空头可能在十几根K线内甚至全天剩余时间内都不再寻求做空。

每当市场突破之后，如果在进入回调之前，延续性行情的幅度足以让交易者至少获得刮头皮利润，我们就可以假定主要推动力来自于高位买盘；如果市场横向震荡，我们可以假定多头在获利回吐，只有回调之后才会再次买入；如果市场急剧反转，说明强势空头在新高处大举做空，市场可能至少出现持续10根K线以上的两段式回调。

除非出现重大新闻事件，交易者一般不会从极端看多迅速转为极端看空。这种转换一般是一个渐进的过程。交易者往往先是看涨情绪减弱，然后变为中性，然后转为看空。一旦足够多的交易者做出了这个转变，市场将会反转进入更深的调整或者进入下跌趋势。每家机构都有自己衡量市场涨跌过度的标准，在某个时点，可能有足够多机构认为趋势已经运行过度。他们相信如果停止在前高上方买入，错过一轮大行情的风险非常低，所以只会在回调时买入。如果市场迟迟不能站上前高，说明正在进入双向交易模式，强势多头在利用前高锁定利润。

获利回吐意味着交易者依然看涨，但只愿意在回调之后买入。大部分新高都会伴随着获利回吐。每一个新高都是一个潜在的顶部，但大部分反转尝试都会失败，并成为牛旗的起点，接下来还将创出新的高点。如果上涨行情在测试高点时发生数次小幅回撤、大量重叠K线、多根阴线，以及带长上影线的K线，而且大部分多头趋势K线都比较弱，说明市场双向运动的迹象在加强。在这个过程中，多头在K线高点锁定利润，只在K线低点买入，而空头开始在K线高点做空。类似地，当市场接近上升趋势高点，多头锁定利润，空头进一步加空。如果市场超越前高，多头平仓和空头加仓的力度可能进一步加强。

大部分交易者都不喜欢反手，如果预计市场将出现反转信号，他们宁愿先退出多头，然后等待反转信号。在趋势最后的上涨阶段，这些多头的流失部分造成了市场测试前高走势的疲软。如果市场突破前高之后强势反转，说明强势空头接管市场，至少在短期内。一旦这种情况出现，那么那些原本希望在市场小幅回调之后买入的多头将会转变观点，预计市场可能进一步下跌，转而等待出现深度回调之后再买进。这些多头的袖手旁观纵容了空头杀跌，市场进入更深的调整，出现持续10根或以上K线的两段式或多段式回调。

有一种情况，上升趋势中的突破总是会迎来强劲卖盘，然后空头接管市场。回撤是相反方向的一段小趋势，交易者往往预计它很快就会结束，大趋势将会恢复。当强劲下跌趋势出现回撤，市场通常会走出两波上涨的小型上升趋势。当市场站上第一波上涨的高点，相当于突破一轮小型上升趋势中的一个前期摆动高点。然而，由于大部分交易者把上涨行情看成即将结束的回撤走势，突破之后主导市场的力量往往是激进空头，而非激进的新增多头或获利回吐多头。所以，当市场突破回撤走势的第一个或第二个摆动高点之后，这轮小型上升趋势通常会向下反转，恢复大的跌势。

下降趋势中的新低也是如此。当下降趋势很强劲的时候，强势空头会在市场突破至新低时加仓追空，市场将继续下跌，直到它到达某个等距运动目标。随着趋势弱化，新低处的价格行为将不再那么清晰，意味着强势空头不再将新低视为加空的区域，而是开始锁定空头利润。随着下跌趋势进一步失去动能，最终强势多头将会把新低视为开多良机，制造出反转形态并引发强势上涨。

随着趋势逐渐衰减，它通常会过渡到交易区间，但市场在第一个交易区间之后往往会延续原有趋势。当趋势衰减时，强势多头和空头将会怎么做呢？在上升趋势中，当趋势强劲的时候，回调幅度都很小，因为强势多头会在回调中继续买入。由于他们相信市场在出现大幅回撤之前还有很大的上升空间，所以不停地分批买入。他们买入的理由和手法各不相同，几乎包括所有我们能够想到的理由，因为市场中大资金参与者非常之众。比如说，他们会在下方几个最小报价单位处挂限价买单，或者在前一根K线低点上方几个单位、前一根K线低点以及前一根K线低点下方挂单买入。同时，他们也会在前一根K线高点上方以及任何前期摆动高点上方挂止损单买入。他们还可能在任何多头或空头趋势K线收盘时买入。他们把空头趋势K线视为在低位买入的短暂机会，而把多头趋势K线视为市场即将快速上涨的信号。

强势空头也非常聪明，完全能够理解正在发生什么。与强势多头一样，他们也相信市场很快将继续走高，所以没有理由做空。于是他们选择在一旁观望，等待高位做空的机会出现。多高才算高呢？每家机构都有自己判断行情过度的标准，一旦市场到达某个位置，足够多看跌机构认为涨势到头，他们将开始做空。如果足够多机构大约在同一价位做空，市场将会出现更多、更长的阴线，K线开始频繁出现上影线。这些都是卖压的信号，告诉所有交易者多头正在变弱、空头正在变强。最终，强势多头停止在前高上方买入，而是在市场创出新高之后开始锁定利润。他们依然看多，但已经没有那么激进，只在回调的时候买入。随着双向交易不断增强、下跌走势出现更多空头趋势K线并持续更多K线，此时强势多头将只愿意在正在形成的交易区间的底部买入，同时在区间顶部锁定利润。强势空头开始在新高位置卖空，而且逢高加仓。他们可能会在正在形成的交易区间的底部锁定部分利润，如果他们认为市场可能向上反转并创出新高的话，但还会继续寻求在新高做空。到某个时点，市场将进入上下各50%的均衡状态，多头和空头都不掌握控制权。最后空头占据主导，下跌趋势开始，反向的过程继续重复。

持续30根或以上K线的趋势往往会出现异常强势的突破，但可能属于耗竭性高潮走势。举例来说，在一轮已持续很长时间的多头趋势中，所有强势多头和空头都希望看到一两根长阳，尤其是巨阳，因为这可能构成卖出的天赐良机。于是，当市场接近强势多头和空头的卖点，比如接近某个等距运动目标或趋势通道线，尤其当走势为连续第二次或第三次买入高潮之时，他们会引而不发。这些强势交易者卖盘的缺席将会在上方造成一个真空，使得市场走出一两根较长的多头趋势K线。这种急速拉升走势正是强势交易者所期待的卖出信号。此时他们仿佛凭空冒出来一样，开始卖出。多头锁定多头头寸的利润，空头开立新的空头头寸。双方都会在K线收盘时、K 线高点上方、下一根 K 线收盘时（尤其如果它是一根弱 K 线）、再后面一根 K 线收盘时强力卖出，尤其如果这些 K 线开始出现阴线实体。他们还会在前一根 K 线低点下方卖出。当他们看到一根强空头趋势 K 线，他们会在其收盘时和低点下方卖出。多头和空头都预计市场将进入深度调整，而多头在至少出现 10 根 K 线的两段式回调之前不再考虑买入（即便到那时也只在下跌看起来较弱的情况下才会买入）。空头也期待同样的下跌行情，所以并不急着锁定利润。

弱势交易者对那根大阳线的看法刚好相反。弱势多头原本一直在场外观望、希望出现比较舒服的回调买入机会，现在看到市场突然加速，他们生怕错过下一波上涨行情（尤其 K 线如此强劲而且交易日可能已到尾盘）。弱势空头往往过早地做空（可能还逢高加空），当他们看到一根 K 线迅速突破至新高，内心非常恐惧，害怕行情还会持续上涨，赶紧回补空头。这些弱势交易者完全受情绪所左右，而与之竞争的是电脑交易程序。交易程序完全不受任何情绪的影响。由于程序化交易控制着市场，所以情绪问题决定了弱势交易者必然会在一轮上升趋势末端最后几根大阳线中出现大幅亏损。

一旦一轮强势上升行情开始出现比较大的回撤，回撤走势（往往是小型交易区间）表现得更像是交易区间而非牛旗。此时突破的方向变得不确定，交易者开始认为向下突破和向上突破的几率各半。市场可能尝试向上突破交易区间并创出新高，但突破很可能会失败。同样，当一轮强劲下跌趋势开始出现较大的回撤，回撤走势往往表现得更像是交易区间而非熊旗，因此新低是市场向下突破交易区间的尝试，但突破很可能会失败。

所有交易区间都处于上升趋势或下降趋势之内。一旦双向交易的强度足以造成一个交易区间，就说明趋势已经不那么强劲，至少在交易区间产生效力的时间内。市场最终总是会突破交易区间，如果向上突破，而且是强势突破，那说明市场处于强劲上升趋势。如果强势向下突破，说明市场处于强劲下跌趋势。

一旦空头有能力让回撤走势大幅跌破上升趋势线和均线，他们将确信市场可能不会再出现大幅上涨，从而放心地在前高上方大手笔卖出。此时多头也已决定只在深度回调之后再考虑买进。一种新的思路在新高位置占据主导。这里不再是买点，因为它不再代表强劲动能。没错，多头会在这里获利回吐，但大部分大资金现在都把新高视为开空的良机。市场已经到达拐点，大部分交易者不再寻求在小幅回调中买入，相反，他们会借反弹做空。此时空头"坐庄"，强劲抛盘可能导致市场深度回调甚至趋势反转。在下一波强劲向下推动之后，空头将会寻找高点下降的机会再次卖空或加空，而在回调中买入的多头将会担心趋势可能已经反转或至少将出现幅度更大的回撤，因此他们不再期待市场创出新高来锁定多头利润，而是选择在下降高点锁定利润并在出现更深回调之前不再寻求买入。

此时一些在低位买入的多头仍未放弃，希望给予多头趋势任何可能恢复的机会。交易者知道大部分反转尝试都会失败，许多在上升趋势中一路买进的多头不会轻易卖出，除非空头有能力造成市场大幅下跌。许多多头会买入看跌期权来进行保护，以防止市场出现急剧反转。由于持有看跌期权，多头可以安心持有多头头寸，给予多头趋势任何可能恢复的机会。他们知道，无论市场跌幅有多大，看跌期权都可以保证他们的损失是有限的。不过，一旦市场出现强劲抛压，他们将会寻求在反弹中最终退出多头头寸。当反弹开始的时候，他们将会锁定看跌期权的利润。而且，大部分看跌期权都会在几个月内到期，一旦到期，交易者将不再享有向下的保护。这意味着，除非买入更多看跌期权，他们将无法继续持有多头头寸。如果他们认为市场可能继续下跌、几个月之内都不会再次上涨，那么继续花钱买期权来进行保护就没有必要了。相反，他们将会全部卖出手中的头寸。他们的供给将会限制行情反弹的力度，再加上强势空头卖空，以及此前将下跌视为买入机会的多头获利回吐，将造成市场第二波下跌。

这些坚定的多头都会设定一个下方目标价位，一旦市场跌到这一价位，他们将会希望在接下来的反弹中出场。随着市场不断创出新低，越来越多此类多头将会认为上升趋势不会很快恢复、市场可能已经反转进入下跌趋势。这些坚守在最后的多头将会耐心地等待下跌行情出现反弹以退出多头，他们的头寸对于市场而言将构成上方的供给压力。他们会在最近的摆动高点下方卖出，因为他们怀疑市场可能没有能力站上前期摆动高点，而且能够在近期低点上方出场已经是令人开心的事情了。空头也会把每次从新低出现的反弹视为加空或开空的机会。其结果是造成市场走出一系列的高点下降和低点下降，也就是下降趋势的定义。

如果市场进入下降趋势，整个过程将会反转。当下降趋势非常强劲的时候，交易者将会在前低下方卖出。随着趋势转弱，空头将会在新低锁定利润，市场可能进入交易区间。当市场强势突破下降趋势线和均线之后，空头将会在新低锁定利润，强势多头将会大力买入，试图夺回控制权。其结果是造成更大规模的熊市反弹甚至可能反转进入上升趋势。

类似的情形也发生在大幅回调走势中。由于回调幅度很大，交易者有点怀疑趋势是否已经反转。举例来说，如果上升趋势中出现一轮急剧大幅回撤，交易者将会预计市场跌破前期摆动低点。但这是上升趋势大背景下的回调，而非下降趋势的一部分。交易者将会关注市场跌破前期摆动低点之后的表现。跌幅是否足以让那些在摆动低点下方挂单入场的空头获得利润？新低位置卖家是否多于买家？如果答案是肯定的，说明空头非常强势，市场可能进一步回撤，甚至趋势已经向下反转。

市场突破至新低之后另一种可能是进入交易区间，造成这种现象的原因是空头锁定利润而多头买盘力度不足。最后一种可能是市场从新低向上反转。这意味着强势多头在那个摆动低点下方守着，就等着市场测试这一价位。这一信号表明上升趋势依然存在，下跌走势更可能是只是一轮大幅回撤。那些在高位做空的空头在市场突破至新低时锁定利润，因为他们相信大的上升趋势没有改变。强势多头之所以大力买入，是因为他们认为市场不会再跌，接下来将测试上升趋势高点。

每当市场突破一个摆动低点，交易者将会密切关注是否会出现多头重返或空头掌权的迹象。他们需要判断哪一种力量在新低位置影响最大，而这一判断完全基于市场行为本身。如果是强势突破，说明新的抛盘将占据主导。如果市场走势犹豫不定，说明正在发生空头回补和弱势买盘，市场可能进入交易区间。如果出现强势向上反转，说明多头的激进买盘是决定性的力量。

我们将在这一部分讲解许多常见的趋势形态，这些形态你每天都会碰到。虽然趋势可以从交易日任何一根K线开始，但大部分趋势性交易日都是开盘后头一个小时左右开始的。如果市场在交易日头一两个小时出现趋势形态，那么你就有可能找到几个高概率的顺势交易机会。每天你都要做出多次判断，看当天的走势是否符合我们在后面谈到的趋势类型。如果符合，你就应该强迫自己去做顺势交易。

然而，如果这些形态一个也没有出现，那么这就很可能是一个交易区间交易日，你需要在新的摆动高点或低点寻找逆势交易机会。另外，如果当天的行情已经在交易区间运行了几个小时，要注意接下来几个小时市场可能会超越区间的另一端，所以不要急于锁定反转交易中摆动头寸那部分的浮盈。在大多数情况下，反转走势至少会测试当天区间的中位。

从大周期来讲，当日线图处于熊市，在出现一轮大跌之后，交易者将会对亏损感到不安，害怕亏损继续扩大。因此他们会不顾基本面地卖出。这是2008年熊市时市场下跌的原因之一。"婴儿潮"一代人即将退休，他们把养老的钱投入股市，原以为万无一失，没想到一下子缩水40%。这让他们感到恐慌。他们会怎么做呢？在任何反弹中继续卖出，想尽一切办法减少亏损。而且，他们从股市中撤出的钱将再也不会重新入市推高价格，事实上，他们将会在下跌过程中所有应该"感谢上帝"的价位套现。这些价位也就是略低于前期摆动高点的位置。他们割肉离场，并且向上帝保证再也不会买回来，以感谢上帝让他们得以挽回部分损失。这就造成一系列的高点下降和低点下降，直到最后一批空头抛售结束。此时市场将会见底，并且有能力站上一个摆动高点。

人们无视基本面的恐慌抛售往往会造成市场出现巨大的下跌趋势交易日，跌幅远远脱离基本面，而且往往会在最后30分钟出现大跳水，因为基金被迫斩仓以应对赎回。有些投资者相信底部已经出现，于是大量恐慌性买盘涌入，从而在熊市中造成一些报复性反弹。而且，由于市场处于如此明确的跌势，大量投资者都在做空，所以他们会在任何反转尝试中大规模回补，从而在日线图上造成大阳线，即便市场仍处于熊市。最终的结果是，当下跌趋势运行一段时间之后，市场将出现大量波动非常大的交易日。这些交易日将带来极佳的日内价格行为交易机会，但你可能必须要扩大止损和降低仓位。虽然许多交易者会根据日线图在低点卖出、在每一个多头陷阱（空头回补造成的强势反弹）高点买入，他们的入场完全基于情绪而非逻辑，但一个好的价格行为交易者可以仅仅通过寻找一些标准的价格行为建仓形态而获得丰厚回报。

恐慌性割肉并不仅限于不成熟投资者。2008年秋季，大部分对冲基金当年都已出现亏损，他们的投资经理在市场抛售过程中疯狂卖出。对冲基金不得不在任何小幅反弹中继续套现，以应对赎回和预期中的赎回。此时他们的表现与那些不成熟的投资者并无二致，完全不顾基本面，不惜一切代价斩仓，直到仅剩下"打死都不卖"的那部分头寸。

而且，很多对冲基金经理收入很大一部分来自于提成。比如说，每个季度基金净值创出新高，他们就可以提取超出旧净值高点部分的20%。相反，如果基金当年已亏损30%，他们就需要赚取50%利润才能获得提成。所以与其几年都白干，更合理的做法是将基金清盘，然后成立一只新的基金。当基金清盘的时候，由于这里面没有任何激励，基金经理将会在任何价位套现，无论价格有多低。这就使得股票下跌进一步脱离其内在价值。如果这只基金有10亿美元的规模，他们的新基金属于从零开始，往往需要数年的时间才能积累起足够的资金来持有旧基金那么大的股票池子，所以这些新基金并不能立即推高市场。

当市场波动性达到极端高的水平，熊市通常已接近尾声。此时交易者对市场波动已经麻木，手上已经没剩下什么可以不计成本卖出的头寸。当市场没有新的卖家加入，而跌幅又远远脱离基本面，往往就会出现一轮大幅上涨。一只蓝筹股在熊市中能够跌多少？远远超出你的想象，即便是那些最蓝的蓝筹。思科（股票代码 CSCO）在 2000 年科技泡沫破裂之后 3 年内跌去 90% 的市值，苹果（股票代码 AAPL）从 1991 年开始在 6 年时间里损失 95% 的市值。通用汽车（股票代码 GM）在 2001 年之后的 7 年里跌去 90%。所以不要仅仅因为某只股票跌到 38%、50% 甚至 62% 斐波那契回撤位就急着买入，要等待价格行为建仓形态出现，首要的前提是先突破下降趋势线。

# 第18章 如何交易趋势举例

当市场处于趋势之中,交易者应该寻找任何理由入场。单单是趋势存在,就是你至少持有一个小头寸的充分理由。下面是使用止损单入场的一些方法:

- 上升趋势中,回踩均线时在高2买入。
- 下跌趋势中,回踩均线时在低2卖出。
- 上升趋势中,在楔形牛旗回调中买入。
- 下跌趋势中,在楔形熊旗回调中卖出。
- 上升趋势中,突破牛旗后在突破回踩时买入。
- 下跌趋势中,突破熊旗后在突破回踩时卖出。
- 上升趋势中,在急速飙升行情(但并非买入高潮)后的高1回撤时买入。
- 下跌趋势中,在急速下跌行情(但并非卖出高潮)后的低1回撤时卖出。
- 当上升趋势非常强劲时,在前期摆动高点上方挂止损单买入。
- 当下跌趋势非常强劲时,在前期摆动低点下方挂止损单卖出。

使用限价单入场需要更高的看图水平,因为交易者入场的时候市场的运行方向与头寸的方向背道而驰。然而老练的交易者在遇到下面这些形态时可以可靠地利用限价单或市价单入场:

- 以市价在强势向上突破时买入,或者在急速行情每根多头趋势K线收盘时买入,或者以限价单在前一根K线低点或其下方买入(在急速行情中入场需要比较大的止损,而且急速行情运动迅速,因此这种组合对于许多交易者而言难度太高)。
- 以市价在强势向下突破时卖出,或者在急速行情中每根空头趋势K线收盘时卖出,或者以限价单在前一根K线高点或其上方卖出(在急速运动中入场对于许多交易者而言难度很大）。

- 在急速上涨行情中第一根阴线收盘时买入。
- 在急速下跌行情中第一根阳线收盘时卖出。
- 在上升趋势中，在上升趋势线或前期摆动低点（潜在的双底牛旗）买入。
- 在下降趋势中，在下降趋势线或前期摆动高点（潜在的双顶熊旗）卖出。
- 当市场出现强势向上反转、可能进入新的多头趋势，或处于交易区间底部时，以限价单在低1或低2弱信号K线或其下方买入。
- 当市场出现强势向下反转、可能进入新的空头趋势，或处于交易区间顶部时，以限价单在高1或高2弱信号K线或其上方卖出。
- 在均线处波动较小的牛旗中，以限价单在前一根K线低点或其下方买入。
- 在均线处波动较小的熊旗中，以限价单在前一根K线高点或其上方卖出。
- 当一根阳线向上突破牛旗之后，在其下方挂限价单买入，期待它出现突破回踩。
- 当一根阴线向下突破熊旗之后，在其上方挂限价单卖出，期待它出现突破回踩。
- 在上升趋势中做波段交易时，在突破回踩时买入或加仓。突破回踩是扫掉先前入场多头盈亏平衡止损的尝试。
- 在下跌趋势中做波段交易时，在突破回踩时卖出或加仓。突破回踩是扫掉先前入场空头盈亏平衡止损的尝试。
- 在上升趋势中，在高点下方固定数量的最小报价单位处买入。比如说，当Emini近期日均波幅大约为12点的时候，在上升趋势每出现2个、3个或4个点回撤时买进。另外，如果行情前两个小时最大回撤幅度为10个最小报价单位，那么在后面大约8~12个单位回撤时买进。
- 在下跌趋势中，在低点上方以固定数量的最小报价单位卖出。比如说，当高盛（股票代码GS）近期日均波幅大约为2美元的时候，每出现50美分反弹时卖出。如果交易日前两个小时的最大回撤为60美分，在后面大约50~70美分反弹时卖出。
- 逆势分批建仓。分批建仓的时候一定要提前计划好每一单的手数，确保总的风险与平时一般的交易保持一致。这种操作手法很容易导致仓位过重、止损过大，需要精细的操作。
- 当上升趋势已经有20根或以上K线没有触到均线，以限价单在均线处买进，逢低加仓。比如说，Emini处于一轮强劲上升趋势，市场已经有20根或以上K线一直在均线上方运行，可以在均线上方1个最小报价单位处挂限价买单。然后在往下

1~3点的位置加仓。如果采取分批建仓的手法，可考虑在第一个入场点退出整个头寸，但如果多头趋势很强劲，考虑在测试前高时出场。

● 当下跌趋势已经有20根或以上K线没有触到均线，以限价单在均线处卖出，逢高加仓。比如说，Emini处于一轮强劲下跌趋势，市场已经有20根或以上K线一直在均线下方运行，可以在均线下方1个最小报价单位处挂限价卖单。然后在往上1~3点的位置加仓。如果采取分批建仓的手法，可考虑在第一个入场点退出整个头寸，但如果空头趋势很强劲，考虑在测试前低时出场。

● 在强劲上升趋势中，在第一根收于均线下方的空头趋势K线收盘时买进。

● 在强劲下跌趋势中，在第一根收于均线上方的多头趋势K线收盘时卖出。

● 在强劲上升趋势中，回撤是一小段下跌趋势。多头往往预计在这一小段下跌趋势内突破前期摆动低点的走势将会失败，因此在这里挂限价买单。

● 在强劲下跌趋势中，回撤是一小段上升趋势。空头往往预计在这一小段上升趋势内突破前期摆动高点的走势将会失败，因此在这里挂限价卖单。

● 交易者永远有三种选择：做多、做空或空仓。在趋势中任何时候，只有两种选择属于一个成功交易者的做法。如果市场处于上升趋势，成功交易者只会做多或空仓。如果市场处于下跌趋势，他们将会做空或者空仓。只有很小一部分交易者有能力通过逆势交易稳定地获利，而你应该假定你不属于他们中的一分子。不幸的是，大部分交易者都会在头几年以为自己能够通过逆势交易获利，月复一月地出现亏损而不知其所以然。你现在应该知道答案了。

每种类型的市场都会有办法让交易变得很困难。市场中到处都是聪明绝顶的人，他们想尽一切办法从你的账户中把钱拿走，就像你一直试图把别人的钱拿走一样。所以没有什么是轻而易举的事情。这包括在强劲趋势中赚钱。当市场处于强劲趋势、连续出现多根长趋势K线时，交易的风险很大，因为止损通常需要设在急速行情的起点之外。而且，由于急速行情太快，许多交易者被突破走势的幅度和速度所怔住，没办法快速降低仓位和扩大止损来完成入场动作，只能眼睁睁地看着行情不断扩大，期待市场出现回调。一旦趋势进入通道阶段，市场看起来总是试图要反转。比如说，在上升趋势中，将会出现许多反转尝试，但几乎所有尝试都会迅速演变成牛旗。大部分上升通道的买入信号都很弱，从而迫使多头在弱势通道的顶部买入。这是一种低概率的多头交易，即便市场仍在继续上涨。波段交易者并不害怕在弱势上升通道的顶部附近做一些低概率的买入交易，因为他们可以获得比所冒风险高几倍的潜在收益，足以弥补较低的成功率。然而对于大部分交易者来讲，让他们在弱势上升通道顶部做成功率较低的买入交易是比较困难的。那些只做高成功率交易的交易者往往只能观望，眼看着趋势又向上运行了多根 K 线，因为市场可能在 20 根或以上 K 线之内都不会出现高概率机会。结果就是他们眼看着市场上涨，一直想要做多，但最终错过了整波趋势。他们只想要高概率的机会，比如回踩均线的高 2。如果没有出现可接受的回调，他们将会继续等待、继续踏空。这是可以接受的，因为交易者永远应该做自己感到舒服的交易。如果他们只对高概率的止损入场机会感到舒服，那么等待就是正确的。通道不会永远持续下去，很快他们就会发现可接受的建仓形态。老练的交易者在前一根 K 线的低点附近或下方限价买入，有时候会在上升通道内做一些刮头皮空头交易。二者都可能是高概率的交易，包括做空，如果市场在阻力位出现强势空头反转 K 线、有理由相信即将发生回撤的话。

　　既然有这么多赚钱的好方法，为什么大部分交易者还会亏钱？这是因为犯错的途径更多。最常见的错误之一就是交易者开始的时候制订了一个计划，一旦进入交易，却根据另一种计划来管理头寸。举例来说，某个交易者做了两笔多头波段交易失败，现在是第三笔，他可能害怕再次亏损，赚一点就跑了，结果眼睁睁地看着市场走出一轮大趋势。波段交易者需要这些大机会来弥补其他交易的亏损，因为波段交易成功率通常不到 50%。如果交易者拿不住头寸，将错过赚大钱的机会，从而总体上必然会亏损。对于刮头皮交易者而言，情况刚好相反。他们可能做了一笔成功的刮头皮交易，但看到市场走出一轮大趋势而自己只能眼睁睁看着，心里很不好受。因此当下一个刮头皮机会出现的时候，他们会入场，但当市场来到利润目标位，他们决定吸取上一次的教训，先不急着出场，而是让头寸成为一笔摆动交易，继续持有。几分钟之后，市场回撤，扫掉了他们的止损。这种错误之所以发生，是因为大部分刮头皮交易都是高概率的交易，而当先机较大而且显而易见的时候，行情往往小而短暂，不会成为一波大行情的起点。赚钱的最佳方法就是有一套完善的策略，然后严格按计划行事。对于交易新手而言，他们的计划应该是某种波段交易，因为要成为一个成功的刮头皮交易者，需要非常高的胜率，而大部分交易者都很难在长期内保持这样的胜率。

　　一旦交易者建立头寸，他们就需要决定如何对头寸进行管理。其中最重要的决定就是他们到底是做刮头皮还是波段交易（这属于交易管理，我们将在第二本书详细讲解）。只有经验非常丰富的交易者才可考虑刮头皮，因为刮头皮的风险有时候高于潜在回报。这意味着他们必须有大约70%的胜率，而这对于普通交易者来讲是不可能的。你应该假定自己肯定达不到这样的胜率，因为这就是现实。然而你仍然可以通过交易获得丰厚利润。在Emini近期日均波幅为10~15点的时候，交易者通常会冒大约2个点的风险。比如说，如果在上升行情中买入，他们的保护性止损应该设在入场点下方大约2个点。另外，止损也可以设在信号K线低点下方1个最小报价单位，通常也是2个点左右。如果有把握趋势最终将会恢复，有的交易者也会把波段交易的止损设为5个点或以上。这种策略对于那些熟知交易者等式的交易者而言仍是有利可图的，也就是说，只在成功率乘以潜在回报大大高于失败概率乘以风险的时候交易。

当交易者刮头皮时，他们通常试图从交易中赚取1~3个点利润。不过有些刮头皮者认为2~3个点的交易属于小波段，只有1个点的交易才算刮头皮。虽然每天都有大量交易机会可以让交易者冒2个点的风险赚1个点利润，成功率可达到80%，但还有许多其他交易机会看起来类似，但只有50%的成功率。大部分交易者的问题在于如何辨别二者，而一天几次小的错误就可造成赚钱与赔钱的天壤之别。大部分交易者都无法在实盘中做出区分，所以刮头皮的最终结果是亏钱。如果交易者一天只做两三笔形态最佳的刮头皮交易，同时适当提高仓位，是有可能靠刮头皮为生的。但这其中依然有一个难处，那就是每天连续盯盘几个小时，又必须随时准备好在这些稍纵即逝的建仓形态出现时能够快速下单。

对于初学者来讲，赚钱更好的方法是做波段交易。他们可以一次性入场，也可以在做对方向的情况下逐步加仓。也就是说，在浮盈不断扩大的情况下加仓。出场的话，可以一次性全部退出，也可以在有浮盈的情况下逐步减仓。举例来说，如果他们在一轮上升趋势初期买入，最初止损是2个点，而且对交易成功抱有信心，即相信成功率至少达到60%。在这种情况下，浮盈至少要达到2个点才能锁定利润。我们将在第二本书讨论交易中的数学基础。交易者退出一笔交易的条件是：成功率（这里是60%或以上）乘以潜在回报大大高于失败概率（这里是40%或以下）乘以风险。由于保护性止损在入场点下方2个点，所以风险是2个点。这意味着只有当回报达到2个点或更高，交易者等式才开始变得有利。因此，如果交易者锁定一个较小的利润，从长期来看他将会亏钱，除非他相信自己的成功率能够达到大约80%，而这种情况是非常罕见的。对于能够达到80%胜率的老练交易者，即便使用

2 个点止损，在 1 个点浮盈时锁定部分利润，依然可以赚钱。但大部分交易者坚决不能让风险高于回报。

那么，在这样的上升趋势中，交易者应该如何做波段交易呢？这个问题我们将在第二本书进一步讨论。交易这个东西，事后看走势图的话，可能觉得并不难，但在实盘操作中，波段交易远没有我们想象的那么简单。波段交易的建仓点通常要么很不清晰，要么清晰但很吓人。当交易者看到一个合理的建仓形态，他不得不进场。相比刮头皮建仓形态，这些入场点几乎总是没那么确定，而较低的成功率往往会让交易者举棋不定。趋势要么始于对交易区间的突破，要么是对当前趋势的反转。当市场可能反转、出现强信号 K 线，又往往发生在旧趋势走出最后一波高潮性急速行情之后。这就让新手误以为旧趋势尚未完结。他们当天早些时候做逆势可能已经亏了几笔，不想再亏了。由于这种无视，他们错过了在趋势刚反转时入场的机会。在突破 K 线形成中或在其收盘之后入场是一件很困难的事情，因为突破 K 线往往很长，交易者必须快速决定是否要冒比平时大得多的风险。结果是，他们通常会选择等待回撤。虽然他们其实可以通过降低仓位来保持总资金风险与其他交易相当，但一想到需要将止损扩大 2~3 倍，还是有些害怕。在回撤中入场也不容易，因为所有回撤都始于一次小型反转，新手担心回撤可能是一轮深度调整的开始，将会扫掉他们的止损，让他们亏钱。最终他们一等再等，直到交易日几乎要结束。当他们最终认定趋势已经明确，此时已经没有时间去做单了。趋势往往会想尽一切办法将交易者挡在外面，这样才能让交易者不停地追涨或者杀跌。当建仓形态显而易见的时候，意味着属于高概率机会，往往是很小的刮头皮行情。如果市场将出现比较大的行情，入场点往往很不清晰，很难把握，交易者被迫等待更明确的信号，然后追涨杀跌。

由于上升趋势形成趋势性的高点和低点，因此每次市场创出新高，交易者应该把保护性止损移到最近低点下方 1 个最小报价单位。这叫跟踪止损。而且，如果浮盈较大，可考虑在市场突破近期高点之后锁定部分利润。很多交易者都会这么做，这也是为什么趋势在创出新高之后往往会出现回撤的原因。回撤通常会跌破最初的入场点，缺乏经验的波段交易者不了解这一点，往往把止损收紧到盈亏平衡点，于是被扫掉止损，从而错过一波很不错趋势性行情。一旦市场测试最初入场点之后再创出新高，大部分交易者会把止损至少上移到入场点，因为他们不希望市场第一次测试后创出新高再回来测试第二次。其他交易者则会把止损放在第一次回测走势的低点下方。

只要认为上升趋势依然存在，部分交易者会允许回撤走势跌至信号 K 线下方。

比如说，假如近期 Emini 的日均波动区间是 10~15 个点，他们在 5 分钟图上上升趋势的高 2 回撤中买入。如果信号 K 线长度为 2 个点，即便市场跌破信号 K 线的低点，他们仍可能继续持仓，因为他们预计回撤走势会演变成高 3，也就是楔形牛旗买入形态。其他交易者会在市场跌破信号 K 线后止损，等出现强劲高 3 买入信号之后再次买入。部分交易者甚至会把头寸规模较第一次买入加大一倍，因为他们认为第二个强劲买入信号更为可靠。他们当中，有不少在高 2 买入信号时可能只建了正常头寸规模一半的仓位，如果他们认为信号力度不强的话。换句话说，他们其实已经考虑到了高 2 失败并演变成楔形牛旗（更强信号）的可能性。若果真如此，他们将有信心按照正常的仓位来进行交易。

很多交易者在建仓信号较为可疑的时候往往会建半仓，扫掉止损即出场，如果二次信号很强劲，再全仓入场。对于那些逆势分批入场的交易者，他们显然不会用信号 K 线的一端作为保护性止损的位置，许多人会刚好在其他交易者被打止损的地方分批建仓。有些交易者只是简单地使用比较大的止损。举例而言，比如 Emini 日均波动区间不到 15 个点，趋势中的回撤幅度基本不超过 7 个点。在这种情况下，有些交易者会认为，只要回撤不超过日均波动区间的 50%~75%，就说明趋势仍在，可以继续按原先逻辑持仓。如果他们在上升趋势的回撤中买入，入场点低于当天高点 3 个点，那么他们可能会设 5 个点的止损。由于相信趋势依然存在，他们认为市场有 60% 或更高的概率出现同等幅度的行情。也就是说，他们至少 60% 确定市场在下跌 5 个点扫掉止损之前会先上涨至少 5 个点，从而带来有利的交易者等式。如果初始买入信号出现在高点下方 5 个点，那么他们可能只设 3 个点的止损，并计划在市场测试前高时获利平仓。回撤幅度较大说明趋势有点弱，从而促使他们在趋势高点下方锁定利润。他们将会力求获得至少与风险相当的利润，不过，如果担心市场可能正在进入交易区间甚至反转进入下跌趋势，他们也可能愿意在前高下方出场。

到某个时点，抛压将会强大到足以将趋势转换为交易区间，也就是说回撤走势可能跌破近期低点。交易老手对于市场从趋势过渡到交易区间有敏锐的感觉，不少人一旦有这种盘感就会卖出剩余头寸。然后，他们会用适用于交易区间的方法来进行交易，追求比较小的利润。第二本书将主要讲交易区间。他们也可能继续持有部分多头，直到市场收盘，或者行情明确转为空头。当趋势反转，他们将会退出多头或者同时反手做空。只有极少数交易者能够不停地反手，大部分人宁愿先退出多头，对市场重新作出评估，先观察观察然后再考虑做空。

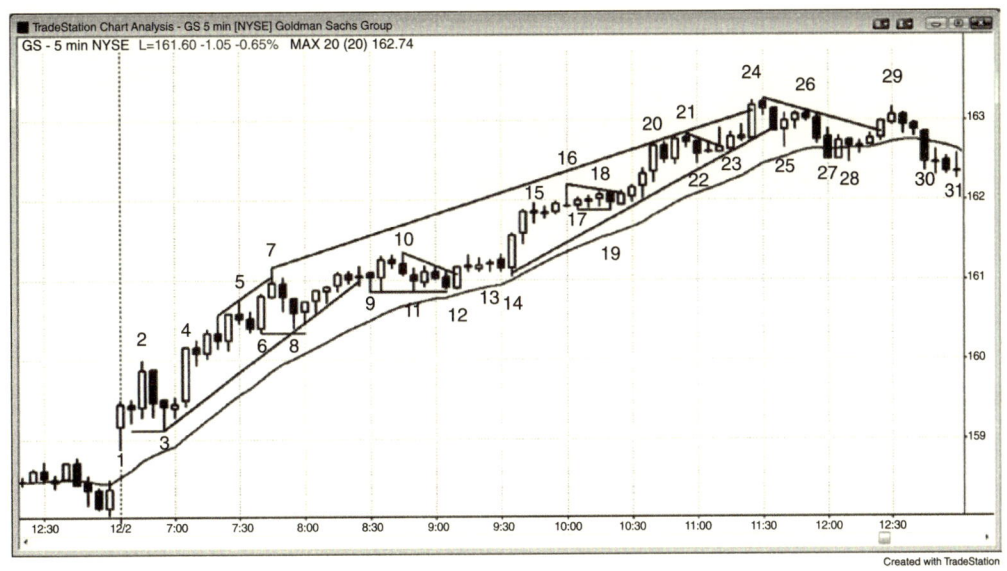

图 18.1 高盛股价的强趋势交易日

每天都有各种不同的交易机会,并适用不同的交易方法,但对于图 18.1 中高盛(股票代码 GS)股价这种强劲上升趋势,交易者应该试图让至少一部分头寸参与摆动。多年前,我曾经与一位擅长这种行情的交易者进行了深入探讨。他会很早入场,然后确定他的初始风险(止损位与入场点的距离)。一旦行情达到他初始风险的两倍,他会平仓一半,另一半继续持有,直到出现明确反转。如果一直没有出现强势反转,他会在收盘前几分钟平仓。每当市场创出新高,他会将止损上移到最近的抬升低点下方。因为只要市场一直形成高点抬升和低点抬升,就说明趋势依然强劲。如果停止出现低点抬升,则说明趋势开始走弱。

所有交易者都知道,在这种类型的交易日,有一种方法铁定会亏钱。成功的交易者会避开它,但初学者却往往感到无法抗拒。初学者总是以为市场已经运行过度。最后一根 K 线总是在屏幕的最上方,总是让人感觉上方空间已经非常有限,而向下的空间非常大。而且,他们知道趋势中会出现回调,那么为什么不在每次向下反转的时候做一笔刮头皮空头交易、回调结束后再反手做多呢?况且,即便交易失败,亏损也不会很大。但实际情况是,当回撤终于发生,他们并不会反手做多,因为这时市场感觉有可能反转进入下跌趋势,而且买入形态看起来并不是太强。另外,由于他们在做空,而且市场尚未达到他们的刮头皮利润目标,他们内心渴望市场能够再跌一点,也就是说,他们实际上并没有期待市场结束回调,反而不希望回调结束。

以图中为例，他们把 K 线 7、10、18、20、21、24 都看成反转，认为至少可以带来刮头皮利润，甚至会成为当天的高点。交易老手的看法刚好相反，他们知道 80% 的反转尝试都会失败并成为牛旗，所以继续持有多头，锁定部分利润或者在回调过程中加仓。新手不认同这种假设，不断地逆势做空，不断地产生小的亏损，一天下来惊讶地发现自己居然亏了那么多。这些交易新手在事业上和生活其他方面可能非常成功，也非常聪明。在他们眼中，电视上那些交易专家更像是小丑和二手车推销员，而不是什么高手，他们相信自己在交易上至少不会输给这些所谓的专家。他们对这些专家能力的判断是正确的，但错误地假定这些人是成功的交易者。这些所谓专家其实属于娱乐圈，电视台邀请他们来只是为了收视率，以便卖更多广告。电视台是企业，与所有其他企业一样，目的都是为了赚钱，而不是给观众提供帮助。只有停止猜顶测底、不在上升趋势中做空或下跌趋势中做多，初学者才会停止亏钱。再进一步，只有当他们认识到，每个小型顶部都是牛旗的开始，他们才能开始做对。

下面的部分内容将会在第二本书和第三本书细讲，这里也略微讲一下，因为它们在趋势交易中也非常重要。

大波段通常始于弱势建仓形态，比如图中从 K 线 3 开始的双 K 线反转。两根 K 线都是小十字星，而且前面是一个大的双 K 线反转顶部。突破之前的这种弱势形态往往会造成交易者踏空。交易者往往等待突破发生之后的高概率形态，从而错过突破行情。从数学角度来讲，在低概率建仓形态入场和突破后的高概率形态入场都是可行的。

大部分交易者看到 K 线 2 或 K 线 4 之后都感到市场"始终入场"的方向为多头。这意味着他们相信市场处于上升趋势，将会寻找合理的理由买入，而这种理由非常多。他们可能会在 K 线 4 突破 K 线 2 高点时买入，或者在 K 线 4 收盘时买入，或者在 K 线 4 高点上方 1 个最小报价单位处买入。他们还可能在 K 线 4 后一根或多根 K 线的低点或其下方挂限价买单。他们的单子都会在 K 线 5 下方成交。部分交易者会在价格小幅回撤至下一根 K 线中位（也许下方 20 美分）处挂单。他们还会在阴线收盘时买入，因为他们相信反转尝试将会失败。从 K 线 4 到 K 线 5 的走势是一个窄幅通道，因此向下突破的尝试有可能会失败。可能的买点包括 K 线 5 下方、后面那根小阴线收盘时或其上方（对微型上升通道的突破失败形态）。K 线 7 是一个突破回踩做空形态，但交易者预计它可能仅造成一波回调。市场跌破 K 线 5 时也向下突破微型上升通道，因此持续到 K 线 7 的上涨属于一波高点抬升式的突破回踩。交易者预计反转走势将会失败，部分交易者可能会在下方 50 美分和 K 线 6 低点区域挂限价买单，期待出现双底牛旗。K 线 6 是一根强多头趋势 K 线，部分交易者会将保护性止损设在它下方。如果上升趋势足够强劲，应该不会跌破这样一根 K 线。因此，在其低点上方买入是一笔低风险、高回报的交易，成功率至少 50%。交易者还会在 K 线 8 后面那根多头反转 K 线上方买入，因为它是一个双底牛旗建仓形态和高 2 买点（K 线 6 是高 1）。

K 线 9 也是对微型上升通道的突破，交易者预计突破会失败。在通道形成过程中，部分交易者将会在前一根 K 线低点下方挂单买入，他们的单子将在 K 线 9 获得成交。其他交易者会在 K 线 9 高点上方买入，因为这是一个微型上升通道假突破买入形态。

K 线 11 又是一个高 2 买点，但市场已经持续横盘超过 10 根 K 线，而且 K 线变得越来越短。虽然也出现了双底买入信号，但窄幅交易区间可能会延续，因此许多交易者会选择观望，看是否会出现第三波向下推动，然后寻求在楔形牛旗上方买入（部分交易者会将其视为三角形，因为走势可能是横盘而不是下跌）。这些交易者将会在 K 线 12 及其上方买入。突破这个牛旗之后，市场继续横向运行数根 K 线，制造了一个在 K 线 13 上方入场的突破回踩买入形态，K 线 14 外包强多头趋势 K 线也是一个入场点。K 线 13 是一个高 1 入场点，跌破其后一根 K 线的回撤是这个 4 根 K 线的窄幅交易区间内的第二波下跌，因此 K 线 14 是一个高 2 买点。

部分交易者会在市场突破 K 线 10 高点时买入，因为他们将其视为对上升趋势中交易区间的突破。交易者还会在 K 线 14 收盘及其高点上方买入。下一根 K 线延续升势，意味着动能强劲，交易者将在其收盘时或高点上方买入。接下来市场出现两根 K 线的休整，形成一个小型的突破回踩牛旗，交易者将会在市场突破 K 线 15 后一根 K 线时买入。

K 线 16 是一个十字星顶部，但市场此前并未表现出空头动能和强劲抛压，而且相比 K 线 14 的强势突破，这根 K 线显得小而弱。交易者预计反转将会失败，所以在其低点及下方挂单买入。K 线 17 是一个筑顶失败买入信号，K 线 19 是第二波小幅向下推动，因此是一个高 2 买入形态。交易者会在市场站上其高点以及后面那根阳线高点（双 K 线反转买入形态）之后买入。

持续到 K 线 20 的上涨也是一轮急速拉升。在这种走势中，交易者将会在前一根 K 线低点或其下方、多头趋势 K 线收盘时、第一根空头趋势 K 线收盘时（比如 K 线 20 后一根 K 线）买入。由于 K 线 20 是一轮成熟趋势中的大阳线，很可能构成一次买入高潮并带来较大的回调——可能以横盘或下跌的方式回踩均线。多头期待出现高 2 或三角形，不再那么迫切地入场。

K 线 21 是一次单 K 线末端旗形反转尝试，但截至目前市场上升动能依然很强。交易者预计依然会产生牛旗而不是反转。部分交易者会在其低点下方买入，其他交易者则等着看是否会出现高 2、楔形牛旗或者三角形。K 线 22 又是一个双底牛旗，因此属于高 2 买入形态。交易者在其高点上方及后面那根内包 K 线高点上方挂止损单入场。有些交易者把 K 线 23 看成一个高 2 买点（K 线 20 后面那根 K 线为高 1 信号 K 线）。其他交易者则将其看成楔形牛旗，将 K 线 20 后面那根阴线看成第一波向下推动。K 线 23 还是一个突破回踩买入形态（其前一根 K 线突破了一个牛旗）。

K 线 24 是一根非常重要的 K 线。它是 K 线 14 急速拉升之后的第三波向上推动（从 K 线 14 开始的急速行情的高点是第一波推动）和连续第三次买入高潮。在"急速与通道"上升行情中，通道往往在第三波向上推动结束，然后进入回调。而且，K 线 24 是一轮持续上升趋势中的超强多头趋势 K 线，正是强势多头和空头都在等待的那根 K 线。双方都预计趋势可能暂时终结，现在是抢在一轮较大回调之前卖空的短暂机会。双方都预计回调至少将持续两波行情和 10 根 K 线，并测试均线。多头卖出锁定利润、空头卖出开立空头。多头和空头将会在 K 线 24 收盘及其高点上方、下一根 K 线收盘及其低点下方卖出。

多头认为市场可能正在进入一个交易区间，仍有机会在较低价位买入。K 线 28 是回踩均线的两段式回调，属于高 2 买入形态。它还是整个交易日首次触到均线，属于"20 根均线缺口 K 线"买入形态，因此市场接下来可能会测试上升行情高点。空头在这里锁定利润，多头则为了抓住新一轮上涨而买入。

在当天从 K 线 3 开始的上涨行情中，前面最大幅度的回撤是 75 美分，即截至 K 线 8 的回调。部分交易者预计当天最大的回撤将发生在上午 11 点之后，所以会在最近摆动高点下方 75 美分挂限价多单。他们可能会在下方 75 美分的位置分批入场，止损可能略微高于首次回撤幅度的两倍，也就是大约 1.6 美元。整个交易日，交易者可能预计回撤走势幅度都低于第一次，因此将在任何回撤幅度为一半的位置（可能 40~50 美分）挂单买入。截至 K 线 11 的回撤幅度为 40 美分，如果交易者试图在 50 美分的回撤位挂单买入，将无法成交。于是，当市场在 K 线 12 前一根 K 线第二次向下回撤依然没有扫掉买单，交易者将会决定追高，在 K 线 12 高点上方买入。部分交易者看到了 K 线 9 和 K 线 11 的双底，将会在略高于其低点的位置挂多单（也许在高点下方 30 美分）。接下来交易者必须决定如何设置保护性止损，并考虑到最糟糕的可能性。他们可能会选择一个他们不愿再做多的位置作为止损位。比较明显的位置就是 K 线 8 低点下方，因为一轮上升趋势有一系列的抬升高点和抬升低点，在每次创出新高之后，多头预计下一次回撤的终点将会高于最近的抬升低点。由于他们计划在 161.05 美元做多（高点下方 30 美分），止损需要设在 160.35 美元，所冒的风险是 70 美分，于是他们就可以根据平时每笔交易的总资金风险来决定仓位大小。如果他们通常情况下每笔交易所冒的风险不高于 500 美元，那么他们就会买入 600 股高盛股票。由于这笔交易的止损是 70 美分，而任何交易的收益至少应该与风险相当，因此他们的利润目标至少应该在入场点上方 70 美分。在这个时点上，市场处于明确的上升趋势，因此成功率至少应该有 60%，甚至可能更高。

在这样的强劲上升趋势交易日，最好将利润目标定高一点。在市场至少涨到风险的两倍时（入场点上方 1.4 美元），交易者不应急于锁定利润。他们可能会在 162.45 美元的位置挂限价卖单，卖出一半头寸。当 K 线 12 强多头趋势 K 线突破三角形（或楔形牛旗），他们可能会将保护性止损收紧到其低点下方，160.55 美元，将风险降低到 20 美分。当 K 线 14 强多头趋势 K 线向上突破之后，他们会将保护性止损进一步收紧至 K 线 14 低点下方，将风险降低到 1 美分。他们锁定一半仓位利润的限价单将会在 K 线 20 成交，获利 420 美元。此时他们将继续上移止损到 K 线 19 下方（即最近一轮急速拉升行情的起点下方）。如果止损被扫掉，他们剩余 300 股将获得每股 80 美分的利润。到这个时点，他们将会一直持有剩余仓位，直到行情明确向下反转或者直到收盘。在已经获得较大浮盈的情况下，明智的做法通常是在尾盘最后一个小时出现任何可能导致较大幅度回撤的形态时平仓，也许还可以在两段式回撤结束之后再买回来。K 线 24 后一根反转 K 线是第三波向上推动，而且发生在一根高潮买入 K 线之后，因此市场可能终于准备要向下测试均线。如果交易者在其低点下方退出剩余头寸，那么这 300 股将获得每股 2 美元的利润，共计 600 美元。如果一直持有到收盘，这一半仓位将获利 375 美元。当天市场"始终入场"的方向一直没有明确转空。

当 K 线 27 测试均线时，部分交易者可能会在均线上方 1 个最小报价单位处挂限价买单（20 根均线缺口 K 线买入形态），持仓等待市场测试当天高点。部分交易者会在 K 线 27 收盘时买入，因为这是第一根收于均线下方的空头趋势 K 线。虽然它是一波两根 K 线急速下跌走势的第二根 K 线，也跌破了 K 线 25 的低点，但空头需要看到进一步的延续跌势才能相信市场已经明确转空，事实上市场紧接着走出一根内包阳线。这是一个形成中的交易区间的底部，也是对始于K线22的上升通道起点的测试（K线22是对截至K线20的四根K线急速拉升行情的回撤）。K线27后面那根阳线也收于均线之上。部分多头会在这根阳线收盘时买入，其他多头则在其高点上方1单位处买入。后者的买单将会在3根K线之后成交。交易者还可能在K线28后面那根内包K线高点上方买入，因为它是一个高2买入信号，结束了从当天高点下来的两段式回撤。它还是一个小楔形牛旗，K线25是第一波向下推动，K线27是第二波。

回撤是一小段相反的趋势，交易者往往预计回撤很快结束、市场将恢复主要趋势。当高盛股价进入从K线24高点下来的第二波下跌，在K线26形成了一个下降高点，然而空头需要看到一系列的高点下降和低点下降，才能确认市场趋势已经明确转跌。因此部分交易者会在市场跌破K线25摆动低点时做空，希望市场走出一系列长空头趋势K线。但实际情况是，K线27是一根小空头趋势K线，而且跌势并未延续。事实上，后面的上涨表明大部分交易者都在市场跌破K线25之后买入，因为他们相信抛盘仅仅是一次回撤，注定成为一次失败的趋势反转尝试。既然大部分反转尝试都会失败，强多头趋势中的第一次两段式回调通常会在跌破上一个摆动低点之后迎来强劲买盘。本例中便有许多多头在这里买入，只不过市场又过了数根K线才再次转升。这也说明多头并没有表现出应有的做多热情，从而提醒我们，回撤走势有可能演变成一个更大的交易区间（最终的确如此）。

许多交易者使用趋势线来入场和出场。部分交易者在K线7站上趋势通道线时在其高点附近锁定部分利润。他们也可能在K线9跌破上升趋势线时买入，以及在K线9高点上方买入，因为他们把K线9看成一次失败的通道突破。K线12突破了一根小型下降趋势线，交易者认为这意味着回调结束、上升趋势恢复，所以在其站上趋势线时买入。K线24一个"急速与通道"形态中通道部分的第三波向上推动（从K线14开始的两根K线急速拉升为突破），虽然收出一根大阳线，但部分交易者会在其站上趋势通道线时锁定多头利润。由于K线24是一根极长的多头趋势K线，也是从K线14以来的第三次连续买入高潮，市场可能进入一轮更复杂的调整。还有什么位置比在第三次连续买入高潮因为买入真空而测试趋势通道线时锁定利润更好的呢？截至K线28的下跌跌破了上升趋势线并在其下方运行多根K线，交易者怀疑市场可能正在进入一轮更大的调整。这使得许多交易者更快地锁定利润。市场从 K 线 28 开始的上涨没有出现一根强多头趋势 K 线，这让交易者认为市场可能处于交易区间，因此会在 K 线 29 测试 K 线 26 下降高点时锁定利润。K 线 29 是一个潜在的双顶熊旗和高点下降趋势反转。下一根 K 线是阴线，说明多头力量在减弱，空头开始发力。

当上升趋势非常强劲的时候，如果使用足够大的止损，交易者可以根据任何理由买入。许多交易者喜欢在突破前期摆动高点时买入。不过，在突破之前的回撤阶段买入往往可以带来更大的回报、更小的风险和更高的成功率。突破型交易者会在前高上方 1 个最小报价单位处挂多单，市场突破前高将会让他们的多单成交。交易者未能在回调中买入的一个最常见原因是他们期待市场出现更大的或者更清晰的调整。许多回撤走势结束时的买入信号 K 线都是阴线或者发生在 2~3 根 K 线急速下跌之后，使交易者相信上升趋势在恢复之前还要进入更深的调整。然而，在强劲上升趋势中，我们必须想办法建立多单；当趋势异常强劲，我们应该在摆动前高上方挂买单，以防万一回调极其短暂、趋势很快恢复。例中合理的入场点包括 K 线 4 突破 K 线 2 高点之时、截至 K 线 10 的突破走势站上 K 线 7 高点之时、K 线 14 突破 K 线 10 高点之时，以及截至 K 线 20 的急速拉升走势站上 K 线 16 高点之时。这些前高在较高时间级别图形上通常对应某一根 K 线的高点，比如 15 分钟图或 60 分钟图，因此上述入场点相当于在突破较高时间级别上一根多头趋势 K 线的高点时买入。由于较高时间级别 K 线更长，初始保护性止损在信号 K 线下方，因此风险更大一些，交易者应该控制头寸规模，除非只是做短差刮头皮。当趋势持续一段时间之后，回撤幅度会越来越大，持续时间越来越长。一旦双向交易迹象明显，强势多头将会开始在摆动高点上方锁定利润而非加多，而强势空头在市场站上前高时开始分批建立空单。比如说，K 线 20 后一根 K 线和 K 线 22 阴线都是卖压迹象，因此大部分交易者将会利用站上 K 线 21 高点的走势锁定利润，而非继续买入。到某个时点，大部分交易者将会把新高视为做空机会，而不仅仅是锁定利润的区域。虽然许多交易者会在 K 线 24 后面那根阴线做空，大部分交易者仍相信趋势为上涨，认为市场回调之后还将测试上升趋势高点。通常情况下，只有出现一波强劲下跌大幅跌破上升趋势线，强势空头才能占据主导地位。

由于这是一个趋势交易日，理想情况下，交易者应该将部分头寸参与摆动，沿途锁定部分利润，然后在每次回调过程中将仓位加满。但在实际操作中，这种理想状态是很难达到的，大部分交易者都无法继续持有那一部分摆动头寸，而且反复对另一部分刮头皮。因此合理的操作手法是，交易者应该尽早将仓位加满，不再做更多建仓操作，而是随着市场不断走高分批锁定利润。方法有多种。比如说，如果他们较早建仓，止损大约为1美元（可能更小），他们可以在浮盈达到1美元之后平仓1/4，在2美元时再平仓1/4，3美元时可能再平仓1/4，然后一直持有最后的1/4直到出现强劲卖出信号或者交易日结束。也许更好的方法是等市场上涨2美元（初始风险的两倍）再锁定部分利润，因为他们必须确保利润足以弥补最初所承担的1美元风险。具体怎么做不重要，重要的是在行情上涨过程中要锁定部分利润，以防市场向下反转。话又说回来，由于交易者一入场即冒着风险，他们必须抵制诱惑，不能在浮盈很小的时候出场。只要趋势稳定，在市场运行到至少两倍于初始风险的位置之前，最好不要急于锁定利润。如果交易者只剩下半仓，此时又出现强劲买入信号，他们可能会将平掉的半仓部分或全部加回来，至少做一笔刮头皮，但大部分交易者应该继续按照原计划行事，让剩下半仓的浮盈继续扩大。

有这么多买入信号，如果交易者持续加仓的话，可能会最终持有一个过于庞大的多头头寸。这种做法是不对的。相反，正确的做法就是持仓，直到趋势可能发生反转（比如在K线24），或者在每次新高后出现弱收盘K线时平掉部分仓位（比如在K线16、K线21或24）。然后他们可以在新的买入信号出现时将仓位补回去，而摆动部分的头寸一直持有到趋势结束。

交易者何时开始认为这个交易日可能成为趋势交易日？激进多头可能认为开盘的跳空和强多头趋势K线有一定概率造成"始于开盘的上升趋势交易日"，因此可能在K线1收盘或高点上方1个最小报价单位处买入。他们的初始止损在K线1低点下方1单位，计划在收盘之前或出现明确做空信号之前持有部分或全部头寸。

其他交易者在跳空高开交易日总是寻找双底形态，将会在始于K线3的双K线反转形态上方做多。K线3与K线1或后面那根十字星的低点大致构成一个双底。

K线4是一根强多头趋势K线，突破了开盘交易区间，并收于K线2高点上方。部分交易者会在K线2高点上方1个最小报价单位处买入，其他人会在K线4收盘时或其高点上方1单位买入。这根突破K线是多头宣告自己获得市场控制权，此时大部分交易者都相信市场"始终入场"的方向为多头。就目前而言，保护性止损的最佳位置在K线4下方1单位，但由于止损幅度将近1美元，交易者必须降低仓位，将风险控制在可接受的水平。

大部分交易者在K线5或K线7感觉到这可能是一个趋势交易日，快的话甚至在 K 线 4 收盘时。一旦交易者预计当天可能成为一个趋势交易日，如果还是空仓的话，他们至少应该建立一个小头寸，以市价买入或者在任何小幅回调中买入。交易者可能在前一根 K 线低点下方挂限价买单，或者在下方固定金额处挂单，比如 20、30 或 50 美分。其他交易者会寻求在 K 线 2 高点上方挂单买入，或者在回踩均线时买入。K 线 8 双 K 线反转上方也是一个合理的买点，以及 K 线 12 双 K 线反转形态（终结了一个楔形牛旗或三角形）。保护性止损仍会放在 K 线 4 低点下方，或许也可能在其中位下方。交易者需要降低仓位，让风险保持在承受范围之内。其他交易者会将止损放在 K 线 6 和 K 线 8 双底下方，如果被止损出局，但市场接着再次形成买入信号，如果他们相信上升趋势依然存在的话，将会再次买进。

交易者必须强迫自己做的一件最重要、通常也很难的事，就是一旦他们认为当天属于趋势行情，他们必须至少建立一个小仓位。他们必须决定最糟糕情况下的保护性止损设在哪里（通常相对较远），然后使用这一止损。由于止损会比较大，如果入场较晚的话，初始仓位应该较小。一旦市场朝他们的方向运行，就可以收紧止损，然后寻找机会加仓，但永远不应该超过正常的风险水平。当所有人都在期待回调时，回调却通常在很长一段时间都不会出现。这是因为所有人都相信市场将会立即创出新高，却不一定认为市场将会马上出现更低价位。聪明的交易者知道这一点，因此他们开始分批买入。由于止损必须设在急速拉升 K 线的低点下方，他们会少量买入。如果风险是日常水平的 3 倍，他们将只买入日常头寸规模的 1/3，让总资金风险保持在日常水平。当强势多头一点点买入，就会造成买压，抑制市场向下调整。强势空头看到了趋势，也相信市场将立即出现更高价位，所以不再寻求做空。如果他们认为在几根 K 线之后就可以获得更好的卖点，那就没有理由现在去做空。强势空头停止做空，强势多头一点一点买入（以防万一市场很长时间都不会回调），结果会如何呢？那就是市场不断攀升。你应该跟随聪明交易者的步伐去交易，所以你需要至少先建立少量头寸，或者以市价买入，或在回调 1~2 个最小报价单位后买入，或回调 10 美分或 20 美分后买入，止损应该设在急速拉升 K 线的低点下方（大部分交易者会设在 K 线 4 低点下方，但部分交易者可能会设在 K 线 3 低点下方）。即便入场后市场立即回撤，也很可能跌不了多远就会被聪明多头视为买入机会并大力买进。记住，所有人都在等回调后买入，所以当回调最终来临，通常幅度都很小，持续时间很短。所有那些等待买入的交易者都把这视为他们想要的机会。结果就是你的头寸将会很快再次出现浮盈。一旦市场涨到足够高的位置，你就可以锁定部分利润，或者在回调中加仓（可能是高于你初始入场点的某个价位）。总而言之，要点就是一旦你认为回调是买入机会，你就应该像强势多头那样去做，以市价至少先建立一个小头寸。

当市场站上K线7高点之后，许多交易者会将保护性止损收紧到最近的摆动低点下方，也就是K线8的低点。只要市场不跌破最近的摆动低点，就说明趋势依然非常强劲。如果开始出现低点下降，市场就可能正在转入交易区间甚至下跌趋势。无论属于哪一种，交易方法都与单向市场（趋势）不同。

全天多头都会继续在回调中买入，当市场创出摆动新高，他们将会把保护性止损收紧到最近的摆动低点下方。比如说，当市场站上K线16的高点，交易者将会把保护性止损上移到K线19低点下方。如果市场向下测试入场点之后创出新高，许多交易者会把止损移到盈亏平衡点。他们不希望市场第二次跌到他们的入场价，如果出现这种情况，他们会认为趋势并没有那么强。

K线24是截至K线15的急速拉升之后的第三波向上推动（K线21是第二波），因此市场可能会出现几波横向或向下的调整。其后一根K线是一根内包阴线，因此市场此时可能已经向下反转，尤其是K线24可能构成对趋势通道线的假突破。市场当天早些时候曾多次尝试回踩均线，我们可以合理地假定这一次有可能成功。这里是锁定摆动多头利润的好位置。激进空头可能已经开始开仓刮头皮，但大部分交易者将会等着看市场是否会在均线处出现20根均线缺口K线买入信号。

交易者是否应该抓住上面提到的大部分入场点？显然不是。不过，如果他们一直在场外观望，寻找入场机会，所有这些建仓形态都是合理的。如果能够抓住1~3个这些摆动入场机会，那就已经够了，其余可以不用管。

# 第 19 章　趋势强度的特征

强劲趋势有许多特征。最明显的一个特征就是行情从显示屏一角运行到对角，中间只有很小的回撤。然而，在趋势的早期阶段，就会有一些信号显示行情动能强劲并可能持续下去。这些信号出现的越多，你就越应该专注于顺势入场点，并把逆势建仓形态看成极佳的顺势入场点，从而刚好在那些逆势交易者被迫止损出局的地方挂止损单入场。

趋势交易日有一个有趣的现象，那就是最佳的反转K线和最长的趋势K线往往是逆势的，将交易者套在错误的方向。另外，市场很少出现极佳的顺势信号K线，使得交易者对入场点没有把握，迫使他们追涨杀跌、较晚入场。

最后，一旦意识到市场处于强劲趋势，你不需要看到建仓形态再入场。如果你愿意的话，可以在全天任何时候以市价入场，设置相对较小的止损。建仓形态的唯一目的是将风险最小化。

下面是强劲趋势的一些共同特征：

● 开盘大幅跳空。
● 形成趋势性高点和低点（摆动）。
● 大部分K线都是朝趋势方向的趋势K线。
● 相邻K线实体之间很少重叠。比如说，在一轮急速上涨行情中，许多K线的低点都位于前一根K线的收盘，或仅低1个最小报价单位。部分K线的低点处于和不低于前一根K线的收盘，因此那些试图在前一根K线收盘挂限价单买入的交易者买单未能获得成交，不得不追高买进。

● 不少K线没有上下影线或影线很短，代表行情的迫切性。比如说，在上升趋势中，如果一根多头趋势K线开在最低点然后趋势性走高，说明交易者在前一根K线收盘后急切买入。如果它收盘位于或接近最高点，说明交易者继续强劲买入，预期K线收盘之后仍有新买盘进来。他们之所以愿意在收盘前买入，是因为他们担心如果等到K线收盘后再买，买入价可能要高出1~2个最小报价单位。

● 偶尔，K线实体之间会出现缺口（比如说，在上升趋势中，一根K线的开盘可能高于前一根K线的收盘）。

● 在趋势形成之初，发生以强趋势K线形式出现的突破缺口。（我们将在第二本书谈到，趋势K线属于缺口的一种）。

● 出现测量缺口，即突破测试与突破点没有发生重叠。比如说，一次多头突破的回踩没有跌破那根突破K线的高点。

● 出现微型测量缺口，即有一根强趋势K线，其前一根K线与后一根K线之间存在缺口。比如说，上升趋势中出现一根强多头趋势K线，其后一根K线的低点处于或高于其前一根K线的高点，这就是一个缺口，也是一次突破测试，属于强势信号。

● 没有出现大的高潮走势。

● 没有出现太多长K线（甚至没长趋势K线）。趋势中最长的K线往往是逆势的，将那些寻求逆势交易的交易者套住并使之错过顺势机会。逆势形态几乎总是比顺势形态看起来更好一些。

● 没有发生重大趋势通道线过靶，而小型过靶仅造成横向调整。

● 跌破趋势线之后的调整为横向调整而非逆势行情。

● 出现失败的楔形和其他失败的反转形态。

● 出现连续20根均线缺口K线（即20根或以上连续K线没有触到均线，将在第二本书讨论）。

● 很少或没有出现任何有利可图的逆势交易机会。

● 偶尔出现幅度很小、大致横向的调整。比如说，如果Emini日均波动区间为12点，回撤幅度可能都低于3~4个点，而且市场往往连续运行5根或以上K线再进入调整。

● 迫切感。你发现自己一直在等待像样的回调，但一直没有出现，市场只是缓慢地延续原有趋势。

● 回撤走势出现强势建仓形态。比如说，上升趋势中的高1和高2回撤出现强多头反转K线作为信号K线。

● 在最强劲的趋势中，回撤通常出现弱信号K线，让许多交易者不敢入场，迫使他们追涨杀跌。比如说，在下跌趋势中，低2卖点的信号K线往往是2~3根K线急速拉升之后的小阳线，有时候入场K线是外包阴线。一切都呈现出趋势性：收盘、高点、低点或实体。

● 两段式回调反复构成顺势入场点。
● 没有出现连续两根趋势K线收于均线的另一侧。
● 趋势长途奔袭、突破多个阻力位，比如均线、前期摆动高点、趋势线，而且突破幅度都达到多个最小报价单位。
● 以逆势急速运动形式发生的反转尝试失败，没有后续行情，成为趋势方向的旗形。

当趋势处于奔袭模式，可能连续多根K线都不出现回调，K线都是较长的趋势K线，大部分影线都很短。在趋势运行过程中，除了继续持有摆动部分的头寸，你可能希望做更多的刮头皮交易，可以考虑在3分钟图上寻找新的顺势入场点。3分钟图往往会有更多停止K线（逆势内包K线和单K线回调），给出顺势入场点。1分钟图也有很多顺势入场点，但也有一些逆势建仓形态，如果你只是做顺势交易，这可能会造成干扰。除此之外，还有我们前面曾经提到的信息处理速度的问题，在强劲趋势中根据1分钟图交易会带来太大的压力，对你有效进行交易的能力造成干扰。既然你需要确保的是抓住所有顺势入场机会，因此在强劲趋势中，最好只依据5分钟图进行交易。只有当你成为成功的交易老手之后，才可以考虑同时看3分钟图。

随着时间流逝，趋势会弱化，出现越来越多双向交易信号，代表趋势力度的信号开始消失。比如说，在上升趋势中，交易者开始在前一根K线高点和摆动高点上方锁定利润，而激进空头开始在K线高点和摆动高点上方做空，并逢高加空。强势多头最终将只在回调之后买入。最初的急速拉升走势被上升通道所取代，并最终逐步进入交易区间。

开盘大幅跳空而且没有立即回补，往往标志着当天强劲趋势的开始，交易日往往收于高点或高点附近（在下跌趋势中则为低点）。如图19.1所示，Emini的5分钟图跳空高开11点，幅度相当大，而且第一根K线为多头趋势K线。另外，市场超过2个小时没有测试均线，也是强势信号。我们可以注意到，市场并未出现太多情绪性行为（长K线、高潮、剧烈摆动）。由大量小K线（其中许多是十字星）构

# 高级趋势技术分析
## ——价格行为交易系统之趋势分析

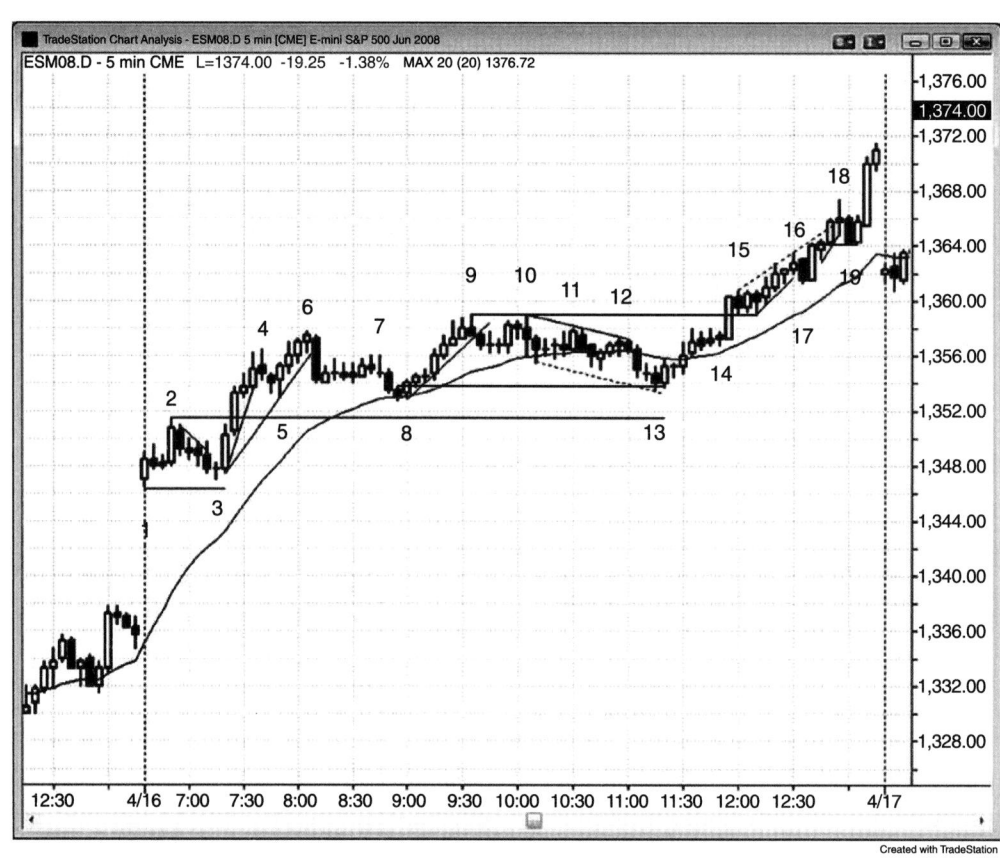

图 19.1　上升行情交易日的大幅跳空高开

成的稳定行情往往会造成规模最大的趋势。

在这样的交易日，机构计划作大量买入并希望买在较低价，当较低价一直没有出现，他们不得不全天追高分批建仓。尽管他们感到一个趋势交易日正在形成，知道自己可能不得不全天都在更高的价位买入，他们并不会一次性把买单全部杀进去，因为这样可能造成高潮性急速上涨，从而引发市场反转、跌破其平均入场价。他们从容地小规模分批买入，知道买入点会越来越高，但也知道市场可能仍会继续走高。而且，出现这样的强劲趋势交易日之后，接下来一个或几个交易日往往也会继续上涨。

### 本图的深入探讨

在图 19.1 中，市场开盘突破了前一天的高点，然而当市场跌破 K 线 2 急速拉升后面那根内包阴线时，突破变成了一次失败的突破。大幅跳空高开交易日往往会测试开盘的低点，然后形成一个小型双底牛旗。当开盘区间如此之小，市场处于突破模式，交易者将会朝突破的方向入场。在大幅跳空高开交易日，市场向上突破的概率更大。激进多头可能在K线3上方以双底为依据入场，但大量多头将会在开盘区间上轨K线2高点上方挂止损单入场。这是一个始于开盘的上升趋势交易日和趋势恢复多头交易日。

市场截至K线3出现一轮小型的两段式回调。第一波回调由一根空头趋势线和两根十字星构成。第二波回调由一根带长上影线的阴线加一根十字星构成。这一小型两段式行情无疑可以在较小时间级别上看到清晰的两波下跌，发出ABC买入信号。交易者可以在K线3上方1单位处买入。K线3还是对缺口的测试，与K线1低点构成双底。由于这有可能是一个趋势交易日，行情幅度可能远远超出大部分交易者的预计，因此聪明的交易者会让部分或全部头寸参与摆动。请注意，当天的开盘非常接近当天的低点，这属于强势信号。当始于开盘的上升趋势交易日开盘与最低点仅相距几个单位，收盘往往也会在距离最高点几个单位之内，而且收盘前往往会出现趋势性上涨。

K线5是一轮强劲上涨（4根多头趋势K线）之后的高1突破回踩。在强劲上升趋势的急速行情阶段，高1总是很好的买点。K线4的低1跌破了趋势线并从新高反转，但这并非一个卖点，哪怕是刮头皮。事实上，在这里使用低1这一术语是不对的，因为低1属于交易区间和下跌趋势中的建仓形态，而非在强劲上升趋势中。在如此强劲的上涨之后，聪明交易者只会寻找买入机会，只有出现二次入场点，才会考虑做空。

K线6是一个低2，属于二次做空入场点，有可能成为上升趋势中一个交易区间的顶部。然而在强劲上升趋势中，这样的做空机会只能刮头皮。只有在前面曾出现强劲下跌并跌破重要趋势线（可能持续20根或以上K线）的情况下，交易者才可以考虑做摆动空头交易。如果交易者做空，他们将会迅速退出，然后寻找波段交易的做多建仓形态。在强劲趋势中，顺势仓位应该大部分参与摆动，只把很小一部分作为刮头皮。如果你发现自己错过了一个顺势入场点，应该停止寻找逆势刮头皮的机会，只交易顺势建仓形态。在趋势交易日，你必须想办法抓住所有顺势信号，因为这是稳定获利的途径。

由于K线6入场K线是一根强空头趋势K线，因此它属于突破，从而也是急速行情。急速行情通常会跟随一个通道，至少发生两波推动。然而当其发生在与强劲趋势相反的方向，往往只会再出现一波推动并成为一个两段式牛旗。无论哪种情况，在一波急速下跌之后，市场很可能再出现至少一波下跌。

K 线 7 是第二波下跌的低 2 卖点入场 K 线，但在 6 根 K 线的窄幅整理之后，朝任何方向的突破都可能会失败，走不了太远。

K 线 8 是一波两段式调整的结束，也是强劲上升趋势第一次回踩均线，因此是不错的买点。当市场远离均线 20 根或以上 K 线（20 根均线缺口 K 线买入形态），说明趋势非常强劲，市场在均线处迎来买盘的概率很高。

K 线 9 是摆动新高处的一根反转 K 线，但前面 7 根 K 线中并未出现一根阴线，因此不宜做空，除非出现二次入场点。

K 线 10 是一个二次入场点，但它处于上升趋势中的一个窄幅交易区间，顶多只能刮头皮做空，最好是忽略这笔交易。上升趋势中的横盘通常属于牛旗，往往会朝此前大趋势的方向突破。外包 K 线可靠性较低，不过二次入场点可靠性较强，所以你可以考虑刮头皮做空。市场在均线处形成 3 根小十字星，属于小型窄幅交易区间，因此具有磁力效应。我们可以预见，市场很可能出现一根趋势 K 线朝任何一个方向突破，而且突破会失败。交易者持有空头，止损可能是 4 个最小报价单位。不出所料，K 线 11 多头趋势 K 线突破失败，让交易者得以在下一根 K 线获得 4 单位的刮头皮利润。

K 线 13 是一次突破回踩，跌破了引发从 K 线 8 开始强劲上涨行情的做多信号 K 线的高点 1 单位。从 K 线 9 到 K 线 13 的下跌非常弱，基本上为横盘。市场非常艰难地向下测试突破点，意味着空头力量不足。K 线 13 还构成一个均线下方的高 4 入场点，其前一根 K 线是当天第一根均线缺口 K 线（K 线高点低于均线）。这是强劲上升趋势中的均线缺口 K 线建仓形态，可以预计接下来将会以高点下降或高点抬升的方式测试上升趋势的高点。强劲趋势中的均线缺口 K 线往往会造成趋势最后一波行情，然后再形成更深更持久的回撤，回撤也可以演变成趋势反转。这可能发生在第二天。K 线 13 形成了一个低点抬升（高于 K 线 8），而此前 K 线 9 已形成高点抬升，因此属于趋势性多头摆动的一部分。它还与 K 线 8 大致构成一个双底牛旗。

K 线 14 是一个高 2 突破的信号 K 线，前一根 K 线为高 1。

K 线 15 是一个末端旗形做空形态的信号 K 线，但市场一直没有跌破信号 K 线低点从而触发入场点。不过作为一根阴线，它属于一小波下跌行情。下一根 K 线是多头趋势 K 线，然后又出现一根空头趋势 K 线。这第二根空头趋势 K 线是第二波小幅下跌，因此是一个高 2 买入形态。

K 线 17 是强劲上升趋势交易日中第一次跌破一个微型上升通道，因此可以在其高点上方 1 单位处买入。这个通道为楔形，虽然交易者不会在这里做空，理论上的空单保护性止损应该在楔形高点上方 1 单位。接下来市场以一根长多头趋势 K 线扫掉这些止损，说明看跌情境遭到强烈否认。这根 K 线之所以如此之强，是因为多头预计 K 线 17 卖点会失败，所以在其高点上方挂单买入，同时空头在 K 线 16 楔形顶部上方 1 单位被止损出局。

K 线 18 向上突破趋势通道线，发出低 2 做空信号。然而在强劲趋势交易日，聪明交易者只在前面出现一波强劲下跌突破趋势线的情况下才会做空。否则，他们将所有做空形态都视为做多形态，刚好在弱势空头买入回补的地方挂单做多（比如 K 线 17 和 K 线 19 高点上方）。

K 线 19 突破了趋势线，但仅持续一根 K 线就失败，因此是一个买入形态。接着市场出现双 K 线多头反转，成为做多信号。

图 19.2　趋势交易日大部分反转都会失败

如图 19.2 所示，趋势交易日的一个特征是，往往最漂亮的反转 K 线和趋势 K 线都是逆势的，将交易者套在错误的方向并造成亏损（从 K 线 1 到 K 线 8）。我们注意到,全天没有出现一根非常强的空头反转信号 K 线,却走出一轮大规模下跌趋势。我们注意一下均线——市场一直未能连续两根 K 线收于均线上方，直到从 K 线 8 开始的反弹走势顶部那根均线缺口K线。这是一轮下跌趋势，所有买入形态都应该被视为做空入场点。我们可以刚好在多头保护性止损的位置入场做空，让他们的平仓帮助我们推动市场下跌。

极弱的卖出信号是跌势如此顽强的重要原因。空头一直在等待强势信号K线，以便将空头仓位加满。被套的多头也一直在等待证明趋势强劲的信号，以确定是否要立即出场。信号一直没有出现，然而多头和空头继续等待。他们在趋势中看到大量阳线以及2~3根急速拉升K线，以为并且希望这种买压能够很快造成大幅反弹。即便他们看到市场无法站上均线，所有回撤幅度都很小，他们也选择忽视这些代表趋势强劲的信号，继续期待多头能够将市场推升至更好的卖点。市场一直没有出现像样的反弹，为了防止期待中的反弹永远不会来临，空头和被套的多头全天不停地小笔卖出。他们持续的卖出，加上那些认为这种行情属于最强劲下跌趋势的大空头的持续抛盘，使得市场全天不断走低，没有出现任何较大回撤。

图 19.3　没有回撤意味着趋势强劲

当交易者在前一根K线收盘处的限价买单没有获得成交，说明趋势非常强劲。在图 19.3 中，当K线 1 收在最高点之后，部分交易者会立即在K线收盘的价位挂限价买单，希望在第二根K线（K线 2）开盘后的几秒钟内获得成交。但由于K线 2 的低点没有跌破K线 1 收盘，限价买单可能不会获得成交，多头只能不断追高买入。K线 3、4、5 也非常强劲。不过，如果交易者在K线 3 收盘之后立即在其收盘价挂限价买单，将会在K线 4 开盘后几秒钟内获得成交，因为K线 4 低点跌破K线 3 收盘 1

个最小报价单位。通常情况下，当市场出现一系列如此强劲的 K 线，就构成一波急速行情，接下来往往会进入上升通道。

不过也有例外。第二天从 K 线 6 到 K 线 9 的上涨行情也非常强劲，但最终形成高点下降。第一天是一个"急速与通道"上升趋势交易日，所以市场应该在第二天测试通道起点。这是一种向下的牵引力，当市场第二天开盘跌破前一天的上升趋势线，从 K 线 6 到 K 线 9 的急速拉升形成高点下降后引发趋势向下反转。

股票交易者会把第一天高点之前的通道性上涨称之为"拥挤的交易"（crowded trade）。所有想要买入的人都已经买入，没有新增多头入场。随着市场开始下跌，所有在通道内买入的多头迅速出现浮亏，于是所有人都夺路出逃，尽量将亏损最小化和保护部分浮盈。其结果就是市场快速下跌。

**本图的深入探讨**

在图 19.3 中，第二天市场开盘跌破了前一天"急速与通道"形态的上升通道，K 线 6 是一根多头趋势 K 线，构成一个突破失败做多形态。不过突破失败之后最终形成高点下降和突破回踩做空形态，二次入场点在 7 点 05 分大阴线后面那根阳线下方。

# 第 20 章　两段式行情

市场喜欢在一件事情上做两次尝试，这也是为什么通常所有行情都可以细分为两波较小的行情。无论顺势行情还是逆势行情，都是如此。如果第二次尝试失败，市场通常会朝相反方向运动；反之，如果成功，那么趋势就会进一步延续下去。

大家都熟知趋势中的 ABC 调整。ABC 调整分为三步：先是出现一段逆势运动，然后出现一小段顺势运动（通常不会超越趋势极端位置），最后是第二波逆势运动（通常比第一波调整的幅度更深）。趋势本身往往也可以分解成两段式行情。虽然艾略特波浪理论将趋势分为三波推动浪，但在实际交易中中更好的方法是将第一波强劲的顺势行情视为动能的启动（第三浪），即便前面已经有一波顺势行情（第一浪）。第一波强劲顺势行情往往又可细分为两波较小的顺势行情，经过调整之后，趋势通常会再出现两波推动，测试趋势极端位置（这两波推动构成波浪理论的第五浪）。从交易角度来讲，采用这种两段式市场分析法更容易发现大量逻辑清晰的交易机会，相反，波浪理论对于绝大部分交易者的实际操作基本上没有什么用。

突破趋势线是相反方向一波新的行情的开始。任何时候，只要进入一轮新趋势或多空某一方投降，市场通常至少会走出两波行情。这可以发生在趋势中的回调、突破、重大趋势反转，或任何时候当足够多交易者相信行情强度足以第二次测试市场能否走出一轮持续的趋势。多方和空方都认为市场动能足够强劲，需要出现一次测试才能让他们对市场朝某一个方向运行有足够的确信。比如说，在下跌趋势的两段式反弹行情当中，多头会在第一波行情的上方锁定利润，新空头将会开空，而其他在第一波反弹中做空的空头将会在第二波反弹站上第一波行情高点时加空。如果这些空头的力量总和战胜了在市场突破第一波反弹高点时买入的多头的力量，市场将会下跌，要么进入交易区间，要么进入新一轮下跌。

某些复杂的两段式行情会持续几十根 K 线，但从较高时间级别上去看却非常清晰。不过交易者应该重点关注自己交易级别的图形，否则容易错过一些重要的交易机会。到较高时间级别上去寻找每天那一个更清晰的交易信号，从交易获利的角度来讲是得不偿失的。

两段式行情是最理想的情况，但与三连推形态会有一些重合。当市场出现明确的双顶或双底时，第二波推动是对前面市场反转价位的测试，如果在这一价位再次失败，市场就有可能出现反转或者回撤。但如果第一波行情并非明确的趋势结束信号，那么市场通常会以两段式走势测试那个极端价位。有时候两段走势都会超越前期极端价位，从而构成清晰的三连推形态。其他情况下，只有第二段走势超越前期极端价位，从而可能形成上升行情末端的两段式高点抬升或下跌行情末端的两段式低点下降。

有时候两波推动行情中的一波或两波都由较小的两段行情构成，这样一来整个行情实际上会有三段走势。这正是许多三连推形态的特征，往往其中两波推动都属于同一段走势的一部分。然而如果你仔细研究那一波两段式推动，试图搞清楚市场到底在发生什么，会发现可分为两小段行情的走势与只有一段行情的走势在强度、持续时间或整体形态上都较为类似。对于那些寻找完美形态的交易者而言，这一点可能让人感觉困惑和气馁。然而交易就是这样，你永远处于灰色迷雾中，没有什么东西是一目了然的。如果你对自己的解读缺乏信心，最好不要参与交易，也许过不了多久就会出现更清晰的交易机会。我们最重要的目标之一就是避开那些令人困惑的交易形态，因为一旦出现亏损，要扳回来就没那么容易了。你肯定不希望自己一天后面的时间只是在想办法弥补前面的亏损，因此要耐心等待，只做自己有把握的交易。

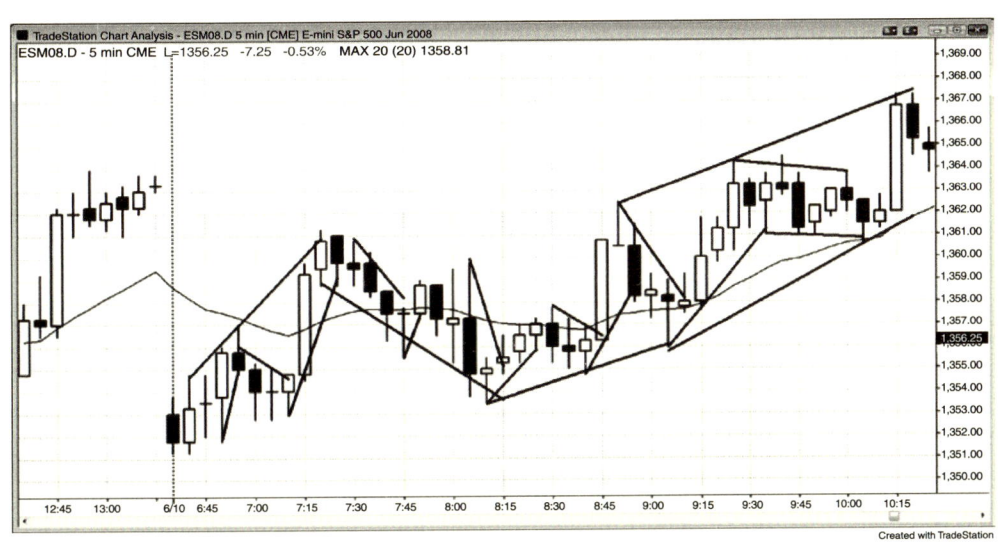

图 20.1 每一波行情都由几波较小行情构成

如图 20.1 所示，每一次突破趋势线的走势和每一次回撤都是一波行情，所有较大的波段都是由较小波段所构成。这里的"波段"所指非常宽泛，仅仅意味着市场运行方向发生了改变，而且你可以用任意标准来定义市场方向改变。

# 第四篇

# 常见趋势形态

趋势交易日可以分为几种类型，如果你熟知每种类型的特征，就可以提前发现那些正在形成的特定交易机会。至于形态的叫法并不重要，因为交易者需要知道的是如何解读市场价格行为，这一点对于任何形态都是一样的。在大部分趋势交易日，市场会出现不止一种趋势类型的特征。不要为此感到困惑或失望，相反，要知道这正是交易机会所在。如果你对每种趋势将如何演变烂熟于胸，就可从中发现更多可交易的建仓形态。

对于所有趋势形态，我们之所以要给它们取一个名字，唯一的原因是它们属于反复出现的常见形态。如果发现某个趋势形态正在展开，应该只关注顺势方向的交易，同时将更大一部分头寸参与摆动。这些建仓形态可能与交易区间交易日中完全一样，但在趋势交易日，你应该尽量抓住所有顺势入场点，哪怕形态看起来非常弱。只有在市场突破趋势线并出现强势反转K线，而且不会影响你抓住所有顺势入场信号的情况下，你才能参与逆势交易。反之，如果你发现自己错过了某个顺势入场点，就应该立即停止逆势交易，只关注顺势建仓形态。对于那些逆势交易，你应该全部刮头皮出场，而且每天逆势交易不要超过2~3笔，否则，你可能在错误的交易方向花费过多时间，有可能错过极佳的顺势摆动交易机会。趋势越强，你越需要跟随趋势摆动，而不要逆势刮头皮。在超强趋势中，所有交易都应该是顺势摆动交易，可以刮头皮锁定部分利润，但要彻底避免去逆势刮头皮，虽然有时候看来很诱人。

市场开盘后的交易区间往往会给出交易日将如何展开的一些线索，这一点我们将在第三本书关于开盘形态和反转的章节详细讨论。简单来讲，如果开盘区间很窄，通常会发生突破；如果开盘区间大致为近期日均波幅的一半，突破通常会造成等距运动，形成趋势性交易区间交易日；如果开盘区间很宽，往往会出现急速运动，交易日可能成为急速与通道趋势交易日。

一旦熟悉这些形态之后，你就可以在交易日头30~60分钟发现它们的雏形。在这种情况下，你要确保尽可能抓住所有顺势入场点，将部分头寸参与摆动。有时候摆动部分的头寸会被止损几次，但依然要坚持让部分头寸摆动，因为如果交易日成为趋势交易日，一笔摆动交易就可以赚到10笔刮头皮的利润。

  一个推论是，如果你没有看到任何趋势形态正在形成，那么可以假定交易日为交易区间交易日，寻找朝两个方向的交易机会。另外，趋势交易日可以随时演变成交易区间交易日以及相反方向的趋势。当其发生之时，不要质疑它，也不要感到心烦意乱，接受它，交易它！

# 第 21 章　急速与通道趋势

急速与通道趋势交易日的主要特征：

● 出现由一根或数根趋势 K 线组成的急速行情，预示着市场正在突破进入明确的"始终入场"方向。在急速行情阶段，市场有一种迫切感，交易者顺着行情的方向不断加仓。急速行情相当于一个突破缺口（将在第二本书讨论）。

● 急速行情通常出现在第一个小时，往往是开盘后头几根 K 线。

● 突破的动能越强，市场越有可能以通道形式出现延续性行情，而且通道可能持续得越久（参见第十九章关于趋势强度部分的内容，以及第二本书第二章关于突破强度的内容）。

● 当突破走势强劲，通道往往会在基于突破走势幅度的等距运动目标处结束，你可以最终在这里锁定部分或全部利润。

● 在急速行情之后，市场将会立即出现回撤，短则只有一根 K 线，长则可达几十根 K 线。

● 趋势以通道形式恢复。在通道当中，由于双向交易的存在，市场有一种焦虑感和不确定性。

● 当市场处于通道行情，可以将其当成趋势性交易区间来进行交易（比如说，在上升通道内，做多的话，可以在前一根 K 线低点下方买入，并让部分头寸参与摆动。如果做空的话，可以在摆动高点上方或前一根 K 线高点上方卖出，主要是刮头皮的思路）。

● 通道极少朝顺势方向突破，即便出现这种情况，突破走势也往往会在 5 根 K 线内失败，然后市场发生反转。

● 通道往往在某个等距运动目标结束，通常结束于第三波推动。

● 通道通常最终会朝与当前趋势相反的方向突破，不要在发生突破时入场，而应该等待突破之后的回踩（比如说，如果有一轮急速与通道上升行情，市场向下突破通道，我们可以在下降高点找机会做空）。

● 市场通常会回撤到通道的起点，相当于测试缺口（所有急速行情都相当于缺口）。

● 测试通道起点之后，市场往往会恢复原趋势方向，至少收复此前回撤幅度的 1/4。此时市场正尝试形成一个交易区间。在急速与通道上升趋势中，回撤走势通常会与通道起点构成双底牛旗（通道起点也就是急速行情之后首次回撤的终点）。

● 当形态较弱，则更可能形成趋势性交易区间交易日（将在下一章讨论）。

急速与通道趋势是最常见的趋势类型，几乎每天、在所有趋势中都会以某种形式出现。这一形态有各种变体，而且较大形态中往往内嵌多个较小形态。由于这种形态在大量价格行为中都是控制性的力量，交易者必须要掌握这种形态。这种形态由两个部分组成。所有趋势都包含急速行情阶段和通道行情阶段，在任何时候，所有趋势都必然居于这两种状态之一。首先，市场会走出由一根或多根 K 线构成的急速行情。这种走势有一种迫切感，此时所有人都相信行情还有进一步的空间。急速行情相当于突破缺口，市场迅速从一个价位移动到另一个价位。接下来市场出现回撤，短则一根 K 线，长则几十根 K 线，甚至一直回撤到急速行情的起点。比如说，假如市场出现一轮急速拉升，个别情况下回撤走势会跌破拉升行情的低点，然后进入通道行情。在回撤结束之后，趋势将进入通道模式。在通道阶段，行情的迫切感下降，取而代之的是焦虑感和不确定性。这就是电视上专家所说的"忧虑之墙"（wall of worry）。大家都看到市场在发生双向交易，趋势看上去总是显得岌岌可危，好像随时都可能结束，但却不断地持续运行。在通道阶段，交易者会快速锁定利润，但随着趋势延续，他们将不停地重新入场或者加仓，因为他们不确定趋势何时结束，不想踏空后面的行情。极少数情况下，接下来市场会走出第二轮急速行情，然后再形成一个通道，但第二轮急速行情多半会成为一次失败的突破并引发调整。比如说，假如市场急速拉升之后进入动能减弱的上升通道，接下来市场可能会出现新一轮急速拉升，向上突破通道。只有在极少数情况下，市场会跟着走出第二个上升通道，更常见的情况是突破失败，市场向下反转。

当市场出现一系列实体很长的 K 线、中间没有回撤或回撤极小，这种强劲趋势就是急速行情。急速行情可以是一根趋势 K 线，也可以是一系列重叠度很低的趋势 K 线，有时候甚至是一个极窄的通道。事实上，某个时间级别上的一波急速行情在较小时间级别上总是对应一个陡峭的窄幅通道。同样，一个陡峭窄幅通道在较高时间级别上总是对应一波急速行情。急速行情在第一次走势暂停或回撤时结束，但如果行情在 1~2 根 K 线内恢复，我们可以将其看成第二波急速行情，也可以看成较高时间级别上的同一波急速行情。急速行情可以小到只有一根中等长度的趋势 K 线，长到可以持续 10 根或以上的 K 线。急速行情、高潮和突破应该同等视之，我们将在第二本书关于突破的章节做进一步讨论。在急速上升行情中，所有人都同意当前位置并非空头的价值区域，市场需要进一步攀升，找寻多头和空头都愿意参与交易的价位。市场将会继续快速攀升，直到多头愿意锁定部分利润而且建立新头寸的意愿下降，以及空头开始做空。这就造成市场进入休整或回撤，成为市场进入双向交易模式的第一个信号。急速下跌行情则刚好相反。

几乎所有趋势都始于急速行情，虽然有时候它只是一根单独的趋势 K 线，交易者可能要等到多根 K 线之后才意识到它是趋势的起点。因此，几乎所有趋势都是急速与通道趋势的变体。不过，当趋势出现更多本章所讨论的其他趋势类型的特征时，你应该将其作为其他类型的趋势来交易，让成功率最大化。

从定义来讲，急速行情在出现第一根停止 K 线或回调后就立即结束，接下来市场可以出现三种走势：趋势恢复、进入交易区间、趋势反转。第一种情况最为常见。市场回撤几根 K 线，甚至十几根 K 线，然后趋势恢复。回撤走势属于测试缺口（记住，急速行情相当于缺口），也是通道的开始。趋势恢复之后，行情动能会有所下降，其特征包括更多重叠 K 线、斜率下降、出现多次回撤以及朝相反方向的趋势 K 线。这就是通道，从而在整体上构成急速与通道趋势。

第二种情况发生在回撤走势持续 10 根 K 线以上的情况下。市场接下来将进入交易区间，并可能朝任何一个方向突破。不过一般来讲，交易区间朝大趋势方向突破的概率更大一些。如果交易区间持续很长时间，它在较高时间级别上也可能仅仅是一个旗形（比如说，一轮急速拉升行情之后，市场在 5 分钟图上走出长达 3 天的交易区间，但在 60 分钟图上可能仅仅是一个牛旗整理，向上突破的概率更大）。这属于趋势恢复的情况，将在本章后面作进一步讨论。虽然趋势往往在交易日结束前恢复（交易日成为趋势恢复交易日），但有时候交易区间突破会失败或在数根 K 线内反转（我们将在第三本书关于反转的章节中讨论末端旗形反转）。极少数情况下，交易区间可以持续数小时甚至数天，而且摆动非常小（这属于窄幅交易区间，将在第二本书关于交易区间的章节讨论）。与所有交易区间一样，市场可以朝任意方向突破，不过朝趋势方向突破的概率略微高一点。

第三种可能就是市场反转。只要急速行情之后的回撤不至于扭转市场"始终入场"的方向，市场就可能延续原有趋势，而且延续性行情几乎总是以通道的形式发生。少数情况下，市场会反转并朝相反方向作急速运动。出现这种走势之后，市场接下来往往会进入交易区间，多头和空头在这里争夺后续行情的控制权。多头不断买入，试图制造一个延续急速拉升行情的上升通道；空头持续做空，试图制造一个延续急速下跌行情的下跌通道。虽然交易区间可以在交易日剩下的时间里一直持续下去，但通常情况下某一方会胜出，造成市场突破。发生突破后，市场可能形成一个通道，交易日成为急速与通道趋势交易日，也有可能在突破之后很快又进入另一个交易区间，构成趋势性交易区间交易日（将在下一章讨论）。

除了以相反方向的急速运动来反转，如果急速运动之后形成交易区间，市场也可能反转。比如说，假如市场出现一轮急速拉升，然后进入交易区间，在大约三分之一的情况下，市场将会突破交易区间的底部而非顶部。突破的方式可以是一波剧烈的急速下跌，但更多情况下是一根不起眼的空头趋势K线紧跟着一个下跌通道。

如果它形成一个通道，最好只做顺势交易。有时候通道内会有剧烈的摆动，从而在通道形成过程中带来逆势刮头皮机会。但我们要警惕，通道持续的时间可能远远超出你的想象，而且市场看起来总是试图要反转。通道运行过程中会有多次回撤，诱使交易者参与逆势交易然后被套。通道内会出现许多带影线的K线、相反方向的趋势K线以及重叠度很高的K线，但即便如此，市场依然处于趋势之中，贸然去做逆势交易往往会付出很高的代价。

某些交易日很早就出现强动能行情（急速行情），在交易日剩下时间里趋势以斜率较低的通道状态延续。不过有时候通道会加速，以抛物线轨迹而非线性路径运行。在其他情况下，动能会逐渐减退，形成较平缓的曲线轨迹。无论哪种情况，通道的起点通常会在当天晚些时候或接下来一两天遭到测试，接下来可能进入交易区间，也可能出现朝任何一个方向的趋势行情。我们必须要明白一点，如果通道非常窄，只能做顺势交易，因为回撤幅度将不足以让逆势交易获得利润。

当市场朝与趋势相反的方向突破通道之后，你应该准备寻找逆势入场点，因为此时逆势运动很有可能一直持续到通道的起点然后试图形成交易区间。记住，所有通道，无论多陡，都是相反方向的旗形。上升通道相当于熊旗，下降通道相当于牛旗。而且，虽然通道实际上是一个倾斜的交易区间，它也是一个更大交易区间的第一波行情，反转走势通常会来到通道起点附近的区域。比如说，假如市场出现一轮急速拉升，回调之后进入上升通道，那么这个上升通道往往是一个尚未展开的交易区间的第一波行情。市场通常会回撤到通道底部，然后试图与通道底部共同构成一个双底牛旗。这通常会造成反弹，成为一个形成中的交易区间的第三波行情。反弹之后，交易者可以不要再管这个急速与通道形态，而是看市场是否会出现其他形态，因为到这里急速与通道形态已经不再具有预测能力。急速行情相当于突破。这意味着在突破点与第一次回撤终点（也就是通道的起点）之间存在缺口。测试通道底部的走势既是对缺口的测试，也是一次突破回测。

　　股票交易者往往将上升通道末端的行情称之为"拥挤的交易"，因为他们相信凡是对这只股票感兴趣的投资者都已经买入，不会再有新的买盘进来。于是他们预计，随着所有通道内的买家离场，市场将快速跌至通道的起点。在市场快速下跌过程中，那些后入场的多头将会立即出现浮亏，不得不快速割肉离场，将亏损最小化。大批多头的出场将会造成踩踏事件，使得市场出现快速和深度下跌。当然，任何行情都有多种因素在起作用，但对于剧烈调整到通道起点的走势，这可能是一个重要因素。

　　由于该形态的第二部分是一个通道，通道阶段的市场行为与所有其他通道都是一样的。几乎所有急速与通道形态最后都会突破通道下轨，然后测试通道起点附近的位置。最容易识别的反转形态是处于楔形通道的三连推形态，第三波推动对趋势通道线形成过靶，然后以强势反转K线反转。如果出现二次入场点，那就是不错的逆势交易机会。不过大部分情况下反转都不会这么清晰，最好等待突破之后在回踩确认过程中入场。比如说，假如市场向下突破一个上升通道，交易者应该等市场反弹，可能形成高点抬升也可能形成高点下降，此时如果出现不错的做空形态，就可以入场做空。如果市场跌到通道起点并出现买入形态，交易者可以寻求做多，期待市场出现一轮双底牛旗反弹。

　　如果市场出现一波强劲急速行情和任何回撤（哪怕只是一根K），然后趋势恢复，那么市场很可能走出急速与通道趋势。比如说，市场以急速拉升突破一个交易区间，然后形成一根内包K线，其后一根K线先是跌破这根内包K线的低点，接着迅速反转走高成为一根多头反转K线，那么交易者将会在这根K线上方买入，预期市场进入上升通道。一旦市场站上这根多头反转K线，通道就开始生效。它可以只有一波向上推动，持续一根或数根K线，然后向下反转（即我们在第三本书将会谈到的末端旗形反转），也可以出现两波或以上向上推动然后再反转。如果上升通道发生在反转可能发生的区域，比如交易区间顶部附近，那么它可能在两波上涨之后向下反转，在这之后我们才能画出明确的通道线。如果它发生在可能形成上升趋势的区域，比如从一个强势底部形态向上反转，那么它通常至少会出现三波向上推动，但也可能更多。

通道可以运行多远？在强劲趋势中，它的持续时间通常会超出大部分交易者的预计。然而，如果急速行情幅度很大，通道可能运行到等距运动目标，也就是说，通道行情运行幅度相当于从急速行情第一根K线开盘或低点到急速行情最后一根K线收盘或高点的距离。等距运动目标的另一个算法是"第一波 = 第二波"，急速行情是第一波，通道是第二波。一旦通道行情到达等距运动目标，我们就可以留意市场是否正在形成反转形态。

通常我们还可以发现其他一些等距运动目标，以及趋势线和趋势通道线目标。然而这些目标大部分都会被超越，市场并不会立即反转，尤其在趋势异常强劲的情况下。但我们依然要关注这些目标，因为最终反转形态总会出现，而且通常情况下反转都会发生在这些阻力区域当中的某一个，它们可以让你更有信心去参与反转交易。不过一般来讲，我们最好将等距运动目标当成锁定利润的区域，而不是进行反转交易的价位。只有在建仓形态非常强劲的情况下，交易者才可以参与反转交易。我们将在第三本书详细讨论反转。交易老手往往会在等距运动目标处逆势刮头皮，有时候，当市场走势与他们头寸的方向相反，他们还会分批加仓（分批建仓将在第二本书讨论），但极少交易者能够通过这种方法持续获利，大部分交易者如果尝试这么做，都会出现亏损。

强劲的急速行情意味着市场迅速运行到一个多空双方都感到具有交易价值的新价位。通常情况下，市场在急速行情中会超越这个价值区域（过靶），然后再回撤到区域之内，从而形成交易区间。由于多头和空头都对这个新区域的价格感到满意，因此在区间的中位，市场向上和向下运行同等幅度的概率均约为50%。也就是说，市场在向下运行X单位之前向上运行X单位的概率基本是一样的。这种不确定性就是交易区间的标志。市场为什么作趋势性运动并不重要，重要的是市场在快速运动。

你可以将急速行情看成突破走势，也可以看成市场对某个前期价位的远离，或者赶往某个磁力价位。这个磁力位可以是某个关键价位，比如前期急速行情的高点或低点、某个等距运动目标，或者是趋势线。从另外一个角度，我们也可以将突破走势看成市场趋向中性的运动，即回到方向概率大约为 50% 的状态。这种情况总是以交易区间的形式发生，因此每当市场方向概率下降到 50%，就会进入交易区间。趋势仅仅是从一个交易区间到另一个交易区间的运动，一旦进入新的交易区间，多空双方都将按照他们对下一次突破的预期来布局头寸。这一内容我们将在第二本书关于交易的数学基础的章节做进一步讨论。

举例来说，当市场处于上升通道，市场在出现 X 单位下跌之前继续上涨 X 单位的方向概率将逐步下降，在某个未知的时点概率将降到 50%。这个时点最终一定发生在某个交易区间的中位，但没有人知道这个位置在哪里，所以市场往往会上下震荡以寻找那个中性位置。当市场处于上升通道，交易者将假定价格继续上涨的方向概率依然高于 50%，直到其明确低于 50%。这种确定性往往出现在某个磁力位，在这个位置，所有人都认为市场已经运行过头。这一位置大致为即将形成的交易区间的顶部，而在交易区间顶部，方向概率是倒向空头的。其结果就是，市场将会向下寻找那个中性位置，通常会向下再次过靶，因为行情过度容易判断，但中性位置永远都是模糊的。一旦市场向下的运动到达某个磁力位（将在第二本书讨论），交易者将会认为市场已经过度下跌，将会向上反转。最终，交易区间将变得越来越窄，交易者已经找到了那个中性的位置，多头和空头都感觉这一位置具有交易价值。此时多空势均力敌，市场处于突破模式。用不了多久，多空双方的价值认知将会发生改变，市场不得不再次突破，寻找新的价值区域。

一旦意识到市场处于急速与通道趋势，不要去做逆势交易，不要以为接下来可能出现的 ABC 回撤能够带来刮头皮利润。因为市场此前肯定没有突破某根重要趋势线，极窄的通道使得逆势交易成为一种失败的策略。实际上，这些失败的逆势刮头皮入场点恰恰是非常不错的顺势形态，你可以刚好在逆势交易者止损出场的地方挂止损单入场。

激进的交易者以限价单在通道内入场，进行顺势交易。直到双向交易变得非常显著，他们才开始做逆势交易。举个例子，假如市场出现一轮急速下跌，然后进入下跌通道，空头将会在前一根 K 线高点或上方挂限价单做空。随着通道接近支撑位，他们将会观察 K 线重叠度是否上升，是否出现更多更强的多头趋势 K 线，是否出现更多十字星K线，以及是否出现更大幅度的回撤。这些信号越多，说明双向交易迹象越强，多头将更愿意以限价单在前一根K线低点和摆动低点下方买入，而空头在K线上方或下方做空的意愿将会减弱。当下跌趋势持续一段时间，来到等距运动目标或者其他类型的支撑区域，空头将会分批锁定利润。多头将会在同样的价格区域分批建立多头仓位。买盘上升和卖盘减弱将最终导致市场突破下降趋势线。

资金量足够大的机构和交易者可以逆势分批建仓，期待市场测试通道起点，但对于大部分交易者而言，在出现明确反转信号之前，只能做顺势交易。而且，对于日内交易来讲，在交易日下半段，逆势分批建仓的风险比较大，主要原因是时间不够。临近收盘时，你可能发现自己持有一个庞大的浮亏头寸，被迫在收盘前买入回补，造成巨大亏损。当空头分批建仓时，部分交易者会等待一根突破上一个摆动高点的大阳线。他们预计市场很快将形成一个交易区间，而这根大阳线可能就是交易区间的耗竭性顶部，所以他们在这根K线收盘和高点上方限价卖出。他们将整个上升通道看成一个较大交易区间内的第一波行情，而在交易区间顶部区域做空急速拉升走势属于标准的交易手法（详见第二本书关于交易区间的内容）。在交易区间形成之后，如果我们往回看的话，会发现上升通道实际上是交易区间的起点。但对于经验丰富的交易者而言，他们可能不会等到交易区间确立，如果相信市场处于一个即将形成的交易区间顶部，在通道过程中可能就开始使用交易区间的交易手法。

通道之前的急速行情在图形上是一个非常窄的区域（相邻K线之间重叠度非常低，属于突破缺口或测量缺口的一种），多头和空头都同意市场被错误定价，需要快速离开当前价位。在价格快速移动、重新寻找均衡的过程中，多空双方都有所贡献。一旦通道开始形成，均衡就可能已经开始出现。没错，此时市场依然在做趋势性运动，某一方依然占据主导，但不管怎样，市场已经开始出现一些双向交易。而且，通道内往往会出现大量重叠的K线以及频繁的回撤，所以基本上可以看成斜率较陡的窄幅交易区间。既然这种类型的价格行为代表双向交易，我们可以合理地预期形态的起点将在不久后遭到测试，无论趋势有多么强劲。举例来说，在一轮急速与通道下跌趋势中，那些冒进多头原以为急速下跌走势可能是假突破，所以在下降通道起点处买入。当市场反弹到这一区域，他们终于从亏损状态转为盈亏平衡。于是这些多头将会利用反弹在盈亏平衡点附近平仓，就好像在双顶情况下一样。除非市场再次下跌，他们可能不会再次买入。这可能也是市场测试通道起点之后通常至少会有所下跌的重要原因。任何通道，往往都是某个交易区间内的第一波行情。通道结束之后，市场通常会回测通道起点，从而让交易区间的雏形开始显现。测试通道起点之后，交易区间通常会进一步延伸，至少会朝原初通道的方向作一段运动。在此之后，市场将表现出交易区间的特征，处于突破模式（交易者等待市场突破），而突破之后新趋势的方向可以是上涨也可以是下跌。

有时候通道斜率近乎垂直，可能进一步加速变成抛物线走势。在这种情况下，虽然相邻K线之间重叠度很低，看起来不像典型的通道，但这一抛物线运动在功能上相当于趋势的通道阶段，属于急速与通道趋势的变体。这一抛物线运动通常会包含一根长趋势K线。举例来说，假如市场出现一轮急速下跌行情，由一根或多根长空头趋势K线所构成，在短暂休整之后，市场走出第二轮急速下跌。这就构成连续的卖出高潮。我们已经反复提到，所有长趋势K线都应该同时被视为急速行情、突破、缺口和高潮。当市场出现连续的高潮（被暂停走势或小幅回撤所隔开），通常接下来会出现两段式调整，测试第一波高潮之后的走势暂停区域。第二波高潮应该被视为急速与通道形态的通道阶段，虽然它同样是急速行情，而非动能较低的通道行情。既然连续高潮走势的后续发展与传统的急速与通道形态一样，因此我们应该将其视为急速与通道趋势的变体。在极少数情况下，市场还会出现第三波连续高潮，然后再进入较为复杂的调整。

为什么当市场出现连续卖出高潮之后，往往会产生较大的回撤？这是因为卖出高潮意味着恐慌性抛售。弱势多头感到自己必须不计成本地斩仓离场，同样，弱势空头看到市场下跌动能强劲，担心踏空一轮大行情，将会以市价做空，确保自己参与到行情当中。如果市场在跌势暂停之后再次出现长空头趋势K线，就属于第二轮卖出高潮。这说明那些急切想要入场的空头不愿等待回撤，而是以市价做空。一旦弱势多头出场、弱势空头入场，市场中将不会再有交易者愿意在如此低的价位卖出，使得市场均衡倒向多头。当多头找不到足够多的空头来充当交易对手方的时候，价格必须上行才能让买单成交。连续买入高潮的情况刚好相反。买入高潮代表迫切性，在市场快速运动的过程中，交易者感到必须以市价买入，因为他们担心市场可能不会出现回撤、让他们获得更好的买点。一旦这些情绪驱动的弱势空头和多头（后入场多头即为弱势多头）在行情高位完成建仓，在当前价位已经没有买家，市场必须下跌才能吸引更多买盘进来。其结果就是，市场进入回调，通常为两波调整，持续至少 10 根或以上 K 线。

　　另一种类型的强势通道发生在急速与高潮趋势中。在这里，市场在急速行情之后攻势暂停，然后出现新一轮急速拉升。所有急速行情都属于高潮，当市场形成连续的高潮，通常会出现较大的调整，往往回撤到第二波急速行情的起点。这一点与急速与通道形态完全一样，因此我们可以将其视为急速与通道形态的变体，只不过趋势的第二阶段为急速行情而非通道。有时候高潮是急速行情，而急速行情更接近通道。比如说，市场可能形成一个上升通道，然后出现一根大阳线急速拉升。这可能构成急速与高潮反转。尽管市场先形成通道，然后再急速拉升，但本质上与经典的急速与通道形态却是类似的。

　　既然所有强劲的垂直走势都相当于急速行情，那么开盘的跳空缺口也不例外。比如当 Emini 开盘大幅跳空上涨的时候，如果你去看标普 500 的现货指数，会发现第一根 K 线是一根大阳线，而不是缺口。这根大阳线开在前一天收盘附近，其收盘与 Emini 第一根 K 线的收盘接近。如果接下来市场在走势暂停或回撤之后进入通道，将构成缺口型急速与通道趋势。

　　如果通道非常陡峭，急速与通道形态往往在较高时间级别上共同对应一波急速行情，而这一波急速行情在较高时间级别上往往还会跟随一个通道。在其他情况下，市场将出现持续数根 K 线的急速行情，而不会走出通道。不过，急速行情的最后几根 K 线往往会有一些重叠，从而在较小时间级别上的确是一个通道。

　　有时候市场会出现一根长多头趋势 K 线（急速上涨）跟着一根长空头趋势 K 线（急速下跌）的情况。当这种情况发生在已经持续一段时间的多头趋势中，市场通常会进入交易区间，多头试图制造一个上升通道，而空头试图制造一个下跌通道。最终某一方会胜出，要么上升趋势恢复，要么市场形成一轮急速与通道下跌趋势。下跌趋势中刚好相反。如果一根长空头趋势 K 线之后紧跟着一根长多头趋势 K 线，市场往往会进入横盘，多空就接下来通道的方向展开激战。如果空头胜出，市场将恢复下跌趋势；如果多头胜出，市场将出现反转。有时候市场走出第二波急速行情，看起来某一方似乎正在获胜，但结果走势在一两根 K 线内失败，导致市场进入相反方向的通道行情。

　　急速与通道形态由两部分组成，交易时最好分别对待。急速行情属于突破，应该像交易所有突破那样去交易。我们将在第二本书讨论如何交易突破走势。总的来说，如果突破走势看起来非常强劲，而且整体环境也支持市场成功突破，你可以在急速行情过程中以市价或者在小幅回调中买入。由于急速行情也属于高潮走势，到某个时点市场将出现回调，再次提供顺势入场机会。对于通道部分，它与任何其他通道都是一样的。如果它是一个窄幅上升通道，你可以在回调中顺势入场，比如回调到趋势线或均线时，也可以在前一根 K 线低点下方挂限价单入场，或者在下方固定金额处买进，比如英特尔（股票代码 INTC）股价为 20 美元时，每次回调至高点下方 10 美分时买入。如果通道振幅比较大，说明双向交易动能强劲，你可以朝两个方向交易。我们前面说过，通道相当于朝相反方向的旗形，一旦通道开始反转，你就可以做反转交易。反转走势往往会回调到通道起点附近，你可以在市场测试通道起点时入场，入场形态属于急速与通道上升趋势回撤中的双底牛旗，或急速与通道下跌趋势回撤中的双顶熊旗。

如果通道内相邻 K 线之间有大量重叠、出现大量相反方向的趋势 K 线以及多次持续数根 K 线的回调，就属于弱势通道。通道越弱，机构逆势交易者就越激进。举例来说，假如市场急速下跌之后形成一个弱势下跌通道，强势多头将会在市场下跌过程中分批买进。机构建仓的手法多种多样，比如在每一根 K 线低点或每一个前期摆动低点下方买入，或者比如说当谷歌（股票代码 GOOG）股价为 500 美元时在每下跌 1 美元时买进，或者在市场每次测试趋势通道线时买进，或者在较小时间级别上的每根反转 K 线买入，或者在谷歌从低点每反弹 1 美元时买进以防市场真的开始向上反转。如果市场未能向上突破通道，而是强势突破通道下轨，并造成持续数根 K 线的急速下跌，这些多头将不得不止损离场。这些多头的斩仓将增加空头突破的动能，他们甚至还会反手做空。不过大部分情况下向下突破走势都难以运行太远，一旦最后一批绝望的多头割肉离场，将没有人愿意在如此低的位置做空。接下来市场通常会出现两波上涨，至少持续 10 根 K 线，向上寻找空头愿意再次卖出的价位。

当市场处于强劲趋势，然后朝相反方向急速运动，在这种情况下，急速行情通常只是造成一次回撤（旗形），然后市场将恢复原有趋势。不过，这种反向急速运动能够发生，说明那些相信市场可能反转的交易者已经有建仓意愿。如果市场在接下来 10~20 根 K 线内再出现一两次反向急速运动，其造成的逆势动能将产生累积效应，最终导致市场过渡到更接近双向交易的模式，即交易区间。举个例子。假如市场处于非常强劲的上升趋势（可以是任何一种趋势类型，而不限于急速与通道上升趋势），已经连续 20 根或以上 K 线都在均线上方运行，目前处于趋势行情的高点。接着市场突然出现一根中等长度的空头趋势K线，开在高点附近、收在低点附近，这就是一波急速下跌。这根K线可以是一根空头反转K线，也可以是空头反转K线下方的入场K线，甚至是一根内包K线。这都无关紧要。第一次急速下跌几乎总是仅仅形成牛旗。在上升趋势恢复之后，留意市场是否会出现第二波急速下跌。最终，在一波急速下跌之后，市场将继续向下测试均线。通常情况下，第一次回踩均线之后市场将向上测试上升趋势的高点。测试的方式可以是高点抬升，可以是双顶，也可以是高点下降。然而，前面对均线的回踩往往足以至少突破某根上升趋势线，因此随后的上涨很可能是最后一波攻势，然后市场将进入深度回调甚至反转。

如果市场在新高位置出现第三波幅度更大的急速下跌，那么接下来就更有可能进入两段式调整，而且急速下跌之后的延续性调整走势往往处于某种类型的通道。市场是否忽略了前面的两波急速下跌？不，市场不会忽略任何东西。虽然所有人都把最后一波急速下跌视为决定性走势，但前面两次急速下跌同样产生了累积效应。实际上，如果第二波急速下跌非常强劲，然后市场转涨并创出新高，而接下来的急速下跌较为温和却引发深度调整，那么你可能需要对市场走势做出另一种解读。有可能第二波急速下跌实际上更为重要，也是下跌行情真正的起点，而随后创新高的走势可能仅仅是对这一波急速行情的回撤。我们必须明白，当市场向下突破上升趋势之后，随后回测趋势高点的方式可以是高点下降，可以是双顶，也可以是高点抬升，而测试走势通常可以成为下跌通道的起点。虽然表面上看起来，那波小幅急速下跌是下跌趋势的开始，紧跟着形成的通道是第一个下跌通道，但有时候实际上前面出现的急速下跌影响力更大。通道阶段可以从上升趋势的高点算起，也可以从那波小规模急速下跌之后算起。于是，那波小规模急速下跌之后所形成的通道实际上处于从上升行情高点算起的更大通道之内。

当市场处于交易区间，区间内往往既有急速上涨也有急速下跌，随后多头和空头将争夺通道的方向。最终某一方会占据主导，然后造成一个朝自己方向的趋势通道。通道往往始于一次突破，也就是第二波急速行情。两波急速行情对于通道的形成均有所贡献。

上升通道相当于熊旗，下降通道相当于牛旗。与所有旗形一样，它们都是延续形态，往往会朝趋势的方向突破。不过，有时候通道会朝相反方向突破，造成趋势反转。突破属于急速行情，因此市场所形成的并非急速与通道趋势，而是与急速与通道形态并不相关的通道与急速趋势。但通常情况下，突破走势的急速运动还会继续跟随一个通道。举例来说，假如市场处于一轮下跌趋势，然后出现回撤，而回撤走势可能处于一个上升通道，因此相当于熊旗。有时候，这个通道会向上突破。突破走势为一根多头趋势 K 线，也是一波急速行情，如果突破成功，后面将会再跟随一个通道。向上突破走势标志着上升趋势的开始，而这一波急速拉升与随后的通道共同构成了一轮急速与通道上升趋势。突破发生之前的那个上升通道则属于前期下降趋势中的末端旗形并向上突破，但该旗形与后面的急速与通道上升趋势无关。急速向上突破的走势改变了市场的状态，交易者也开始对市场产生新的认知，将会忽略前面那个熊旗。

类似的情形也发生在楔形反转失败的时候。举例来说，假如市场形成一个楔形顶部，楔形为收敛的上升通道，从而属于熊旗，通常情况下会向下突破。如果市场反而向上突破，而突破走势又属于急速行情，因此可能跟随一个上升通道并出现等距上涨。这一突破走势往往会改变市场参与者的心理状态，故而应该被视为新趋势的开始。在这个例子中，趋势依然是上升趋势，与楔形确立之前的趋势方向相同，只不过现在是动能更为强劲的上升趋势。但通常情况下，向上突破走势会在 5~10 根 K 线之内反转，进入持续的两段式回调或相反方向的趋势。这种走势属于异常强劲的买入高潮，因此属于过度上涨。此类价格行为处于钟形曲线的尾端，机构将通过各种指标来判断上升趋势已经过头、应该进入调整。每家机构都会依据自己的标准来判断市场是否过度，但对于这种上涨走势，通常大量机构都会认为涨势已经过度并押注市场将很快转跌。他们的做空力量将战胜多头并导致市场反转。

急速与通道价格行为是所有图形上最常见的从而也是最重要的趋势形态。这种形态有大量变体，对每种形态也有多种解读。有时候急速行情只有一根 K 线，稍作休整之后，再走出一波更强劲的急速行情。有时候通道近乎垂直，从而相当于急速行情的一部分，使得整个急速与通道形态在较高时间级别上可能仅对应一波急速行情。通道行情的幅度相对于急速行情可以非常小，也可以非常大。在强劲趋势中，通道内往往会出现数次急速行情，从而通道本身又可以细分成几个较小的急速与通道形态。我们需要对各种可能性保持开放的心态，因为它们都有可能带来有利可图的交易机会。

# 高级趋势技术分析
——价格行为交易系统之趋势分析

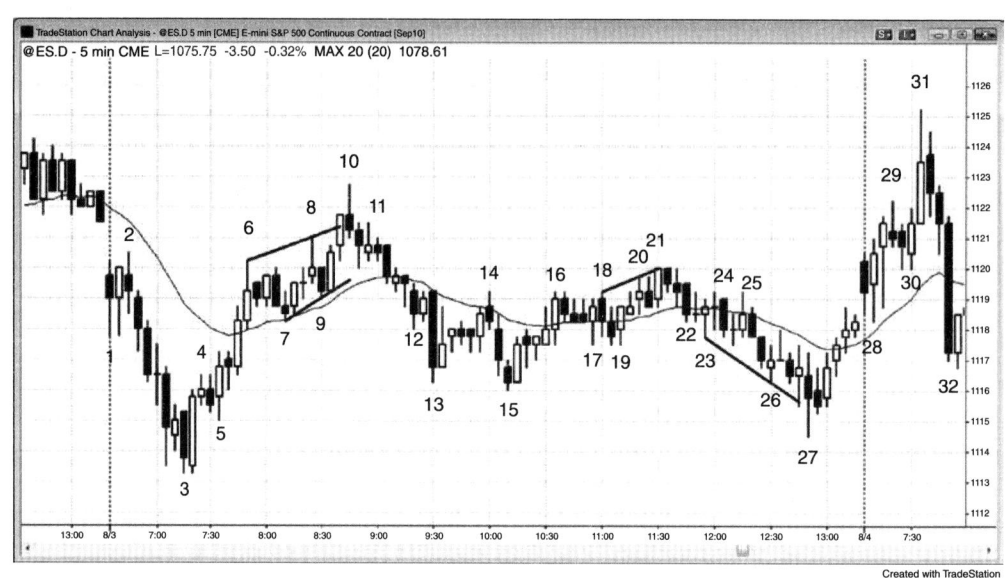

图 21.1　急速与通道形态中的三连推

　　有时候急速与通道上升趋势的结束方式是先形成三连推、发生趋势通道线过靶，然后出现一根强空头趋势 K 线。但大部分反转都没有这么简单。在图 21.1 中，K 线 6 是一波两根 K 线急速拉升的一部分，不过从 K 线 5 低点开始的上涨斜率非常陡，因此也可以将 K 线 5 看成急速行情的起点。其实这无关紧要，因为任何开盘后的强势向上反转走势都可能吸引进一步买盘，基于两种解读的买入程序都是存在的。图中急速拉升之后的行情为三连推形态的上升通道，构成一个楔形。上升通道通常在第三波向上推动之后进入回撤。K 线 10 对趋势通道线造成过靶，然后向下反转，成为一根空头反转 K 线，构成做空建仓形态。上升楔形往往会出现两段式调整，回调至楔形底部，而急速与通道上升趋势的通道部分往往会以两段式调整的方式回撤到通道起点，都是 K 线 7 的低点。

　　急速运动可以造成动能累积。K 线 7 前一根 K 线是一次急速下跌，但仅仅导致价格测试均线。K 线 9 是第二次急速下跌。这两次急速下挫意味着空头正试图夺回市场控制权，市场双向运动有所加强。K 线 10 是一波两根 K 线急速下跌的第一根 K 线，K 线 11 后一根 K 线又是一波急速下跌。虽然是最后一次急速下跌突破了楔形，导致市场进入一轮较大下跌行情，但这并不意味着市场转跌全凭其一己之力。前面的急速下挫也是市场由升转跌过程的一部分，不应被忽视。在它们形成过程中，你应该明白市场告诉你它正处于过渡阶段，因此你应该开始寻找两个方向的交易机会，而不仅仅是买入形态。

K 线 16 是一波单 K 线的急速拉升，不过急速拉升也可以从 K 线 15 算起。接下来市场回撤到 K 线 17，然后以一轮小型的三连推形态上涨到 K 线 21，继而向下反转。

K 线 15 后一根 K 线属于单 K 线急速拉升，其后 4 根 K 线构成一个小型通道，持续到 K 线 16。截至 K 线 16 的整轮升势也属于急速上涨。

K 线 22 属于急速下跌，随后横向调整至 K 线 25，接着市场以通道方式下跌至 K 线 27。K 线 27 是急速下跌之后的第三波向下推动（K 线 23 和 K 线 26 是前两波）。K 线 27 对趋势通道线造成过靶，收于自身振幅中位。这并不是一根强信号 K 线，包括后面那根内包阴线，不过市场还是反转走高直到收盘。

**本图的深入探讨**

在图 21.1 中，市场开盘跌破了均线和前一天收盘前的交易区间。由于这个交易区间有多根空头趋势 K 线，当天第一根 K 线又是实体较长的阴线，因此不应该在突破失败做多形态（出现在当天第二根 K 线）买入，而应该等待二次做多信号出现。实际上，第二根 K 线虽然是一根强多头趋势 K 线，但与前一根 K 线完全重叠，所以并未反转任何价格行为。这是一个小型交易区间，而不是好的反转。所有向下跳空都属于急速下跌，可能会跟随一个下跌通道。K 线 2 套住部分多头，构成一个突破回踩做空形态，引发一轮持续到 K 线 3 的急速与通道下跌趋势。K 线 3 向下突破一个单 K 线末端旗形，成为一个强势双 K 线反转的第一根 K 线并构成当天盘中最低点。这一多头反转可以描述为一次失败的突破，不过更准确地说，它是从一个下降通道的末端向上反转。

在 K 线 6 前面那根多头趋势 K 线，交易者否定了从 K 线 3 开始的上涨仅仅是熊旗反弹的可能性。这根 K 线代表交易者看法上的一种"突破"，即从市场仍处于下跌趋势的认识转变为相信行情已经转涨。这一判断在 K 线 6 获得确认，此时大部分交易者终于相信市场"始终入场"的方向已经转为多头。许多交易者在 K 线 6 前一根 K 线收盘时认为市场已经向上反转。这根多头趋势 K 线既是急速行情，也属于突破 K 线和缺口。K 线 6 的低点构成这个缺口的顶部，突破位构成缺口的底部，也就是 K 线 5 以及后面那根内包阴线的高点位置。由于 K 线 6 前面那根 K 线是一个缺口，缺口具有磁力效应，因此市场很可能在大约 10 根 K 线内对其做出测试。K 线 7

就是测试走势，也成为急速拉升后通道行情的起点。有些交易者认为急速行情是从 K 线 6 前面那根趋势 K 线开始的，其他交易者则可能认为是从 K 线 5 或者 K 线 3 后面那根大阳线开始的。K 线 12 是从通道高点下来的回调，与一般急速与通道形态的演变相同，回撤走势再次测试缺口，并试图与截至 K 线 10 的上升通道起点 K 线 7 构成一个双底。不过这一努力归于失败。

K 线 12 是对截至 K 线 10 的上升通道底部 K 线 7 的测试，但截至 K 线 12 的下跌处于一个窄幅区间，因此有可能仅仅是一波两段式回调的第一波。由于这一因素，K 线 12 后面那根内包阳线上方的双底牛旗买点一直没有被触发。相反，市场走出一根大阴线 K 线 13。不过，由于发生在一轮相对较长的下跌趋势末端，K 线 13 更可能属于耗竭性卖出高潮，应该带来至少持续 10 根 K 线的两段式横向或向上的调整。书中经常使用"10 根 K 线、两段式"这种表述，目的是想说明回调将比小幅回撤持续时间更长、更为复杂，通常需要走出至少 10 根 K 线和两段走势。

截至 K 线 14 的上涨是第一波，然后市场回撤至 K 线 15、形成低点下降，接下来进入第二波上涨，持续到 K 线 21。K 线 15 本来有可能是从 K 线 10 高点下来的第二波下跌的终点，但结果证明市场的调整更为复杂，K 线 27 才是第二波下跌的终点。K 线 27 与 K 线 5 构成双底牛旗，以及与 K 线 15。至于把哪根 K 线看成另一个底并不重要，内涵是一样的。有些买入程序可能会使用前者，有些会使用后者，但两种类型的买入程序都会预期市场出现等距上涨。他们预计市场将出现从 K 线 3 低点算起的第二波上涨，而且第二波幅度与第一波相当。第一波上涨是从 K 线 3 到 K 线 10，第二波上涨是从 K 线 27 低点到 K 线 31 高点。在较高时间级别图形上，K 线 27 是一个简单的高 2 买点，因为它是持续到 K 线 10 强劲上涨行情之后的两段式回调，引发持续到 K 线 31 的等距上涨。K 线 31 超越等距目标数个最小报价单位，不过在这一目标锁定利润的多头应该已经非常满意了。随后市场迅速跌至 K 线 32 低点。

截至 K 线 15 的下跌是一个楔形牛旗，即三连推下跌，前两波向下推动结束于 K 线 7 和 K 线 13。K 线 10 对 K 线 6 的测试形成高点抬升，而非高点下降。这种情况在楔形旗中是很常见的。

K 线 21 是一个楔形熊旗。这种形态在向上突破双顶失败之后较为常见。K 线 16 和 K 线 18 形成双顶，但并未向下突破，而是向上突破。市场出现两波小幅上涨，持续到 K 线 21，然后向下反转，宣告突破失败。K 线 16、18 和 21 构成楔形熊旗的三波向上推动。

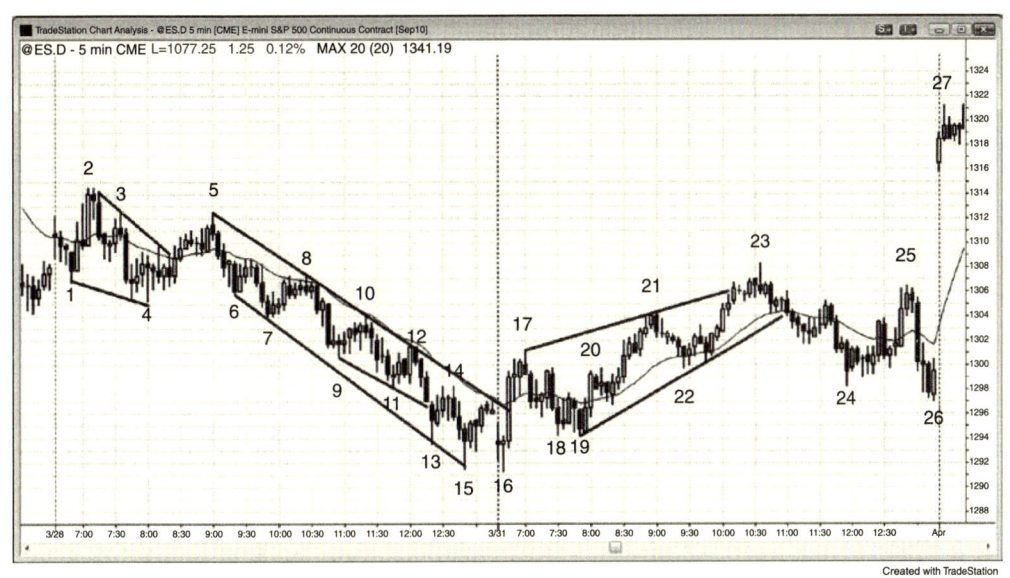

图 21.2　急速与通道形态每天都在发生

市场每天都在形成某种类型的急速与通道形态。如图 21.2 所示，市场第一天（3 月 28 日）是一个急速与通道下跌趋势交易日。市场开盘后急速上涨，但从 K 线 2 向下反转，出现 3 根 K 线的急速下跌，并从 K 线 3 再次急跌。随后，市场试图与前一天收盘前的摆动低点构成双底。K 线 2 与 K 线 4 之间的两根大阴线都可以视为下跌趋势的初始急跌。K 线 8 与 K 线 6 后面的小型熊旗顶部构成双顶，然后市场全天在一个窄幅通道中不断下挫，均线附近出现多个极佳的做空入场点。

第二天市场向上突破通道，急速上攻至 K 线 17。由于通道起点往往会遭到测试，现在交易者可能会开始寻找做多形态，期待市场测试 K 线 5 附近区域。下跌通道起点 K 线 5 在 K 线 23 遭到测试，并被第二天的 K 线 27 跳空上涨所超越。

持续到 K 线 15 的通道性下跌略有抛物线迹象（K 线 13 跌破了连接 K 线 9 和 K 线 11 低点的趋势通道线，意味着下跌斜率加大），属于高潮性行为，难以长期持续下去。交易者还可以根据连接 K 线 5 和 K 线 8 的趋势线来画一根平行线，作为趋势通道线，然后将其一端固定在 K 线 6 或 K 线 7 的低点。这样的话，K 线 13 和 K 线 15 也对这根线形成过靶。

在下跌行情中，空头分批建立空头仓位以及刮头皮，做空的手法各式各样。比如说，他们可能会在市场每反弹 2 个点做空，或者在前一根 K 线高点上方做空，比如 K 线 9 高点上方以及后面 5 根 K 线每一根 K 线高点上方做空，虽然这 5 根 K 线每一根 K 线的高点都高于前一根 K 线的高点。他们还会在均线和趋势线处放空，比如 K 线 10。任何对趋势线的微幅突破都是卖点，比如 K 线 12。他们还会在每一根回调 K 线的低点下方卖出，比如 K 线 10 低点下方。有一些空头在通道上轨下方固定幅度处卖空，比如在市场测试通道上轨后回落 1~2 个点时，预计市场可能延续下跌动能。由于这轮下跌趋势在所有其他较低时间级别图形上以及其他类型的图形上都一目了然，所以也会有很多交易者以这些图形为依据来做空，也包括较高时间级别图形。

同样是在这个下跌通道内，也会有激进多头在买进。部分多头做刮头皮交易，可能会在市场每次测试趋势通道线时买进，比如 K 线 13 和 K 线 15 的低点。其他多头则分批建立多头仓位，相信市场当天或第二天应该会测试通道顶部 K 线 8 或者 K 线 10。他们可能在市场每次测试趋势通道线时以及每个摆动新低位置买入。比如说，在截至 K 线 13 的急跌走势跌破 K 线 11 低点的过程中，他们可能挂限价单买入，可能在 K 线 11 低点、低点下方数单位或数点处买入。其他交易者将会在截至 K 线 13 的高潮性下跌出现第一个止跌信号时买入。他们把 K 线 13 较短的阴线实体和较长的下影线看成动能耗竭的信号，预计市场可能会出现一波可交易的反弹。部分交易者将会加倍买入，比如之前分批建仓规模的 2~3 倍。有些交易者会在低点上方 2 个点挂单买入，认为这种规模的反弹有可能引发行情反转。其他交易者将会根据较低和较高时间级别图形进行交易，或者是 tick 图或成交量图。这轮下跌走势在 60 分钟图或日线图上可能是对均线的测试，或者测试较高时间级别上一根强劲上升趋势线。永远同时有交易者以各种各样的理由买入和卖出，使用所有你能想到的方法分批建仓。如果有清晰的策略，他们都能够赚到钱。然而对于大部分交易者而言，在交易日最后两个小时行情中，在下降通道内分批买入风险很高。往往他们最后发现自己持有一个庞大的浮亏头寸，不得不在收盘前割肉清仓。比起分批买入，交易者在下降通道中寻找做空机会更容易获得利润，尤其是在尾盘行情中。

截至 K 线 17 的急速拉升跟随一个楔形通道，持续到 K 线 23。经过回调之后，市场第二天以一个巨型缺口跳空高开。这一跳空上涨可能仍属于上升通道的一部分。所有缺口都属于急速行情，因此有可能再跟随一个通道。

从 K 线 8 到 K 线 9 的下跌也属于急速走势，从 K 线 10 到 K 线 15 的下降通道被截至 K 线 21 的上涨彻底收复。K 线 10 和 K 线 21 构成一个双顶熊旗，该形态造成的下跌走势在 K 线 22 结束，同时测试均线。这里不应该指望出现一轮强劲下跌，因为此前市场已经反转进入上升趋势，而且截至 K 线 21 的上涨走势动能较强，前面 8 根 K 线中有 7 根为阳线，而且高点、低点和收盘均呈趋势性上移。

**本图的深入探讨**

在图 21.1 中，K 线 4 是一个楔形牛旗买入形态，反弹被 K 线 3 和 K 线 5 构成的双顶熊旗所终结。

在下降通道中，市场 5 次测试下降趋势线，然而一直未能加速下跌、大幅远离趋势线。如果市场反复测试一根线，但不能大幅远离，通常情况下最后都会突破这根线。

底部由 K 线 13、K 线 15 和 K 线 16 三波向下推动所形成。三连推形态一般都是楔形，这里虽然并未构成楔形形状，内涵却是一样的。

截至 K 线 17 的急速拉升突破了下降趋势线。K 线 17 是一根均线缺口 K 线。均线缺口 K 线往往开启趋势中最后一波行情，然后市场进入更大规模的趋势反转。

从这根均线缺口 K 线开始的下跌走势测试了前期低点。测试以低点抬升的方式出现，即 K 线 18。K 线 18 与 K 线 19 构成一个双底牛旗，属于对 K 线 15 和 K 线 16 双底形态的双底回撤。双底牛旗其实就是一个抬升低点，只不过有两次向下测试的过程。

通道往往在第三次向上推动之后进入回调，由于截至 K 线 23 的上涨低于前一天下降通道的顶部，许多交易者将其视为熊市反弹并寻求做空。那个楔形熊旗以及 K 线 23 向下反转 K 线构成极佳的卖出形态，预计市场至少将出现两波下跌。交易者预计回调将持续大约 10 根或以上 K 线，可能测试 K 线 22 或 K 线 19 的低点。持续到 K 线 24 的下跌有两波行情，但斜率很陡，交易者可能怀疑它实际上只是一轮更复杂调整的第一波。这就导致市场持续下跌到收盘前最后一根 K 线，即 K 线 26。K 线 26 测试了上升通道的底部区域，然后与 K 线 18 或 19 构成一个双底牛旗。

K 线 27 跳空高开几乎刚好位于楔形上方的等距运动目标处。当市场突破楔形顶部，这种情况是很常见的。

从 K 线 24 到 K 线 25 是一个小型楔形熊旗。

从 K 线 4 到 K 线 5 的上涨也是一个楔形熊旗。

K 线 22、24 和 26 构成一个大的楔形牛旗，虽然截至 K 线 25 的上涨使得楔形形状不复存在。大部分三连推形态都与楔形完全等效，应该被视为楔形的变体。

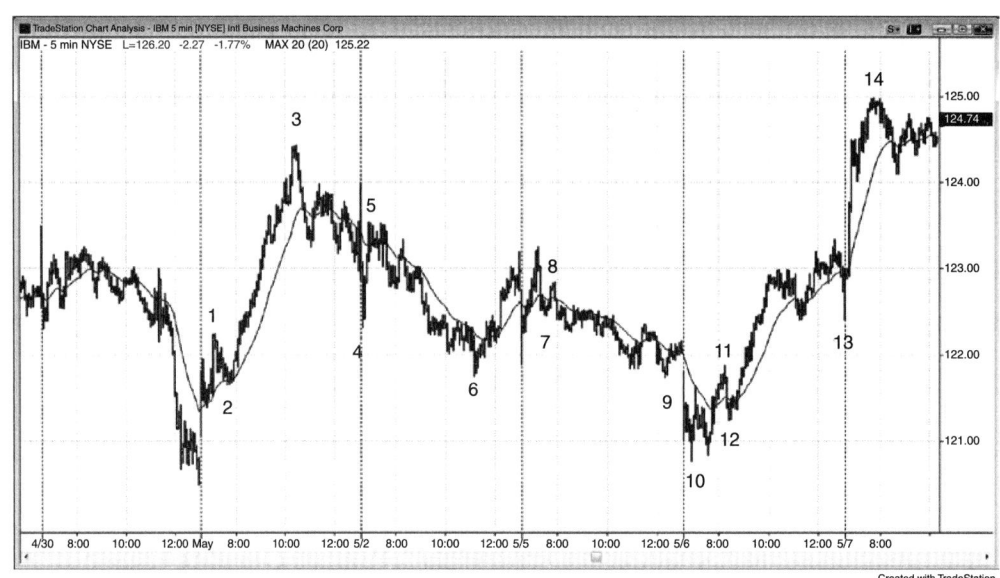

图 21.3  急速与通道趋势极为普遍

如图 21.3 所示，IBM 股价的 5 分钟图出现多个急速与通道交易日，其中有一些小型急速与通道形态嵌于较大急速与通道形态之中。由于通道起点往往会在一两天内遭到测试，即便行情进入第二天，我们也应该考虑逆势建仓形态。图中所有通道起点均遭到测试，包括 K 线 2、K 线 5 和 K 线 8，除了最后一个（K 线 12）。K 线 13 试图向下测试 K 线 12，但走势失败并强劲反转。

持续到 K 线 1 的急速上涨并未跟随一个典型的通道，而是一段近乎垂直、略呈抛物线的强劲上涨，持续到 K 线 3。这是急速与通道趋势的变体。这种情况在截至 K 线 11 的急速上涨和从 K 线 12 开始的通道行情再次发生。当通道如此之陡，它们通常在较高时间级别上对应一波急速行情。

截至 K 线 3 的上涨（起点可以是 K 线 2 或者图上的最低点）如此之陡，属于一波大幅急速拉升。事实上，它在 60 分钟图上对应一波 4 根 K 线的急速上涨，随后进入一轮两段式大规模回撤，在 K 线 10 结束（K 线 6 是第一波的终点）。在接下来的两周里，市场几乎刚好上涨到等距目标（128.83 美元，等于 K 线 3 高点加上图上最低点到 K 线 3 顶部的距离）。

截至 K 线 7 的急速下挫很自然地被看成第二波下跌的起点，不过还有另外一种解读。两种解读可能都对市场产生影响。请大家注意 5 月 5 日开盘的大幅急速下挫。虽然市场随后出现高点抬升，开盘的急速下跌走势非常重要，可以被视为引发后面通道性下跌行情的急速下跌过程。那个抬升高点可能仅仅是急速下挫之后的一次高点抬升回撤，可以看作下跌通道的起点。

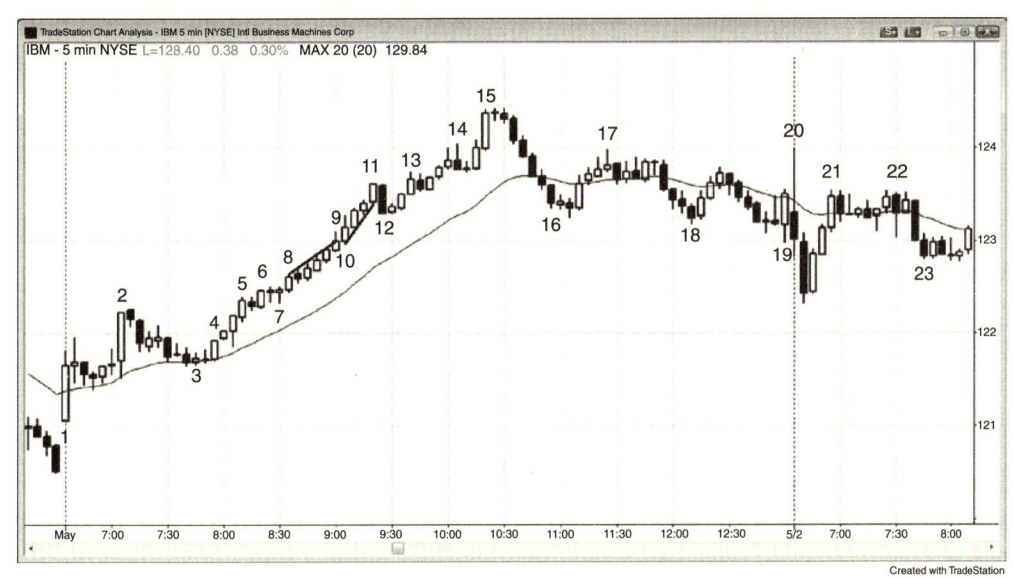

图 21.4　陡峭的、抛物线型的微型通道

图 21.4 是上一张图的特写，展现了那个通道的抛物线特征。从 K 线 8 到 K 线 9 的上涨是一个陡峭的微型通道，但市场向上突破通道并形成一个更为陡峭的上升通道（从 K 线 10 到 K 线 11）。这一走势增加了行情的斜率，造成一种抛物线形状。抛物线走势是不可持续的，属于高潮走势的一种。然而，高潮走势所持续的时间可能超过你账户的寿命，所以绝对不要做空如此强劲的上升趋势，哪怕你知道它不可能永远持续下去。

虽然最初看起来似乎不可能，市场在第二天测试了通道起点 K 线 3。

当市场出现大约 10 根或以上作强劲趋势运动的 K 线，K 线之间重叠度非常低、影线很短，说明市场处于非常强劲的趋势之中、交易者在以市价买入。为什么他们不等待回调？因为他们非常确定价格将会立即走高，但不确定是否很快会发生回撤，所以不想冒这个险。即便真的出现回调，他们也相信幅度将会很浅，可能仅持续数根 K 线就创出新高。

从 K 线 1 到 K 线 2 的上涨属于一轮急速与高潮趋势。K 线 1 是急速上涨，但市场接下来并未进入通道，而是在 K 线 2 出现第二波急速拉升。连续的高潮往往会造成深度调整，通常会回调至第二波高潮走势的起点，本例即是如此。这一点与急速与通道形态完全一样，所以急速与高潮走势应该被视为另一种类型的急速与通道趋势。

虽然从 K 线 7 到 K 线 11 的上涨构成一个微型通道，但由于它如此之窄，交易者估计它在较高时间级别上或对应一波急速行情。从 K 线 3 到 K 线 15 的整轮上涨同样非常窄，足以构成一波急速行情。事实上，在接下来 3 个交易日，市场回撤到这轮急速行情起点区域，然后进入一个长达 7 个交易日的上升通道，涨至与急速行情高度相当的等距目标。

从 K 线 12 到 K 线 14 的走势为通道性上涨，随后市场以两根多头趋势 K 线（K 线 15 及前一根 K 线）急速向上突破。通道之后跟随一波急速行情，这种情况时有发生，属于急速与通道形态的变体——急速与高潮形态。截至 K 线 14 的通道性上涨是急速行情阶段，截至 K 线 15 的急速拉升则是通道阶段。这种组合形态表现与传统的急速与通道形态类似。

截至 K 线 21 的 3 根 K 线急速拉升走势非常强劲，但在较小时间级别上（比如 10 分钟 K 线图），几乎肯定对应一个窄幅通道。大部分急速行情都是如此。

**本图的深入探讨**

在图 21.4 中，K 线 1 是一根强多头突破 K 线，突破了前一天收盘前的下降通道以及均线。这根 K 线几乎开在最低点，属于急速拉升，因此有可能跟随一个上升通道。K 线 2 是第二波急速拉升，市场在两波连续的买入高潮之后进入 8 根 K 线的回撤。回撤走势的终点 K 线 3 测试了均线，并测试了 K 线 1 之后的回撤走势低点，构成一个双底牛旗买点。

截至 K 线 9 的 4 根多头趋势 K 线整齐划一，不是太长（因此并非买入高潮），构成一个微型通道。这种类型的强势上涨几乎肯定会进一步走高，交易者可能将其作为一波急速拉升来对待（在较高时间级别图形上可能的确对应一波急速行情）。交易者可以简单地在任何一根 K 线收盘时买入，保护性止损设在急速行情起点下方（也就是 K 线 8 往后数两根 K 线那根阳线）。当市场处于强劲趋势，而且尚未出现高潮，老练的交易者会一点一点一路买进。由于保护性止损相对较远，风险较大，所以他们仓位比较小，但会在市场上涨过程中不断加仓。K 线 12 是第一次试图反转上升通道，失败概率较大，但多头开始在后面的阴线中锁定利润，比如

K 线 13 后面那根 K 线，以及 K 线 14。他们锁定剩余利润的位置是截至 K 线 15 的双 K 线买入高潮、后面两根内包小阴线，以及再往后的那根强空头趋势 K 线（在市场出现买入高潮之后，这根阴线可能引发至少两段式回调）。

K 线 15 是一轮持续性趋势末端的大阳线，虽然它有可能构成一次突破并成为新一轮上涨的起点，但更可能属于买入真空造成的耗竭性高潮。强势多头和空头都在等待这样一根 K 线，将在其收盘附近卖出。这种 K 线往往形成于一个或多个阻力位下方。当市场接近阻力区域，空头和许多多头将会离场观望。那些喜欢在强劲上涨过程中买入的多头突然失去了对手，从而迅速将市场推升至这一目标。强势多头在这里锁定利润，强势空头开空。二者都预计买入高潮将引发一轮较复杂的深度调整。调整结束之后，他们将再次买入（空头买入回补、多头重新开多）。

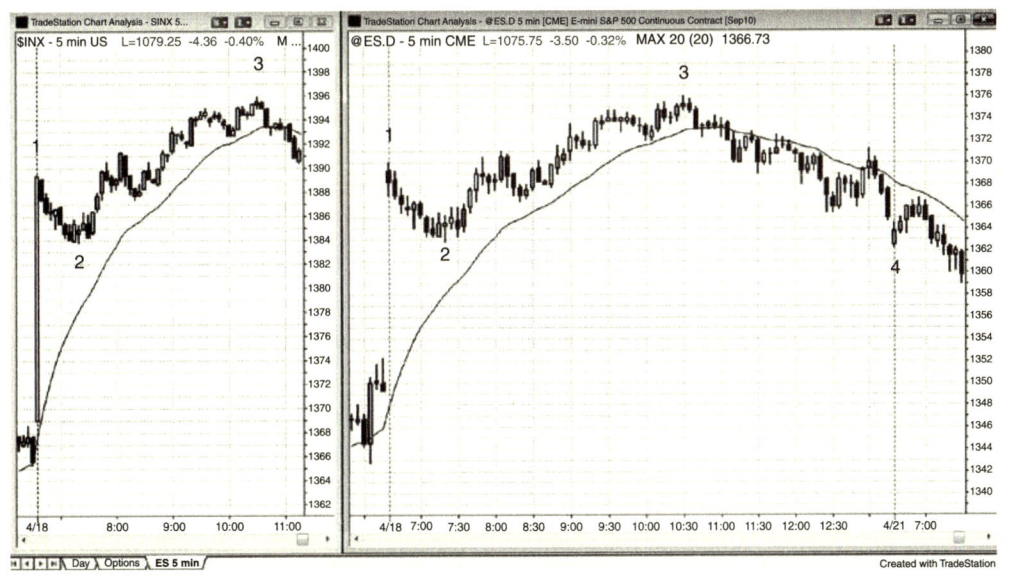

图 21.5　跳空型急速与通道交易日

有时候急速与通道形态的急速行情部分由跳空所构成，图 21.5 就是一个例子。左图是标普的现货指数，从图上可以看到，右边 Emini 图的跳空上涨在现货指数上对应一根长多头趋势 K 线，属于急速上涨。因此，我们完全可以将 Emini 的跳空缺口视为一根长趋势 K 线。

从 K 线 2 开始的上升通道在第二天遭到测试（K 线 4）。通道一直持续到 K 线 3，然后失去动能，开始形成一个弧形顶。

## 本图的深入探讨

在图 21.5 中，引发通道行情的、从 K 线 1 到 K 线 2 的牛旗在功能上相当于一个末端旗形，只不过在市场从 K 线 3 向下反转之前，突破走势持续时间较长。在较高时间级别上它应该就是一个末端旗形。

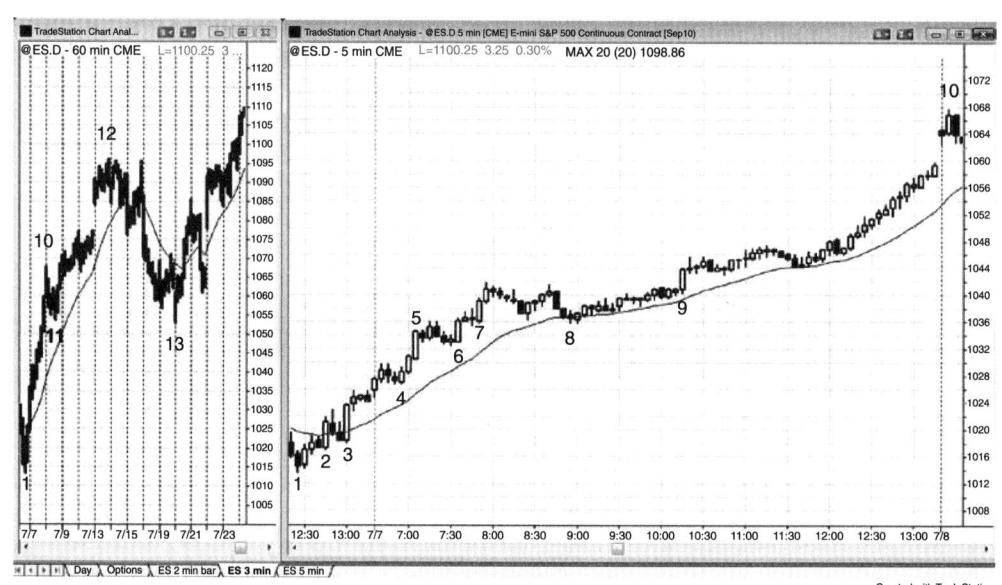

图 21.6　陡峭通道等同于急速行情

有时候市场会走出一系列急速行情，构成一个非常窄的通道，在较高时间级别上对应一波急速行情（如图 21.6）。在图 21.6 中，右边是 Emini 的 5 分钟图，走势图上有数轮急速拉升，从 K 线 8 到 K 线 10 的通道斜率非常陡，一直没有出现测试通道起点的回撤走势。事实上，持续到 K 线 10 的整个急速与通道形态在左边的 60 分钟图上仅对应一波急速行情。60 分钟图上的 K 线 10 对应 5 分钟图上的 K 线 10。60 分钟图接下来进一步走出一个上升通道，持续到 K 线 12，然后在 K 线 13 回调到通道起点的位置。

从 K 线 4 到 K 线 5 的 3 根 K 线急速拉升是 5 分钟图上当天最显著的急速行情，除此之外，还有不少其他急速拉升走势，比如 K 线 2、3、6、7、9，所有这些拉升都有可能跟随一段通道性上涨。持续到 K 线 8 的 3 根 K 线下跌属于急速下挫，有可能引发一轮通道性下跌，向下测试前期上升通道起点 K 线 4 或 K 线 6。但由于上升趋势非常强劲，回调走势构成一个 20 根均线缺口 K 线买入信号并引发一轮持续的通道性上涨。

在图 21.6 中，市场前一天收盘前走出一轮小规模上升趋势，而当天开盘突破了前一天收盘的双 K 线牛旗。在这个始于开盘的上升趋势交易日，K 线 4 是一个突破回踩做多形态。

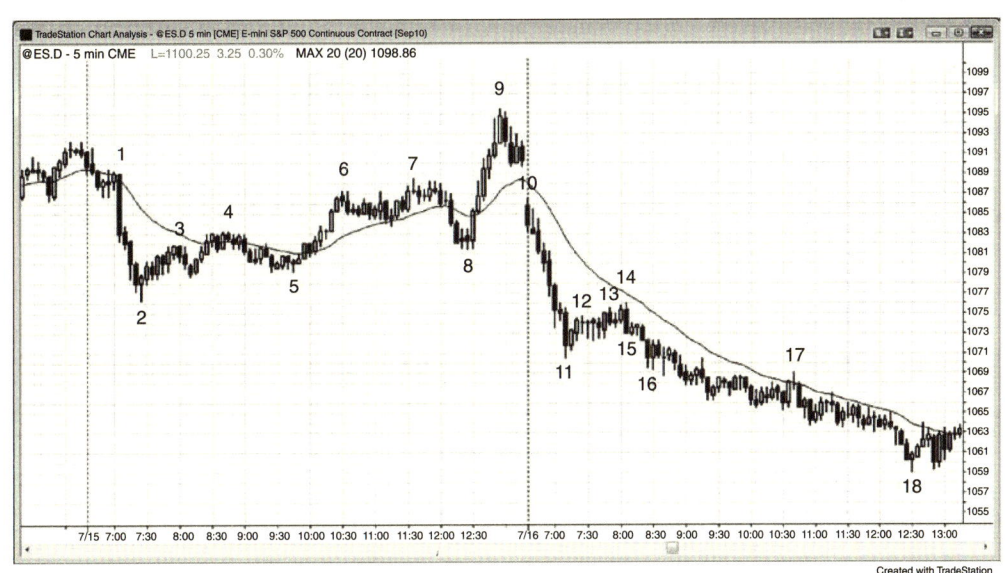

图 21.7　通道可能出现在急速行情发生很久之后

如图 21.7 所示，强劲的急速行情看上去似乎并不总是能够引发通道，比如截至 K 线 2 的急速下跌以及截至 K 线 9 的急速上涨。然而趋势几乎总是始于某种急速行情，尽管有时候容易被我们所忽视。有时候，急速与通道形态在较高与较低时间级别上看起来非常不同，但如果你能够根据 5 分钟图所看到的走势进行推断，就没必要去看其他时间级别的图形。有些走势一眼看上去属于一波大幅急速行情，然而在较小时间级别上实际上可能是一个急速与通道形态，只不过通道非常陡，不太容易识别。相反，有些走势看上去属于陡峭的急速与通道形态，在较高时间级别上仅仅对应一波急速走势。

从 K 线 1 到 K 线 2 的下跌看起来是一波急速行情，但市场只是把 K 线 1 看成急速行情，后面截至 K 线 2 的 4 根 K 线下跌属于通道。这一点在较低时间级别上可能看得更清楚。我们也可以把持续到 K 线 2 的整轮下跌看成一波急速行情，随后以高点抬升的方式回撤到 K 线 9，然后才进入通道性下跌阶段。有时候在通道开始之前，对急速行情的回撤可能超越急速行情的起点。

下跌通道的第一部分是从 K 线 9 到 K 线 11 的急速下跌，随后进入从 K 线 14 到 K 线 18 的通道性下跌阶段。另外，K 线 10 与它前面那个跳空缺口也构成一波急速下跌，持续到 K 线 11 的下跌则是通道部分。

如果你能够分辨急速与通道形态的一些细微差别，就可以对潜在交易机会的胜率评估做出调整，也能够发现更多交易机会。

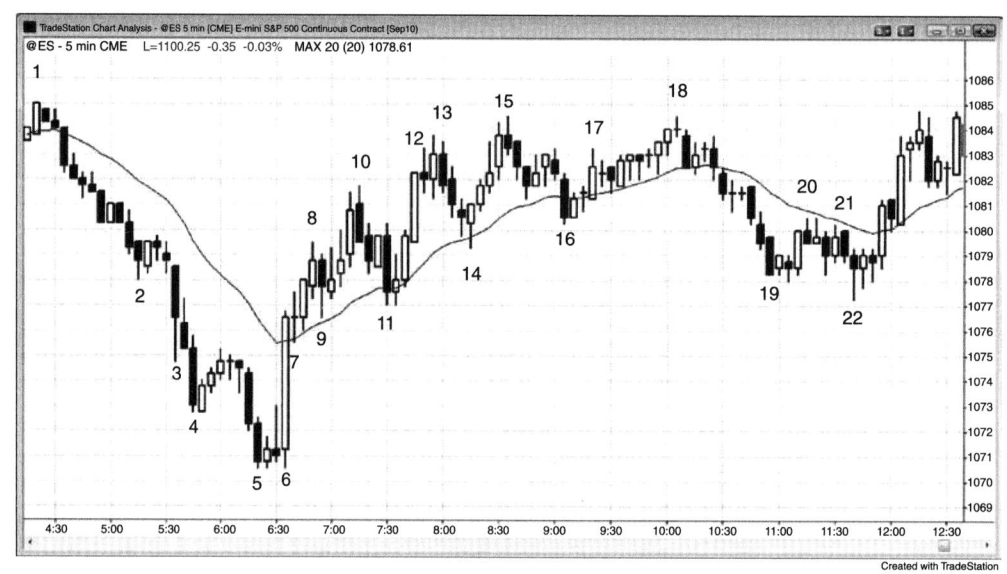

图 21.8　连续性高潮

连续性高潮是急速与通道趋势形态的变体。每一根趋势 K 线都应该同时被视为突破、急速行情和高潮。在图 21.8 中，K 线 3 是下跌趋势中的一根长空头趋势 K 线，属于卖出高潮。然而高潮并不意味着市场将会反转，只是说明市场已经运行过远、过快，可能会暂停一根或数根 K 线。接下来市场可能恢复原有趋势，也可能进入横盘甚至反转。

K 线 3 高潮走势之后的调整只有 1 根 K 线（内包阴线），然后就继续出现卖出高潮（K 线 4）。市场在 K 线 4 之后出现 3 根 K 线的调整，然后走出第三轮连续卖出高潮、行情见底。最后一轮卖出高潮由两根阴线构成，持续到 K 线 5 低点。虽然这两根 K 线实体都很长、影线都很短、重叠度很低，但与所有高潮一样，市场接下来通常会进入调整。在卖出高潮中，那些弱势交易者在恐慌中卖出，而不愿等待市场反弹之后卖在更好的价位。一旦这些弱势交易者完成卖出动作，市场中将没有人愿意卖出，从而导致买家掌握控制权并推高市场。在 K 线 3 高潮之后，市场出现 1

根 K 线的回调；在 K 线 4 高潮之后，市场回调 3 根 K 线；在 K 线 5 高潮之后，市场彻底反转。通常情况下，当市场出现连续两次高潮，至少会进入两段式调整。出现三次高潮，通常会出现大规模反转，本例即是如此。

由于连续高潮是急速与通道趋势的变体，你可以将 K 线 3 视为急速行情，将 K 线 4 视为通道阶段，尽管这里并未像典型的通道那样出现一系列带影线的相互重叠的小 K 线。然后 K 线 4 变成急速行情，持续到 K 线 5 的下跌为通道行情。

K 线 6 是一波多头急速行情，K 线 8 为通道部分。由于持续到 K 线 8 的上涨斜率非常陡，因此从 K 线 6 到 K 线 8 的上涨实际上可以视为同一波急速行情。在较高时间级别上，这波上涨可能的确构成一波急速行情。从 K 线 7 到 K 线 10 的上涨构成 K 线 6 急速拉升之后的上升通道。K 线 6 急速拉升造成一个突破缺口。突破点有两个，一是 K 线 4 之后小幅反弹走势的顶部，二是 K 线 6 之前那根 K 线的高点。不同的交易者会更重视其中之一，但两个都很重要。K 线 11 是对通道起点的测试，因此也是对缺口的测试。这使得 K 线 11 构成一次突破回踩，并与上升通道起点 K 线 7 或 K 线 9 构成一个双底牛旗。一旦市场再次开始走高，多头将不愿看到二次回测。如果发生二次回踩，交易者将认为这是弱势信号，市场再出现一轮强劲上涨的概率将大大下降。

K 线 10 是一轮 4 根 K 线抛物线上涨的终点。如果你连接从 K 线 9 到 K 线 10 之间连续 K 线的高点，会发现连线斜率不断加大，呈抛物线状。斜率在 K 线 9 后面第二根 K 线上升，在最后两根 K 线之间下降。从 K 线 7 到 K 线 10 的通道如此之陡，在某张较高时间级别图形上，从 K 线 6 到 K 线 10 的上涨可能对应一波急速行情。

K 线 12 是一波 2 根 K 线急速上涨的终点，K 线 15 则是一个抛物线上升通道的终点。

从 K 线 7 到 K 线 15，市场以三连推的方式构成一个更大的通道。

K 线 17 是一波 3 根 K 线的急速上涨，跟随一个抛物线上升通道，持续到 K 线 18。

截至 K 线 19 的 3 根 K 线急速下跌跟随一个小型下跌通道，持续到 K 线 22。K 线 21 和 K 线 22 构成一波小型急速下跌，以及第二次卖出高潮（第一次是截至 K 线 19 的下跌），因此可能引发向上的调整。

**本图的深入探讨**

事后去看，交易新手在图 21.8 中一眼就可以看出市场大概从 K 线 7、9 或 11 开始形成了一个交易区间。然而在实际交易中，当市场走出从 K 线 7 到 K 线 15 的上升通道，他们可能意识不到，在急速与通道趋势交易日中，上升通道往往是一个交易区间的开始。交易老手非常清楚这一点，所以他们开始在每一个摆动前高上方卖出，不少人还会分批逢高布空。他们将在 K 线 22 以双底形式测试上升通道起点 K 线 9 或 K 线 11 时退出空头。另外，K 线 22 看起来也属于末端旗形反转，以及一个正在形成的交易区间底部的二次买点。最后，它还是对 K 线 20 突破截至 K 线 19 的微型下降通道的回踩，回踩以低点下降的方式发生。

截至 K 线 15 的楔形上涨也是一个"缩梯"上升通道，因为第二波上涨的高点高于第一波 8 个最小报价单位，而第三波仅高于第二波 3 个单位，说明动能在衰竭。

楔形通道会进入两段式调整，但当楔形规模较大时，两段式回调往往还可以进一步细分。截至 K 线 16 的下跌处于一个极窄的下跌通道，因此可能仅仅是两段式回调中的第一波下跌（尽管它可以细分成两段）。对于一个如此规模的楔形而言，K 线数量如此之少的回调是不充分的。截至 K 线 18 的低动能上涨为回撤过程，引发截至 K 线 22 的第二轮下跌。K 线 18 与楔形顶部 K 线 15 构成一个标准的双顶。当市场以双顶形式测试楔形顶部之后向下反转，交易者更加确信一个短期顶部已经出现。接下来的抛盘通常很强劲，至少有两波行情。K 线 22 测试了通道起点 K 线 9 和 K 线 11，并与之构成双底牛旗。由于 K 线 20 突破了截至 K 线 19 的微型下降通道，因此 K 线 22 是对突破通道走势的两段式回踩，以低点下降的方式。因此始于 K 线 22 的双 K 线反转是一个合理的买入形态，至少可以期待一波小规模上涨。

由于从 K 线 6 到 K 线 15 的上涨如此强劲，因此截至 K 线 22 的交易区间有可能向上突破，引发一轮与从 K 线 6 到 K 线 15 第一波上涨幅度相当的等距行情。

大部分对交易区间的突破都会失败，持续到 K 线 19 的下跌接近交易区间底部，因此交易者预计下方空间有限。如果他们在 K 线 21 的低 2 卖点做空，应该也会意识到市场有可能形成末端旗形（从 K 线 19 到 K 线 21）并从交易区间底部向上反转。

由于 K 线 6 是一波大规模急速拉升，交易者应该寻求在基于这波急速上涨的等距运动目标处锁定利润。等距目标一般是急速行情第一根 K 线开盘或低点与最后一根 K 线收盘或高点之间的距离。就本例而言，急速行情的终点是 K 线 7 十字星的高点，虽然它并不是一个显而易见的选择，但我们最好考虑到各种可能性。楔形顶部 K 线 15 刚好处于从 K 线 6 低点到 K 线 7 高点的等距运动目标处，丝毫不差。

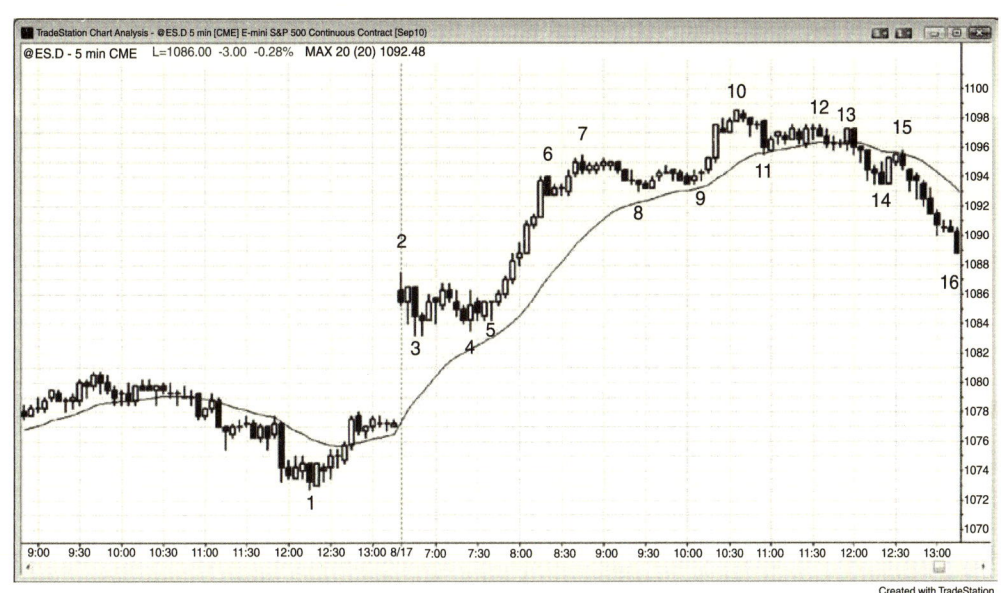

图 21.9  跳空高开与双底

市场大幅跳空高开之后往往会进入两段式横向或向下的调整，然后恢复上涨。当开盘区间（最初 5~10 根 K 线）振幅低于日均波动区间的 30%，那么市场就处于突破模式，交易者将会在区间上方买入、在区间下方做空。如果这样的窄幅区间发生在大幅跳空高开之后，交易日走出趋势性上涨或下跌行情的概率往往比较高。

在图 21.9 中，从 K 线 5 到 K 线 6 前一根 K 线的上涨属于强劲多头急速行情。市场横向调整到 K 线 9，然后进入一轮高潮性上涨，持续到 K 线 10。至此市场完成了一个急速与高潮类型的急速与通道上升趋势形态。

K 线 6 是强劲上升趋势中的第一次急速下挫，不出所料，引发了一个牛旗（三内包形态）。

当交易者看到 K 线 11 的急速下挫，他们会怀疑市场是否已经反转，因为这一从抬升高点向下反转的走势发生在截至 K 线 9 的末端旗形跌破陡峭上升趋势线之后。市场在 K 线 9 之后出现一轮强劲的急速拉升。当市场在相邻数根 K 线内出现两波方向相反的急速运动，接下来往往会横盘一段时间，多空双方争夺接下来通道的方向。多头希望出现上升通道，而空头希望出现下降通道。图中市场进入盘整，但最终空头胜出。

在横盘过程中，市场在 K 线 12 以小双顶的方式构成一个高点下降，K 线 13 为回撤走势。K 线 13 是一根多头趋势 K 线，诱使部分多头错误地入场，接下来市场形成双 K 线反转并展开一轮大规模下跌。

在交易区间中，急速下跌与急速拉升往往接连出现，让市场处于突破模式。多头希望市场以上升通道的形式朝自己的方向运行，空头则希望出现下降通道。K 线 9 引发一波两根 K 线的急速拉升，市场在 K 线 11 回调之后本来可以从这里开始走出一个上升通道。在这一时点上，空头也在期待市场形成下降通道。接下来市场进入窄幅交易区间，多头试图在 K 线 13 多头趋势 K 线让市场进入上升通道，但空头力量更为强大，最终市场进入下降通道。

**本图的深入探讨**

在图 21.9 中，市场大幅跳空高开，超越前一天的高点，但第一根 K 线是一根空头反转 K 线，构成一个突破失败做空形态。随后市场进入盘整并在 K 线 4 外包 K 线形成一个双底。部分交易者可能在 K 线 4 站上前一根 K 线高点时反手做多，因为许多大幅跳空高开的交易日都会出现小型双底、然后进入大规模上升趋势。其他交易者会在 K 线 5 上方买入，属于突破回踩建仓形态（内包 K 线属于停止 K 线，因此是回调的一种）。还有一些交易者会等待市场突破开盘区间（站上 K 线 2 高点）之后再买入。

K 线 5 是对市场突破 K 线 3 和 K 线 4 所构成双底的突破回踩买入建仓形态，或者高 2 买点。K 线 3、4、5 还构成一个三角形，出现在市场大幅跳空高开之后。跳空上涨属于急速运动，这个三角形可能属于牛旗，因为上升趋势中大部分交易区间都会向上突破。

K 线 6、8、9 也构成一个三角形（亦可称为楔形牛旗），上升趋势中任何交易区间都属于牛旗。K 线 9 也是对前面那根 K 线突破 K 线 6 和 K 线 8 所构成双底的一次回撤。

虽然 K 线 6、8、9 三角形成为一个大的末端旗形，从 K 线 12 开始的 4 根 K 线下跌以及由 K 线 11 和 K 线 12 后面第三根 K 线所构成的双底牛旗也属于末端牛旗。K 线 13 的突破走势非常短暂，甚至未能站上 K 线 12 高点，但仍属于末端旗形。它是一个牛旗，是多头最后一次尝试恢复上升趋势，只不过突破走势仅持续一根 K 线就立即向下反转。

图 21.10　急速与高潮

急速与高潮形态是急速与通道形态的变体，往往是急速行情部分和通道行情部分的颠倒。在图 21.10 中，从 K 线 2 到 K 线 3 是一个通道，跟随一根长多头趋势 K 线。这个通道相当于一轮急速拉升，而单 K 线急速拉升则相当于通道部分。

**本图的深入探讨**

在图 21.10 中，从当天高点 K 线 5 的向下反转也属于末端旗形反转，K 线 4 是一个单 K 线末端旗形。在高潮走势之后，尤其是发生末端旗形反转之后，市场通常会出现两段式调整，意味着高 1 甚至高 2 买点可能失败。如果在 K 线 5 低点下方做空，你应该要想到市场可能回撤，因此在第二轮下跌开始之前，保护性止损应该维持在 K 线 5 高点上方。

当市场向下突破、跌至 K 线 10，交易者确信市场还将进一步下跌，意味着突破走势将市场"始终入场"的方向转为空头。因此那根突破 K 线有可能引发一轮等距下跌，市场可能出现一个测量缺口。K 线 8 突破点与 K 线 11 回撤之间的距离就是那个测量缺口。

由于急速拉升非常迅猛（属于高潮），K 线 6 上方的高 1 买点可能失败。激进的交易者将会在 K 线 6 高 1 信号 K 线高点或其上方以及 K 线 7 高 2 信号 K 线高点上方挂限价空单。

K线8是一个楔形牛旗（高3），是合理的刮头皮做多机会。但由于市场有可能展开第二轮下跌，你应该事先准备好在锁定刮头皮利润之后反手做空。持续到K线8的下跌处于通道之中，因此可能仅仅是第一波下跌。

当天开盘区间的振幅大约为日均波动区间的一半，因此当天可能成为一个趋势性交易区间交易日。事实的确如此。上方交易区间的范围是从K线2低点到当天高点，下方区间的范围是从K线12附近到K线22。接下来市场再次向下突破，构成一个下降通道，并从由始于K线24的窄幅交易区间所构成的末端旗形向下突破，下降通道持续到当天低点K线26。市场在当天低点没有发生太多双向交易，而是迅速向上反转，收盘前返回区间中位。

本例还是一个急速与通道下跌趋势交易日，从K线5到K线12的下跌为急速运动阶段，而K线12、18和26的三波向下推动构成一个抛物线高潮性通道。

当市场突破通道下轨之后从K线26低点向上反转，下一个目标应该是刺破通道上轨。这一目标在收盘前达到。

# 第 22 章　趋势性交易区间交易日

趋势性交易区间交易日的主要特征：
● 开盘区间大约为近期日均波动区间的 1/3 到 1/2。
● 开盘一两个小时后发生突破，然后市场形成另一个交易区间。
● 由于存在交易区间，通常出现朝两个方向的交易机会。
● 有时候会有多次突破和多个交易区间，但在这种情况下，最好将交易日视为一种较强势的趋势交易日，只做顺势交易。
● 在第二个交易区间开始形成之后，往往会出现回撤，测试上一个交易区间。
● 测试通常会突破进入上一个交易区间。如果只是接近而未能返回前期区间，说明趋势略微强势一些。
● 有时候市场会完全穿越前期区间，从而交易日成为一个反转交易日。
● 大部分反转交易日都是从趋势性交易区间交易日开始的。
● 当突破非常强势，交易日更可能走出较弱的急速与通道趋势。

所有趋势都会发生回撤，回撤属于小型交易区间，因此在所有趋势交易日都会出现某种形式的趋势性交易区间。在每周的行情中，至少有 2~3 个交易日的主要特征为趋势性交易区间行情。如果交易日开盘区间大约为近期日均波幅的 1/3 到 1/2，我们可以期待市场发生突破，使得当天振幅扩大为开盘区间的两倍左右。这些趋势交易日由一系列交易区间所构成，通常是两个，偶尔达到两个以上，中间被短暂的突破所分隔。有时候这些形态并不能一眼看出属于交易区间。在日线图上，交易日为明确的趋势交易日，开盘和收盘分别位于日 K 线的两端。当市场形成趋势性摆动，看起来又不像明确的趋势交易日，那么就可能属于趋势性交易区间交易日。另外，如果交易日头 1~2 个小时的区间只有近期日均波幅的 1/3 到 1/2，我们可以期待市场发生突破并出现等距运动，在交易日剩下的时间里形成第二个交易区间。市场每周都会有几天出现某种形式的此类趋势，但通常情况下最好将其归为其他趋势类型或宽幅交易区间。

依据力度强弱，我们可以将许多交易日归为两类，要么是急速与通道交易日，要么是趋势性交易区间交易日。趋势力度越强，交易日越有可能表现为急速与通道趋势交易日。我们之所以对二者做出区分，是因为这两种行情的交易方法不同。在急速与通道趋势交易日中，由于市场处于强劲趋势，交易者应该只关注顺势机会和摆动交易。除非市场明确转入交易区间或相反趋势，交易者应该避免做逆势交易。相反，当交易日更接近趋势性交易区间，交易者通常可以进行双向交易，寻找更多刮头皮机会。在行情展开过程中，有一些信号可以告诉交易者突破走势更可能造成强劲趋势交易日（比如急速与通道趋势交易日，甚至小幅回撤趋势交易日），还是趋势性交易区间交易日。交易区间比强劲趋势更为常见，相应地，趋势性交易区间交易日的数量也差不多是急速与通道趋势交易日的两倍（虽然每天盘中都至少会出现一波急速与通道摆动）。急速与通道趋势交易日的急速行情部分往往出现在早盘，甚至往往是开盘第一根 K 线或由开盘大幅跳空所构成。而且，市场往往要么大幅突破前一天收盘前的一组 K 线，要么突破之后强劲反转（比如大幅跳空低开之后第一根 K 线强劲拉升）。趋势性交易区间交易日则不同，其急速行情部分是对交易区间的突破，但突破之后市场往往仍处于前一天的交易区间之内。

在趋势性交易区间交易日，开盘交易区间往往持续 1~3 个小时，可以达到日均波幅的一半左右。这是行情缺乏迫切性的表现，说明交易日不太可能成为一个强劲趋势交易日。而且，与任何交易区间一样，开盘区间有一种牵引力，使得突破走势很难运行太远，而是进入回调并形成另一个交易区间。在急速与通道趋势交易日，突破走势往往幅度很大、速度很快。急速行情可以出现 3 根或以上很长的趋势 K 线、影线很短、重叠度很低。然而在趋势性交易区间交易日，急速行情往往只有 1~3 根 K 线，K 线实体较短、影线较长、重叠度较高。如果回撤走势只有一根 K 线，而且对回撤走势的突破也是急速运动，即便幅度更小、只有一根 K 线，那么交易日往往更符合急速与通道趋势交易日的特征。相反，如果回撤走势为 5~10 根 K 线的横盘，或者对回撤走势的突破为一个弱势通道（大量重叠 K 线和方向相反的趋势 K 线），那么交易日更接近于趋势性交易区间交易日。如果急速运动之后的回撤非常强劲，让交易者无法确定"始终入场"的方向，那么市场更可能处于交易区间而非趋势通道，应该做刮头皮而不是摆动交易。

除非特殊情况下，一般在突破交易区间时入场属于低概率交易（我们将在第二本书详细讨论交易区间）。通常更好的方法是在突破回踩时入场，或者在之前市场从交易区间另一端反转时入场。但如果交易者有把握交易日可能演变成趋势性交易区间交易日，而且突破力度很强，那么可以考虑在突破K线形成过程中入场，或者在突破K线收盘价附近或第二根K线收盘（如果依然很强）入场。急速突破走势通常会跟随一个通道，但行情往往在等距运动目标区域结束，接下来市场将进入交易区间。市场突破一个交易区间，然后形成第二个交易区间。极少数情况下，一个交易日会出现3~4个小型交易区间。不过这种交易日最好将其视为较强的趋势类型，比如急速与通道趋势交易日或小幅回撤趋势交易日，交易者应该主要甚至完全关注顺势建仓形态。如果市场随后回撤到上一个区间之内，通常会一路撤退到该区间的另一端，也就是说，市场突破之后进入区间盘整。这意味着接下来市场将会出现双向交易、同时测试新区间的上轨和下轨，在某个时点可能朝任何一个方向突破。一旦市场到达等距运动目标区域，就有可能转入第二个交易区间。此时交易者的思维方式也应该从趋势交易风格转为交易区间交易。举例来说，在多头趋势性交易区间交易日中，如果趋势力度减弱，交易者应该在等距运动目标区域（依据下方交易区间的高度）锁定利润，因为接下来市场很可能向下测试突破区域，然后进入新的交易区间。

如果交易者认为市场处于多头趋势性交易区间，不应该将保护性止损收紧到最近摆动低点下方，因为通常情况下都会被扫掉。更合理的做法是在区间上轨处逢高卖出，而不要在低位出场。记住，在交易区间中，交易者应该低买高卖。激进的交易者将会在等距运动目标区域逆势交易长趋势K线。举例而言，在一个多头趋势性交易区间交易日，当市场接近等距运动目标，空头将等待市场出现一根大阳线。一旦大阳线现身，他们将会在其收盘或高点上方卖空，如果市场继续走高，他们还会分批加空。因为他们预计这根长多头趋势K线属于耗竭性买入高潮，接下来最终会向下测试缺口（指构成对下方交易区间突破的2~3根多头趋势K线），可能下探下方交易区间的上轨。由于他们预计市场将形成一个上方的交易区间，在急速拉升走势的高点卖出是一个非常好的入场点（因为该区域可能构成这个上方交易区间的上轨）。这一内容我们将在第二本书关于交易区间交易的章节详细讨论。即便市场继续上涨，最终再次回到他们入场点下方的概率也很高。如果交易者逢高分批加空，可能会在盈亏平衡点退出最早建仓的头寸，然后将后面加仓部分的止损收紧到盈亏平衡点，一直持有到市场向下测试缺口。

由于全天都处于双向交易模式，市场在收盘前最后1~2个小时通常会至少反转其中一个交易区间（返回区间之内）。交易区间属于双向交易模式，多头和空头都感到这里具有交易价值，因此它具有一种牵引力，倾向于将突破走势拉回区间之内。

辨识这种类型交易日的重要性在于，这种反转属于可靠的逆势交易机会，因为市场通常会出现突破回踩。因此，一旦突破走势大约到达等距运动目标，趋势交易者将会锁定利润，逆势交易者将进行反方向的交易，寻求在市场发生突破回踩时出场。当市场以一根长趋势K线运行到等距运动目标，交易老手会逆向开仓，期待市场回撤并测试突破缺口。举例来说，当Emini日均波动区间约为10个点，如果某个交易日头两个小时形成一个交易区间，然后向上突破，强势空头将会开始在下方交易区间上方4~6个点分批建空。他们期待市场回撤到突破区域，甚至一路跌至下方交易区间上轨。如果市场反转进入前期区间，有可能测试前期区间中的逆势信号K线。比如说，如果一轮下跌趋势向上反转，它将会试图上探之前失败的多头信号K线的高点。如果市场反弹至或突破上方交易区间的上轨，并收于这一位置，那么交易日在日线上将显示为反转交易日。大部分反转交易日都始于趋势性交易区间行情（第三本书关于反转交易日的章节有实例），因此当交易者发现交易日属于趋势性交易区间交易日，应随时准备好迎接尾盘的反转波段交易。这种反转可能走出很大的趋势行情，可以跨越整个交易日的区间。

趋势性交易区间交易日往往会出现一些微妙的信号，告诉我们是否应该期待突破。如果你看到一个交易区间交易日正在形成，但每一个摆动高点都略微高于前一个，每一个摆动低点也高于前一个，那么市场可能已经处于趋势之中，尽管它仍为交易区间。一旦足够多参与者意识到这一点，市场将会突破并迅速上涨到更高位置，然后再次进入双向运动并形成另一个交易区间。

当市场发生初始突破、试图扩展到日均波幅，不要认定必然会发生等距运动。在大约1/3情况下，市场朝一个方向突破区间之后使区间略微扩大，然后反转并朝相反方向突破，使区间再次略微扩大，从而形成一个非常平静的交易区间交易日。

有时候市场会处于一个高度只有近期日均波幅大约一半的交易区间，一直持续到收盘前最后一个小时。举例而言，如果Emini的近期日均波幅为12个点，某个交易日在最后一个小时之前振幅只有5个点，而且在过去12个月中只有两个交易日最终区间为5个点或更小，那么我们就要警惕尾盘可能发生突破。毫无疑问，每个交易日都会有某个时点区间高度为5个点，但在大部分趋势性交易区间交易日中，当初始区间高度只有5个点，通常会在头2~3个小时发生突破。然而每年都会有那么几天，交易日一直在窄幅区间运行，直到收盘前 1~2 个小时。当出现这种情况，大部分时候都会有一次突破将区间扩大，不过往往难以扩大到近期日均波幅的程度。不要过早放弃，以为今天的行情就只有 5 个点的振幅，在 90% 的情况下，区间都会在收盘前扩大，让我们从快速突破走势中获利。由于突破发生在尾盘，交易日通常没有足够的时间再形成一个完整的交易区间，但既然整个交易日看起来都可能成为一个趋势性交易区间交易日，所有必要在这里稍微讲一下。

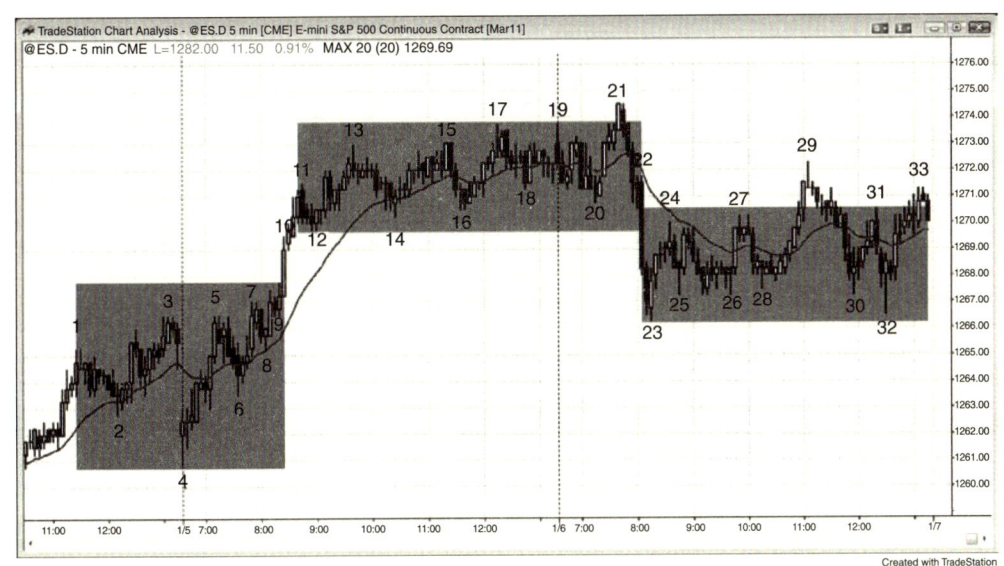

图 22.1　趋势性交易区间交易日

趋势性交易区间交易日的两个区间之间通常会出现一根长趋势 K 线。在图 22.1 中，市场前一天最后两个小时从 K 线 1 到 K 线 3 处于一个交易区间，并持续到当天前两个小时的行情当中。K 线 10 是一根长多头趋势 K 线，突破了交易区间并向上突破 K 线 5、7、9 所构成的楔形顶部。下一根 K 线也是多头趋势 K 线，确认了突破走势（大幅增加了价格继续上涨和出现某种类型等距上涨的概率）。随后市场立即进入一个小型交易区间并持续到收盘。

区间走势持续到第三天。所有交易区间对价格走势都有一种牵引力，使得大部分突破尝试归于失败。从 K 线 11 到 K 线 19 的交易区间是上涨行情中的末端旗形，截至 K 线 21 的突破以失败告终。接下来市场以 K 线 22 长空头趋势 K 线向下突破这个上方交易区间。下跌走势测试了前一天交易区间的顶部，然后形成另一个交易区间。K 线 29 是对下方区间上轨的假突破，也是第三波向上推动。由于下方区间的拉力大于上方区间，随后市场返回下方区间，在 K 线 32 测试了区间下轨，最后收于下方交易区间的上轨附近。

从 K 线 8 到 K 线 13 的急速上涨幅度很大，而从 K 线 12 到 K 线 17 的延续性通道上涨部分显得过小。相比上方区间的高度，下方交易区间上轨 K 线 9 与上方交易区间下轨 K 线 12 之间的突破缺口比较大。这就增加了市场向下测试缺口支撑力度的概率。从 K 线 23 到 K 线 33 的交易区间基本处于从 K 线 9 到 K 线 12 的突破缺口范围之内。这种情况是很常见的。

从 K 线 4 到 K 线 9 的初始区间约为日均波幅的一半，因此交易者预计振幅还将扩大大约一倍。当市场出现约为日均波幅一半的交易区间，区间扩大最常见的方式就是突破并形成一个趋势性交易区间交易日。

第三天从 K 线 19 到 K 线 21 的开盘区间大约为日均波幅的 1/3，交易者预计将会发生突破。由于他们也预计市场将测试前一天的缺口，因此向下突破概率更大。只不过在此之前，市场先对区间上轨发生一次假突破。持续到 K 线 23 的下跌动能很强，使得当天有可能成为一个急速与通道下跌趋势交易日。但 K 线 23 受到了前一天交易区间上轨的支撑（K 线 3、5、7 的高点）。这里大致是等距下跌的目标区域，而且市场测试了一根持续 3 天的趋势线（没画出来）。这意味着下跌可能仅仅是卖出真空所造成的，即强势多头和空头在市场跌至支撑位之前袖手旁观，造成市场突然失去买盘支撑。从 K 线 23、25 和 26 开始的急速拉升、K 线 25 和 26 之间急速拉升所造成的双底牛旗以及 K 线 28 的双底回撤都代表买压上升，市场甚至在截至 K 线 29 的急速上涨行情中转为明确的多头态势。这与一般情况下急速与通道下跌趋势交易日中急速下跌之后的回撤大相径庭，因此市场更可能形成趋势性交易区间。假如这是一个急速与通道下跌趋势交易日，那么 K 线 23 急速下跌之后的回撤相对于急速下跌的力度通常不应表现出太大的买压。买压所造成的不确定性增加了进入交易区间的概率，而非短暂回调之后走出延续性下跌通道。不确定性标志着交易区间，而不是熊旗（市场进入下跌通道之前的回撤）。

急速与通道趋势交易日与趋势性交易区间交易日的区别并非总是泾渭分明，有时候甚至没必要严格区分。虽然从 K 线 12 开始的交易区间使当天成为一个趋势性交易区间交易日，但它同样也出现了几个低点抬升和高点抬升，因此属于弱势上升通道。记住，通道只是倾斜的交易区间，二者都属于双向交易区域。斜率越低，行情表现得更像交易区间，交易者同时朝两个方向交易就越安全。

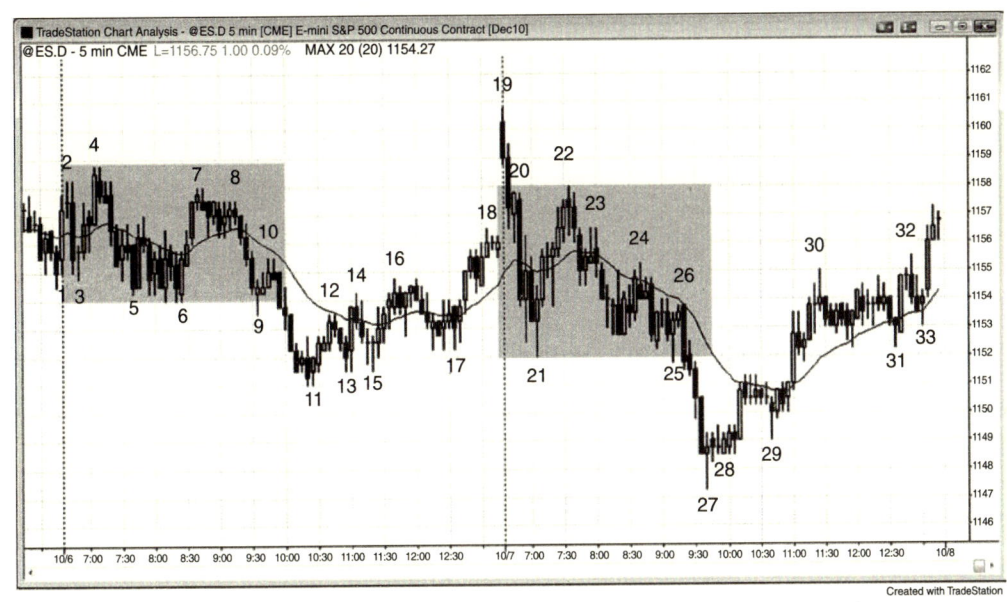

图 22.2 初始交易区间约为日均波幅一半

如图 22.2 所示，两个交易日头两个小时，震荡区间都大约为近期日均波幅一半。这就提醒交易者，市场可能朝任何一个方向突破。由于开盘区间缺乏明确方向、幅度大约为日均波幅一半，当市场盘中发生突破之时，通常不会造成强劲和持续的行情，比如急速与通道趋势。相反，市场通常会发生回撤，然后形成一个下方交易区间。形成下方区间之后，市场可能会或也可能不会向上突破并返回上方区间之内，有时候可能会再次向下突破，然后形成第三个或第四个交易区间。由于市场更可能形成一个下方区间而非走出一轮强劲跌势，交易应该是双向的，市场往往会回测突破区域。一旦突破走势持续运行到突破点下方大约日均区间的 1/3，交易者将会寻求买入，期待市场出现一轮向上摆动，测试上方区间的底部。他们可能会在市场第二次尝试向上反转时买入，比如 K 线 11 和 K 线 28 上方。交易者还可能在 K 线 15 的双底和 K 线 29 的抬升低点买入。

一旦市场向上突破、返回上方区间之内并停留在那里，通常情况下都会进一步测试上方区间顶部区域。本例第二天的行情即是如此。如果交易日收于上方区间顶部附近或其上方，就成为反转交易日。激进多头可能会在 K 线 27 前面那根长空头趋势 K 线收盘时买入，预计它可能属于耗竭性卖出高潮并将引发向上测试上方交易区间底部的行情。部分交易者可能会在与上方交易区间高度相当的等距下跌目标处挂限价买单。他们计算从 K 线 22 上轨到 K 线 21 或 25 下轨之间的点数，再用 K 线

21 或 25 的低点减去这一幅度，然后在这一价位附近开始分批建仓，可能从这一位置上方 1~2 个点开始，持续买入到其下方数点。其他交易者则在第一个双向交易信号出现时买入，比如 K 线 27 收盘时，或者当 K 线 27 从其低点反转走高时。假如市场日均波动区间大约为 10 个点，部分多头将会在上方区间底部 K 线 25 下方 4~6 个点分批入场，期待市场回踩突破缺口（K 线 25 下方的数根空头趋势 K 线），以获取 3~6 个点的利润。

虽然从 K 线 19 到 K 线 21 的下跌非常迅速，截至 K 线 22 的上涨力度也不小。这就在开盘区间造成极大的方向不确定性，降低了市场出现急速与通道趋势的概率，提高了形成趋势性交易区间交易日的概率。

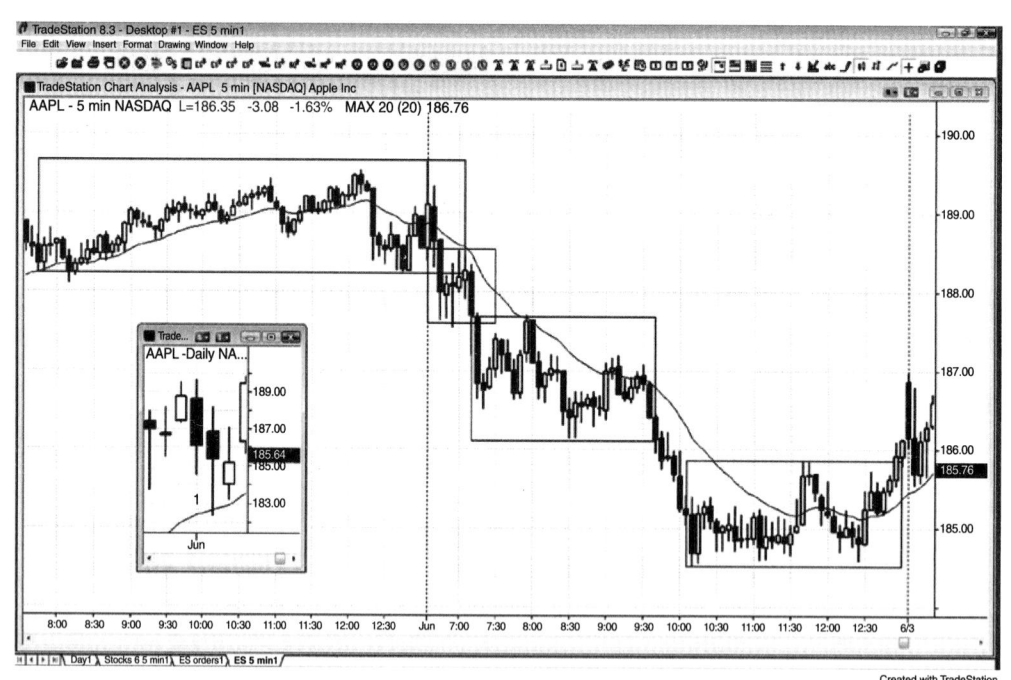

图 22.3　趋势性交易区间构成明确趋势

有时候交易日大部分时间都处于交易区间，但仍属于趋势交易日。如图 22.3 所示，当天可能看起来不像是一个趋势交易日，但事实上是，从嵌图的日线图就可以看出来（K 线 1）。这轮趋势行情由一系列小的趋势性交易区间所构成。这种交易日往往会在尾盘反转，至少彻底逆转最后一个交易区间。

**本图的深入探讨**

有些交易日开盘后一个小时或以上都未能出现可靠的建仓形态。在图 22.3 中，当天市场开盘位于走平的均线处，并被前一天最后一根 K 线所囊括。前一天市场收盘前一直处于窄幅交易区间，并持续到当天开盘后的头两根 K 线。相对于区间的高度，这两根 K 线比较长，不适合作为信号 K 线。虽然在第二根 K 线下方做空是可以接受的，因为它是一个双 K 线反转，又属于均线下方的楔形熊旗做空形态，但这个入场点可能处于交易区间底部附近，风险较大。比较保险的做法是等市场突破之后在回踩时做空。市场在数根 K 线后发生突破回踩，可惜回踩走势为一个小型窄幅区间，而且 K 线上下影线很长，使得交易的可靠性较低。最佳入场点在上午 8 点（PST 时间）的双 K 线反转下方。市场刚刚测试了均线，属于一个低 2 卖点。

市场在 11 点 45 分（PST 时间）出现一个均线缺口 K 线做空形态，对下跌行情低点的测试形成低点抬升。我们也可以恰当地将其称之为双底牛旗。

这是一个趋势性交易区间交易日，因此当市场开始在 185 美元附近盘整，交易者可能会在这一区域买入，期待市场测试略高于 186 美元的上方区间下轨。市场以两段式调整的方式跌至 185 美元附近，第二段大致为等距运动。上午的交易区间中位大约低于当天高点 2 美元，10 点 15 分的双 K 线反转又是大约再往下 2 美元，因此交易者将会开始买入。空头回补部分空头头寸，多头预期市场测试上方交易区间下轨而买入。随后市场进入窄幅交易区间，在 11 点 05 分长空头趋势 K 线之前走出 3 波小型向下推动。11 点 30 分出现一个低点抬升，信号 K 线为阳线。这个抬升低点也是一个高 2，因为其前一根 K 线以及再往前两根 K 线均为阴线实体。这种属于显微镜式的分析，大部分交易者在实盘中都不会信任这些信号，但老练的交易者总在寻找市场可能转向的信号，而这些微妙之处可以增强他们做多的信心。如果他们在 11 点 30 分的低点上方买入，设在低点下方的止损可能为 50 美分，期待市场测试交易区间上轨，利润目标大约为 1 美元。

虽然你永远不可能确切地知道市场出现与止损同等幅度运动的方向概率，但如果你感到市场处于非均衡状态，就可以假定概率至少为 60%。就本例而言，如果你在 185 美元附近买入，可以合理假定市场至少有 60% 的概率测试 186 美元。换句话说，如果你在入场点下方设置与利润目标同等幅度的止损，市场在扫掉你的止损之前，将会先到达利润目标（有 60% 概率在亏损 1 块钱之前先赚 1 块钱）。你可以在

# 高级趋势技术分析
## ——价格行为交易系统之趋势分析

11点40分急速拉升K线后面那根十字星内包K线锁定部分利润，然后在市场突破失败时在盈亏平衡点退出剩余头寸。当市场在12点25分形成双底，你可以尝试再次做多，而且将会成功。市场本来有可能从双底出现等距上涨，达到2美元的利润目标，但由于交易日即将结束，因此已经没有这种可能。

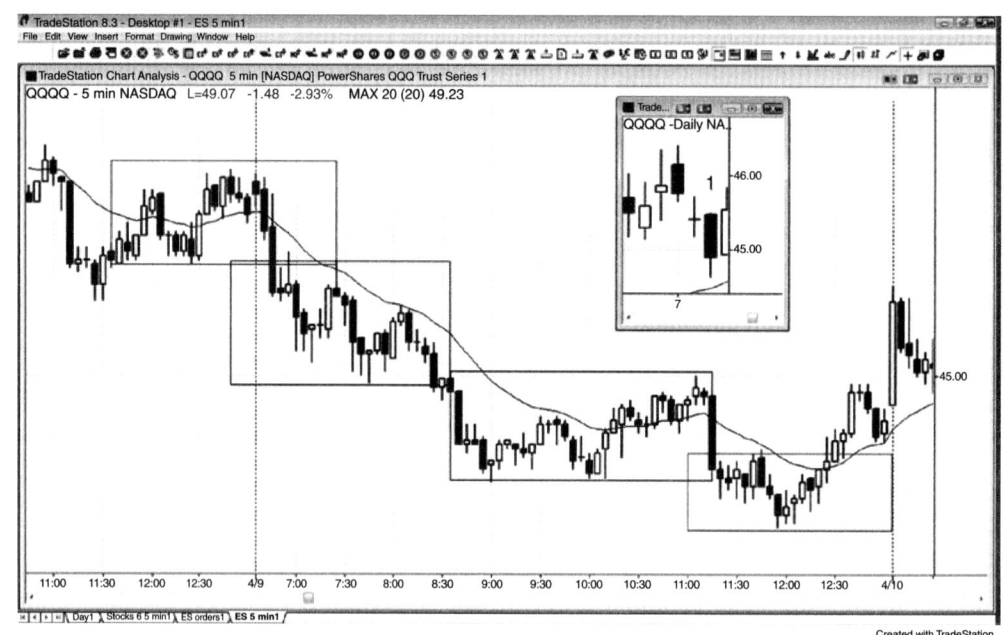

图22.4　第一个交易区间可以在前一天形成

如图22.4所示，当天也是一个趋势性交易区间交易日，第一个交易区间形成于前一天尾盘。嵌图日线图显示这是一个下跌趋势交易日（K线1）。

最后一个交易区间向上反转，市场测试了上一个交易区间顶部附近的位置。这种情况很常见，因为双向交易意味着趋势性力量弱于其他类型的趋势交易日。当行情力度较弱，收于最低点的概率就比较小。交易者了解这一点，所以会在收盘前寻找反转机会。

在图22.4中，市场当天基本平开，而且开在走平的均线附近。开盘后3根K线的急速下挫使得市场可能出现下跌趋势交易日。急速下跌走势突破了前一天最后一个小时形成的交易区间。这个交易区间也是一波两段式上涨，从而是一个熊旗，因此突破走势可以看成突破了熊旗下方的趋势线。交易者可以在第一次回踩的那根K线下方做空，然后在那根测试均线的K线下方再次做空。后者也是一次朝向均线的两段式横向调整，大致构成一个双顶熊旗做空形态。

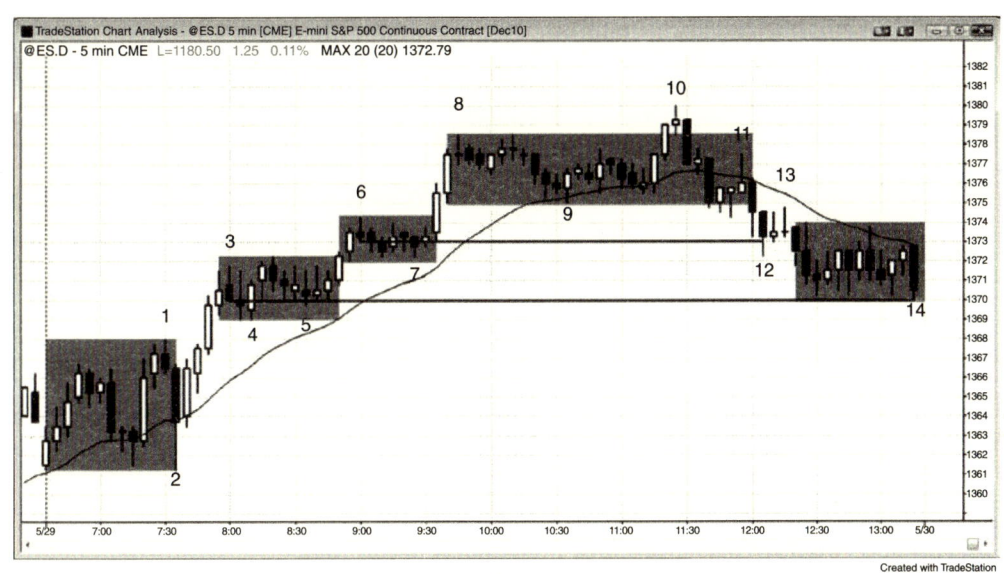

图 22.5　被突破所分隔的交易区间

如图 22.5 所示，交易日第一个小时在一个 7 个点的区间震荡，但近期日均波幅大约为 20 点，因此交易者预计当日振幅还将扩大大约一倍。当趋势在交易日运行一个小时之后才开始，当天往往会成为趋势性交易区间交易日。按照上述前提，第一个小时的行情很显然是一个交易区间。在交易日后期，市场通常会反转进入，有时候穿越一个或以上的下方交易区间，本例即是如此。

**本图的深入探讨**

当交易日出现图 22.5 这种多个趋势性交易区间，交易者应该将主要精力放在寻找顺势交易机会上面。在 K 线 2 双 K 线反转到 K 线 9 高 2 买点（也属于 20 根均线缺口 K 线形态）之间，交易者应该只考虑做多，同时应该只考虑在 K 线 10 末端旗形反转形态做空。

在 K 线 10 前一根多头趋势 K 线的收盘及其高点上方，许多多头会在这里锁定利润，激进空头开始做空。截至 K 线 3，市场出现一轮急速拉升，然后进入一个通道，由一系列小型交易区间所构成。但从 K 线 8 开始的区间相对较窄，呈水平方向。这属于强劲双向交易的区域，因此具有一种磁力，能够在市场发生突破之时将其拉回来，造成突破失败。另外，市场通常会在尾盘返回前期交易区间，而上午 11 点半（PST 时间）又是最容易发生反转的时间，因此市场突破失败、走出末端旗形反转的概率很高。回调走势有可能测试通道起点K线4，因此空头很乐意在一根长多头趋势K线突破前期摆动高点并可能构成末端旗形时在其高点做空。许多交易者还会愿意逢高加空，因为他们相信市场在收盘前有70%甚至更高的概率至少测试他们最初的卖空点。一旦来到这一位置，他们就可以在盈亏平衡点退出最早的空头头寸，然后决定是同时锁定上方空单的利润，还是将保护性止损移到盈亏平衡点，让头寸参与摆动。

K线2是一个双K线反转的第一根K线，市场可能构成一个低2失败形态，形成双重底或三重底，成为一轮上升趋势的起点。交易者此时已意识到市场可能发生突破并大幅走高。发生突破之后，市场从K线4到K线6形成一个上方区间，由两个较小的窄幅区间所构成。K线5上方的高2买点是一个合理的突破回踩入场点，虽然市场走出纠缠的铁丝网形态。这一突破既是对从K线3到K线4的小型牛旗的突破，也是对从K线3到K线5的整个交易区间的突破。从K线3到K线5的区间是对市场突破K线1高点的两段式横向回踩。

市场突破进入第三个区间（从K线8到K线9）。当其再次向上突破，走势在K线10失败（末端旗形反转），随后回撤穿越第三个区间的底部并最终跌至第二个区间的底部。在急速下跌之后，K线11下方是一个突破回踩做空点，但铁丝网形态使其风险较高。在截至K线12的两根阴线急速下挫之后，K线13下方出现第二个突破回踩做空点。

"区间"一词隐含的意思是市场将会在某个时点测试区间的下轨，即便接下来可能继续走高。当市场对一轮强劲行情发生回撤，第一个目标永远是之前的逆势入场点。就本例而言，在市场突破最上方区间之后，最近的做空入场点是K线6的低点，即最近一根空头信号K线。市场向下突破最上方区间之后，进入紧邻的下方区间范围，并在K线12跌破那根空头信号K线的低点。

截至收盘，市场已经测试了第二个区间中K线3的低点，即位置最低的一根空头信号K线。

如图22.6所示，虽然当天市场几乎开在最高点、收在最低点，属于始于开盘的下跌趋势交易日，但头两个小时行情震荡剧烈，很难像始于开盘的趋势那样去交易。通常，始于开盘的趋势交易日不会出现太多大幅逆势摆动，但趋势性交易区间行情存在这种情况，所以趋势性交易区间属于较弱的、更难预测的趋势类型。初始交易区间在K线4向下突破，进入一个下方区间，从而确立趋势性交易区间交易日。

第四篇　常见趋势形态　**329**

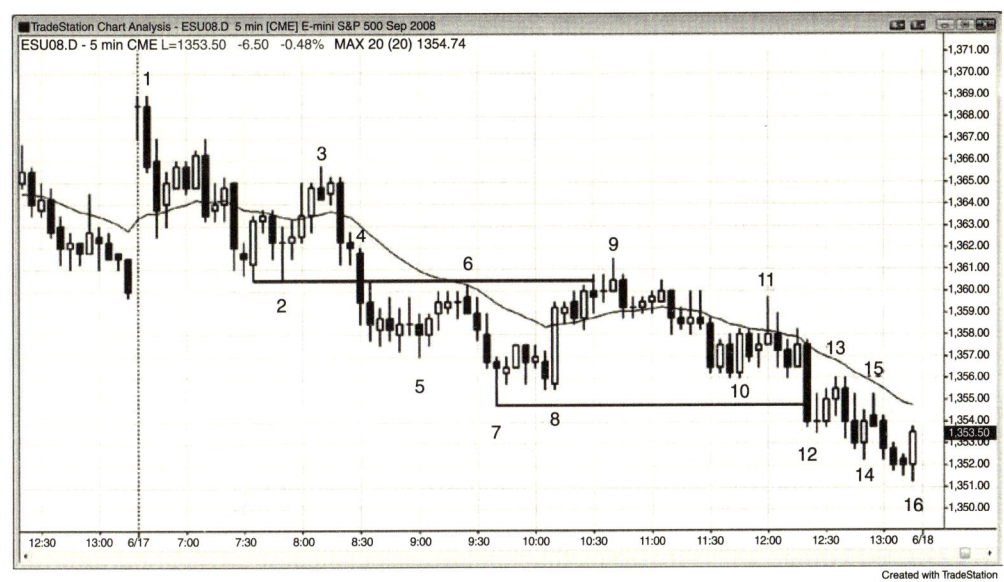

图22.6　趋势交易日中的双向交易

直到K线3，当天振幅只有近期日均振幅的一半左右，因此交易者明白市场有可能形成一个下方交易区间。

K线6既是对均线的回踩，也是突破上方区间下轨K线2之后的回踩，因此是合理的做空入场点。

K线9是对上方区间的突破回踩，同时也是对这个较低区间顶部的假突破，也构成一个卖点。

K线12向下突破进入第三个区间，但交易日已经没有足够的时间向上测试K线13区间顶部。

**本图的深入探讨**

在图22.6中，市场前一天收于均线下方，而当天开盘是一次多头突破，同时突破了前一天的收盘和均线。当天第一根K线为十字星，因此并非可靠的做空信号K线。K线1强空头趋势K线是一根合理的信号K线，交易者可以在其低点下方1个最小报价单位卖出，预期市场测试均线，甚至昨天的收盘。由于开盘大幅跳空往往造成趋势性交易日，而这根阴线说明空头做空意愿很强，因此当天可能成为下跌趋势交易日。交易者可以较早入场做空，将部分头寸参与摆动，直到市场出现强势向上反转或时间接近收盘。

在两根 K 线的急速下跌之后，交易者预计市场将进入下跌通道，开始在回撤中做空。第一个回撤做空点是由上午 7 点整（PST 时间）之后那根外包大阴线所触发的低 2 卖点。下一个做空点在 K 线 3 空头反转 K 线下方。这是一个双重做空形态，既与前面的回撤构成双顶，也是是楔形熊旗（第一波向上推动是 K 线 2 往前数两根 K 线）。

K 线 14 是一根多头反转 K 线，但与前面两根 K 线重叠度太高，使其可靠性下降。而且，它处于 K 线 12 急速下跌之后一个相对较窄的通道之内，因此最好等待出现市场发生突破回踩、形成低点抬升后再去做多。由于它是下跌趋势中的一个弱势买入形态，因此其失败可能反而构成不错的做空形态。K 线 15 是一个失败的高 2，而在下跌趋势中，均线附近空头反转 K 线所构成的低 2 往往是高概率的做空形态，因为那些在高 1 和高 2 趋势反转尝试中买入的交易者通常会在低 2 退出。市场从当天新低做出两次反转尝试，而这第二次在 K 线 15 做多入场点失败后失败。如果市场某种尝试失败两次，通常就会朝相反方向运行。

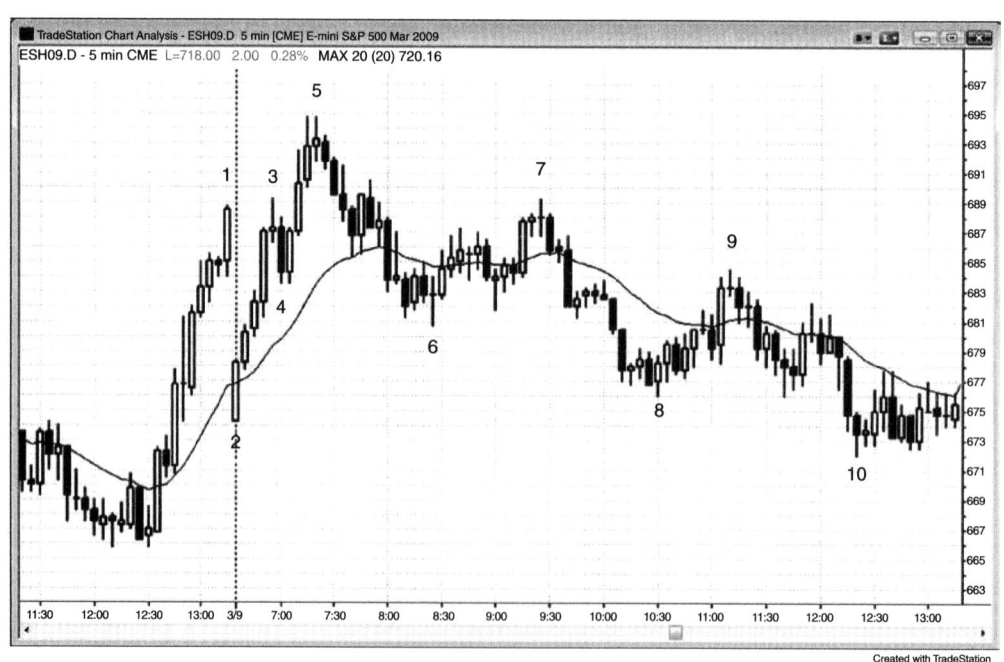

图 22.7　第一个小时后开始的趋势往往很弱

当市场在第一个小时后开始进入某种趋势，我们可以假定它会成为趋势性交易区间交易日，或者表现出类似特征，因此可以朝两个方向做刮头皮交易。在图

22.7 中，虽然市场走出始于开盘的上升趋势，但升势在 K 线 5 急速拉升和高潮走势之后结束，然后反转进入趋势性交易区间下跌趋势。我们也可以将其视为急速与通道下跌趋势，从 K 线 5 到 K 线 6 的下跌为急速下跌阶段，从 K 线 7 到 K 线 8 的下跌以及截至 K 线 10 的 3 根 K 线向下突破走势也属于急速行情。由于下跌通道较宽，两次突破之后的回撤与前期摆动低点重叠，因此整轮下跌行情也属于楼梯形态下跌趋势。

**本图的深入探讨**

在图 22.7 中，市场当天跳空低开，与上一交易日的低点构成一个低点抬升，有可能走出始于开盘的上升趋势。它是市场前一天收盘前急速拉升之后对均线的回踩，以及对陡峭上升通道的一次假突破。

两段式上涨走势在 K 线 5 末端旗形卖点结束。随后市场出现 4 根 K 线的急速下跌，并发展成一波更大规模的急速下跌（截至 K 线 6）。下跌走势跌破了开盘后强劲上涨的上升趋势线，因此接下来出现的高点下降可能引发趋势向下反转。

K 线 7 是一波两段式调整之后形成的高点下降，提醒交易者市场可能继续下跌。K 线 7 是一个双重卖点，它与截至 K 线 6 的楔形下跌通道的顶部构成一个双顶（这个楔形始于 K 线 5 下方 4 根 K 线急速下跌之后的那个小型下降低点），还是一个楔形熊旗（第一波向上推动结束于 K 线 6 前一根 K 线，K 线 7 是第三波向上推动）。

在交易日剩下的时间里，市场表现得像一轮趋势性交易区间下跌行情。截至 K 线 1 和截至 K 线 5 的两波强劲上涨属于急速行情，因此有可能在第二天或者第三天跟随一个上升通道。K 线 6、8、10 构成一个大的楔形牛旗，市场有可能测试 K 线 5 高点。K 线 4 也可以看成下跌通道的一部分。第二天（图上未显示）市场的确跳空高开至 K 线 7 高点附近，然后走出始于开盘的强劲上升趋势。

在图 22.8 中，市场头两个小时的区间大约为日均波幅的一半，从而提醒交易者市场有可能发生突破并形成一个上方或下方的交易区间，构成趋势性交易区间交易日。在 K 线 9 突破之前，上升趋势已经较为明显。我们注意到，K 线 5 摆动低点高于 K 线 2 低点，K 线 6 低点高于 K 线 5 低点，K 线 8 低点又高于 K 线 6 低点。K 线 3、

# 高级趋势技术分析
——价格行为交易系统之趋势分析

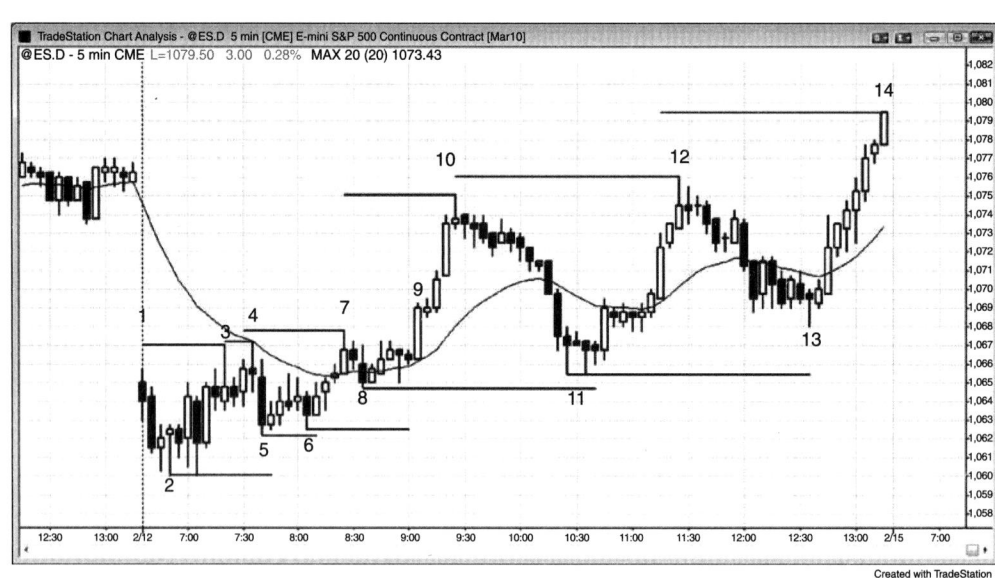

图 22.8 初始交易区间往往预示着出现下一个交易区间

4、7 这些摆动高点的情况也是一样的。虽然市场前两个半小时处于交易区间，但无论摆动高点还是摆动低点都呈趋势性上移，意味着在交易区间内可能已经形成一轮上升趋势。此时交易者要提防市场向上突破（发生在 K 线 9）。上方交易区间一直持续到 K 线 13 向上反转之后的突破。K 线 11 和 K 线 13 都属于突破回踩。K 线 11 微型双底跌入下方交易区间之内，但 K 线 13 的低点刚好测试了下方交易区间顶部 K 线 7 的高点，丝毫不差。当回踩走势无法跌破突破点，说明多头力量较强。

**本图的深入探讨**

在图 22.8 中，市场跳空低开，第一根 K 线为阴线，因此交易日可能成为始于开盘的下跌趋势交易日。然而 K 线 1 上方和下方都有影线，增加了市场形成初始交易区间的概率。在这种情况下，交易者应该耐心等待。K 线 2 是一个微型双底，但两根 K 线均为十字星，并非可能引发强劲趋势的建仓形态。连 K 线 4 这个形成于均线附近的楔形熊旗都是弱势形态，因为它属于一个 6 根 K 线窄幅交易区间的一部分，所有这些 K 线都有影线。这说明市场存在不确定性（交易区间的主要特征）。交易者可能会在 K 线 5 后面那根内包阳线上方买入，但在 K 线 4 楔形熊旗之后，市场应该会有第二次向下测试。测试发生在 K 线 6 并与 K 线 5 构成双底（也是对当天低点 K 线 2 与后面第三根 K 线所构成双底的一次双底回踩）。稳妥的做法是等市场出现进一步的强势信号，比如截至 K 线 7 的 4 根 K 线急速拉升。不过 K 线 2 之后市场已经出现数根强多头趋势 K 线，这一强势信号足以让我们开始在回调中寻找做多机会。这些长多头趋势 K 线是买压迹象，而买压是累积性的，最终多头将掌握控制权，市场开始上涨。

在截至 K 线 7 的急速拉升之后，市场在 K 线 8 后面那根内包阳线上方出现一个突破回踩买入建仓形态，也是一个低 2 失败买入信号。4 根 K 线后市场出现高 2 买点，引发 K 线 9 强势多头突破。

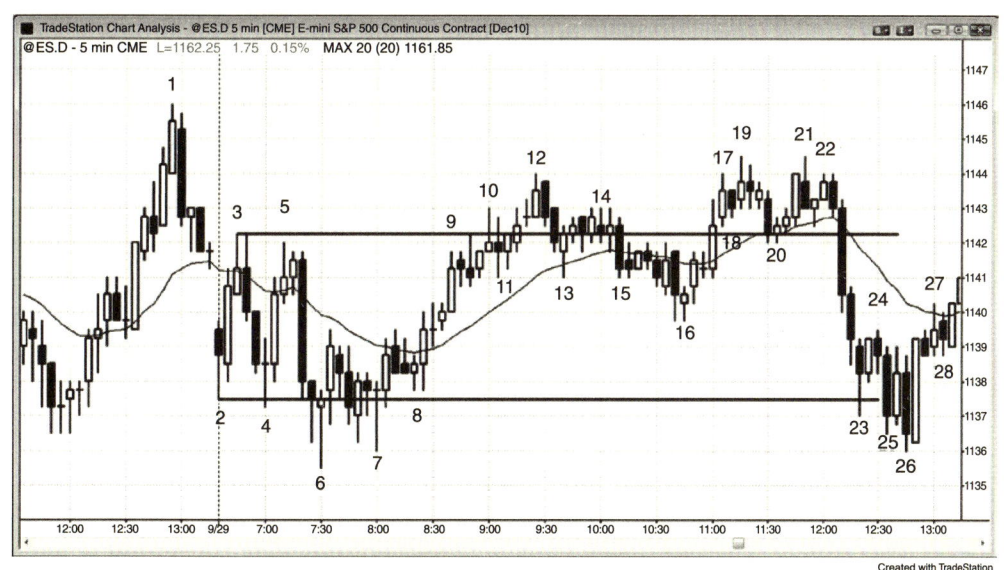

图 22.9　初始交易区间可以造成交易区间交易日

仅仅因为头两个小时区间约为日均波幅的一半，并不意味着一定会发生突破并走出趋势性交易区间交易日。在大约 1/3 的情况下，市场会同时向上和向下突破，造成区间扩大。图 22.9 就是如此。市场在 K 线 4 和 K 线 6 从盘中新低位置向上反转，在 K 线 3、10、12、19、21 从盘中新高位置向下反转。开盘区间可能在从 K 线 5 开始的向下反转走势结束，此时区间高度大约为近期日均波幅的一半。这提醒交易者市场有可能向上或者向下突破，然后出现等距运动，导致当天振幅大约扩大一倍。然而，简单地在市场突破区间时入场是一种失败的策略，因为市场具有惰性，大部分从趋势转为交易区间、或从交易区间转为趋势的尝试都会失败。K 线 6 突破至当天新低后并未出现好的做空形态，相反，三连推下跌（K 线 2、4、6）之后的 K 线 7 抬升低点和 K 线 8 突破回踩都属于合理的买入信号，可以预期市场测试当天高点。

K线10突破至盘中新高之后向下反转，但市场处于一个窄幅上升通道，因此这里并不是好的卖点。同时，由于上升动能并不是特别强，K线11突破回踩也顶多是一个刮头皮买点。市场从K线12双K线反转形态再次转跌。在交易区间交易日，反转交易的二次入场点通常是可靠的，至少可以做刮头皮。

在K线16形成楔形牛旗之后，市场创出当天新高，但上攻走势在K线19和K线21再次失败。由于向上突破已经明显无法获得成功，市场再次尝试向下突破当天低点，最后收于区间中位，这在交易区间交易日是十分常见的。

当开盘区间的上轨和下轨存在几种可能性，通常情况下如何选择并不重要，因为每个人的看法都不一样。如果你想设定一个等距运动目标作为锁定利润的位置，刚开始可以使用最窄的情况作为开盘区间，比如从K线2到K线3。如果市场到达这一区域后并未止步，再考虑更宽的可能性，比如从K线3到K线4，或者从K线3到K线6。由于本例中当天最终形成交易区间交易日，而非趋势性交易区间交易日，因此连最低的等距运动目标都未达到。不过，所有反转走势都是程序化交易依据某种等距算法所造成的，它们的交易等式中几乎一定会有某种类型的等距目标，尽管有时候并不明显。

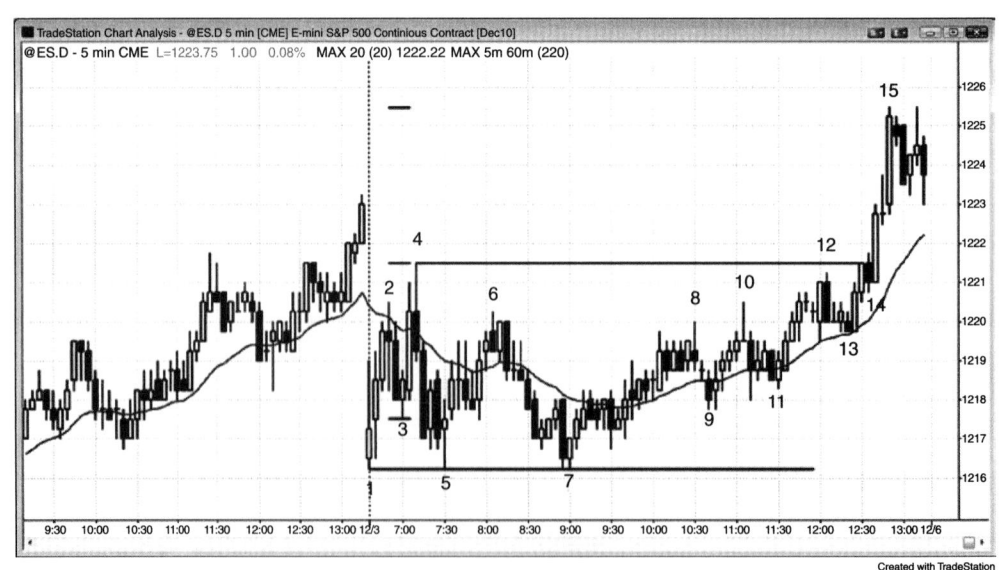

图22.10　尾盘突破

有时候市场初始交易区间约为日均波幅的一半，但直到交易日最后一个小时才发生突破。在图22.10中，虽然已经没有足够时间形成一个真正的上方交易区间，但市场全天都处于可能突破并形成趋势性交易区间交易日的状态之中。在突破之前，交易区间高度只有 5.25 点，而过去 11 个月中只有两天最终振幅只有 5.25 点或更低。也就是说，在过去 11 个月其他交易日，当交易日大部分时间振幅只有 5.25 点或更低，收盘时都发生了振幅扩大的现象。这使得本例在尾盘向上或向下突破的概率较高。由于市场在 K 线 7 三重底和三角形态之后一直处于上升态势，K 线 9 到 K 线 12 之间阳线数量较多，说明市场存在买压，因此向上突破可能性更大。交易者可能在 K 线 14 突破当天高点 K 线 4 时买入，或者在 K 线 14 这根强突破 K 线收盘时及其高点上方买入。

当天最高点刚好位于从 K 线 3 到 K 线 4 初始急速拉升走势的等距运动目标。当然，交易者不可能能知道多头将会在哪个等距运动目标锁定利润，但意识到这些可能性的存在是有帮助的。这样你也可以在市场快速上涨过程中锁定利润，而不是在下跌之后低几个点的位置。除了这种可能性，市场也可能在从 K 线 1 低点到 K 线 2 高点或从 K 线 5 低点到 K 线 4、6、10、12 高点幅度的等距运动目标见顶。

# 第 23 章　始于开盘的趋势与小幅回撤趋势

始于开盘趋势交易日的主要特征：

● 上升趋势交易日的低点或下跌趋势交易日的高点出现在当天头几根 K 线。

● 如果交易日开盘区间低于近期日均波幅的 25%，在上升趋势交易日可能出现双底，在下跌趋势交易日可能出现双顶（如果开盘区间大约为日均波幅的 50%，则突破更可能造成趋势性交易区间交易日）。

● 交易日可能始于一轮持续多根 K 线的急速行情，也可能始于窄幅开盘区间。

● 如果市场从第一根 K 线左右就走出趋势，而且最初的急速行情持续 3 根或以上 K 线，那么在首次回撤时入场通常至少是不错的刮头皮机会。

● 如果一开盘就出现一波持续多根 K 线、幅度较大的强劲急速行情，交易日通常会成为急速与通道趋势交易日。

● 开盘大幅跳空通常会造成始于开盘的趋势交易日，而趋势的方向可以是任意的。当市场大幅跳空高开、形成始于开盘的趋势交易日，那么交易日大约有 60% 的概率为上升趋势交易日、40% 概率为下跌趋势。跳空低开的情况则刚好相反。缺口越大，交易日越有可能成为趋势交易日，而且趋势越有可能与缺口同向。

● 始于开盘的趋势交易日从一开始就具有一种迫切性和确定性，通常属于最强劲的趋势，回撤幅度最小。

● 在趋势后期往往会出现 20 根均线缺口 K 线建仓形态。

● 无论对于始于开盘的趋势交易日，还是所有的趋势交易日，最强劲类型的趋势都属于开盘区间很窄，然后整个交易日伴随小幅回撤持续做趋势性运动的行情。我们将这种行情称之为小幅回撤趋势交易日。比如说，Emini 回撤幅度可能仅为 10~12 个最小报价单位（日均波幅的 10%~30%）。在这种情况下，市场通常会在最后两个小时出现幅度约为前期回撤 150%~200% 的回撤，然后恢复原有趋势直到收盘。

● 对于老练交易者而言，摆动交易建仓形态具有70%或更高的成功率，不过初学者完全感觉不到有这么高的确定性。许多信号K线看起来很糟糕，就像所有强劲趋势中那样。大部分建仓形态看起来似乎都只有50%甚至更低的成功率。这就使得交易者不敢入场，从而迫使他们在后面追涨杀跌或彻底错过趋势。

● 往往出现许多相反方向的趋势K线。这是逆势压力的信号，诱使交易新手不停地寻找逆势入场点，而错过顺势机会。比如说，在上升趋势中，市场可能出现许多空头趋势K线，甚至不少于2~3根K线的急速下跌。新手反复入场做空，并反复亏钱。急速下跌演变成牛旗，但形态看起来非常弱，新手不敢买入。他们只是退出亏损空头，却不敢做多。因为他们害怕再次亏损，尤其是在建仓形态看起来很弱的情况下。所有难看的牛旗都成功了，然后跟着再出现一个很漂亮的但失败的做空形态。

● 趋势通常处于一个相对较窄的通道，回撤走势往往会扫掉盈亏平衡止损，将交易者震仓出局。在上升趋势中，交易者应该将止损跟踪移动到最近摆动低点下方；在下降趋势中，则是摆动高点上方。如果过于急切地将止损收紧到盈亏平衡点，将会被扫掉止损。

由于几乎所有小幅回撤交易日都属于始于开盘的趋势，它们应该被视为后者的强势变体。始于开盘的趋势交易日通常是最强劲的趋势类型，但只发生在大约20%的交易日中。这意味着在开盘第一根K线上方做多或下方做空，期待其成为一轮强劲趋势的起点，属于低概率的交易。市场在第一个小时行情中反转要常见得多（我们将在第三本书讨论这个问题）。在开盘大幅跳空的情况下，如果第一根K线是大阳线或者大阴线，那么这根K线成为当天行情最高点或者最低点的概率可以达到50%或更高。在大约50%的交易日中，一天的最高点或最低点出现在头5根K线。然而这根K线90%情况下形成于开盘区间之内，而区间行情可以持续几个小时。任何类型的趋势交易日都可以从开盘走出趋势。在始于开盘的趋势交易日中，市场在第一根K线或头几根K线形成最高点或最低点，然后全天作趋势性运动，往往收于最低点或最高点附近。市场在头30分钟左右可能形成一个小型交易区间，然后发生突破，但当天开盘通常非常接近交易日最高点（下降趋势）或最低点（上升趋势）。这些交易日往往开盘大幅跳空，然后市场朝任何一个方向作趋势运动。换句话说，大幅跳空低开既可以造成始于开盘的上升趋势交易日，也可以导致始于开盘的下跌趋势交易日。在两种情况下，建仓形态的可靠性将会更高：一是当其形成于像趋势通道线这样的强磁力位（比如形成楔形反转形态），二是属于一个反转形态的一部分（比如从昨天收盘前的末端旗形反转）。

这种类型的趋势可以非常强劲，一直持续到第二天头1~2个小时的行情中，因此交易者在第二天开盘后应该寻求在回调中顺势入场。很多时候回调力度很强，让交易者怀疑市场是否正在反转，然而通常情况下表面上的强势回调在较高时间级别上只是正常的两段式调整，比如回调到15分钟图上的均线。不过对于大部分交易者来讲，交易时只看一张图会更简单一点，当回调结束后，5分钟图上肯定会出现恰当的建仓形态。

在始于开盘的趋势交易日展开过程中，通常全天回撤幅度都非常小。这种情况就属于小幅回撤趋势交易日。这是最强劲的趋势交易日类型，每个月只有1~2天。这种交易日大约2/3情况下都会在上午11点（PST时间）之后出现较大回撤。这一回撤幅度往往大约是趋势从头一个小时开始之后所发生的最大回撤的两倍。在其发生之前，通常会出现1~2根朝趋势方向的相对较长的强劲趋势K线，代表动能耗竭。比如说，市场处于一轮小幅回撤上升趋势，整个交易日一直呈通道性上涨，最大回撤为9个最小报价单位。然后在上午11点和中午之间某个时间，市场连续出现两根相对较长的多头趋势K线，突破至盘中新高。那么这种走势更可能属于耗竭性买入高潮，而非新一轮上涨的起点。高潮走势在第三本书将有详细讲解，但简单来讲，当一轮趋势已经持续很长时间，此时行情突然加速，通常意味着行情暂时告一段落，开始进入至少持续10根K线左右的两段式回调。经验丰富的交易者预计市场将出现3~5个点的调整，因此退出多头锁定利润。部分交易者甚至会在第二根多头趋势K线收盘时做空，或者可能在其高点上方1~2个单位处做空。他们也可能耐心等待下一根K线收盘，如果这根K线收于振幅中位附近，他们将会在其收盘时做空；如果它是一根空头反转K线，他们可能在其低点下方做空。如果他们在一根空头反转K线下方入场，保护性止损将设在其高点上方，如果在急速拉升K线收盘时以市价入场，可能会使用3~4个点的止损，并且在其上方1~2个点加空。即便判断失误，市场并未能出现数点的跌幅，也有可能进入交易区间，让他们可以在最后一个小时锁定小幅利润出场。

在趋势开始之前，市场在第一个小时可能出现幅度稍大的回调，但只有趋势开始之后的回调才是重要的。观察回调的幅度，如果回调都非常小，后面每一次都与第一次幅度相当或更小，就说明交易日处于强劲趋势之中。举例而言，某交易日 Emini 处于上升趋势，近期日均波幅大约为 12 点，当天所有回撤可能仅 2~3 个点。在这种行情中，多头希望市场出现较大幅度的回调，让他们以较低风险入场。然而期待中的回调一直没有出现，于是他们开始分批小仓位以市价以及在小幅回撤中买入。这些全天持续的小规模买盘推动市场不断走高。同时，空头一直没有发现好的做空点，于是决定以较小仓位在一些弱势形态做空。这些形态未能造成持续跌势，于是他们被迫买入回补。他们的买盘也成为推动市场走高的力量。动能交易者看到市场处于明确上升趋势，于是他们也持续买入。这种趋势往往会持续一整天，中间只有很小的回撤。由于多头全天都在小规模买入，所以不会出现恐慌性追高买盘；同样，空头仓位也很低，不会出现强劲的空头回补。其结果就是，虽然当天为趋势交易日，但涨幅不会特别大，多头虽然做对了方向，但很难获得暴利。

上午 7 点（PST 时间）公布的经济数据通常会造成市场出现一根反转 K 线、突破 K 线或者长外包 K 线，成为一轮强劲趋势的起点并可能持续整个交易日。在经济数据方面，计算机享有巨大优势。它们能够以可解读的格式立即获得数据，并据之做出决策和形成交易指令。所有这一切都是在一秒钟以内完成，相比交易者而言它们享有巨大优势。当计算机占据巨大先机，交易者就处于不利地位，因此交易者应该避免在数据公布时入场。计算机程序往往会在 1~2 根 K 线内指示市场的明确方向，或者造成强势反转。此时交易者将获得较有利的概率，可以朝恰当的方向入场。作为趋势起点的强势 K 线并非总是出现在数据公布时，也可能形成于公布时间之前或之后数根 K 线，不过出现在数据公布时的概率比较大，所以交易者应该提前做好准备，一旦市场方向变得明确，就可以立即入场。

有时候，市场经过大约 30 分钟的小幅震荡之后，会在上午 7 点左右（PST 时间）测试开盘点位，往往恰好对应经济数据的公布时间。虽然这造成一个小规模交易区间，但突破区间之后的趋势行情比我们在趋势性交易区间交易日看到的要强劲得多，而是与始于开盘的趋势相当，应视为后者的变体。

即便最佳的形态也会有大约 40% 的概率不按你的预期运行。如果开盘之后的走势在第三根或第四根 K 线都没有出现休整，说明行情可能运行过快过远，那么接下来市场反转的概率将大于趋势延续的概率。

所有交易日都会在开盘头几根 K 线形成始于开盘的趋势。一旦一根 K 线站上前一根 K 线的高点，交易日就属于始于开盘的上升趋势交易日，至少暂时如此。如果反而跌破第一根K线的低点，就属于始于开盘的下跌趋势交易日。在大部分交易日，行情并不会持续性上涨或下跌，而是发生反转，从而演变成其他类型的交易日。不过，如果对前一根K线的突破发展为更大幅度的急速运动，形成始于开盘的强劲趋势交易日的概率将大幅上升，此时交易者应该开始将其作为强趋势交易日来对待。

如果市场连续四根或以上K线做趋势运动而没有出现回撤，甚至只是两根长趋势K线，那么走势应该被视为强劲急速运动。急速运动意味着多头和空头都同意市场不应在当前位置停留太久，需要迅速移动到另一个价位。当急速运动发生在头几根K线，交易日为始于开盘的趋势交易日。这种状态可能在交易日剩下的时间里持续下去，但有时候市场也可能很快发生反转并朝另一个方向突破。这可能导致朝相反方向的趋势，比如急速与通道趋势，或趋势性交易区间交易日，或者简单的交易区间交易日。与任何急速运动一样，较早买入的多头将会在某个时点锁定部分利润，从而造成小幅回撤（见前面关于趋势的章节）。其他错过行情的多头将会在回撤中强力买进，还有一些多头利用回撤加仓。部分多头将以限价单的方式在前一根K线低点及其下方挂买单，希望当前K线能够跌破前一根K线，让他们买在略低的位置。其他多头则会在回撤K线的高点上方挂止损单买入（高1买入信号）。

急速运动通常会有三种后续发展。第一种情况，市场可能已经运行过快过远，属于耗竭性高潮走势。比如说，如果市场在急速运动之后出现休整或回撤（比如形成一根内包K线或小楔形旗），这可能成为一个末端旗形并在小幅突破之后发生反转，反转走势可以持续数小时。第二种情况，市场可能在一个窄幅交易区间横盘数小时，然后趋势恢复直到收盘，构成一个趋势恢复交易日。在持续长达5~10根K线的急速行情之后，这种窄幅震荡走势是十分常见的。第三种也是最常见的情况是，当急速运动幅度不足以构成动能耗竭，市场会形成趋势通道，交易日成为急速与通道趋势交易日。

在第一波强劲走势的首次回撤中入场，属于利用强劲走势具有测试极端位置倾向性这一特点。大部分强劲行情都至少有两波走势，因此在第一次回撤时入场获利概率很高。尤其在始于开盘的趋势交易日，如果你错过了初始入场点，这一入场点就显得尤其重要。不过，在强劲趋势中，所谓"首次回撤"并非总是那么一目了然，因为趋势中经常会出现2~3根横向运行的K线，并未突破某根重要的趋势线，因此其力度似乎不足以构成一次"回撤"。然而，即便并未真正出现对价格的回撤，走势暂停属于横向调整，也是是回撤的一种。

在这些极强趋势交易日，交易的困难之处主要在于，趋势在形成过程中看起来并不是特别强劲。通常市场并不会出现可观的急速运动，或者回踩均线的高概率入场点。相反，市场往往每隔几根 K 线就出现回撤，而且出现大量朝相反方向的趋势 K 线。市场往往处于一个看起来很弱的通道之中。交易新手所没有看到的是，市场回撤幅度都很小，价格完全没有向均线靠拢的意思，而是缓慢地不断远离开盘价位。交易老手知道这些都是表明上升趋势非常强劲的信号，所以有把握进行摆动交易。他们明白，虽然这些 K 线看起来处于弱势通道（表面上属于低概率建仓形态），然而当它们发生在小幅回撤上升趋势交易日，所构成的却是高概率的摆动交易建仓形态。在始于开盘的趋势交易日，所有回撤都是极佳的顺势入场点，哪怕建仓形态看起来几乎总是很弱。即便在回撤最终突破一根重要趋势线之后，交易者仍可继续顺势入场。在强劲上升趋势中，买点包括前一个 K 线的低点，或其下方 1~2 个最小报价单位，或高 1 和高 2 形态上方 1 个单位。注意趋势开始之后所有回撤的幅度。比如说，在一轮小幅回撤上升趋势中，如果过去几个小时行情最大幅度的回撤仅为 8 个单位，可以在盘中高点下方 5~7 个单位处挂限价买单。在强劲下跌趋势中则刚好相反，可以在前一根 K 线高点或其上方 1~2 个单位处做空，或者在低 1 和低 2 信号 K 线下方 1 单位做空，以及在任何相对于近期 K 线平均长度的反弹中做空。

市场存在惰性，第一次终结趋势的尝试通常会失败。当市场突破趋势线，意味着发生重大回撤，趋势的第一波行情可能已经结束。然而即便如此，第一次突破趋势线也很可能仅仅构成顺势入场点，从而引发第二波趋势行情，并创出新高或者新低。

回撤走势通常会出现很弱的信号 K 线，以及很多反方向的趋势 K 线。比如说，在强劲上升趋势中，大部分做多的信号 K 线可能是小阴线或十字星，部分入场 K 线可能是实体很短的外包阳线。它们往往出现在 2~3 根连续空头趋势 K 线或微型下跌通道之后。这种持续的抛压让很多交易者上当，过早卖出多头头寸，转而寻找做空信号。虽然卖出信号看起来也不是太强，但部分交易者还是会卖出，因为它们比买入信号还是要强一点，而且他们有交易的欲望。他们看到，几乎在每个买入信号之后，市场都会出现回撤并打到盈亏平衡止损，认为这说明多头趋势很弱。当然他们也看到市场处于上升趋势，想要入场做多，无奈却不知道怎么做，因为他们认为所有买入信号看起来都很糟糕。回撤幅度太小，建仓形态又太弱。而且，由于这种交易日每个月只发生几次，他们习惯了那种卖压往往带来可交易的做空机会的市况，所以不断地在一些不太恰当的做空点卖出。这些卖点之所以不太恰当，是因为它们是牛旗的起点，而非反转的开始。交易老手的视角却有所不同。他们看到上升趋势仅出现小幅回撤，未能跌破均线，同时出现许多空头趋势 K 线和弱买入信号，明白市场正在发生什么。他们看到交易者被震出多头仓位，不停地在高位做空，知道这种情况属于非常强劲的上升趋势。交易老手知道大批交易者将会被迫回补亏损的空头，接下来将追高买入，从而给市场造成持续的向上的张力。这就造成一种鲜明的对照，一边是大量交易者想买但未买，一边是交易老手持续买入并获得丰厚利润。

此类交易日通常处于较窄的通道，如果交易者打算让交易参与摆动，不应过早将止损收紧到盈亏平衡点。当趋势处于窄幅上升通道，市场在创出新高之前往往会回测入场点，缺乏经验的交易者往往感到害怕，错误地过早止损，从而错过一轮强劲趋势。举例而言，在强劲上升趋势中，市场往往会在 5~10 根 K 线内回到信号 K 线高点的入场点，甚至探破这一位置 1~2 个最小报价单位。这会让交易新手感到紧张。他们原本已获得足够的刮头皮利润，但由于当天为趋势交易日，他们打算做摆动交易，让利润奔跑。现在，一个小时之后，市场回到他们的入场点。这一个小时他们一直处于焦虑之中，因为市场并未涨到入场点上方太高的位置。现在他们则由焦虑变成恐慌，因为一笔赚钱的交易即将变成亏损交易。于是他们忍无可忍，以小幅盈利或亏损出局。几根 K 线后，他们方才后悔不迭——市场已经创出新高，而他们只能眼睁睁看着，错失大好机会，只好等待下次回调之后再次买入。只有当市场回撤到信号 K 线高点区域然后创出新高之后，交易者才应该将保护性止损上移到最近摆动低点下方。趋势倾向于出现趋势性高点和低点，因此一旦多头趋势创出新高，交易者应该将保护性止损上移到最近摆动低点下方。由于预期市场低点呈趋势性上移，他们希望下一次回撤在最近低点上方止步。当市场开始进入交易区间，回撤将会跌破上一个抬升低点，此时交易者需要调整为适用于交易区间的交易方法（将在第二本书讨论）。

如果市场大幅跳空开盘，而且第一根 K 线为强趋势 K 线（影线较短、实体较长），做朝两个方向的突破往往是不错的交易。每天第一根 K 线都可能是一个始于开盘的上升趋势交易日或始于开盘的下跌趋势交易日的信号 K 线，具体要看市场朝哪个方向突破这根 K 线。如果入场后保护性止损在下一根 K 线被扫掉，可以考虑反手做一笔摆动交易，因为接下来的行情幅度通常会超过你第一次入场所亏损的点数，而且总存在演变成始于开盘趋势的可能性。

即便开盘没有跳空,如果第一根 K 线为趋势 K 线,也是不错的建仓形态。只不过,在跳空的情况下,交易的成功率更高一些,因为市场状态更为过度,任何走势都倾向于更加强劲。

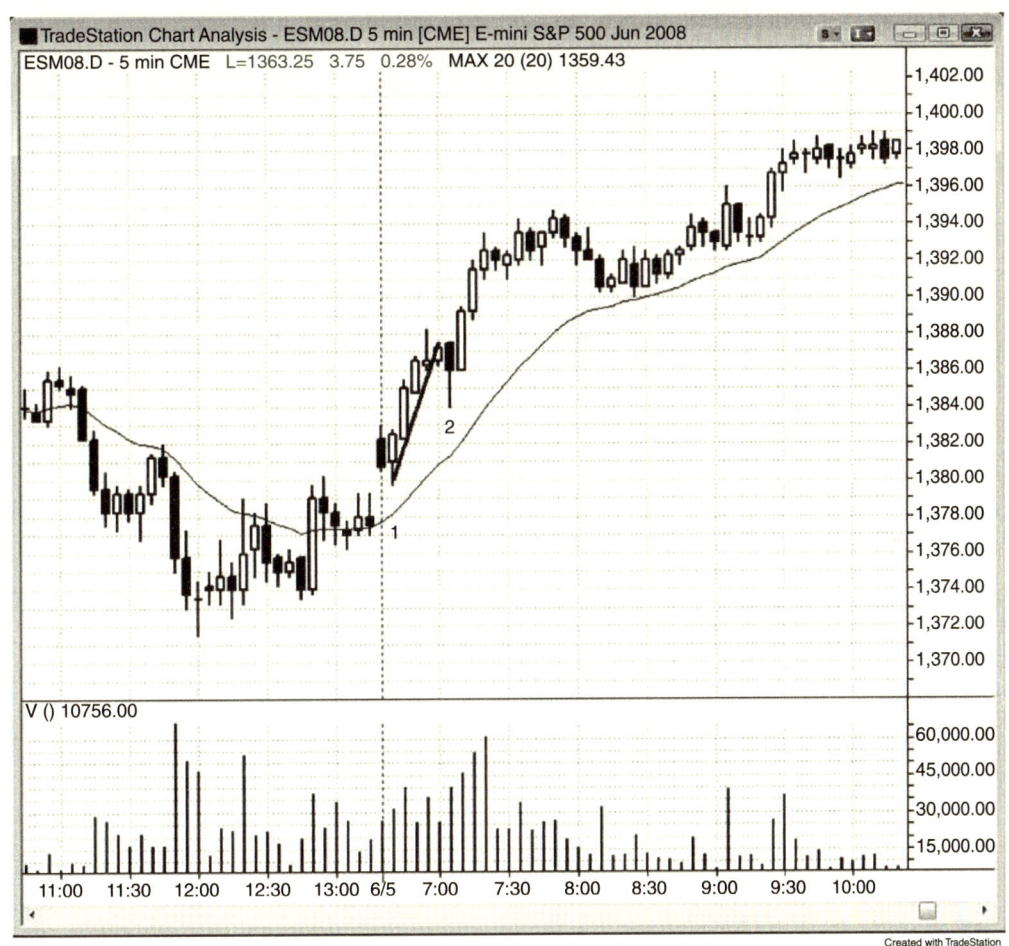

图 23.1　在强趋势中第一次回调中买入

如图 23.1 所示,市场走出始于开盘的上升趋势,K 线 2 跌破趋势线,属于首次回调。虽然它是一根弱信号 K 线(收出阴线,不过至少收在了中位之上),交易者将会在其高点上方 1 个最小报价单位挂止损单买入。激进多头可能在 K 线 2 前一根 K 线低点挂限价买单,期待市场出现微型通道假突破然后进一步走高。

在当天第一根 K 线下方做空是合理的,因为这是一根空头趋势 K 线,而且当天市场跳空高开,入场点距离均线及前一天收盘有一点空间。不过这一交易仍略显激进,因为前一天最后一个小时走出数根强多头趋势 K 线,属于买压信号。当我们犹豫不定之时，尤其是在刚开盘的时候，最好等待更多信息，或者发现某一方被套之后再入场。这笔做空交易的问题在于，对于大部分交易者而言，可能无法快速转变思路、在K线2上方反手做多。这可能导致交易者错过多头行情，而大部分交易者可能原本等待在第一次回调上方买入，较晚的入场可能使他们错失几个点的利润。

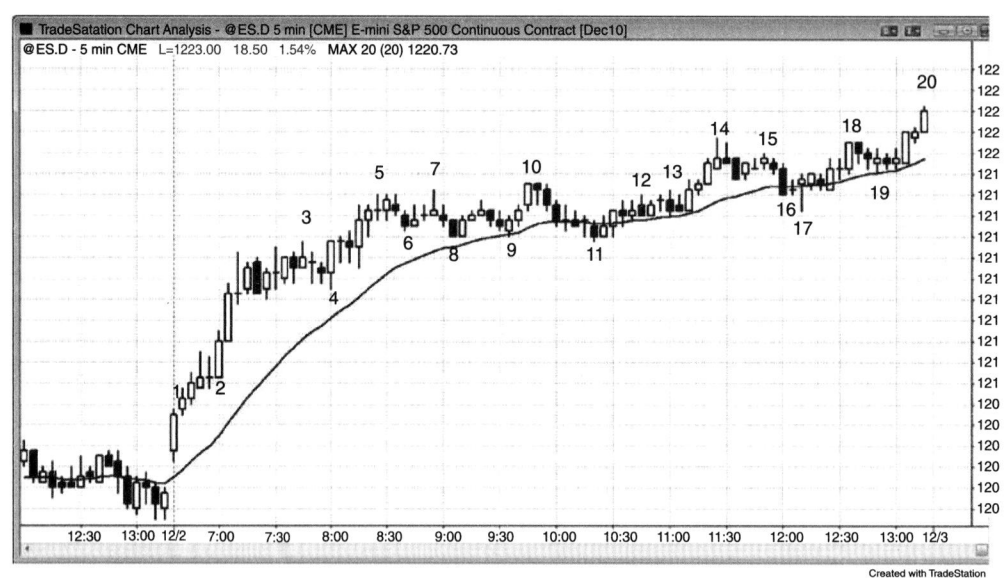

图 23.2　小幅回撤上升趋势交易日

　　始于开盘的趋势是最强劲的趋势交易日类型，而小幅回撤交易日又是最强劲的始于开盘趋势类型。始于开盘的趋势每周出现 1~2 天，但小幅回撤交易日（见图 23.2）每个月仅出现 1~2 次。Emini 近期日均波幅大约为 12 点，截至 K 线 9 当天最大回撤仅为 9 个最小报价单位。截至 K 线 11 的回撤仅为 11 单位。聪明多头看到了这种情况，于是在最近高点下方 6~10 个单位处挂限价买单。他们的初始止损可能是 2~3 个点。在截至 K 线 17 的回调中，市场试图制造一波较大调整，但最终都无法将市场推低 14 个单位以上。多头将 K 线 14 前面的拉升视为买入高潮，不少多头在这里获利了结。当市场突然拉升，而且急速拉升发生在市场可能发生回调的位置，此时往往是获利了结的良机，可以卖在一个非常好的位置，而这样的机会稍纵即逝。其他交易老手会在 K 线 14 收盘及其前一根 K 线或后一根 K 线收盘卖空。K 线 14 及其后一根 K 线均收出上影线，属于卖压信号。空头预计市场将进入持续大约 10 根K 线的两段式回调，而且几乎肯定会测试均线，因为市场已经在 K 线 9 和 K 线 11两次测试均线。在小幅回撤趋势交易日，市场往往会在上午 11 点（PST 时间）之后某个时间出现幅度约为当天前面最大回撤幅度两倍的回调。

K 线 9 上方是一个 20 根均线缺口 K 线做多机会，多头在 K 线 8、9、11、13、17 和 19 测试均线时买入。全天都没有出现强劲的卖出信号，但激进空头可能会在 K 线 14 后面那根内包 K 线下方入场做刮头皮空头交易。不过在这种强劲多头趋势交易日中，大部分交易者都会寻求在回调中买入，而非在新高位置做空。

市场从 K 线 2 开始出现一轮强劲的急速拉升，然后在交易日剩余时间里走出上升通道。交易者在 K 线 2 或后面那根强多头趋势 K 线感到市场"始终入场"的方向已转为多头。整个通道大部分都属于一个略微上倾的窄幅交易区间，价格涨幅很小。这种情况在小幅回撤交易日十分普遍。当天最高点仅高于上午 8 点 25 分（PST 时间）K 线 5 的高点 4 个点。

与所有强劲趋势一样，例中大部分买入信号 K 线看起来都很糟糕。这使得多头不敢买入，不断踏空行情，最后不得不追高买进。同时，这也使得空头迟迟不愿回补，一直希望出现更好的退出价位，结果造成亏损不断扩大。市场还出现许多空头趋势 K 线和急速下跌走势。这种抛压诱使新手不断寻找反转形态，一再错过买入信号。相反，老练的、非情绪化的交易者明白，在小幅回撤趋势交易日，糟糕的买入信号 K 线和空头趋势 K 线恰恰说明上升趋势非常强劲。所以尽管形态很弱，他们依然会买入。他们将会在 K 线 2 突破那根十字星高 1 信号 K 线时买入，在 K 线 4 向上反转为外包 K 线时买入（K 线 4 还与 7 根 K 线前的多头反转 K 线构成双底）。他们还在 K 线 8 以及后面那根阳线上方的高 2 买点买入（K 线 8 与后一根 K 线构成双 K 线反转）。

K 线 9 是上升趋势交易日中的一个三角形态（K 线 6 和 K 线 8 是头两波向下推动），因此属于牛旗买入形态。交易者在收于均线下方的阴线 K 线 11 上方买入，因为它是对 K 线 8 和 K 线 9 双底的 1 个单位的假突破，同时也是对截至 K 线 10 的三角形突破走势的回撤。此时市场处于交易区间，大部分多头都不会在市场向下突破时退出。他们知道大部分突破尝试都会失败，而上升趋势中大部分交易区间都是牛旗，最终会向上突破。大部分多头要么在 K 线 10 后面那根阴线中退出，要么将止损设在最近急速拉升 K 线的下方。比如说，他们可能将止损设在 K 线 4 下方 1 单位，或者 3 根 K 线后的那根外包阳线下方。

通常情况下，当市场出现微型下跌通道（比如从 K 线 10 到 K 线 11 的走势），最好是等突破之后在回踩时买入，但在强劲趋势中，交易者有一种迫切感，聪明交易者不愿等待那个完美的买点，因为他们不想错过行情。他们还会在 K 线 13 后面那根阴线上方买入，尽管阴线属于较弱的做多信号 K 线。这是一个高 2 买入形态（K 线 12 后面那根阳线是高 1），是对突破从 K 线 10 开始的微型下降通道回踩的二次入场点（那个高 1 是首次入场点）。聪明交易者还会在 K 线 17 拉升为外包阳线时再次买入，尽管它前面是一根小十字星和一根长阴线。均线继续成为所有回调走势的支撑。他们在 K 线 17 十字星阳线上方买入，以及后面那根阳线上方买入。他们还在 K 线 19 后面那根阴线上方买入，因为这也是均线附近的一个小型高 2 买点。它是一根阴线，第一波下跌由 K 线 18 后面那两根阴线所构成。其他交易者将会在 K 线 19 上方买入，因为它是强劲上升趋势中回踩均线的一根阳线。

交易日大部分时间，市场一直试图向下反转，扫掉多头的止损，诱使交易新手做空，但最终顽强地一路走高，形成高点抬升和低点抬升，开在当天最低点附近、收在最高点附近。在本例中，所有买入形态看起来都属于低概率机会，让经验不足的交易者踏空行情。然而老练的交易者知道市场在发生什么，他们将所有急速下挫都视为买入机会。他们知道，做多形态糟糕恰恰说明趋势强劲，因此成功率远远高于其表象。

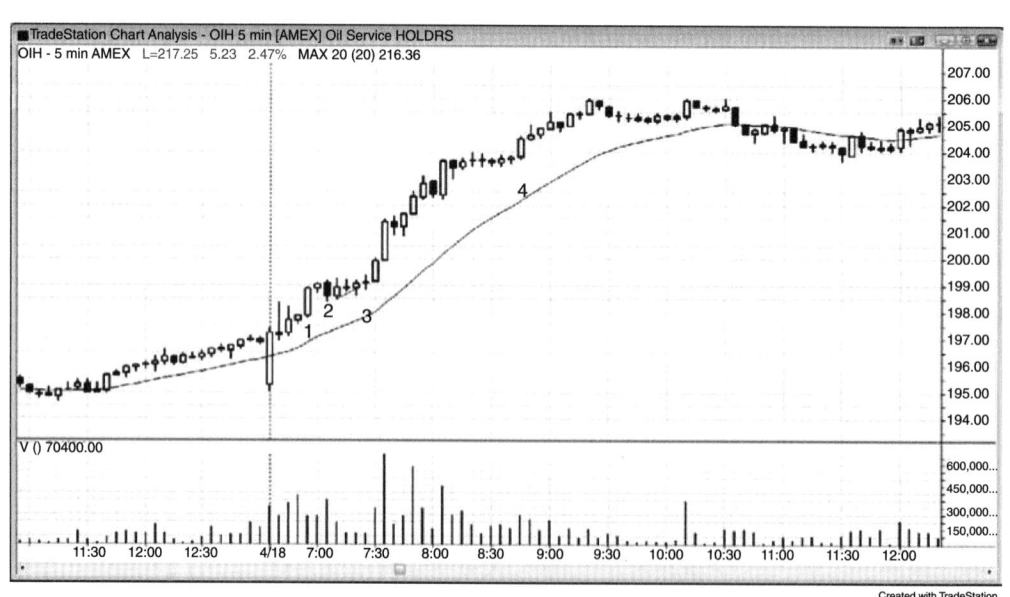

图 23.3　小幅回撤交易日是最强劲的趋势类型

当市场走出始于开盘的趋势，所有回撤幅度都低于近期日均波幅的 20%~30%，那么当天就属于小幅回撤交易日，属于最强劲的趋势类型。在这种交易日中，尾盘通常会出现幅度约为当天此前回撤150%~200%的回调，图23.3中OIH的走势就是如此。所有横盘都属于走势暂停（回调的一种），属于买入形态。K线1的双内包（ii）突破是一个不错的入场点，K线3对两段式调整的突破也是一个买点。最后，K线4为窄幅交易区间突破。所有这些入场点都应该被视为第一波上涨的一部分，而非第一次回调（第一次回调发生在第一波上涨之后，为第二波上涨埋下伏笔）。在少数交易日，市场几乎不回调，迫使交易者在市场突破哪怕非常短暂的横向暂停走势时入场。实际上，在这种强劲趋势交易日中，你可以在任何价位以市价买入，相信即便入场后行情立即反转，市场在大幅回撤之前创出新高的概率也相当高。许多交易者会在多头趋势K线和空头趋势K线收盘时买入，或在前一根K线低点及其下方买入。

图23.4　第一次突破趋势线通常会失败

在强劲趋势中，判断哪一次回调将会成为第一次重大回撤是非常困难的。在这种情况下，你的顺势交易获利的概率非常高，因为回撤很不清晰恰恰说明逆势交易者力量极弱。在图23.4中，K线2和K线3都是极其微小的回撤，并未突破任何重

# 高级趋势技术分析
## ——价格行为交易系统之趋势分析

要趋势线。第一次突破趋势线的回撤是 K 线 4。首次突破趋势线往往会跟随新一轮趋势行情，因此是极佳的入场点（比如在 K 线 4 空头趋势 K 线下方做空）。例中当天行情属于始于开盘下跌趋势中的小幅回撤类型趋势。

图 23.5　开盘第一根强势 K 线可能是骗人的

有时候第一根 K 线可能诱使交易者做错方向，然后交易日成为朝相反方向的强劲趋势交易日。如图 23.5 所示，市场当天开盘跳空跌破前一天的低点，并突破了前一天后半部分形成的宽幅交易区间（头肩顶熊旗）。当天第一根 K 线（K 线 9）是多头趋势 K 线，这种情况往往会造成部分回补缺口的走势甚至形成一轮上升趋势。许多交易者在其上方 1 个最小报价单位处挂单做多。然而两根 K 线之后市场跌破其低点，造成这些多头被套。这根多头趋势 K 线之所以造成多头被套、空头踏空，是因为交易者认为它是一个强势信号，预示市场将会试图回补缺口，甚至可能成为上升趋势交易日。这根阳线尝试反转开盘跌破前一天交易区间和趋势通道线的走势。然而在开盘的时候，你必须保持高度灵活，必须假定市场可能出现与你一分钟之前判断完全相反的走势。你必须在其发生之时立即发现它，以尽早入场。市场试图返回趋势通道线上方，但这一努力归于失败，成为一个突破回踩做空形态。这一双 K 线突破回踩可能带来某种等距下跌。如果交易日成为趋势交易日，而你错过了最初的入场点，不要焦虑，全天都会有机会入场。

K 线 10 提供了一个非常好的做空机会，卖点在 K 线 9 多头趋势 K 线低点下方 1 单位，因为大部分被套的多头都会在这里卖出，从而推动市场下跌。而且，任何潜在的买家都会等待进一步的价格信号，使得市场上只剩下卖家，使之成为高概率的做空机会。空头还会一路在熊旗中加仓，让那些过早入场抄底的被套多头帮助推动市场进一步下跌。

截至 K 线 11 收盘（确认了向下突破走势），交易者确信市场已经彻底转空。许多交易者在 K 线 11 前面那根空头突破 K 线收盘时相信"始终入场"的方向已转为向下。随后市场出现大量反转尝试，但依然收于最低点。这个例子很好地说明，当你看到市场走出始于开盘的强劲趋势，至少应该试图让一部分头寸参与摆动。如果你还同时做多，那么在退出多头之后，你必须强迫自己重新回到空头阵营，抓住一个小的做多机会而错过大的做空机会是不划算的。

**本图的深入探讨**

在图 23.5 中，K 线 12 是一根强多头趋势 K 线，但它与前面两根 K 线大致重叠，因此是一个小型交易区间的一部分而非真正的反转 K 线。反转 K 线必须放到整体环境下来进行判断，当其与前面的 K 线重叠度过高，就属于小型交易区间的一部分，而在下跌趋势中，在交易区间上方买入是错误的。聪明交易者反其道而行之，在前一根 K 线（即便其为实体较长的阳线）高点及其上方挂限价空单。

K 线 13 是一个低 2 做空形态，但信号 K 线为小十字星。十字星属于弱信号 K 线，而弱建仓形态通常意味着市场尚未准备好突破。不过，在这种强劲下跌趋势中，你可以以任何理由做空，只需要把止损设宽一点。你也可以在 K 线 12 或 K 线 11 低点下方做空。在强劲下跌趋势中，你可以在 K 线低点以及摆动低点下方做空，依然能够获利。

K 线 14 是低 2 失败之后市场向上反转的尝试，因此是第三波向上推动。K 线 11 后面那根十字星是第一波，K 线 12 是第二波。熊旗中的第三波向上推动构成一个楔形熊旗，因此在其低点下方做空是合理的。

K 线 14 低 2 失败买入形态告诉我们，交易者最糟糕的操作之一就是在熊旗中一根弱 K 线上方买入，试图获取刮头皮利润。这种做法不仅造成这笔刮头皮交易亏损，而且会让你陷入多头思维，无法在心理上准备好在市场突破熊旗时做空，而后者成功率要高得多，而且可能带来一个摆动交易机会而非仅仅是刮头皮。

K 线 15 突破 K 线是一根强空头趋势 K 线，表明空头控制着市场。当市场出现如此强势的向下突破，通常至少还会出现两波下跌，形成一个下降通道，而这另外的两波下跌往往构成一个楔形牛旗。接下来通常会进入两段式调整，图中即为 K 线

22回踩均线的反弹走势。

K线22是一根均线处的空头反转K线,以及一个低2卖点。它还是一个20根均线缺口K线做空形态以及楔形熊旗（截至K线19的向上推动是楔形中的第一波上涨）。

随后市场继续下跌并创出新低,在K线25出现双K线反转。K线25还是对一个单K线末端旗形的向上反转,以及一个形成中交易区间底部的高2买入信号。

K线27是一根强多头趋势K线,试图构成一次向上突破,但最终与K线22构成双顶熊旗。

K线28双内包（ii）形态成为一个末端旗形,市场从K线29小型下降高点以及均线缺口K线做空形态向下反转。

K线30是对下跌行情低点的两段式低点抬升方式的测试。

跌势反弹在K线35的楔形熊旗结束（K线27和K线33是前两波向上推动）。这个高点抬升造成多头被套、空头踏空,也提醒交易者市场可能恢复下跌。交易者注意到K线35未能扫掉K线11下方空头的盈亏平衡止损,意味着最强势的空头在发力。这些强势空头在K线15强势突破中接管市场,然后在一旁观望,等待市场测试突破位。收盘前他们突然杀将出来,将市场打压至新低。

图23.6　缺口可引发上升趋势或下跌趋势

图 23.6 中显示了 3 个连续的开盘缺口，虽然 3 天第一根 K 线都是空头趋势 K 线，结果却各不相同。K 线 1 和 K 线 9 同时也是日线图上的开盘缺口。

K 线 1 没有上影线，下影线极短，为长空头趋势 K 线，属于大幅跳空高开交易日的极佳做空形态。紧接着的入场 K 线也是一根长阴线。如果交易日第一根 K 线是强趋势 K 线（见嵌图），通常会出现延续性走势，如果前两根 K 线都很强劲，那么向上反转的尝试往往会形成高点下降，本例即是如此。当市场跳空高开之后遭遇强劲抛盘，往往会成为始于开盘的下跌趋势交易日。截至 K 线 3 是一轮强劲反弹，测试开盘价位，但这次失败的开盘反转造成一个高点下降或者双顶，然后进入一轮漫长的下跌。K 线 2 是尝试对突破前一天高点的走势构成突破回踩，但空头力量过于强大，反弹在 K 线 3 失败。

K 线 6 往后两根 K 线是一根强多头反转 K 线，也是在开盘的空头趋势 K 线跌破前一天最后两个小时上升通道之后的开盘反转。上升通道相当于熊旗，那么这根多头反转 K 线就是试图让突破旗形的走势归于失败。在本例中，在开盘第一根 K 线下方做空风险很高，虽然它是一根空头趋势 K 线，但位于前一天尾盘交易区间的底部附近，而在交易区间底部做空往往是失败的策略，尤其在缺乏明确方向的市场中（交易区间）。

截至 K 线 7 的强劲上涨测试了前一天的收盘，并形成一个高点下降或双顶。那根阴线信号 K 线使其成为一个不错的做空机会。多头锁定利润造成市场回调。为什么在趋势如此强劲的情况下，交易者还会锁定利润呢？因为无论趋势如何强劲，市场都可能发生深度回撤，让交易者能够在更好的价位再次入场，有时候趋势还会反转。如果他们不先至少锁定部分利润，就有可能眼看着一大笔利润消失甚至转亏。

K 线 9 跳空低开并跌破前一天的最低点，形成一根空头趋势 K 线，但上下影线都较长，说明交易者在这根 K 线收盘前买进。第二根 K 线是一根阴线，收于最低点，意味着空头非常强势，但紧接着又出现一根强多头趋势 K 线，从而构成反转。虽然买点并未被触发，但至少说明空头并无杀跌的迫切欲望。在缺口如此之大的情况下，所有人都知道市场已过度下跌，如果不能立即出现延续性跌势，市场将会迅速反转、以化解这种极端状况。

K 线 10 是一根长空头趋势 K 线，因此属于卖出高潮。下一根 K 线为内包 K 线，使得市场处于突破模式。如果市场不立即出现延续性跌势，空头将会开始大规模回补空头头寸，打算在较高位置再卖出；多头也将买入，希望自己买在当天最低点。

市场已经在一个大的下跌通道运行数天，并处于通道底部，因此很有可能向上反转，而突破通道下轨、进入更陡峭下跌趋势的概率则较低。通道没有画出来，下降趋势线可以连接K线1和K线7的高点而成，下降趋势通道线可以大致连接K线4和K线8的低点画出来。多头还会在阳线上方买入，比如K线10前面那根阳线，以及K线10往后数两根K线的那根阳线。他们还会在K线12后面那根内包小阳线上方买入（失败的低2）。由于市场可能已经从当天低点以及一个持续两天的牛旗（下降通道相当于牛旗）向上反转，因此这是一个不错的买点。

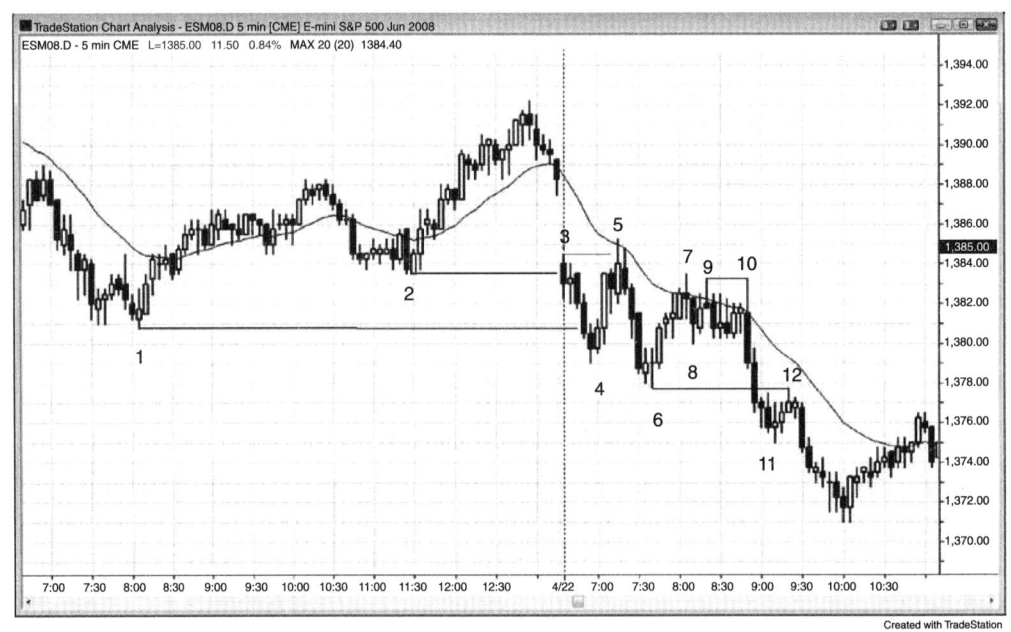

图23.7　跳空交易日第一根K线往往指示趋势方向

在图23.7中，市场以中等缺口跳空下跌。K线3是第一根K线，为空头趋势K线，有可能成为一轮始于开盘的下跌趋势的起点。市场反转前一交易日摆动低点K线2的尝试失败，因此可能测试前一天的下一个支撑位，也就是K线1的低点。交易者将会在K线3低点下方1个最小报价单位处挂单做空。一旦跌破前一天的低点，市场就有可能再次试图向上反转，至少是短暂地，因此交易者将会在第一根较佳的信号K线上方1单位挂单做多。部分交易者将会在K线4上方买入，但它是一根空头趋势K线，收于振幅中位之下，更安全的做法是等下一根K线收盘，看是否会出现更好的形态。第二根K线是一根实体长度不错的阳线，与K线4构成双K线反转。入场点在其高点上方。一般来讲，在多头趋势K线上方买入总是更安全一些，尤其在逆势交易的时候。

如果买单没有成交，下一根 K 线形成低点下降，交易者将会尝试在其高点上方买入，希望市场对前一天低点的突破出现失败，形成开盘反转。然而如果市场进一步大幅下跌，而没有出现好的买入形态，交易者应该只考虑做空，可以等反弹突破某根趋势线之后。

市场出现两段式上涨，测试均线，站上了当天最高点，并构成均线处的一个双顶熊旗。突破 K 线 4 的那根长多头趋势 K 线紧跟着一根阴线，不是太理想，意味着市场可能形成交易区间而非上升趋势。市场一直在交易区间震荡，直到中午时分。在这个时点，区间宽度大约为日均波动区间的一半。这提醒交易者市场可能发生突破，让波动区间大约扩大一倍，形成趋势性交易区间交易日。突破走势从始于 K 线 10 的急速下挫开始。图上没有显示当天尾盘的行情，实际上市场尾盘强势向上反转并收于始于 K 线 7 的窄幅交易区间范围之内。这种情况在趋势性交易区间交易日经常发生。窄幅交易区间具有磁力，倾向于在市场突破之后又将其拉回去。

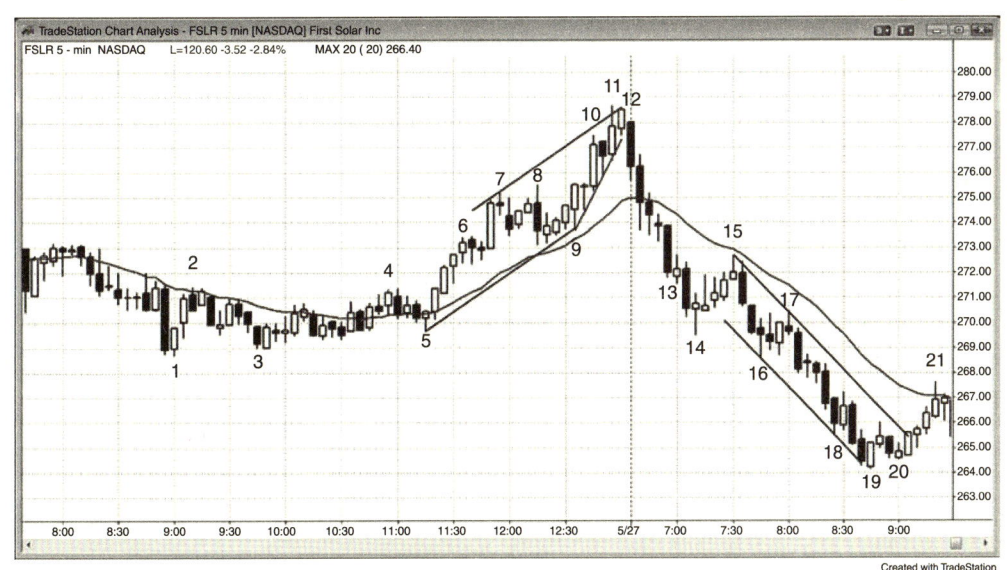

图 23.8　开盘为交易日最高点

有时候，始于开盘的下跌趋势会开在当天最高点。在图 23.8 中，K 线 12 是当天第一根 K 线，开在最高点并向下突破了前一天收盘前形成的楔形。大部分交易者都没有那么快的反应速度，能够在前一天收盘的那根内包 K 线下方卖出，不过在第一根 K 线收盘时开一个小的空仓是合理的。如果你错过了第一个入场点，可以在 1 分钟图上的小幅回撤中卖出，或者等待 5 分钟图出现做空建仓形态。当市场出现始于开盘的下跌趋势，在第一次回撤时卖出属于高概率的交易。不过交易者在实际操作中往往有一定心理障碍，就本例来讲，这相当于在一轮大幅下跌行情的低点附近卖出。K 线 15 是首次回撤做空机会的信号 K 线，同时回撤走势刚好在均线下方向下反转。由于空头迫切想要入场，所以并没有等市场真正测试均线，而是在均线下方卖出。在市场连续走出 5 根阳线之后，部分交易者可能不敢做空。但这些阳线实体都很短，而且是一轮急速下跌之后的第一次回撤，因此属于可靠的低 1 做空形态。它也是对均线的测试，并与 K 线 13 高点构成双顶熊旗。

当天行情成为一轮急速与通道下跌趋势，通道部分从 K 线 15（以及 K 线 17）开始，在 K 线 19 结束。尾盘出现反弹，并未收于当天低点。

**本图的深入探讨**

与大部分交易日一样，图 23.8 中还存在其他的急速与通道行为。K 线 12 与其后一根 K 线构成急速下跌，K 线 13 以及 K 线 14 前一根 K 线亦然，截至 K 线 14 的整轮下跌也是急速行情。K 线 15 后面两根 K 线也构成急速下跌，从 K 线 17 的低 2 开始进入下跌通道，在 K 线 19 结束。

K 线 16 也是对突破 K 线 14 和 K 线 1 低点走势的一次突破回踩。它非常接近于突破前一天的低点，因此可以表现得像实际突破之后的回撤（交易中只需要近似就够了）。空头做空的迫切性使得第一次回撤未能触到均线。他们担心反弹可能到不了均线，所以以价格无法达到均线目标这一假设为前提大规模做空。当回撤走势在均线下方掉头向下，空头变得非常激进、迫切感更强了。他们急切想要做空，哪怕在相对较低的位置，因此市场可能进一步下跌。

K 线 19 属于急速拉升，随后的通道性上涨阶段从 K 线 20 抬升低点开始。K 线 20 后面那根 K 线也属于急速拉升，引发截至 K 线 21 的 3 根 K 线上升通道。

市场前一交易日也存在急速与通道形态，比如截至 K 线 2 的急速拉升以及从 K 线 3 或 K 线 5 开始的通道性上涨。从 K 线 5 到 K 线 6 的走势也是急速行情，以及 K 线 7 前面那根 K 线。二者的通道部分均从 K 线 8 低点开始。从 K 线 5 到 K 线 7 的整个上涨行情在较高时间级别上可能也对应一波急速拉升。

前一天收盘前的上升通道刺破了趋势通道线（根据连接 K 线 5 和 K 线 9 的上升趋势线画平行线而成）。当市场在 K 线 12（当天第一根 K 线）返回通道之内，接下来至少会测试通道下轨。下一个目标是根据通道高度测量的等距下跌，再下一个目标则是前一天通道的起点，即K线8低点。由于截至K线11的上涨呈楔形、市场测试了楔形起点下方的位置，因此下一个目标是等距下跌。用K线11的高点减去K线8的低点得出楔形高度，然后用楔形起点K线8低点减去这一幅度。这一目标在市场跌破K线17低点时被超越。

K线19是市场第二次突破下降趋势通道线（连接K线15和K线17高点趋势线的平行线）之后向上反转，因此可能出现两段式反弹。K线18试图在小幅探破趋势通道线之后反转，但市场一直没有站上双K线反转的高点，因此并未触发做多入场点。

我们必须意识到，虽然前一天收盘前形成楔形顶部，但依然属于一轮强劲的上升趋势。这使得交易新手在当天开盘后期待市场延续升势，而否认不断展开的反转走势。虽然有时候某种判断似乎显而易见，但我们永远要想到它的反面，因为它将会有40%的可能性发生。

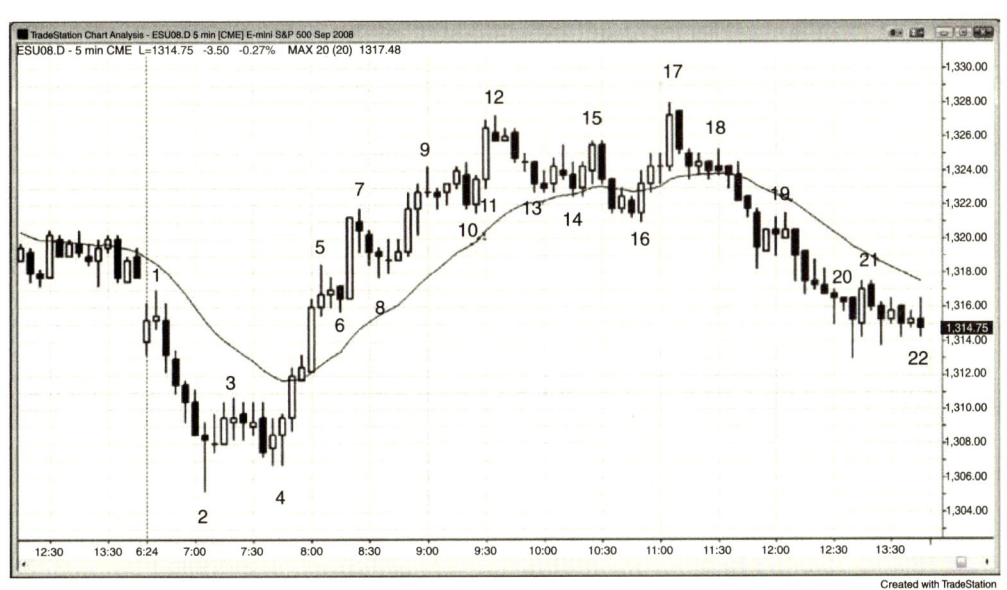

图23.9　始于开盘的趋势发生反转

并非所有始于开盘的趋势交易日都会成为与初始趋势同向的强劲趋势交易日。在图23.9中，交易日开盘后走出一段下跌趋势。当天开盘跳空跌破前一天的低点，但立即出现回撤，几乎完全回补缺口。K线1是一个突破回踩做空建仓形态。市场连续下跌5根K线，在K线3构成首次回撤做空形态，但接下来进入窄幅交易区，并未立即触发卖点。虽然可以做一笔刮头皮，市场在K线4的抬升低点向上反转。

## 本图的深入探讨

在图 23.9 中，K 线 1 是开盘跌破前一天收盘前交易区间后的突破回踩做空建仓形态。截至 K 线 2 的初始跌势幅度约为 12 点，相当于近期日均波幅。一旦市场反转站上开盘高点、向上突破，接下来很可能出现等距上涨。有时候等距上涨幅度相当于当天开盘到当天低点的距离，然后在收盘时返回开盘价附近，从而在日线上构成一根十字星。在其他情况下，等距上涨幅度相当于整个初始下跌行情的高度。图中当天最高点 K 线 17 仅低于等距运动目标 3 个最小报价单位。向上反转超越开盘区间的走势在日线上构成一根长下影线。当市场从一个大开盘区间的等距上涨目标附近转跌，通常情况下都会跌回原形，收于区间中部。本例即是如此。

从 K 线 4 到 K 线 5 的急速拉升也可用作等距运动目标的计算，不过实际上并未如此发生，而是按照"第一波 = 第二波"的原理发生的。第一波是从 K 线 4 到 K 线 5，第二波是从 K 线 6 低点到 K 线 17 高点。截至收盘的下跌还测试了急速上涨之后上升通道的起点 K 线 6。

市场从 K 线 15 开始出现两根 K 线的急速下挫，随后发生回撤并在 K 线 17 形成高点抬升。有时候急速下跌之后的回撤可以形成高点抬升，但这种情况下，通常回撤结束之后还会再出现一轮急速下跌。在这里，K 线 17 后面那根长内包阴线就是急速下跌，从 K 线 18 开始的下跌构成第二轮急速下跌。截至 K 线 13 的 3 根 K 线下跌也是一波急速行情，因此有可能对后面最终出现的下跌行情产生了一些影响。当市场开始形成多根空头趋势 K 线，卖压将开始累积，往往最终战胜多头，本例也是如此。

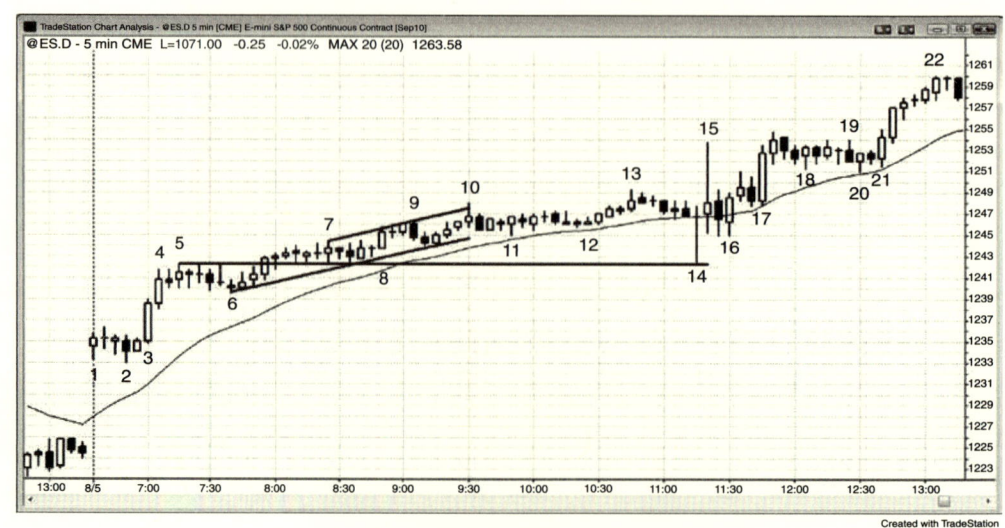

图 23.10　强趋势中的建仓形态往往很弱

图 23.10 是一个始于开盘的上升趋势交易日，如此明确的趋势为何交易起来非常困难？因为大部分顺势入场点看起来都很弱，同时市场出现大量小幅回撤，诱使交易者过早出场。所有这些回撤都没有扫到 2 个点的金额止损位（强趋势中的最佳止损策略）。市场出现如此多横向震荡的小 K 线，导致根据价格行为所设置的止损被频繁触发，这就使得坚持最初的 2 个点止损更具合理性。在如此强劲的上升趋势中，你需要想尽一切办法持有多头仓位。强势而顽固的趋势通常由大量带影线和高度重叠的小 K 线所组成，但回撤幅度非常小，基本为横向调整。

在大幅高开的情况下，市场走出上升或下跌的趋势性交易日的可能性很大，而像本例这种巨型缺口更可能引发上升趋势。由于头几根 K 线没有出现抛压，有可能形成始于开盘的上升趋势，交易者必须找机会做多。市场全天稳步上涨，原因是机构需要建立多头头寸，但他们会在整个交易日分批买入，因为他们害怕期待中的回调不会出现。他们的持续买入使得市场无法出现深度回撤。他们之所以不愿一次性全部买入，是因为这样做将造成耗竭性买入高潮，可能造成剧烈反转并大幅跌破他们的买入价。而且，在市场上涨过程当中，随着投资者信心增强，机构全天会不断接到买入指令。

**本图的深入探讨**

在图 23.10 这种强劲趋势中，你可以以任何理由在任何时间买入。在回调 K 线上方买入较为稳妥，但也可以在前一根 K 线低点或其下方挂限价单买入。在这种行情中，在任何 K 线下方做空都是错误的策略。如果你非要做空，应该只在 K 线上方或强趋势 K 线收盘时做空。当交易日如此强劲，大部分交易者都不应该做空，因为它可能造成干扰，导致你错过买入机会。这些买入机会属于强趋势中的摆动交易，因此比刮头皮更容易获利。

K 线 3 是一波两根 K 线急速拉升的第一根 K 线，随后市场以窄幅交易区间进入横向震荡，然后开始通道性上涨。最强劲的趋势倾向于不停地产生反转形态，但看起来似乎总是不太对劲。冒进空头不停地落入陷阱，以为小 K 线意味着风险（止损）很小，但在亏损 4~5 次之后，他们当天已经注定亏损，要追平几乎不太可能。我们不能仅仅因为风险很小就参与一笔交易，还需要考虑成功率和利润目标。

空头将 K 线 5、7、9 看成三连推形态（楔形的变体），将 K 线 7、9、10 也看成另一个楔形。然而当楔形的调整为横向而非下跌，你应该判断出趋势非常强劲，停止寻找反转，只做顺势交易。

K 线 14 恰好是联储公布利率决议的时间，市场先是迅速跳水，但立即向上反转，最低点高于 K 线 5 高点 1 个最小报价单位。

尾盘市场出现了几波两根 K 线的拉升（K 线 16、K 线 17、K 线 21 为这些两根 K 线拉升走势的第一根 K 线）。

这种强劲趋势往往全天不断出现反转形态，但这些建仓形态总是不太对劲，几乎总是会失败。截至 K 线 9 的楔形位于一个几乎完全由多头趋势 K 线所构成的上升通道之内。市场连续两个多小时没有触到均线。这说明多头力量很强大，做空胜算不高。K 线 10 刺破趋势通道线，但收出一根阳线。而且，通道非常窄，市场在前面并未表现出空头动能。在强趋势行情中，你只能在二次信号做空，而且前面必须表现出空头动能，比如 5~10 根 K 线的测试均线的回撤。不具备这个条件，任何做空都相当于赌市场突然无缘无故地改变全天的行为模式。全天最大的回撤仅 9 个最小报价单位。如果你在某根 K 线下方做空，价格从你的入场点下跌 5 单位之后，你需要市场再下跌 5 单位才能获得 1 个点的刮头皮利润。由于市场一直在频繁发生回撤，而回撤幅度从未超过 9 单位，所以你的空头交易成功率是非常低的。只有在成功率达到 60% 或更高的情况下，你才能够冒 6 个甚至 7 个单位的风险，刮取 1 个点的利润，所以这里是不能做空的。你也许会说，截至 K 线 12 的走势突破了上升趋势线，因此 K 线 13 的抬升高点是一个可接受的做空点。但均线就在价格下方 6 单位，市场一直还没有回踩均线，因此在均线处一定会迎来买盘。而且，K 线 13 是连续第五根阳线，在上升动能如此强劲的情况下，显然不宜做空。

在大部分强趋势交易日，市场往往会在上午 11 点和中午之间（PST 时间）出现剧烈、短暂的反转，将弱势多头震仓出局，并套住那些希望挽回之前亏损的冒进空头。这种走势通常受消息触发，不过这不重要。重要的是它通常会构成买入机会，只要你不被市场的急速下跌所吓住。

在本例中，联储议息声明在上午 11 点 15 分公布。消息公布后，K 线 14 一度呈现出大阴线的外观。但如果你在这根 K 线收盘之前做空，以为消息将促使市场进一步大跌，那么你就违背了一条重要纪律：应该等待 K 线收盘，因为这根 K 线在 4 分钟时是一根大阴线，收盘时可能变成一根十字星甚至多头反转 K 线。

K 线 16 是出现在从 K 线 14 低点到 K 线 15 高点上涨走势之后的一个抬升低点，接下来的 K 线 17 构成一个突破回踩做多入场点。所有急速行情都应该同时被视为高潮和突破，从 K 线 16 开始的两根 K 线急速拉升是一次突破，相应地 K 线 17 就是一次突破回踩。

K 线 19 是一个双顶熊旗，但市场前面没有出现强势下挫走势，因此市场在 K 线 17 急速拉升之后更有可能只是横向调整。

K 线 20 是一根多头反转 K 线和高 2 买点，K 线 21（入场 K 线的后一根 K 线）跌破入场 K 线低点，将部分多头震仓出局。由于入场 K 线仅突破 K 线 20 高点 1 单位，保护性止损应该设在 K 线 20 信号 K 线下方，不要过早收紧止损。正如前面所言，强趋势交易日会有各种把戏让多头过早退出、空头过早做空。空头必须回补空头头寸，增加了市场买压，而且至少在接下来 1~2 根 K 线不会继续做空。他们刚刚出现亏损，需要休整一下才会再次寻找做空机会。那些刚刚被震仓出局的多头将会追高买入，使得市场上升动能进一步增强。

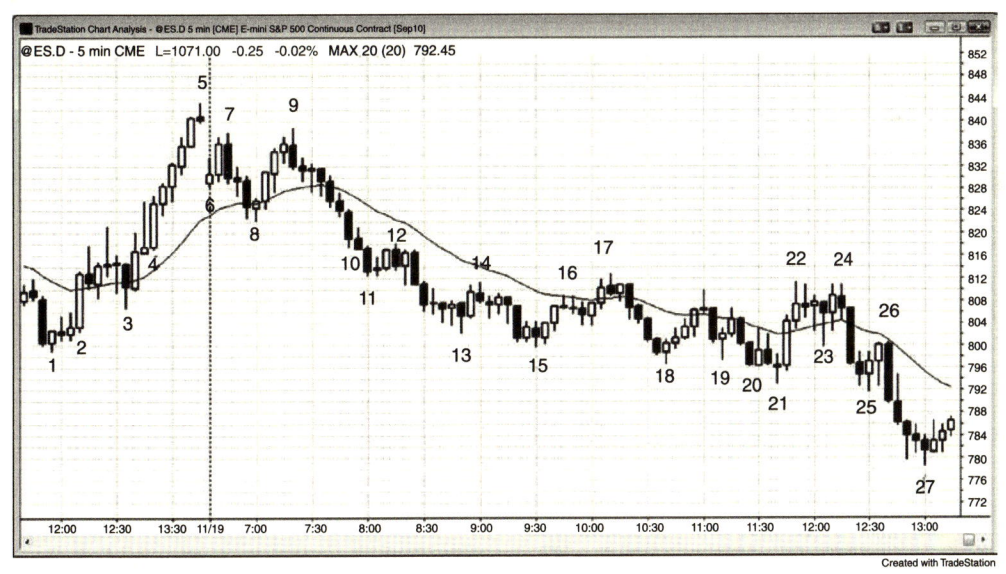

图 23.11　强劲下跌交易日中的双顶

始于开盘的趋势在强劲趋势启动前可以出现双顶或双底。如图 23.11 所示，K 线 7 试图引发一轮始于开盘的下跌趋势，但上午 7 点（PST 时间）的一份经济数据使得市场向上测试高点。这种情况十分常见。虽然市场截至 K 线 9 形成一个小型交易区间，你必须总是考虑到这种可能性：市场在释放下跌动能之前只是在等待经济数据。

当天开盘区间的高度不及近期日均波幅的 1/3，使得市场处于突破模式。当市场在第一根K线之后急速下跌又急速拉升（向下反转再向上反转），部分交易者将会在突破时入场，预期交易日波幅将扩大数倍。市场跌破K线7双K线反转之后，K线7反转K线就成了一个摆动高点。市场站上K线8之后，K线8就成了一个摆动低点和向上反转。这些交易者会在K线7顶部上方1个最小报价单位挂买单，在K线8底部下方挂卖单。一旦K线9站上K线7高点使买单成交，他们将会把K线8下方的卖出挂单加大一倍。当市场跌破K线8，他们的多单将被止损，空单将获得成交，从而反手做空。这是这种形态常规的操作手法，不过通常还可以更激进一些。更好的方法是在K线7双K线反转下方做空，锁定部分刮头皮利润，然后收紧保护性止损。下一步，交易者可以在K线8（均线处的高2）反手做多。同样，锁定部分多头刮头皮利润，收紧止损。接着在K线9外包阴线下方反手做空，因为这根K线造成部分多头被套，而且它正在与K线7构成双顶熊旗。交易者同样可以锁定部分刮头皮利润、收紧止损，剩余头寸参与摆动，直到出现明确的买入信号。如果买入信号没有出现，他们可以一直持有空头到收盘。如果他们在K线15、18或21低点买入，在锁定利润后必须反手做空。做不到反手的话，他们应该要么继续持有空头，要么平多后借反弹重新开空。

虽然交易日由一个小型交易区间开始，部分交易者可能认为属于趋势性交易区间交易日或者下跌趋势恢复交易日，但由于回撤幅度都非常小，我们所面对的实际上是一轮非常强劲的下跌趋势。在这种行情中，我们需要确保自己在交易日大部分或全部时间里都持有空头。如果将其视为趋势性交易区间交易日，你可能会去做多，往往错失做空机会。从K线15开始的反弹幅度约为K线9启动下跌趋势之后前面回撤幅度的两倍。当天虽然不是典型的小幅回撤趋势交易日（这种交易日往往要到尾盘，比如PST时间上午11点之后才会出现回撤扩大），但依然属于强劲下跌趋势交易日。

**本图的深入探讨**

在图23.11中，K线11、13和15构成一个楔形，但由于市场已经有大约20根K线没有触到均线，而且下跌通道很窄，因此楔形可能仅造成价格回踩均线，而空头将会在均线附近大举做空。多头成功组织起一轮两段式上涨，持续到K线17（均线缺口K线）。下跌趋势中的第一根均线缺口K线往往会引发最后一轮下跌，然后才能出现幅度更大的反弹。

由于截至那根均线缺口 K 线的上涨几乎肯定会突破一根重要的下降趋势线，因此接下来对下跌行情低点的测试（以低点抬升或低点下降的方式）通常会引发一轮持续的向上调整甚至反转。市场试图在 K 线 18 以及截至 K 线 21 的小楔形向上反转。截至 K 线 22 是一波强劲的两根 K 线急速拉升，造成多头被套、空头被震仓，然而老练的交易者知道在趋势交易日中市场往往会在上午 11 点（PST 时间）之后出现强劲的逆势运动，因此随时准备在其失败后做空（比如 K 线 24 的小型双顶）。这一做空形态的信号 K 线是一根内包阴线，K 线 22 和 24 还与 K 线 17 构成一个更大的双顶熊旗。截至 K 线 25 的急速下挫之后是两根强多头趋势 K 线，构成 K 线 26 突破回踩卖点，可以抓住收盘前最后一波下跌行情。K 线 25 是一个三角形扩散底部（3 个低点是 K 线 18、21 和 25）的信号 K 线，但这个底部最终失败，K 线 26 反而成为突破回踩做空形态的入场 K 线。失败的楔形往往会引发等距下跌，收盘前的下跌大致接近这一目标。

这使得交易日成为趋势恢复交易日——截至 K 线 13 的走势为初始下跌，然后进入持续几个小时的交易区间（截至 K 线 24），收盘前走出第二轮下跌。

# 第 24 章 反转交易日

反转交易日的主要特征:
- 交易日先出现某个方向的趋势,然后进入相反方向趋势直到收盘。
- 大部分情况下都始于趋势性交易区间交易日。
- 如果反转发生在最后两个小时而且走势强劲,反转走势通常会延续到第二天甚至后面数天。

某些最强劲的趋势行情是从盘中或者尾盘开始的。有时候它们始于交易区间突破或者高潮性趋势反转(通常是消息推动的,但这并不重要)。无论哪种情况,市场都可以进入大趋势行情,中间只有很小的回撤。市场会出现重叠度很低、影线很短的多根长趋势 K 线。这属于突破走势,将造成市场"始终入场"的方向明确逆转。在这种情况下,你必须快速入场,并将大部分头寸参与摆动,哪怕走势看起来属于高潮、已经过度涨跌(的确已经过度,但市场的过度行为还可能持续很长时间)。你应该用非常激进的手法来交易这种急速突破行情,确保自己至少持有一个较小头寸,因为行情可以持续非常久。如何交易强势突破将在第二本书关于突破的章节有详细论述,反转则在第三本书细讲。

在其他情况下,市场先走出趋势性行情,然后进入回调,但回调走势不断延伸,最终成为相反方向的一个趋势通道。在通道开始之前,市场几乎总是会出现至少一波逆势急速运动。因此每当你看到回调走势出现强劲的逆势急速运动,须警惕趋势可能正在反转。举例而言,假如市场头 1~2 个小时出现一轮强劲下跌,你预计接下来会出现一轮回踩均线的两段式反弹,但反弹以一根非常强势的多头趋势 K 线开始,那么你就应该考虑到这根 K 线有可能属于急速上涨,接下来将会走出一个持续的上升通道,而不是一个小型熊旗。到交易日结束,这一回撤可能会延伸到超越之前的下跌趋势,在日线图上收出一根多头反转 K 线。如果你较早意识到这种可能性，就应该只考虑做多，反之，如果一味地希望市场恢复头一个小时的下跌趋势，你的做空交易一定会亏钱。许多此类交易日可以归为其他类型的趋势交易日，通常是趋势性交易区间交易日。实际上，大部分反转交易日都是从趋势性交易区间交易日开始的。反过来，对于开盘后的上升趋势反转为持续的下降通道，原理也是一样的。

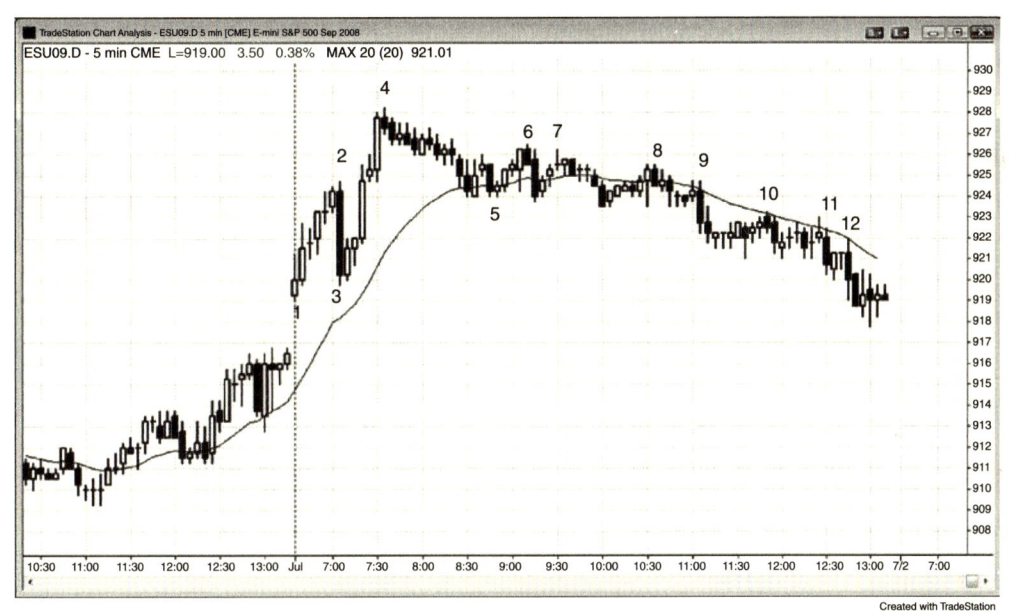

图 24.1　强趋势可能失败

强趋势可以从一天任何时间开始，即便当天最初为一轮相反方向的强趋势。如图 24.1 所示，市场当天第一个小时走出一轮剧烈的两段式上涨，随后以窄幅通道向下测试均线。接下来市场横盘 2 个多小时，最终在 K 线 9 向下突破进入一个更低的区间。最后一个可以获利的买点是上午 8 点 50 分（PST 时间）的 K 线 5。如果你继续刮头皮做多，最终将会意识到自己每笔交易都是亏钱的，而这恰恰说明市场正处于下跌趋势之中，只是你没有看到或者看到了但不愿相信。

市场出现回撤是因为多头锁定利润。为何交易者会在趋势如此强劲的情况下锁定利润呢？因为无论趋势多么强劲，市场都可能会出现深度回撤（可以让交易者在低得多的位置再次入场），有时候趋势还可能反转。如果他们不至少先锁定部分利润，可能会眼睁睁看着一大笔利润消失甚至转为亏损。

**本图的深入探讨**

在图 24.1 中，市场开盘突破了前一天最后一个小时形成的交易区间。第一根 K 线出现长上影线，说明卖家力量较强，因此在其上方买入风险较大。市场连续上涨 6 根 K 线，然后在 K 线 2 急剧向下反转（可能是因为 7 点钟的经济数据）。市场在经济数据公布前表现出强劲上升动能，并无见顶或买入高潮的迹象，因此在这轮上涨的最后一根 K 线下方做空是不明智的。这是一轮始于开盘上升趋势的首次回撤，属于买入形态。不过，K 线 2 急速下跌的力度有些超乎寻常，不太符合上升趋势交易日的特征。

K 线 3 低点（K 线 2 底部）与 K 线 1 低点有可能构成一个双底。在跳空高开的情况下，市场经常会测试开盘第一根 K 线的低点，然后展开一轮上升趋势。由于开盘区间高度超过近期日均波幅的 30%，不算一个太好的突破模式建仓形态。向上突破之后走出强劲、持续趋势的可能性较低。即便市场最终形成上升趋势交易日，也可能是较弱的类型，比如趋势性交易区间交易日。K 线 3 后面的双内包形态（ii）是不错的做多信号，但由于市场不太可能走出强劲上升趋势，多头应该在实现 2~4 个点浮盈之后至少先锁定一半利润。而且，K 线 3 急速下跌也可能在回撤之后跟随一个下跌通道。在这里，K 线 4 的抬升高点为回撤过程。K 线 4 前一根 K 线和往前第三根 K 线都属于买入高潮 K 线。连续的买入高潮往往会造成至少两段式调整，持续大约 10 根 K 线。由于当天并非明确的上升趋势交易日，而且 K 线 3 曾发生强劲抛盘，这根反转 K 线是一个可接受的低 2 做空形态。

截至 K 线 5 的回撤跌破了上升趋势线，K 线 6 高点下降为持续到收盘的下跌趋势埋下了伏笔。K 线 6 是一波两根 K 线急速下跌的第一根 K 线，提醒交易者接下来可能进入一个下跌通道。K 线 5 前一根 K 线以及 K 线 3 大阴线都属于急速下跌。在下跌通道运行过程中，还有其他一些急速下跌 K 线。另外，在 K 线 8 前一根 K 线之后，市场一直无法收盘站上均线。这些信号都说明空头力量较为强大。

在大部分强劲趋势通道中，摆动交易比刮头皮更容易获利，因为频繁的回撤往往会扫掉哪怕是顺势刮头皮头寸的止损（比如 K 线 8 和 K 线 10 的卖点），造成亏损。最好的方法是跟踪止损，随着市场下跌将止损移动到上一个摆动高点上方。

K 线 9 急速下跌走势突破了上方交易区间，然后以一轮完美的等距下跌运行到收盘。K 线 9 构成一个突破缺口（上方区间底部与 K 线 10 突破回踩之间的缺口）。缺口的中线也刚好是从 K 线 4 到收盘前最低点下跌行情的中间位置。

在日线上，当天的行情可能是一根实体很短、带长上影线的十字星 K 线。如果它出现在日线图上可能发生向下反转的区域，可以是一根很好的做空信号 K 线。

请注意，市场在 K 线 5 和 K 线 9 之间不断形成高点下降和低点下降，暗示市场可能正处于一轮下跌趋势之中。

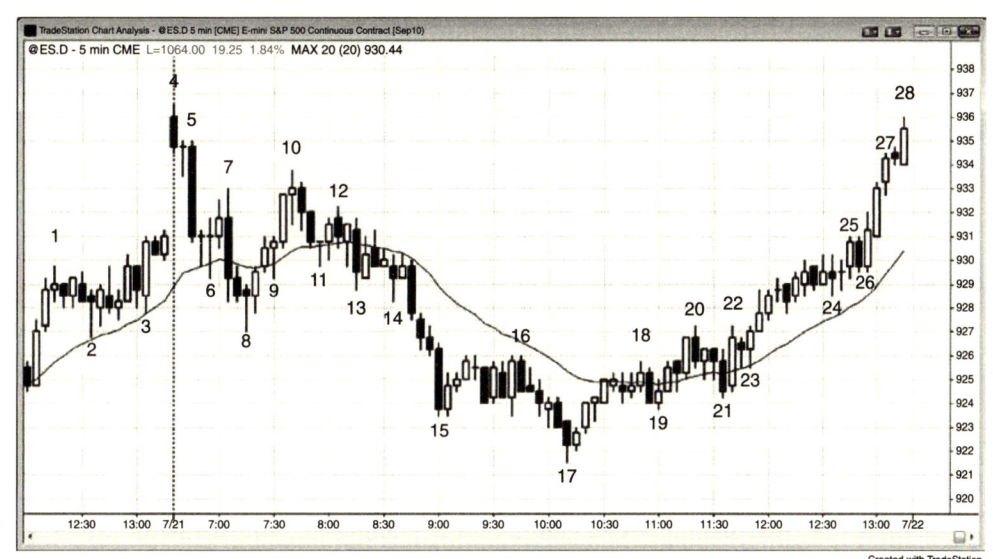

图 24.2　大部分反转都是从趋势性交易区间交易日开始

如图 24.2 所示，大部分反转交易日都是从趋势性交易区间交易日开始的，当天同时还是急速与通道下跌趋势交易日和始于开盘的下跌趋势交易日。市场在三连推下跌（K 线 8、15 和 17）之后向上反转，形成多头反转交易日、趋势性上涨到收盘。这种情况在趋势性交易区间交易日是很常见的。

**本图的深入探讨**

一般情况下，开盘大幅跳空可以引发朝任意方向的趋势。在图 24.2 中，由于第一根 K 线是强空头趋势 K 线，因此进入下跌趋势的概率更高。这是一个突破失败建仓形态，交易者可以在其低点下方做空，期待市场走出始于开盘的下跌趋势交易日。

K 线 4 和 K 线 5 均为长空头趋势 K 线，因此属于急速下跌和卖出高潮。连续两次高潮通常会跟随至少数根 K 线的走势暂停或回撤，本例中即截至 K 线 7 高点的回撤。K 线 7 是第三次卖出高潮，而第三次连续的卖出高潮通常会造成更大幅度的回撤。截至 K 线 8 的下跌属于急速与高潮类型的下跌趋势，接下来市场反弹至 K 线 10，测试了截至 K 线 8 通道性下跌的起点 K 线 7。这构成一个双顶熊旗，市场最终以等距运动跌至当天最低点。截至 K 线 8 的整轮下跌处于一个窄幅通道，因此相当于一波较大的急速行情。

在出现一个大型楔形底部之后，市场往往会至少走出两段式上涨，测试楔形顶部（例中即 K 线 10 高点），而回撤走势中 K 线的数量通常至少是楔形中 K 线数量的 1/3。这个大楔形也是在从 K 线 4 到 K 线 8 急速下跌之后的下跌通道，从而也构成测试 K 线 10 高点的一个理由（通道的起点往往会遭到测试）。测试可能会突破那个高点，但更常见的情况是构成一个双顶熊旗，本例即是如此。

当市场出现楔形反转，比较安全的买点通常是在出现低点抬升（比如 K 线 19）之后或者在 K 线 22 失败的低 2 上方。我们看到市场出现一根大阳线入场 K 线，意味着交易者认为上涨走势不再仅仅是熊旗反弹，而是可能出现等距上涨，返回上方交易区间。本例中当天的行情较为复杂，那个楔形反转也可以被看作一个趋势性交易区间交易日中的下方交易区间的底部。如果足够多交易者都持这一观点，那么在 K 线 17 后面那根内包 K 线上方（第一个入场点）买入就是合理的，可以预期市场向上测试上方交易区间的底部。

K 线 11、13 和 14 构成一个楔形牛旗，但市场并未向上反转，而是向下突破。在这种情况下，市场通常会出现相当于从楔形顶部到底部幅度的等距下跌。K 线 10 是楔形顶部，截至 K 线 15 的下跌超过了等距下跌目标。如果超越等距目标，市场回撤之后往往还会有一波下跌，本例正是如此。

虽然截至 K 线 18 的上涨有两段行情，但这轮上涨 K 线数量太少，不足以充分修正那个大楔形底部。而且，它处于一个窄幅通道之内，因此可能只是两波或以上上涨中的第一波。截至 K 线 20 的上涨为第二波，但问题依然存在。从 K 线 17 到 K 线 20 的上涨包含的 K 线数量太少，不足以修正一个如此巨大的楔形，而且仍处于相对较窄的通道。这就造成一种不确定性，增加了市场需要更大规模的第二波上涨的可能性，以便让交易者确信楔形得到充分调整。

从 K 线 21 到 K 线 25 的上涨可能足以让交易者认为充分的两段式调整已经结束，但市场接下来继续向上突破，截至 K 线 27 出现 3 根 K 线的急速拉升。实际上，在从 K 线 17 到 K 线 25 的上升通道中，空头一直无法制造一波有力的向下突破，一直没有出现明确的两段式向下调整。在第一波上涨之后未能出现明确的回调，说明多头力量很强。

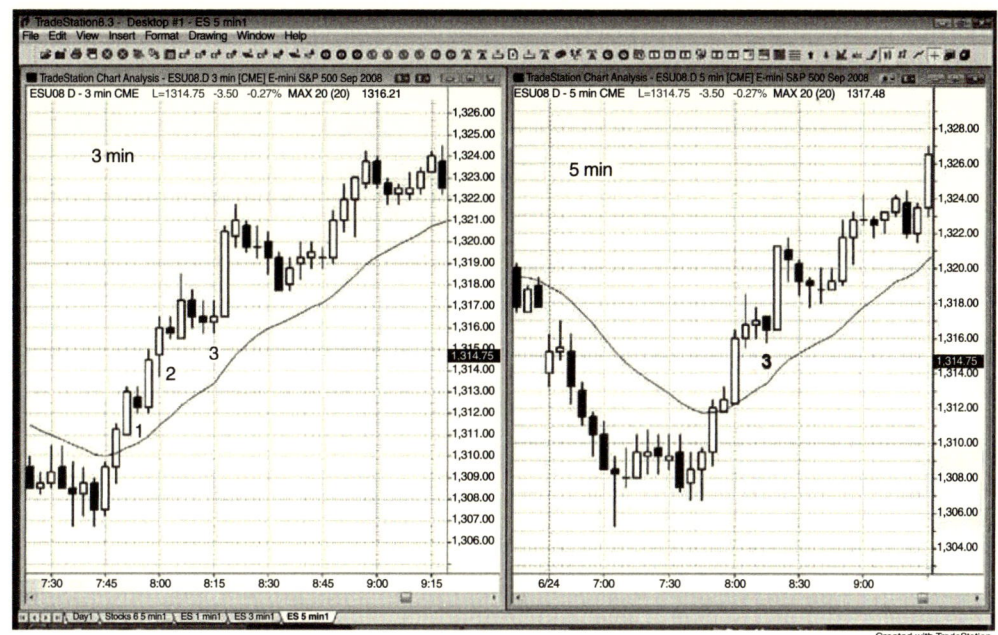

图 24.3 较小时间级别上的强趋势入场点

在稳定的上升趋势中,3 分钟图上的买入机会要多于 5 分钟图(见图 24.3)。左边 3 分钟图上的 K 线 1 和 K 线 2 是很短的逆势内包 K 线,构成高 1 买点,但在 5 分钟图上并没有明确信号。K 线 3 的买点在两张图上都可以看到(在 5 分钟图上,它是急速拉升行情中的高 1 买点,虽然其实体为阴线)。

# 第 25 章　趋势恢复交易日

趋势恢复交易日的主要特征：

● 交易日头一个小时左右走出强劲趋势，然后进入交易区间。

● 交易区间持续数小时，往往让交易者以为平淡走势将持续到收盘。

● 趋势在最后 1~2 个小时恢复。

● 第二波行情通常与第一波幅度相当。

● 那个漫长的交易区间往往是窄幅交易区间。

● 交易日晚些时候市场通常会突破交易区间，试图让趋势逆转，但这种走势多半是陷阱。接下来市场反转并朝相反方向突破并持续到收盘。在区间极窄的情况下假突破概率更高。

● 对于那些未能较早入场或在突破时入场的交易者，通常会有突破回踩的入场机会。

有时候交易日头一个小时左右会出现一轮强劲趋势，然后市场震荡数小时之久。一旦出现这种行情，尤其当震荡走势处于极窄交易区间，交易日就可能成为趋势恢复交易日。不要因为午盘乏味的震荡行情而放弃，因为最后一个小时左右市场可能走出强劲趋势。突破通常发生在早盘趋势的方向，有时候也会朝相反方向突破，从而使交易日成为反转交易日。举例而言，假如始于开盘的趋势为下跌趋势，通常尾盘会向下突破交易区间，使得交易日开在高点附近、收在低点附近。在上午 11 点和中午之间（PST 时间），市场经常出现仅 1~2 根 K 线的强势反转假突破，将交易者套在错误的方向（做多），接下来往往迅速朝另一个方向突破。市场从反转假突破到再次反转，通常时间非常短，但如果你早有思想准备，就有可能抓住收盘前的一波大跌行情。少数情况下，反转突破会获得成功，如果最后一个小时走出趋势的话，有可能回撤开盘下跌趋势的部分或全部。

午盘的横盘走势不一定非得是窄幅交易区间，而是通常出现朝两个方向的可交易的波段。有时候市场会出现 3 波力度很弱的逆势推动，构成一个楔形旗。另一些情况下，第三波推动未能超越第二波，从而构成头肩旗（大部分头肩反转形态都会失败并成为持续形态）。由于这一形态通常有三波推动而非两波，交易者往往误以为这一逆势价格行为可能成为一轮新的反向趋势，从而过早退出开盘时所建立的头寸。不要被市场所欺骗，当你看到不错的建仓形态，与早盘趋势的方向相同，要准备好入场。两个方向都会有交易者分批建仓，到某个时点，许多交易者头寸规模会达到极限。一旦发生突破，亏损的一方将无法继续增仓，唯一的选择就是祈祷然后止损。举例来说，假如市场早盘出现一轮强劲下跌趋势，然后进入横盘，在接下来几个小时的交易区间内，多头和空头将会不断分批建仓，许多交易者头寸规模将达到最大极限。一旦市场向下突破，多头将无法继续买入。当大批多头没有剩余子弹，空头就失去了对手。随着市场下跌，越来越多的多头将会认输割肉，造成市场在收盘前加速下跌。这种类型交易日难做的地方在于，午盘乏味的横盘走势往往会让交易者放弃当天的操作，而实际上他们应该将其视为机会。要提前做好入场准备。这种形态最完美的形式每个月仅出现 2~3 次。

有时候交易日中段的走势并非交易区间，而是持续数小时的弱势反方向趋势运动，让交易者怀疑当天可能成为反转交易日而非趋势恢复交易日。实际上这种情况往往构成较弱的趋势恢复交易日，虽然让人感觉更像交易区间交易日，但最后结果往往开盘和收盘分别位于当日振幅的两端。密切注意市场是否会在最后一个小时恢复开盘的趋势，做好入场准备。举例来说，市场开盘后出现一轮强劲抛盘，然后以非常低的动能走出三波向上推动，回撤初始下跌的部分甚至全部跌幅。在这种情况下，我们要做好心理准备，因为市场有可能向下突破上升通道并恢复下跌趋势，直到收盘。如果市场先突破上升通道的上轨然后向下反转，那么可能是非常不错的摆动做空交易入场点。另外，市场在跌破通道下轨之后也可能出现不错的低风险做空点。再或者，你可以等下跌趋势恢复之后，在突破回踩时或回踩均线时入场。虽然 5 分钟图可能看起来像交易区间，但在较高时间级别上可能像 ABC 调整。如果市场收于最低点附近，在日线图上可能形成一根空头趋势 K 线。

趋势恢复形态经常横跨 2 个或以上的交易日。虽然 5 分钟图也许看起来波动很大，但在 60 分钟图上可能只是构成简单的 ABC 调整。举例来说，市场第一天一开始出现两个小时的强劲拉升，然后进入交易区间。交易区间可能持续到第二天头两个小时,那么前一天的趋势随时都可能恢复。如果你意识到这种可能性,就更可能愿意让较高比例头寸参与摆动,从而抓住一波大幅上涨行情。

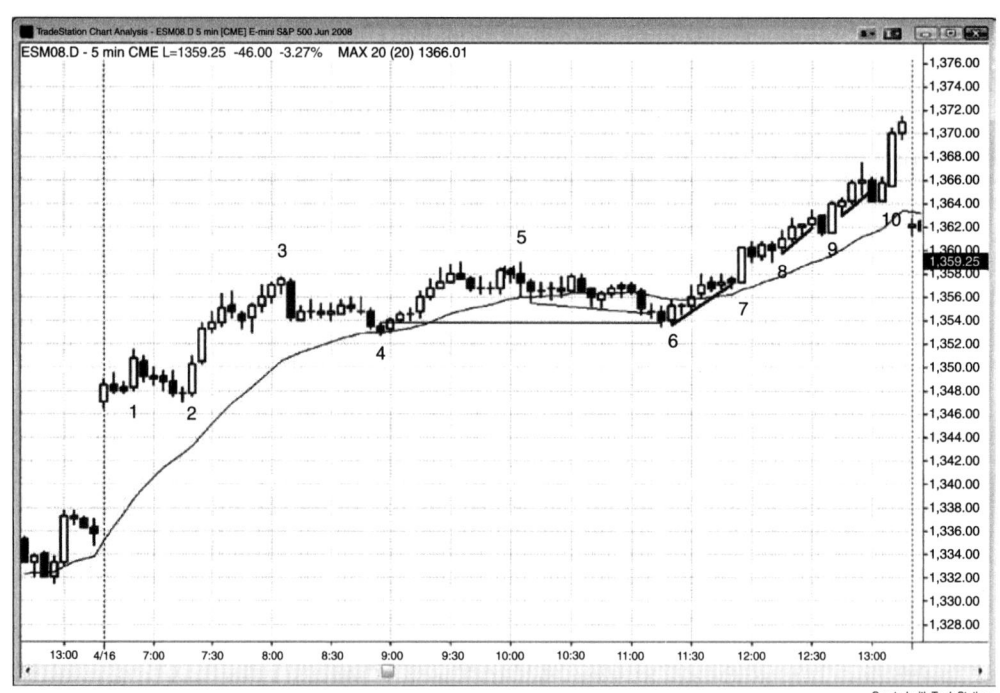

图 25.1　跳空高开之后测试缺口

在大幅跳空交易日,市场往往会在趋势开始之前测试开盘缺口。如图 25.1 所示,市场大幅跳空高开,以双底形式测试开盘低点,然后大幅上涨至 K 线 3。从这里开始,市场进入窄幅交易区间,持续时间超过 3 个小时,让交易者误以为好的交易时机已经过去了。K 线 6 小幅探破下降趋势通道线和 K 线 4 信号 K 线高点之后向上反转。这一走势导致一些空头错误地入场做空,许多多头被震仓出局。截至收盘的这轮上涨行情的信号 K 线是当天第一根均线缺口 K 线。

当天还有不少其他做多入场点,比如 K 线 7、9、10 对微型趋势线假突破之后的向上反转。

在图 25.1 中,K 线 7 是一个高 2 买点,也是跌破微型上升趋势线 1 个最小报价单位之后向上反转。

K 线 8 是高 2 买点的变体(阴线—阳线—阴线:K 线 7 后面那根 K 线是阴线,因此是第一次向下推动,下一根 K 线为阳线,属于向上推动,接着又是一根阴线,为第二次向下推动)。

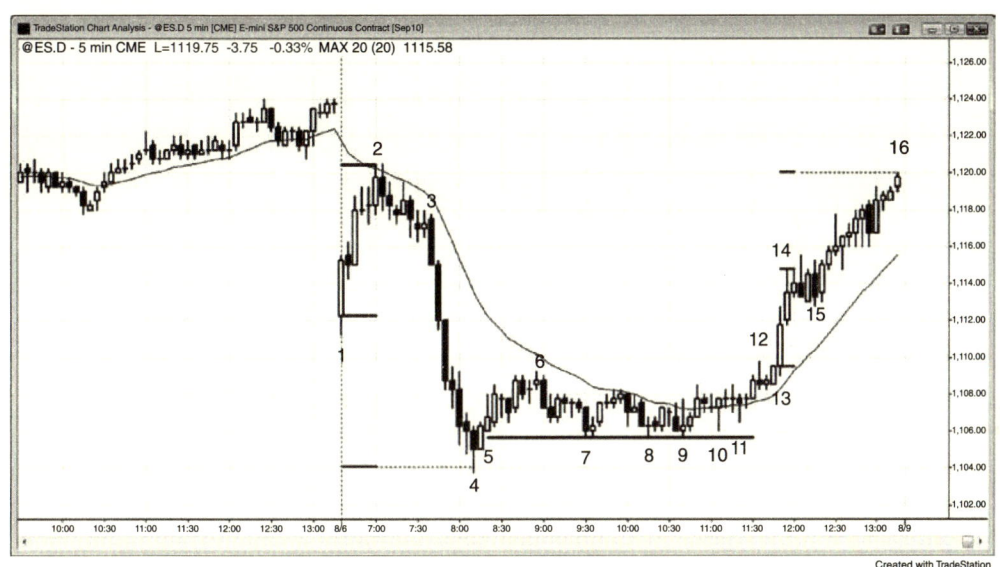

图 25.2 窄幅交易区间之后反转

有时候强劲趋势之后形成的窄幅交易区间会造成趋势反转而非趋势恢复。在图 25.2 中，市场当天从 K 线 3 出现一轮强劲抛盘，然后进入窄幅交易区间，持续数小时。这种走势往往会导致尾盘恢复下跌趋势，而且尾盘下跌行情规模与初始下跌相当。在最后一轮下跌开始之前，市场往往对区间上轨频繁做出假突破。K 线 12 是一笔摆动做空交易的完美建仓形态，因为它是一根空头反转 K 线，在交易日尾盘突破窄幅交易区间的上轨。然而它后面那根 K 线并未成为一轮大跌行情的入场 K 线，而是形成一根小内包阳线，因此属于突破回踩做多形态。K 线 12 为突破走势，这根内包 K 线为走势暂停（属于回调的一种）。

**本图的深入探讨**

在图 25.2 中，交易日大幅跳空低开，第一根 K 线为强势多头反转 K 线，构成一个突破失败做多形态，有可能开启始于开盘的上升趋势交易日。

K 线 13 和 K 线 14 均为长多头趋势 K 线，构成两根 K 线的突破走势。通常情况下，所有突破都会跟随一段与突破幅度相当的等距行情。等距幅度的测量一般是从急速行情第一根 K 线的开盘或低点到最后一根 K 线的收盘或高点。市场当天刚好收于从 K 线 13 开盘到 K 线 14 高点幅度的等距目标处。

大部分下跌趋势恢复交易日开盘后都不会出现大幅上涨，而本例中一开盘的大幅拉升说明多头当天有激进买入的意愿。因此，虽然午盘的震荡为尾盘出现新一轮大跌做了极好的铺垫，但你不可能百分之百确定，因为总是有40%的可能性出现完全相反的情况。市场有可能上涨测试当天开盘的另一个线索是，当天低点几乎刚好处于从开盘到第一轮上涨行情高点幅度的等距下跌目标处。也就是说，当天开盘处于全天振幅的中位。如果市场返回这一位置，在日线上将收出一根十字星（这种情况十分常见）。另外，我们注意到市场反复测试K线7低点的支撑位，但不断获得买盘支撑，无法跌破哪怕1个最小报价单位。K线8后面那根内包K线、K线9后面那根内包K线以及K线10和K线11的低点抬升均构成双底回踩做多建仓形态。

　　这根支撑线低于最初的K线5入场K线（卖出高潮之后预期的回撤）1个最小报价单位。K线5是当天低点双K线反转形态的入场K线。市场扫掉了这根入场K线下方的止损，但始终无法进一步下跌1个单位。这说明强势多头在行动。在整个窄幅交易区间中，买入和卖出程序（程序化交易）都在活动，但最终买入程序战胜了卖出程序。所有这些空头都必然要回补，从而增强了市场买压。除此之外，许多卖出程序还会转为买入程序，进一步强化买盘力度。截至K线14的急速拉升之后跟随一个上升通道，持续到收盘。

图25.3　趋势恢复

　　有时候，虽然最初的上涨只有几根强趋势K线，看起来似乎会造成交易区间交易日，趋势恢复行情仍可能非常强劲。在图25.3中，市场对前一天低点假突破之后，从一个扩散三角形底部上涨，形成始于开盘的上升趋势。上涨持续两根 K 线，然后在前一天交易区间中部止步不前。任何三连推形态所造成的上涨通常至少有两波（本例最终也是如此）。K 线 2 是一次突破回踩，引发新一轮小幅上涨，但市场开始失去动能。接下来市场继续在均线上方弱势运行到 K 线 3。在这个时点，我们很明显感到有什么地方不太对劲。我们知道，始于开盘的上升趋势是最强劲的趋势类型之一，但例中的趋势显然算不上强劲。这意味着交易者很快将对行情的属性重新作出评估，然后决定离场还是等待。他们可能转而判断当天可能成为交易区间交易日，甚至可能再创盘中新低。K 线 2 低点有可能跟随一个双底牛旗，但由于强势多头的缺席，空头有可能将市场强力打压至当天新低，K 线 2 低点有可能失败。K 线 4 是跌破 K 线 2 低点之后的第二波小幅向下推动，市场从这里展开了一轮持续到收盘的上升趋势，构成一个趋势恢复交易日（尽管较弱）。此外，K 线 4 刚好是对始于开盘趋势的信号 K 线高点的突破回测。

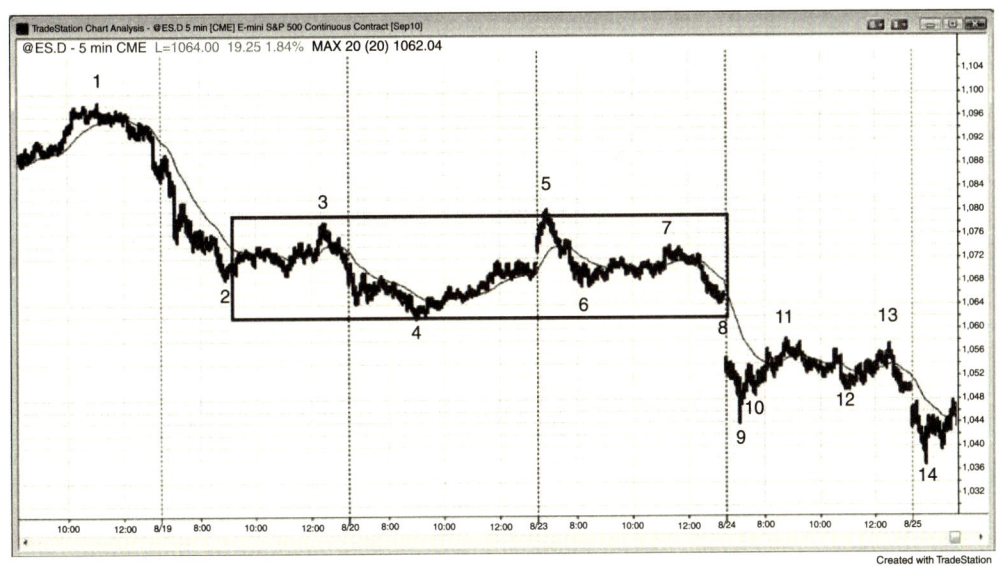

图 25.4 趋势在几天之后恢复

趋势恢复形态可以持续几个交易日。在图 25.4 中，市场截至 K 线 2 走出一轮强劲下跌，然后进入交易区间，持续了两个半交易日。交易区间可以持续很长时间，通常情况下都会朝趋势方向突破。几天后，下跌趋势恢复，市场进入第二轮下跌，从 K 线 5 持续到 K 线 14。

从 K 线 5 到 K 线 6 的下跌也跟随一个交易区间，第二波下跌结束于第二天开盘后的 K 线 9。

从 K 线 7 到 K 线 9 的下跌同样跟随一个交易区间，持续到 K 线 13，下跌趋势恢复发生在截至 K 线 14 的下跌行情。因此本例中有 3 个交易日都属于趋势恢复形态。

# 第 26 章　楼梯形态：宽幅趋势通道

楼梯形态交易日的主要特征：
● 楼梯形态交易日是趋势性交易区间交易日的变体，至少包含 3 个交易区间。
● 交易日波动剧烈，但形成趋势性高点和低点。
● 由于波动较大，交易者往往会朝两个方向交易，但他们应该试图让部分或全部顺势头寸参与摆动。
● 几乎在所有突破之后市场都会出现超越突破点的回撤（突破测试），造成相邻摆动之间存在一些重叠。举例而言，在宽幅下降通道中，所有突破至新低的走势都跟随一波反弹，返回突破点之上但未能超越最近的摆动高点。不过，有时候会有一两波反弹略微超过上一个摆动高点。这将让部分交易者怀疑市场是否正在反转，但通常情况下趋势会很快恢复。
● 如果每一次突破都比上一次幅度小一点，就属于缩梯形态，说明动能减弱，可能引发更大的调整。

当市场走出 3 波或以上趋势性摆动，构成一个略微倾斜的交易区间或者通道，多头和空头都表现活跃，但一方略微掌握更大的控制权。每次回撤都会超越突破点，使得每一突破走势与随后的回撤之间存在重叠。在宽幅通道内，双向交易正在发生，因此交易者可以寻找两个方向的入场机会。如果突破幅度越来越小，就属于缩梯形态，意味着动能减弱。它通常会导致两段式反转走势和趋势线突破。许多三连推反转都属于失败并反转的楼梯形态或缩梯形态。在较高时间级别上，楼梯形态往往只是回调或旗形。楼梯形态经常发生在交易日最后 1~2 个小时，然后在第二天开盘突破这个旗形。比如说，某天走出的宽幅上升通道可能只是一个大的熊旗，下跌趋势可能在第二天向下突破。

有时候，楼梯形态可能突然加速，以顺势方向突破趋势通道。如果随后立即反转，那么这一过靶与反转走势有可能造成至少两段式调整。如果没有反转，突破走势可能至少再持续两波行情，或发生大致相当于通道高度的等距运动（价格超越通道的距离应该大约相当于通道之内的距离）。

交易者将会密切关注突破走势超越最近摆动点的幅度，然后利用这一幅度来对后面的突破走势进行逆势交易，期待市场出现突破回踩。比如说，如果最近的摆动低点低于上一个摆动低点 14 个最小报价单位，交易者将会从最近摆动低点下方 10 单位左右开始分批买入（往往在趋势通道线附近）。如果最近一次突破之后的回撤幅度约为 15 单位，他们将会在低点上方大约 10~15 单位寻求锁定利润（往往在趋势线附近）。

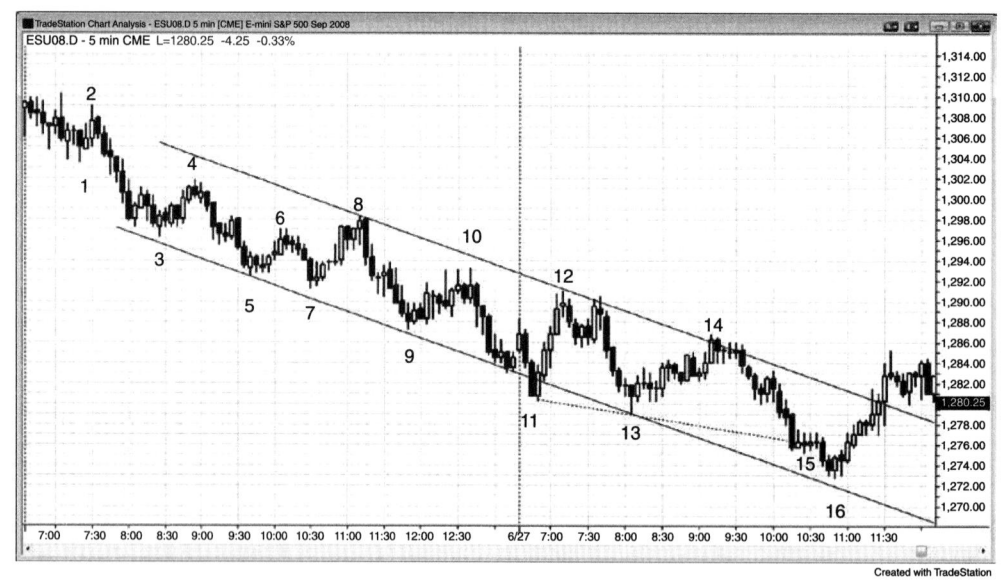

图 26.1　下降楼梯

下降楼梯形态是一个向下倾斜的通道，每次突破至新低之后都会回撤至突破点之上。比如说，在图 26.1 中，从 K 线 8 到 K 线 9 的下跌形成向下突破，随后的回撤站上了 K 线 7 的低点；截至 K 线 11 的下跌突破了 K 线 9，随后的回撤站上 K 线 9 突破点，与上一个区间形成重叠。

部分交易者会在趋势通道线附近做多，在趋势线附近做空。其他交易者则关注回撤之前突破走势的幅度。比如说，K 线 5 低点大约低于 K 线 3 低点 4 个点。激进多头将会在 K 线 5 低点下方 3~4 个点挂限价单买入。他们的买单将会在 K 线 7 获得成交。一旦市场跌破 K 线 7，他们又在 K 线 7 低点下方 3~4 个点挂买单，将会在截至 K 线 9 的下跌中获得成交（K 线 9 低点低于 K 线 7 低点 4 个点）。由于前面的反弹也是大约 4 个点，他们将会在入场点上方大约 3 个点的位置锁定利润。对于截至 K 线 11 和 16 的下跌，他们也如法炮制。在截至 K 线 13 的下跌过程中他们也进行了同样的挂单，但由于跌幅太小，并未获得成交。空头的做法刚好相反。他们看到前面的反弹为 4~6 个点，因此他们在最近摆动低点上方 3~5 个点的位置分批建立空单。这种操作手法只适合经验丰富的交易者。初学者应该只采取挂止损单的方法入场，因为这样他们入场时市场已经朝他们的方向运行（将在第二本书讨论）。

K 线 7 是第三波向下推动，属于缩梯形态（K 线 7 跌破 K 线 5 的幅度小于 K 线 5 跌破 K 线 3 的幅度）。图中的通道线是大致画的，目的让大家看到市场处于下跌通道之中。在通道内，双向交易迹象明显，交易者在发现恰当建仓形态时可低买高卖。

**本图的深入探讨**

在图 26.1 中，当天市场开盘处于前一天开始的下降通道下轨附近。开盘的向下突破失败，市场出现双 K 线反转并引发连续 4 根 K 线的迅速拉升。市场测试下降趋势线之后形成双顶，然后急速下跌至 K 线 13。急速上涨之后又急速下跌，说明多空双方在激烈争夺对通道方向的控制权。多头启动了一个通道，但在趋势线处失败，反转进入下跌通道。市场在 K 线 16 测试趋势通道线之后向上反转，但 K 线 16 低点未能触到通道线，意味着多头非常激进。K 线 16 是一个双 K 线反转，同时也是一个末端旗形做多形态（K 线 15 构成一个 4 根 K 线的末端旗形）。

三连推并不能保证趋势一定反转。截至 K 线 7 的下跌过程中并未表现出多少买压，没有一根长多头趋势 K 线，也没有高潮性反转。从 K 线 7 开始的上涨也不是特别强劲。这并不是强势反转应有的特征，因此并未吸引足够的多头参与并带来反转。相反，市场形成了一个楔形熊旗（K 线 6 以及随后从 K 线 7 开始的两波向上推动共同构成三连推）和高点下降（虽然反弹站上了 K 线 6，表现出一定力度，但仍低于 K 线 4），然后下跌趋势恢复。

如图 26.2 所示，楼梯形态有时候会加速，进入更强劲的趋势。在欧元兑美元的日线图上，截至 K 线 7，市场处于一个上升通道，形成 3 个高点抬升和低点抬升，因此属于楼梯形态上升趋势。

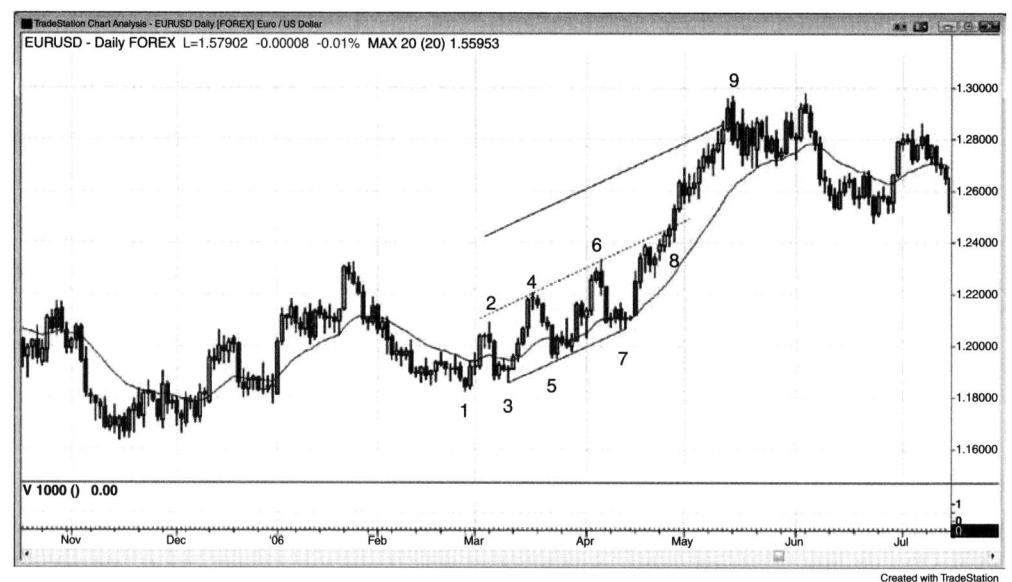

图 26.2 楼梯形态加速进入强劲趋势

K 线 8 是一根多头趋势 K 线，突破通道上轨。随后出现一根空头反转 K 线，但没有被触发。突破走势应该可以持续到将通道等距上移的平行线位置（安德鲁叉运动），结果的确如此。在楔形顶部失败的情况下，这种加速上涨是很常见的。截至 K 线 6 有 3 波向上推动，不过如果你从截至 K 线 4 的那波强劲拉升算起，也可以将 K 线 8 前面那波小幅向上推动看成第三波。楔形失败之后往往会出现大约与楔形高度等距的行情（从 K 线 6 高点到 K 线 3 或 K 线 1 低点）。

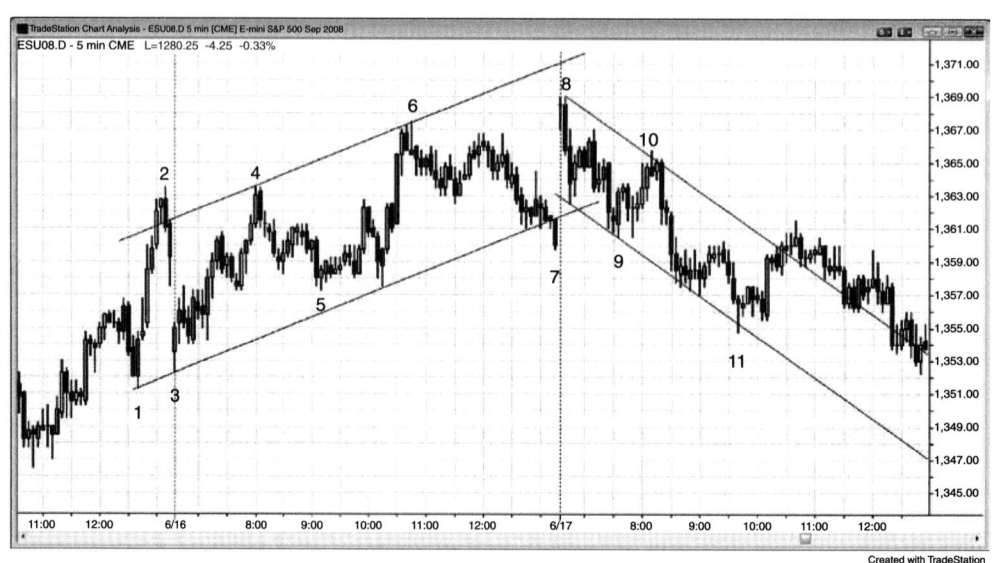

图 26.3 缩梯

当市场每一次突破幅度都小于上一次，说明动能在减弱，可能很快出现较深的回撤甚至反转。如图 26.3 所示，市场走出楼梯形态上升趋势，形成 3 个或以上趋势性上移的高点和低点，大致处于一个通道之中。K 线 4、6、8 形成缩梯，代表上升动能减弱，预示行情可能反转。上升通道相当于一个大的熊旗，在 K 线 9 向下突破。

在 K 线 9 突破之后，市场出现突破回踩，并在 K 线 10 形成高点下降，进入一段楼梯形态的下降趋势。K 线 10 与截至 K 线 9 下跌走势中第一次反弹的高点大致构成一个双顶熊旗。K 线 11 对下降通道下轨构成过靶，引发一轮两段式的小规模反转并向上超越通道上轨。

当市场开始形成楼梯形下跌趋势，通常你可以在每一根强趋势 K 线向下突破时逆势刮头皮。在每一根空头趋势 K 线收盘跌破前一个摆动低点时刮头皮做多。同样，在楼梯形上涨行情中，你可以在每一根趋势 K 线超越上一个摆动高点时刮头皮做空。不过一般来讲，更安全的做法是在市场反转时挂止损单入场。比如说，如果市场从通道底部向上反转，可以在前一根 K 线高点上方挂单入场。

# 术语表

所有这些术语都是从实际交易的角度去定义的，力求有助于交易者的操盘，与技术分析师通常从理论角度所作出的表述可能有所出入。

**始终入场（Always In）** 如果你必须时刻在市场当中，无论多空，该术语就是指你当前的头寸（始终做多或始终做空）。如果在某个时间点你被迫就开立多头或空头头寸做出决定，并且对自己的选择充满信心，那么这个时刻的市场就处于"始终入场"模式。几乎所有此类交易都需要价格沿着趋势的方向出现急速运动，让交易者具有信心。

**铁丝网（Barbwire）** 指由3根或以上K线组成的交易区间。这些K线大致重叠，其中有1根或以上是十字星（Doji）。这是一种窄幅盘整区间，包含很长的影线，以及通常相对较长的K线实体。

**K线回调（Bar Pullback）** 在上涨行情中，K线回调是指一根K线的低点低于前一根K线的低点；在下跌行情中，是指一根K线的高点高于前一根的高点。

**空头反转（Bear Reversal）** 指趋势从上涨转为下跌（空头趋势）。

**爆仓（Blown Account）** 指亏损使你的账户余额低于经纪商所设定的最低保证金要求，除非续存资金，否则你将无法进行交易。

**突破（Breakout）** 指当前K线的高点或低点超过某个重要的前期价位，比如摆动高点或低点、任何前期K线的高点或低点、趋势线或趋势通道。

**突破K线或K线突破（Breakout Bar or Bar Breakout）** 指造成突破的K线，通常是一根强趋势K线。

**突破模式（Breakout Mode）** 指接下来可能向上或向下突破的形态。

**突破回调（Breakout Pullback）** 指突破之后的小幅回调，通常包含 1~5 根左右 K 线，且幅度并未超出此前数根 K 线的范围。既然将其视为回调，你显然预计突破行情还将继续，回调为捕捉后续行情提供了入场机会。相反，如果你认为突破将会失败，就不会使用"回调"一词，而是将回调视为一次假突破。举例而言，如果市场走出一波包含 5 根 K 线的对下降趋势线的突破，但你认为下跌趋势还会继续，那么你可能会考虑做空这个熊旗（Bear Flag），而不是在它向下突破熊旗的时候将其视为突破回调而买入。

**突破回测（Breakout Yest）** 突破回调的一种，价格回撤到最初进场价位附近，测试设在盈亏平衡点的止损。略微向上或向下过度回调的情况也是有的。它可能发生在入场点一两根 K 线之后，也可能是运行很长一段之后，甚至 20 根或以上 K 线之后。

**多头反转（Bull Reversal）** 指趋势从下降趋势变为上升趋势（多头趋势）。

**买压（Buying Pressure）** 指强势多头发力，他们的买入行为造成多头趋势 K 线、K 线下影线，以及双 K 线多头反转。其效应是累积的，通常最终导致价格走高。

**蜡烛线（Candle）** 表示价格行为的一种图形，开盘价与收盘价中间的部分被称之为实体。如果收盘价高于开盘价，就是一根多头蜡烛，以白色表示。如果收盘低于开盘，就是空头蜡烛，以黑色表示。实体上方和下方的线被称之为上下影线。

**走势图类型（Chart Type）** 指 K 线图、柱状图、蜡烛图、成交量、tick 图或其他种类的图形。

**高潮（Climax）** 指幅度过大和速度过快、现在已经反转进入区间震荡或反向趋势的价格行为。大部分高潮运动最终都会造成趋势通道线过靶（Trend Channel Line Overshoot）和行情反转，但大部分此类反转都会进入交易区间而非开启相反趋势的运动。

**逆势（Countertrend）** 指与当前趋势（当前的"始终入场"方向）反向相反的交易或建仓形态。这对大部分交易者而言都是亏钱的策略，因为风险通常至少与回报一样高，而成功率又很难高到让交易者等式（Trader's Equation）有利的地步。

**逆势刮头皮（Countertrend Scalp）** 指你相信趋势还未完结但可能即将出现小幅回撤，于是在小幅回撤开始形成的时候逆势进场，以赚取微小利润。这通常是一种错误做法，应该避免。

**日内交易（Day Trade）** 指在入场当天就打算出场的交易。

**方向概率（Directional Probability）** 指市场上涨或下跌任意点数以达到相反方向特定点数的概率。如果你看一段等距的上涨和下跌，那么方向概率大部分时候都在 50% 左右，即市场在下跌 X 点之前上涨 X 点的概率为 50%，同样，市场在上涨 X 点之前下跌 X 点的概率也是 50%。

**十字星（Doji）** 指实体很小或没有实体的蜡烛线。在 5 分钟图上，其实体可能只是 1~2 个最小报价单位（Tick），但在日线图上，实体可能是 10 个或以上最小报价单位，不过看起来依然近乎无存。十字星说明多头和空头势均力敌。任何一根 K 线，要么是趋势 K 线，要么是无趋势 K 线。无趋势 K 线就叫十字星。

**双底（Double Bottom）** 指当前 K 线低点与前期摆动低点位置相当的价格形态。这里的前期低点可以指上一根 K 线，也可以指 20 根或以上之前的 K 线。双底不一定要位于当天行情的底部，也经常出现在牛旗（Bull Flag）当中（双底牛旗）。

**双底牛旗（Double Bottom Bull Flag）** 指上升途中的小憩或牛旗出现两次快速下跌至大约同一价位的运动然后恢复升势。

**双顶（Double Top）** 指当前 K 线高点与前期摆动高点位置相当的价格形态。这里的前期高点可以指上一根 K 线，也可以指 20 根或以上之前的 K 线。双顶不一定要位于当天行情的顶部，也经常出现在熊旗（bear flag）当中（双顶熊旗）。

**双顶熊旗（Double Top Bear Flag）** 指下降途中的小憩或熊旗出现两次快速上涨至大约同一价位的运动然后恢复跌势。

**双顶回撤（Double Top Pullback）** 这是一种做空形态，由一个双顶和之后的深度回撤组成。回撤形成高点下降（lower high）。

**先行多头（Early Longs）** 指那些在多头信号 K 线形成过程中买进的交易者。他们不等到 K 线走完，而是在其高点上方 1 个最小报价单位的地方挂止损单追高买进（Buy Stop）。

**先行空头（Darly Shorts）** 指那些在空头信号 K 线形成过程中卖出的交易者。他们不等到 K 线走完，而是在低点下方 1 个最小报价单位的地方挂止损单追低卖出（Sell Stop）。

**先机（Edge）** 指让交易者获得有利的交易者等式的交易机会。如果交易者执行该交易，将获得数学意义上的优势。不过先机通常小而易逝，因为它们需要对手方。市场中充满着聪明的交易者，他们不会允许存在大而持久的先机。

**EMA** 见指数平滑移动平均线。

**入场 K 线（Entry Bar）** 指交易开仓时的那根 K 线。

**指数平滑移动平均线（Exponential Moving Average, EMA）** 本书图上所用的均为 20EMA，但其他类型的均线同样是有用的。

**逆势交易（Fade）** 指按照与趋势方向相反的方向进行交易。比如，当市场向上突破的时候，你预计可能是假突破并且趋势将逆转向下，从而逆势做空。

**失败的假突破（Failed Failure）** 所谓失败的假突破，是指原以为是假突破，结果不是，价格恢复原先突破的方向，因此失败的假突破也就是一次"突破回调"。由于它是一个二次信号，所以可靠性更强。比如说，如果价格突破交易区间，而突破之后的第二根 K 线是一根空头反转 K 线，此时如果价格跌至这根 K 线低点之下，那么突破就失败了。但是，如果市场在随后几根 K 线运行过程中涨至前一根 K 线的高点之上，那么此时就形成"失败的突破失败"，突破走势得以延续。这意味着此前的假突破演变成了一个小型的牛旗，仅构成一次突破回调。

**失败走势（Failure, A Failed Move）** 指交易者尚未锁定刮头皮利润或尚未达到目标价格之前即被扫掉保护性止损的价格行为。由于被套的交易者被迫止损出局，通常会导致反向的价格运动。目前，一个刮头皮者要从标普 500 迷你股指期货合约（Emini）获得 4 个最小报价单位的利润，需要 6 个单位的行情，而纳斯达克 100 指数基金（QQQQ，现代码更改为 QQQ）要获得 10 个单位的利润，需要 12 美分的行情。

**假的（False）** 即失败的，失败。

**5 单位失败（Five-tick Failure）** 指在 Emini 交易中从信号 K 线起出现了 5 个最小报价单位的行情然后反转。比如说，价格突破一个牛旗之后涨了 5 个单位的幅度，在这根 K 线收盘之后，下一根 K 线出现低点低于上一根 K 线低点的情况。大部分想要赚取 1 个点利润（Emini 的 1 个点包含 4 个单位）的止盈限价单（limit order）将不会被执行，因为通常情况下，价格需要高于限价挂单位置 1 个单位，才会发生成交。"5 单位失败"通常是开立相反方向头寸的交易机会。

**空仓者（Flat）** 指当前不持有任何头寸的交易者。

**后续行情（Follow-through）** 指经过最初的走势之后，比如突破，使走势延续的一根或数根 K 线。交易者希望在下一根 K 线和随后的数根 K 线看到后续行情，这样他们所坚守的趋势就能够带来更多利润。

**后续 K 线（Follow-through Bar）** 指在建仓 K 线之后制造后续行情的 K 线，通常是下一根 K 线，有时候也会出现在数根 K 线之后。

**分形（Fractal）** 任何形态都是更高一个时间级别走势图形态的分形。也就是说，任何形态在更高一个时间级别上都是一个微缩形态（micro pattern），而任何一个微缩形态在更低一个时间级别上则是一个标准形态。

**缺口（Gap）** 指图形上两根K线之间的空间。一种常见的缺口是开盘缺口，即今天第一根K线的开盘价超过前一根K线（即昨天的最后一根K线）或整个昨天行情的最高价或最低价。均线缺口是指一根K线的低点高于一根处于走平或下降状态的移动平均线，或K线的高点低于处于走平或上升状态的均线。日线上传统的缺口（突破缺口、测量缺口、竭尽缺口）在盘中图形上相当于各种形式的趋势K线。

**缺口K线（Gap Bar）** 参见均线缺口K线。

**缺口反转（Gap Reversal）** 指当前K线朝缺口方向超越前一根K线1个最小报价单位，构成对缺口的回补。比如，如果某个交易日市场跳空高开，而第二根K线的低点低于第一根K线的低点1个最小报价单位，这就属于缺口反转。

**HFT** 见高频交易。

**高点更高（Higher High）** 指一个摆动高点高于前一个摆动高点。

**低点更高（Higher Low）** 指一个摆动低点高于前一个摆动低点。

**更高时间级别（Higher Time Frame, HTF）** 指与当前图形涵括的时间跨度相同、但K线数量更少的图形。以Emini为例，相对于一个常规交易日行情的5分钟图，更高的时间级别包括15分钟图、每根K线包含2.5万笔交易的tick图、每根柱线包括10万份合约的成交量图（这几种走势图通常平均一天要少于30根K线，相比之下5分钟图为81根。）

**高频交易（High-frequency Trading, HFT）** 也叫算法交易或黑盒交易，是程序化交易的一种，机构通过计算机每天对数千只股票下达数百万个交易指令，从中赚取小到1美分的利润。这种交易都是基于量化分析而非基本面。

**高/低1或2（High/Low 1 or 2）** 指高1或高2，以及低1或低2。

**高1/2/3/4（High 1, 2, 3, or 4）** 高1是指在牛旗中或接近交易区间底部情况下高点高于前一根K线高点的K线。如果接下来出现一根高点下降的K线（可能在一根或数根K线之后），在这一调整之后，下一根高点高于前一根K线高点的K线就是高2。第三次和第四次发生就是高3和高4。高3是楔形牛旗的变体。

**HTF** 见更高时间级别。

**双内包（II）** 连续两根内包K线，即后一根K线完全被前一根K线所涵括。

在一波行情的末端，它是一种突破模式入场形态，可以成为一个旗形或者反转形态。它还有一个可靠性略微差一点的变体，就是"实体 ii"，也就是说忽略上下影线，只是实体部分形成内包，即第三根 K 线的实体被第二根 K 线的实体所涵括，第二根 K 线的实体又被第一根 K 线的实体所涵括。

**三内包（III）** 连续 3 根内包 K 线，比两内包的可靠性要稍微高一点。

**内包 K 线（Inside Bar）** 指一根 K 线的高点低于前一根 K 线的高点或与之相当，低点高于前一根 K 线的低点或与之相当。

**机构（Institution）** 又称为聪明钱（Smart Money），包括养老基金、对冲基金、保险公司、银行、券商、个人交易者中的大户，或任何其交易量足以对市场产生影响的实体。市场的运行是众多机构交易行为累积的结果，通常单独一家机构不足以在很长时间内推动一个大体量的市场。传统的机构根据基本面来做出交易，过去它们是决定市场方向的唯一力量。但现在情况不同了，高频交易公司对日内价格走势影响非常大，因为目前它们的交易量占到市场全天总交易量的一大部分。高频交易公司是一种特殊的机构，它们的交易完全基于数理统计而不是基本面。可以说，传统的机构决定市场的方向和目标价，但量化交易机构决定市场到达那里的路径。

**内外内（Ioi）** 内包—外包—内包——指在连续 3 根 K 线中，第二根 K 线是一根外包 K 线，第三根 K 线是一根内包 K 线。它通常是一种突破形态，交易者往往在内包 K 线的高点上方买进或在其下方卖出。

**窄架（Ledge）** 分为看涨窄架和看跌窄架。看涨窄架是指一个很小的交易区间，其底部由低点位置相同的两根或以上的 K 线所构成；看跌窄架是指顶部由高点位置相当的两根或以上 K 线所构成的窄幅区间。

**波段（Leg）** 指突破任何规模趋势线的一小段趋势行情。该术语仅用于走势图上至少出现两段行情的情况。它可以指作为较大级别趋势一部分的任何较小趋势，可以是回撤（逆势运动）、趋势行情或盘整行情中的一次摆动，以及发生在一波趋势行情两次回撤之间的顺势运动。

**可能（Likely）** 至少有 60% 的确定性。

**多头（Long）** 指在市场中买入头寸的人或指实际头寸本身。

**份（Lot）** 指市场中可交易的最小头寸规模。对于股票而言就是 1 股，对于 Emini 或其他期货而言就是 1 份合约。

**高点下降（Lower High）** 指低于前一个摆动高点的摆动高点。

**低点下降（Lower Low）** 指低于前一个摆动低点的摆动低点。

**低 1/2/3/4（Low 1, 2, 3, or 4）** 低 1 是指在熊旗中或接近交易区间顶部情况下低点低于前一根 K 线低点的 K 线。如果接下来出现了一根低点抬高的 K 线（可能在一根或数根 K 线之后），在这一调整之后，下一根低点低于前一根 K 线低点的 K 线就是低 2。第三次和第四次发生就是低 3 和低 4。低 3 是楔形熊旗的变体。

**主要趋势线（Major Trend Line）** 指可以涵括屏幕上大部分价格走势的趋势线，通常连接点之间至少相距 10 根 K 线。

**重大趋势反转（Major Trend Reversal）** 指趋势从多头反转为空头或空头反转为多头。重大趋势反转形态要求在突破趋势线之后必须回测先前趋势的极端位置。

**崩溃（Meltdown）** 指急速下跌行情或窄幅下跌通道，下跌过程中未能出现较大的回撤，而且幅度超出基本面所能够解释的程度。

**飙升（Melt-up）** 指急速上涨行情或窄幅上升通道，上涨过程中未能出现较大的回撤，而且幅度超出基本面所能够解释的程度。

**微缩形态（Micro）** 任何传统形态都可以在 1~5 根左右的 K 线中形成且依然有效，不过很容易被忽略。当其形成之时，就属于传统形态的微缩版。任何微缩形态都是传统形态在较小时间级别上的呈现，而任何传统形态都是微缩形态在较高时间级别上的呈现。

**微型通道（Micro Channel）** 指非常窄的通道，大部分 K 线的高点和低点都落在趋势线上，通常也落在趋势通道线上。它是窄幅通道最极端的情形，没有回撤或只有一两次极小的回撤。

**微型双底（Micro Double Bottom）** 指低点几乎处于同一价位的连续和近乎连续的 K 线。

**微型双顶（Micro Double Top）** 指高点几乎处于同一价位的连续和近乎连续的 K 线。

**微型测量缺口（Micro Measuring Gap）** 当一根强趋势 K 线的前一根 K 线与后一根 K 线没有发生重叠，二者的间距就构成一个微型测量缺口。这种形态属于强势信号，往往会引发等距运动（Measured Move）。举例来说，如果市场出现一根强多头趋势 K 线，其后一根 K 线的低点处于或高于其前一根 K 线的高点位置，那么这个低点与这个高点中间的距离就是一个微型测量缺口。

**微型趋势通道线（Micro Trend Channel Line）** 指通过连接 3~5 根连续 K 线

的高点或低点所划出来的趋势通道线。

**微型趋势线突破（Micro Trend Line Breakout）** 指在任何级别图形上对2~10根左右的K线划趋势线，大部分K线都触到或接近趋势线的位置，然后其中一根K线对趋势线发生一次假突破，就属于微型趋势线突破。这种假突破将带来顺势入场机会。如果在1~2根K线内，微型趋势线（假）突破所带来的顺势入场点失败，此时通常转而带来逆势交易机会。

**金额止损（Money Stop）** 指根据固定金额或点数来设置止损，比如对Emini头寸设置2个点的止损，或对某只股票设置1美元的止损。

**均线（Moving Average）** 本书图上所采用的均为20EMA，但其他类型的均线同样是有用的。

**均线缺口K线/缺口K线（Moving Average Gap Bar/Gap Bar）** 指没有触碰到均线的K线，K线与均线之间的空间就是缺口。强趋势行情的第一次回调如果产生均线缺口K线，接下来通常会测试趋势极端价位。举例而言，现在有一轮强劲的上升趋势，然后出现回调并且最终有一根K线的高点低于均线位置，那么这通常是一个做多建仓形态，价格可能会测试趋势的前高。

**嵌套（Nesting）** 有时候某种形态会有一个类似的、规模较小的形态"嵌套"在里面。举例而言，一种比较常见的情况是一个头肩顶的右肩可能是一个小型的头肩顶或者双顶。

**新闻（News）** 指媒体纯粹为了卖更多广告和为媒体公司赚钱而制造的大量无用信息。它们与交易无关，在实际交易中也无法利用其做出评估，应该坚决忽略。

**外内外（Oio）** 外包—内包—外包，指一根外包K线跟随一根内包K线，然后再跟随一根外包K线。

**双外包（OO）** 外包—外包，指一根外包K线跟随一根更大的外包K线。

**开盘反转（Opening Reversal）** 指当天开盘后大约第一个小时内发生反转。

**外包K线（Outside Bar）** 指一根K线的高点高于或处于前一根K线的高点位置，低点低于前一根K线的低点位置；或一根K线的低点低于或处于前一根K线的低点位置，高点高于前一根K线的高点位置。

**外包阴线（Outside Down Bar）** 指收盘价低于开盘价的外包K线。

**外包阳线（Outside Up Bar）** 指收盘价高于开盘价的外包K线。

**过靶（Overshoot）** 指市场越过重要的前期价位，比如摆动高点或趋势线。

**暂停 K 线（Pause Bar）** 指没有延续原有趋势的 K 线。在上升趋势中，一根暂停 K 线的高点处于或低于前一根 K 线的高点，或者当前一根 K 线为强多头趋势 K 线时，它只是一根很小的 K 线，高点仅比前一根 K 线的高点高出 1 个最小报价单位左右。它属于回调的一种。

**点（Pip）** 指外汇市场的最小变动单位。不过有些数据商会在小数点后多报一位数，应该忽略它。

**追涨（Pressing Their Longs）** 在上升趋势中，随着市场出现急速上涨以及突破至新高，多头会增加多头仓位，因为他们预计还会有新一轮大约等距的上涨行情。

**杀跌（Pressing Their Shorts）** 在下跌趋势中，随着市场出现急速下挫以及破位至新低，空头会增加空头仓位，因为他们预计还会有新一轮大约等距的下跌行情。

**价格行为（Price Action）** 指任何走势图类型或任何时间级别上的任何价格变动。

**概率（Probability）** 指成功的机会。比如说，某个交易者整理某种建仓形态最近 100 次的实际交易结果，发现其中 60 次交易获利，这意味着这种形态有大约 60% 的成功概率。由于总存在许多变量无法充分检验，因此概率只是一个近似，有些时候甚至可能产生严重误导。

**可能（Probably）** 至少有 60% 的确定性。

**回调（Pullback）** 指短暂的休整或逆势运动，属于一段趋势、摆动或波段的一部分，回撤幅度不会超过趋势、摆动或波段的起点。它是一个小的交易区间，交易者往往预判趋势很快恢复。举例而言，跌势回调是指在一段下跌趋势、摆动或波段之内出现的横向或向上的运动，回调结束之后市场至少要测试前期低点。回调可以非常小，比如仅仅比前一根 K 线的高点高出 1 个最小报价单位，甚至可能是一根暂停 K 线，比如内包 K 线。

**回调 K 线（Pullback Bar）** 指逆转前一根 K 线运动至少 1 个最小报价单位的 K 线。在上升趋势中，回调 K 线是指低点低于前一根 K 线低点的 K 线。

**合理的（Reasonable）** 指产生有利的交易者等式的建仓机会。

**反转（Reversal）** 指价格行为模式转向对立面。大部分技术分析师用这个术语来描述上升趋势转为下跌趋势或下跌趋势转为上升趋势。不过，交易区间的行为模式与趋势运动的行为模式相反，所以当趋势转为交易区间，我们同样可以将其称之为反转。当交易区间转为趋势，也属于反转，只不过通常情况下我们称之为突破。

**反转 K 线（Reversal Bar）** 朝趋势相反方向运行的一根趋势 K 线。当一波下跌行情反转向上，多头反转 K 线就是一根多头趋势 K 线，其典型特征包括有一根下影线、收盘高于开盘并收在高点附近。空头反转 K 线是一波上涨行情后出现的一根空头趋势 K 线，典型特征包括出现上影线、收盘低于开盘并收在低点附近。

**回报（Reward）** 指交易者期望从一笔交易赚到的利润。比如说，如果某交易者在利润目标位设置限价单来出场，其回报就是入场价位与利润目标之间的差额。

**风险（Risk）** 指交易者入场价与保护性止损的差额。这是交易失败可能给交易者带来的最小损失（由于滑点和其他因素的存在，实际风险可能高于理论上的风险）。

**风险规避（Risk Off）** 当交易者认为股市将要下跌，他们会变成风险厌恶者，卖出高波动的股票和货币，转入避险投资品种，比如强生（JNJ）、奥驰亚集团（MO）、宝洁（PG）、美元和瑞士法郎。

**风险偏好（Risk On）** 当交易者认为股市强劲，他们会愿意承担更多风险，投资于那些有可能比大盘上涨更快的股票以及高波动的货币，比如澳元或瑞典克朗。

**高风险（Risky）** 当某笔交易的交易者等式不明确或谈不上有利的时候，交易便属于高风险。它也可以指一笔交易的成功概率为 50% 或更低，而不论风险与潜在回报的大小。

**刮头皮（Scalp）** 指一笔交易在赚取小额利润后离场，通常在发生任何回调之前。就 Emini 而言，当日均波幅为 10~15 个点的时候，任何利润目标低于 4 个点的交易都可以称之为刮头皮。对于标普 500 指数基金（SPY）或个股而言，可能是 10~30 美分的利润。对于高价股而言，可能是 1~2 美元利润。由于刮头皮交易的利润通常小于风险，交易者必须有 70% 的成功率，而这对于大部分交易者而言都是不现实的。除非经验和技术非常老到娴熟，交易者应该只在潜在回报至少与风险相当的情况下才参与交易。

**刮头皮者（Scalper）** 指主要从事刮头皮赚取小利、通常使用小止损的交易者。

**刮头皮者的利润（Scalper's Profit）** 指刮头皮者所追逐的典型数量的利润。

**持平交易（Scratch）** 指接近盈亏平衡点、盈利或亏损都很小的交易。

**二次入场点（Second Entry）** 指在出现第一次入场点数根 K 线后再次出现的入场 K 线，而且逻辑与第一次入场点一致。举例而言，如果一次突破楔形牛旗的走势失败、价格回撤并形成双底牛旗，那么这次回撤就是此前楔形牛旗的一个二次买入信号。

**二次均线缺口 K 线建仓形态（Second Moving Average Gap Bar Setup）** 如

果市场出现第一次均线缺口 K 线建仓形态，但朝向均线的反转走势未能达到均线，而是远离均线的价格运动得以持续，那么下一次朝向均线的反转运动就是二次均线缺口 K 线建仓形态。

**二次信号（Second Signal）** 指第一次信号出现后数根 K 线内出现的第二次信号，且基于与第一次信号相同的逻辑。

**抛压（Selling Pressure）** 指强势空头发力，他们的抛盘制造出空头趋势 K 线、带上影线的 K 线，以及双 K 线空头反转形态。其效应是累积性的，通常最终导致价格进一步走低。

**建仓形态（Setup）** 指由 1 根或以上 K 线组成的、交易者将其作为建仓下单依据的形态。如果一个建仓指令得到执行，那么建仓形态的最后一根 K 线就成了信号 K 线。大多数建仓形态只是一根单独的 K 线。

**光 K 线（Shaved Body）** 指一端或两端都没有影线的 K 线。光头是没有上影线的 K 线，光脚是没有下影线的 K 线。

**做空/空头（Short）** 作为动词，它是指卖出股票或期货合约来开立新头寸（而不是退出先前所买入的头寸）。作为名词，它是指卖空的人或实际头寸本身。

**缩梯（Shrinking Stairs）** 指最近一次突破幅度小于上一次突破的楼梯形态。它是 3 个或以上的趋势性高点（上升趋势中）或低点（下跌趋势中），每一次突破至新极端的幅度都要小于上一次突破，预示着动能逐渐减弱。它可以是三连推（Three-push）形态，但不一定具有楔形的外观，而且可以是趋势中任何形式的一系列宽幅摆动。

**信号 K 线（Signal Bar）** 指入场 K 线（建仓单被执行）之前的那一根 K 线。它是一个建仓形态的最后一根 K 线。

**更低时间级别（Smaller Time Frame, STF）** 指与当前走势图涵括的时间跨度相同、但 K 线数量更多的图形。以 Emini 为例，相对于常规交易日行情的 5 分钟图，更低的时间级别包括 1 分钟图、每根 K 线包含 500 笔交易的 tick 图、每根柱线包括 1000 份合约的成交量图（这几种图形通常平均一天要多于 200 根 K 线，相比之下 5 分钟图为 81 根。）

**聪明交易者（Smart Traders）** 指那些能够持续盈利的交易者。他们往往交易大规模头寸，通常站在市场正确的一方。

**急速与通道（Spike And Channel）** 指市场强势突破进入趋势，然后以通道形式延续趋势行情。市场在通道性上涨中动能有所下降，双向交易活动频繁。

**楼梯形态（Stair）** 指在趋势性交易区间或宽幅趋势通道内（所谓宽幅趋势通道，是指3波或以上一系列趋势性摆动构成一个倾斜的交易区间并大致被包含在一个通道之内）出现的创出新高或新低的推动行情。突破之后将发生一次突破回踩，至少略微回撤到先前的交易区间之内（这一点对于其他类型的趋势性交易区间并非必要条件）。双向交易正在发生，但由于具有斜率，说明一方略微掌握较多控制权。

**STF** 参见更低时间级别。

**强势多头与强势空头（Strong Bulls and Bears）** 指机构投资者，他们的累积买入和卖出决定着市场的方向。

**成功（Success）** 指交易者达成交易目的，即利润目标在保护性止损被扫掉之前达到。

**摆动（Swing）** 指突破任何规模趋势线的小型趋势。该术语仅用于走势图上存在至少两波此类运动的情况下。摆动可以发生在一个更大级别的趋势之内，或者震荡行情当中。

**摆动高点（Swing High）** 指在图形上看起来类似急速上涨的K线，其高度超越周围的K线。其高点处于或高于其前一根K线和后一根K线的高点。

**摆动低点（Swing Low）** 指在图形上看起来类似急速下跌的K线，其下探超越周围的K线。其低点处于或低于其前一根K线和后一根K线的低点。

**摆动点（Swing Point）** 指摆动高点或者摆动低点。

**摆动交易（Swing Trade）** 对于根据短期日内图形（比如5分钟图）进行交易的日内交易者而言，摆动交易可以指任何比刮头皮交易持续时间更长的交易，交易者愿意忍受一次或以上的回撤。对于使用更高时间级别图形进行交易的交易者，摆动交易是指持仓数小时到数天的交易。一般而言，摆动交易至少有一部分头寸是没有利润目标的，交易者希望"让利润奔跑"。对于这种交易，潜在回报通常至少与风险相当。许多交易者也将小的摆动交易称之为刮头皮。以Emini为例，当日均波幅为10~15点，摆动交易通常指所有利润目标为4个点或以上的交易。

**测试（Test）** 指市场接近一个重要的前期价位，可能向上或向下越过这一目标。对于"失败的测试"（Failed Test）这一术语，不同的交易者有着截然相反的用法。大部分交易者认为，如果市场从关键价位反转，那么测试就是成功的；反之，如果未能反转而是继续朝测试区域运动，那么测试就是失败的，从而形成突破。

**三连推（Three Push）** 指 3 个摆动高点，通常一个比一个高；或 3 个摆动低点，通常一个比一个低。它与楔形原理一样，应该被视为楔形的变体。当其出现在旗形当中，价格运动可以是大致水平的，即每次摆动不一定要超越前一次摆动。举例来说，在楔形牛旗或任何类型的三角形中，第二次向下推动 K 线的低点可以处于、高于或低于第一次向下推动的低点，第三次向下推动的低点可以处于、高于或低于第二次或第一次或二者兼之。

**最小报价单位（Tick）** 指价格运动的最小单位。对于大部分股票而言，它是 1 美分；对于 10 年期美国国债期货而言，它是 1/64 个点；对于 Emini，它是 0.25 个点。在 Tick 图和成交明细表上，1 个 Tick 就是指发生的一笔交易，而无论手数大小，以及价格是否发生变化。在成交明细上，你会发现 Trade Station 行情软件的 Tick 图把每一笔交易都计为 1 个 Tick。

**窄幅通道（Tight Channel）** 指趋势线和趋势通道线距离非常近的通道，其回撤很小、仅持续 1~3 根 K 线。

**窄幅交易区间（Tight Trading Range）** 指 2 根或以上 K 线组成的交易区间，K 线之间存在大量重叠，其中大部分反转幅度都很小，以至于无法通过上方挂单买入或下方挂单卖出的方式获得利润。多头和空头势均力敌。

**时间级别（Time Frame）** 指走势图上一根 K 线所包含的时间长度，比如 5 分钟时间级别是由每 5 分钟收盘的 K 线所组成。它还可以指不按时间计算的 K 线，而是按照成交量或交易笔数计算。

**可交易的（Tradable）** 指你认为有一定概率至少可以带来刮头皮利润的交易机会。

**交易者等式（Trader's Equation）** 要做出一笔交易，你必须相信成功的概率乘以潜在收益要高于失败的概率乘以风险。收益与风险是由你设定的，潜在收益就是入场价与利润目标之间的距离，风险就是入场价与止损之间的距离。解决这个等式的麻烦之处在于概率的赋值，因为我们永远不可能知道成功与失败的确切概率。一个简单的方法是，如果你不确定，那么可以假定成功或失败的概率都是 50%；如果你感觉有信心，可以假定成功的概率为 60%、失败的概率为 40%。

**交易区间（Trading Range）** 最低要求是一根 K 线的波动区间与前一根 K 线基本重叠。它是一种横向运动，无论多头还是空头都不掌握控制权，只不过通常会有一方略微占据优势。交易区间通常是趋势中的一次调整，而且这种调整持续时间足够长，使得趋势失去大部分确定性。换句话说，交易者对市场短期突破的方向感到不确定，市场不断地尝试向上和向下突破并且失败。交易区间通常情况下最终会朝趋势的方向突破，从更高时间级别图形上看它就是一次回调。

**跟踪止损（Trailing A Stop）** 随着交易的浮盈不断扩大，交易者往往会连续移动保护性止损来锁定更多浮盈。举例而言，如果交易者在一段上升趋势中做多，每次当市场创出新高，他可能将保护性止损提高到最近一个抬升低点下方一点点。

**套住（Trap）** 指入场后连刮头皮利润都尚未达到市场就立即转向，使交易者被套在新头寸中，最终迫使其认亏平仓。它也可能使交易者在恐慌中放弃一笔原本非常好的交易。

**被套的交易（Trapped In A Trade）** 指交易者的一笔交易在达到刮头皮利润之前即出现亏损。如果市场回撤幅度超过入场K线或信号K线，交易者可能会认亏离场。

**被震仓的交易（Trapped Out of A Trade）** 指交易者在市场回撤中因为恐慌而退出一笔交易，但随后回撤走势出现失败，价格迅速朝交易的方向恢复运行，使得交易者从心理上很难接受在当前可获得的比最初入场点更糟糕的价位重新入场。一般情况下交易者最终可能还是会选择追高买入或追低卖出。

**趋势（Trend）** 指一系列的价格变动，要么主要是上涨的（上升趋势），要么主要是下跌的（下降趋势）。还有3个定义较为宽松的小规模版本：摆动、波段和回调。一张图上一般只出现一两个主要趋势，如果数量较多，那么用其他词汇来描述就更恰当。

**趋势K线（Trend Bar）** 指带实体的K线，即收盘价高于或低于开盘价。它说明市场至少出现了一小段价格运动。

**趋势通道线（Trend Channel Line）** 它是沿着趋势方向的一根直线，但相对于趋势线它的位置处于K线的另一侧。一根上升趋势通道线画在高点上方、倾斜向上，一根下降趋势通道线画在低点下方、倾斜向下。

**趋势通道线过靶（Trend Channel Line Overshoot）** 指1根或以上的K线刺穿趋势通道线。

**趋势通道线不及靶（Trend Channel Line Undershoot）** 指K线逼近趋势通道线但市场在其尚未到达或刺穿之前就掉头而去。

**始于开盘的趋势（Trend From the Open）** 指从交易日的第一根或前几根K

线开始的趋势，且趋势持续多根 K 线而没有发生回撤。趋势的始点一直是当天大部分时间甚至全天的一个极端价位。

**趋势性收盘（Trending Closes）** 指 3 根或以上 K 线的收盘价形成趋势。在上升趋势中，每一次收盘都高于前一次收盘；在下降趋势中，每一次收盘都更低。如果这一形态持续多根 K 线，其中一两根 K 线的收盘不在趋势当中也无大碍。

**趋势性高点或低点（Trending Highs or Lows）** 与趋势性收盘一样，只不过是依据 K 线的高点或低点。

**趋势性摆动（Trending Swings）** 指 3 段或以上的摆动行情，摆动高点和低点均高于此前的摆动高点和低点（趋势性上升摆动），或均低于此前的摆动高点和低点（趋势性下降摆动）。

**趋势性交易区间（Trending Trading Ranges）** 指被突破走势隔离开的两个或以上的交易区间。

**趋势线（Trend Line）** 指沿着趋势方向所画的线。在上升趋势中它是倾斜向上的，画在 K 线下方；在下降趋势中它是倾斜向下的，画在 K 线上方。在大多数情况下，它是沿着摆动高点或摆动低点画出来的，但也可以根据线性回归或单纯的目测来画。

**趋势反转（Trend Reversal）** 指趋势从上升转为下跌或下跌转为上升，或从趋势行情转为交易区间行情。

**20 根均线缺口 K 线（20 Moving Average Gap Bars）** 指连续 20 根或以上 K 线一直没有触碰到均线。一旦市场最终触到均线，通常制造出一波测试趋势极端价位行情的入场机会。

**不及靶（Undershoot）** 指市场接近但未能到达一个重要的前期价位，比如摆动高低点或趋势线。

**不太可能（Unlikely）** 指最多有 40% 的确定性。

**不合理的（Unreasonable）** 指产生不利的交易者等式的交易形态。

**通常（Usually）** 指至少有 60% 的确定性。

**真空（Vacuum）** 买入真空发生在这种情况下：强势空头（大空头）认为价格马上会走高，所以他们先按兵不动，直到价格到达上方某个具有吸附力的价位再开始做空。其结果是造成一段真空，使得市场以 1 根或以上的多头趋势 K 线迅速涨至吸附价位。一旦到位之后，这些强势空头便大量卖出，使市场由升转跌。卖出真空发生在这种情况下：强势多头（大多头）认为价格马上会下跌，所以他们先按兵不动，直到价格到达下方某个具有吸附力的价位再开始买进。其结果是造成一段真空，使得市场以 1 根或以上的空头趋势 K 线迅速跌至吸附价位。一旦到位之后，这些强势多头便大量买进，使市场由跌转升。

**楔形（Wedge）** 从传统上来讲，楔形是指三连推价格运动的每次推动都进一步延伸，趋势线和趋势通道线至少有某种程度的聚拢现象，从而造成一个楔子形状的上升或下降三角形。对于交易者而言，楔形的外观可以提高交易成功的概率，但所有三连推形态都仿似楔形，应该被视为楔形的一种。楔形可以是反转形态，也可以是趋势中的回调（牛旗或熊旗）。

**楔形旗（Wedge Flag）** 指一段趋势中的楔形状或三连推式回调，比如上升趋势中的高 3（典型的牛旗）或下跌趋势中的低 3（典型的熊旗）。由于它是一种顺势交易形态，可以在第一个信号出现时入场。

**楔形反转（Wedge Reversal）** 指将上升趋势反转为下降趋势或将下降趋势反转为上升趋势的楔形。由于它是逆势的，除非强势反转，否则最好在二次信号入场。举例而言，假如市场现在处于下跌趋势并且出现一个下降楔形，那么我们应该等它突破这个潜在的楔形底部，然后尝试在回调至抬升低点时买进。

**顺势（With Trend）** 指与占主导趋势方向一致的交易或建仓形态。一般而言，最近的 5 分钟图信号的方向应该被视为趋势的方向。而且，如果过去 10~20 根 K 线大部分都位于均线上方，那么趋势形态和交易应该倾向于多头。